建筑实用文书写作

甘　钧◎主编

江西科学技术出版社

前言

当人类社会进入21世纪以后，经济在不断地提速，社会在不断地进步，与之俱来的是社会对就业人员提出了更高的要求。尽管办公现代化将彻底改变传统的工作模式，计算机能帮助人们解决大量的数据处理问题，使得办公效率得到前所未有的提高，但人们从事管理、经济、司法、科研、教育等，在具体办理事务时，还是离不开文书写作。社会各个领域发展的速度越快，各种信息量就越大，用人单位对工作人员撰写文书材料能力的要求就越高，能不能撰写出令人满意的文书材料，是用来衡量一个人工作能力大小及水平高低的重要标准。

文书写作不仅在机关用得上，而且在经贸往来、新闻报道、信息传递、统计报表等方面都随处可用。也许有人会认为文书写作很简单，其实不然，要学会撰写文书材料，不仅需要付出艰苦劳动，同时还应该掌握必要的理论知识。不管是机关公务人员、企业管理人员，还是其他从业者，都应熟练掌握文书写作技能。特别是在校大学生，毕业后走上了工作岗位，所在单位领导布置工作，可能要你撰写一些文字材料，往往在接受任务时，不会觉得有什么难处，但写起来却不知从何处下笔。这就表明，文书写作能力不是有了一般的语文基础就行了，同时还要象掌握其他方面的知识一样，只有通过学习和反复实践才能获得。可以说，人们在工作、学习、生活中经常会遇到文书写作，它虽然格式简单，但涉及的面很广，且种类繁多，要准确把握它的写作技巧就比较难。由于文书写作要求简洁明了，一事一写，往往对文书写作的要求甚高，要在较少的字里行间表达多层意思也并非一件轻而易举的事。因此，在思想上一定要引起足够的重视。

现代社会已从工业社会进入信息社会，科技文化事业迅猛发展，知识经济信息增长的速度日益加快，国际交往多元化、人际交往复杂化，人们对这种作为交际和传播信息媒体的文书写作的需求也越来越多。据我国对一些高校学生的语文水平测试调查，许多大学生的实用写作水平令人担忧。不少机关干部、管理人员、科技工作者尽管学历较高，却缺乏必要的实用写作能力，因此对工作、科研都造成一些影响。这种状况与时代的发展是不相适应的,应引起社会尤其是教育部门的高度重视。人们在现实生活中,懂不懂写作,会不会写文字材料,从某种意义上来说,将会影响到个人职业的发展前程。

随着我国实用写作学科研究的不断深入,文书写作已成为一个专门的学科,甚至可以说成了一门科学。随着时间的推移,越来越系统,越来越成熟。只有通过写作实践,人们才能把自己所掌握的写作知识演化为写作能力,形成良好的写作习惯和熟练的写作技巧。作为一名从业人员,不论从事管理工作还是技术工作,特别是机关工作者,比较系统学习一些初步的文字材料的写作知识,掌握文书写作的基本技巧,从而融入文书写作这方天地,应该是一种一举多得的生存和谋职手段。

基于上述原因,为方便建设领域各类人员与大专院校在校生逐步掌握文书写作的技能,提高实际写作水平,我们本着实用、方便的原则,着手编写这本书。在编写过程中,我们以现行政策与法规为准则,以文书写作的通常写法为依据,简要地介绍了我国文书写作的历史沿革,在粗略介绍文书写作知识的基础上,重点列举了一些有代表性的示例。对例文的选择也是从不同角度,不同类型,不同层次的机关和单位,特别是贴近建筑行业特色的前提下,以增强其适应性和针对性,力求体现其内容的新颖和现实指导意义。本书由甘钧组织编写并负责统稿,参加编写者有:甘钧(第一、第二、第九、第十章)、熊俊芳(第三、第四章)、胡泽域(第五章)、何丹(第六章)、罗庆(第七章)、王海波(第八章),附录部分由彭怡红整理。

本书理论性强、知识面宽、应用范围广,适合普通高校、高职高专学校的在校生公选课及文书写作教学使用;也可作为建设领域的建筑设计、施工、装饰、市政、园林、房地产开发的建设者继续教育、终身学习的辅助读物。

在本书编写的过程中,我们参考了大量的书籍及有关文献,在此对其作者一一表示感谢。由于是多人集体编写,各人的写作风格不尽相同,书中所选示例来自各方,加之编者水平有限,书中难免有疏漏之处,恳请同行及广大读者批评和提出宝贵意见。

编　者

2011 年 5 月

目　录

第一章　文书写作概论

第一节　我国文书的起源与发展

一、文书的概念

文字是人类社会发展到一定阶段的产物,它的产生经过了一段漫长的过程。在汉字出现以前的远古神话时代,就有了关于文书工作的传说。据说是伏羲氏“仰则观象于天,俯则观法于地,观鸟兽之文与地之宜 ,近取诸身,远取诸物,于是始作八卦”(《易系辞》)。用八卦代替结绳记事,表述自然界和人类社会一切现象。尔后,仓颉经过校正加工,创制了象形文字,并成为黄帝的“纳言”(《借书・尧典》),代黄帝发布命令,向黄帝反映下面的意见,这可能是我国最早的文书工作。但这些都是后人根据传说写下来的,没有史料依据。因此,不能断言我国在上古时代就出现了文书工作。

“文书”一词最早出现在汉代,汉初贾谊《新书・过秦下》载:“禁文书而酷刑法,先诈力而后仁义。”东汉班固《汉书・刑法志》载:“文书盈于几阁,典者不能遍睹。”

“文书”这个概念包括 3 种含义:一是指文字材料,二是指文字书写,三是指从事文书工作的人。

从文字材料看,文书的产生和存在已有 3000 多年的历史,可以说,自从有了文字以后,文书就已经存在。古代的文书泛指文籍典册,一切有史料价值的文字材料都可以称之为文书。大约在唐宋以后,“文书”概念的含义相对就要狭窄一些了,主要是指实用性强的文字材料。如宋代王绍禹所著《周礼详解》,对《周礼・天宫》中“小宰之职……以官府要之八成,经邦治”有一段注释:“要之八成皆文书也。比居、简稽、版图、礼命、要会,文书之用于公者也;传别、书契、质剂,文书之用于民者也。”这里的文书显然说的是具有应用性的文字材料,而且有了公用和私用之分。

文书的第二种含义,主要是作为动词使用时可以当作“文字书写”来讲。书,最早的含义就是书写的意思,不过现在用“文书”作为书写的用法已不多见。

文书的第三种含义是职务名称或者叫职业名称,即我们可以把在机关单位从事文字工作(主要指实用性文字工作)的同志称为文书。现今军队内仍有“文书”这一专门职务,在其他机关,“文书”只是一种称呼,在我国党政机关职务序列中并没有列入。

我们这里所讲的文书,主要是指第一种含义,即文字材料。但是这种文字材料已经不是古代意义的文字材料了,古代有史料价值的文字处理或者应用性的文字材料都可以叫做文书,而现今文字材料的划分越来越细,诸如文学作品、图书情报、档案材料等等,如果都称之为文书则不利于对不同文字的研究,同时也不符合现代人对“文书”一词的理解习惯。

换句话来说,文书就是指行为主体在社会活动中,为了一定的目的而形成并使用的具有应用性的和特定格式的文字材料。这个定义说明了以下5点：

第一，文书首先是一种文字材料，即书面材料。当然，它不同于别的书面材料，如文学作品、图书情报等。随着时代的发展，出现了声像材料，如处理公务或者私事的录音带、录像带等，这些材料虽然具有文书的功用，但从文书这个特定的概念来说，并不具有文字的属性，因而不能称之为文书，但我们可以把它理解为一种特殊的文书。

第二，文书有特定的格式。这是因为文书是社会交际的工具，这就需要有统一的通用的格式要求，以便实现社会交际的功用。文书在内容上，一般而言，要能表达一个较为完整的思想和意图。

第三，文书具有应用性。文书的功能主要是应用性，它是处理公私事务和进行社会交际活动的工具。而且它所涉及的事项除个别情况外，都是现行的，即正在进行或要进行的工作和事务。

第四，文书具有很强的目的性、针对性。文书作为处理事务的一种工具，它有明确的目的，它根据社会交际活动的需要而形成。同时，它定向定范围传达意图、记载活动、推动工作，具有很强的针对性。

第五，形成和使用它的主体是党政机关、企事业单位、群众团体等社会组织和具体的个人或家庭。

二、公文的由来

现代社会实践中，可以说，有人的地方就有文书的往来。在实用文书写作的过程中，我们不能不提到公文。“公文”一词，最早见于《后汉书·刘陶传》所载：“但更相告语，莫肯公文。”而作为公务文书，其实际应用要早得多。根据考古发掘，我国随着殷商时期甲骨文的产生，公务文书也就接着产生了。在河南省安阳市小屯村（古代殷王朝的首都）发现的甲骨文（或称卜辞。因殷王朝十分迷信，每事必卜，祭祀、征战、田猎以至于该不该修建城池等，都无例外地要占卜。甲骨文主要就是当时占卜的记录，故也称卜辞），绝大部分都是殷朝后期几个王朝的活动记录和奴隶主的文告。

公文，即公务文书的简称，属于应用文。公文有狭义和广义之分。狭义的公文，是指国家党政机关的文件。行政类公文属于狭义公文，它是指国家各级行政机关在行政管理过程中形成的、具有法定效力和规范体式的公务文书，是依法行政和进行公务活动的重要工具。广义的公文，除了指上述国家党政机关的文件外，还包括其他各行各业的公务文书、法律法规文本等。因此，可以这样说，公文是党政机关、社会团体、企事业单位等处理公务的一种重要文字工具。它是传达贯彻党和国家的方针、政策，发布行政法规和规章，施行行政措施，请示和答复问题，指导、布置和商洽工作，报告情况、交流经验的文字工具。

人类和动物的根本区别，在于人类能够进行生产劳动，能够通过生产劳动改造自然，创造物质生活资料，以求得自身的生存和发展。公文的产生在我国已有几千年的历史了，在原始社会，生产力的发展水平极其低下，人们想要生存和发展，首先要解决的是吃喝穿住问题，这就需要进行物质生产，解决人与自然界的矛盾，生产活动也就成为当时人类最基本的实践活动。马克思、恩格斯在《德意志意识形态》中指出：“人们为了能够‘创造历史’，必须能够生活。但是为了生活，首先就需要吃喝住穿以及其他一些东西。因此第一个历史活动就是生产满足这些需要的资料,即物质生活本身。”

人们在进行物质生产活动过程中,在长期的劳动实践中,逐渐认识到需要齐心协力、互相合作,彼此结成简单的生产关系,因为在大自然面前,个人的力量是十分渺小的,人们无法离群索居,独自求生。人们只有依靠群体的力量,共同劳动,共同生活,共同应付来自自然界的各种威胁。这样,一种相互依存的社会关系就开始形成了。随着社会的发展,大大小小的群体——氏族或部落就出现了。氏族之间、部落之间,为了自身的生存和发展,围绕着生活资源的占有,也常常展开尖锐的斗争,产生新的社会矛盾。这些矛盾需要有一个组织来干预和解决,文字和文书作为管理的一种表现形式出现就是理所当然的了。

随着国家的产生,一种以文字为工具记载王室征伐、狩猎,为王室占卜吉凶的工作和从事这种工作的官员便随之而生了。在我国第一个奴隶制国家夏朝,因“国家”这个政权形式刚刚诞生,其机构、制度还十分简单,没有留下可以称为“文书工作”的史料。只是在《史记·夏本纪》中,有两篇根据传说写成的檄文。一篇是《甘誓》,一是《胤征》,都是夏王征伐时的战前誓词。可见当时已有公务文书。这两篇檄文虽然是后人根据传说所写,但我们仍可认为夏朝出现了文书工作的萌芽。

以汉民族来说,在文字正式形成之前,我们的祖先曾先后采用结绳和绘画的方法记事。随着绘画记事法的发展和简化,逐步形成了所谓绘画文字,这是汉字的原始阶段。之后才演化为象形文字,进入甲骨文时代。

我国自原始社会解体、奴隶社会确立之后,象形文字就正式出现了,这就是最早的殷商时期的甲骨文。甲骨文已经是一种相当完善的文字体系了。殷周古文(包括甲骨文、金文、籀文等)是奴隶主专有的东西。奴隶主最早就用这种文字来记录国家的重大活动,如祭祀、打仗、赏赐、惩戒等,也用来传达奴隶主的旨意和命令。这种文字刻在甲骨等材料上,从而形成了各种文字记录,这也就是我国最早的公务文书。由此可见,公文的产生是和文字、阶级、国家的产生紧密地联系在一起的。正如斯大林所说:“生产的继续发展,阶级的出现,文字的出现,国家的产生,国家进行管理工作需要比较有条理的文书;商业的发展,商业更需要有条理的书信来往。”在人类社会,很多事实也证明,各行各业都离不开文书,由此可见,文书的重要作用是不言而喻的。

我们现在所见到的我国最早的文字,是殷代后期使用的甲骨文。据考古专家辨识,甲骨文所记载的大多是当时王室祭祀、占卜或狩猎、征伐的事件,还出现了专司这种记事、占卜工作的官员“贞人”名称。在那个时代,祭祀和征伐是国家大事,是重要的政务活动。因此可以说,甲骨文是我国历史上最早的公务文书。

周灭殷后,社会经济文化有了很大的发展,政权机构也逐渐扩大。春秋时期,各诸侯国也各自设立了秘书性质的官职。国务活动日益频繁,文书工作也相应地发展到奴隶制社会的顶峰。

战国以后,我国进入封建社会。直到1840年鸦片战争后,封建社会土崩瓦解,历时2300多年。在这个历史时期内,国家机构空前完善,社会生产力也获得了较大的发展。由于造纸术的发明,使文书载体发生了根本性变化。纸张代替了笨重的甲骨、钟鼎、竹简和昂贵的丝帛,为文书的制作和传送、保管提供了便利条件。为了书写方便,文字也从秦代的篆书演变为隶书、楷书和行书,后两者至今仍为文书工作者所常用。从文书工作的角度来说,历代秘书人员为我国汉字的发展完善作出了不可磨灭的贡献。

公元前221年,秦统一了中国,建立了我国历史上第一个中央集权的封建国家,并在全国范围内统一文字、统一度量衡、设郡县、通阡陌。一方面加强了中央集权统治,另一方面也为文书工作的进一步发展创造了社会条件。秦代在中央设立丞相、尚书、御史大夫3大秘书官职。其中:丞相为最高行政长官,是皇帝的高级参谋,掌天下文书,执行帝命;尚书起内外传递作用,掌奏章宣谕和文书保管工作;御史大夫是皇帝的近身机要秘书,撰拟诏谕,掌管重要书籍,而且负有监察百官之权,位置显赫。

两汉时期,社会经济文化进一步发展,政权机构和政治制度进一步完善,文书工作也在秦代基础上发生了变化。为了防止权力过于集中,汉代调整了秘书机构及其职权。尚书一跃而成为"总领纪纲,无所不统"的重臣。御史大夫转而专司监察和刑狱,丞相的主要职权亦被尚书取代。文书队伍比秦代进一步扩大,文书工作制度也更加完善。文书种类也增加了"策书"、"戒书"、"表"、"驳议"等新的文种。

秦汉时代是我国封建社会的初期阶段,社会发展较快,文书工作也随之同步发展。但秘书机构、秘书官员与政务机构和政务官员是合为一体的。这种现象一直延续到清朝末年封建制度瓦解时才告结束。

唐宋时期,封建社会发展到了鼎盛时期。特别是文化的发展,达到了封建社会的顶峰。封建王权得到了巩固,为之服务的文书官员仍然受到重用。唐开元26年,正式设立了翰林院,通过科举制度选取翰林学士,代皇帝起草诏令,批阅各地奏章,成为皇帝的近身高级秘书。不仅如此,唐德宗以后,朝中宰相一职也多由翰林学士中选拔。翰林院成为朝廷命官晋身之阶,天下才子趋之若鹜。

宋代文书工作在沿袭以往文书制度的基础上,又有了十分细密的分工,出现了专职收发登记文书和督查催办公务的机构,如催驱房、开拆房、章奏房、主事房等。

宋代公文从撰拟到移交,在唐代基础上,逐渐形成了严格的制度。如一文一事制度、统一用纸制度、用印制度、封装编号制度、登记催办制度、保管制度、保密制度等,已经相当完善。这些制度历经千年,其基本原则至今仍是文书工作的规范。

元、明和清朝前期,虽然各自都有过兴盛时期,但从社会发展的整体上看,当属封建社会逐步走向衰亡没落的时代。为了巩固自己的政权和加强对全国的统治,元代的统治者接受了汉民族的先进文化,基本上沿袭唐、宋旧制。

明朝为了强化封建中央集权制度,采取了许多有力措施,使封建专制达到了空前的程度。明太祖朱元璋为抑制朝臣权力,选调一批翰林学士进入宫内,负责收阅奏章,批发文书,协助皇帝办理政务,形成内阁。内阁下设专门秘书机构,分管撰拟文书、参与机密政务。皇帝还亲自掌握秘书机构,通过秘书机构监察礼、户、吏、兵、工、刑6部。在朝中设立通政使司,总管大小衙门呈报的一切文书。另设尚宝司掌管皇室印玺,还有提督太监,实际上是皇帝的私人秘书,他们参与政务达到登峰造极的程度。

明代文书工作制度更加严密完善。与元以前历代相比,增加了禁繁文和减案牍制度,订立了上书格式,违者论罪。崇祯初年,还命官员在奏章后附不超过百字的内容摘要,产生了贴黄制度。这些制度对后世文书工作产生了较大影响。

清朝建立之初,仍承袭明制,以内阁官员协助皇帝处理政务,在中央各部门设司务厅,主管文书工作,各地政府机构也都设有典史、稿案等专门文书人员,队伍十分庞大。

皇帝颁下的文书,增加了敕、谕、旨和通过军机处下发的“寄信”数种。臣下的上奏文书用“题本”和“奏本”,清末改用“奏折”。清代在全国统一了题奏本格式,限定题奏本和贴黄字数,禁止使用浮泛不实的套语,严格规定书写规则。但随着封建政权的日益腐败,这些措施也就日渐废弛了。

1840 年发生的鸦片战争,使中国进入了半殖民地半封建社会。中国的主权和领土完整遭到破坏,开始丧失了政治上的独立地位。清政府不仅代表中国地主阶级的利益,而且逐步变为外国资产阶级统治中国人民的工具。中国社会发生了根本的变化,文书工作也随之出现了许多新的问题。

首先,清政府在外国列强的逼迫下,签订了一系列丧权辱国的不平等条约。加上清政府与外国列强就割地、赔款、签约、海关、税务、军事诸方面的文书往来,使涉外文书空前增加,这是有史以来从未有过的现象。

此外,文书的种类也大量增加了,主要是外交专用文书种类不断增加。如国书、护照、全权证书、外交公函等等。与此相适应,文书队伍中出现了通外文的办文人员,也随之出现了大量外文文书材料,这也是前所未及的。

三、文书工作的发展

我国是世界文明古国,有着悠久的历史和古老的文化。在上古时期,我们的祖先就创造了“结绳记事”的方式,在共同劳动和共同生活中表达思想,相互联系。随着社会的不断进步和越来越复杂的生产与生活的需要,又渐渐产生了表意与表声的原始刻写符号与文字。文字是语言的载体,文字的创造发明是人类文化演进的重要里程碑。

我国有 5000 多年发展的文明史,在历史不断演进的长河中,《尚书》所发生的影响最大,它是我国现存最早的一部以公文为主的历史文献总集。

从先秦到清末,随着封建政权的产生和发展,封建统治阶级的政权机构进一步完善,形成了一张巨大的统治网,为了有效地调整各机构之间的关系,保障国家机器的正常运转,历代统治阶级都把公文视为上述目的的重要工具和手段,仅秦始皇每天批阅的竹简公文就达 60 斤之多。除此之外,这项工作已有专门部门和专人负责。

由于公文日趋完善,封建统治阶级对公文的要求也日渐严格,从公文的撰写、传递,到保密、处理等形成了极为严格的限制,文书事务人员要忠实履职,不得粗心大意。如有违反,轻则问罪,重则处死。

辛亥革命以后,南京临时政府为了适应其资产阶级政权建设的需要,对沿袭已久的封建王朝的文书工作进行了全面改革,简化文书种类,划一公文程式。1912 年元月,南京临时政府内务部奉大总统令,颁发了《公文程式》5 条,指出:“现今临时政府业已成立,所有行用公文程式,亟待规定,以期划一,而利推行。”并规定行用公文分为“令”、“咨”、“呈”、“示”、“状”5 种,明确了这些文种的使用范围。从此,废除了封建王朝沿用了 2000 多年的“制”、“诏”、“敕”、“奏”、“章”、“表”、“笺”等旧的公文文种。充分表现了当时革命党人反对封建专制的思想,这也是公文文种上的一次革命。此后,在北洋军阀和国民党统治时期,为了适应其统治的需要,又多次对文书工作进行改革,增加了一些文种。语体也由文言文发展为半文半白，并规定公文必须使用标点符号。

应当指出的是，在文书数千年的发展演变中，载体材料的变化对文书的变化与发展影响是很大的。汉朝以前，我国文书的载体材料一般为金石、甲骨、青铜、竹木、缣帛等。其中竹木的使用延续数朝。直至东晋末年，太尉桓玄下令公文统一用纸，称："古者无纸故用简，今诸用简者，宜用黄纸代之。"公文用纸之后，大大方便了文书的撰制、处理与管理，同时也使公文的种类、名称以致内容、形式都越来越丰富多彩，从而极大地提高了文书工作效率。纸张作为公文载体的广泛使用，是我国古代文书工作的重大突破。

中国共产党创建初期，就有自己的公文。新中国建立之初，党和政府对公文处理和公文写作多次行文作了严格的规定。1951 年 2 月，中共中央发出了《关于纠正电报、报告、指示、决定等文字缺点的指示》。同年 9 月，中央人民政府政务院颁布了《公文处理暂行办法》，明确指出公文是宣布和传达政策、法令，报告、商洽、指导工作和交流经验的一种重要工具。1955 年，中共中央又批准了《中国共产党中央和省（市）级机关文书处理工作和档案工作暂行条例》。1957 年，国务院秘书厅印发了《关于公文名称和体式问题的几点意见（稿）》。1981 年 2 月 27 日，国务院办公厅颁发了《国家行政机关公文处理暂行办法》，重申了 50 年代、60 年代行之有效的公文处理程序和有关制度。1987 年 2 月 18 日，国务院办公厅发布了《国家行政机关公文处理办法》，这是新中国建立后经过长期实践第一次发布正式的国家行政机关公文处理办法，对我们研究公文写作有极其重要的指导意义。

可见，公文的发展与演变，反映了历代政权的性质，也反映了统治阶级的需要及其对公文在行使政治权力中的重要性的认识程度。如前所述，公文是统治阶级实现其统治的一种重要工具，因此，文书工作具有鲜明的阶级性，它从属于一定的政治集团并为其服务。新中国建立前，中国共产党领导下的文书工作，从它诞生的那天起，就是为实现党的纲领、推翻三座大山、争取中国人民的彻底解放的伟大事业服务的。它与以前各个朝代、各个时期的文书工作，在内容、形式和工作方法上都有着本质的区别。它的出现，使我国的文书工作进入了一个崭新的发展时期。

第二节 我国文书工作概述

一、文书的特点及分类

文书工作，有广义和狭义之分。广义的文书工作，就是指运用科学的原则、程序和方法，完成对机关文件的制发、处理与管理的一系列工作。狭义的文书工作，是指机关单位内部文书工作人员所承担的文件的收发、登记、催办、整理与保管等方面的工作。

文书作为用途最广而又最大众化的一种应用性文体，我们在这本书中结合建筑行业工作的实际，将日常应用中最为常见、人们经常使用的文书集中起来进行介绍。

（一）文书的特点

文书作为一种应用性文体，具有以下 4 个特点：

（1）有明确的行文目的和特定的阅读对象。文书都是为了处理事务而写的。它的撰写都有明确的应用目的，是为了在办理公务、处理事务、交割财物、交流信息，以及礼仪交往中办事、解决问题等等而写的。文书写作以实用为己任，它直接为实际工作和人们的日常生活服务。它以某一个事件为其主要内容，发文希望达到什么样的结果也是明确的。例如，经济合同就在于促使、监督签订合同的各方共同履行某种经济行为，计划是为完成某具体工作而作的事先考虑，总结则是把已经做过的某一时期的工作进行一次全面系统的回顾与评价。总而言之，这种行文目的明确的文书的阅读对象是特定的，也是十分明确的，行文者要一清二楚。因此，文书"为何写"、"写什么"、"谁来写"、"写给谁"，以及达到怎样的效果等，都是事先就知道的，并要明确、具体、实在，这是文书的一个最基本的特点。

(2)有较为固定和规范的写作格式。各种文书体在长期的使用过程中，逐渐形成了一些相对固定的体式甚至格式。这些体式和格式是历史留传、约定俗成的，因而为大家所通用。它既表示一定的方式、手段、礼仪，也蕴涵着一定的意义，使人一看文章的体式或格式就知道是什么文体，是干什么用的。例如书信，开头顶格写称谓，单独成行，表示对收信人的尊重；后面加冒号，提请对方注意自己要说的话。正文写完之后，另起一行写敬语"此致敬礼"时，则"此致"要退两格或四格写，这种让格是表示谦敬；"敬礼"要另起一行顶格写，以示郑重。至于落款，即署名和日期，则要退居信笺的右下方，以示谦恭。文书写作就是要注重这种格式的规范性。

从实用目的出发，有些文书有大体相同的规范。公文的格式多由国家机关统一规定，要求撰文者严格遵守。在一般情况下，文书则是长期以来有着约定俗成的格式，如上面提到的书信一般由称谓、问候、正文、敬语、落款 5 个部分组成，大家都习惯这样写，很少改变。写作格式的固定和规范是文书写作的显著特点。它是人们习以为常的，任何人不可随意违反它的固定格式，否则就会显得不伦不类，就达不到文书的写作目的。当然，随着社会的发展和进步，要反映时代的特征，我们要敢于突破，有所创新。

(3)有鲜明的应用语体要求。语体，是指语言在不同体裁的文章中长期形成的体式特征。文书在长期的实际操作中形成了独特的语体特点。

文书的应用语体要求表现在以下几个方面：一是词语具有相对稳定性。在写作文书的过程中，某些固定的词语相对稳定地用于某些文书。例如，介绍信的开头总以"兹有"开启下文，诉讼文书的结语都用"此致××人民法院"形式收束全文。这些相对固定的词出现在相对固定的位置，才使文章具有严肃性和规范性，才能保障其应用性。二是语汇具有明显的专业性。各行各业都有各自的专业用语。如机关事务文书、诉讼文书、公务文书、广告文书等，其中必须使用一些专业术语才能把问题研究深透。三是句法比较具有稳定性。句法的稳定性，是指某些类型的句子在文书中占有很大的数量和比例。文书中，陈述句用得最多。总结中的情况汇报、请示中的原因阐述、求职信中作自我介绍等等，主要靠陈述句组织文章。此外，祈使句运用得比较多，感叹句和疑问句则使用较少。

(4)有比较明显的时效性和工具性。文书总是针对工作学习或生活中出现的具体事情而写的。往往是问题已摆在眼前或即将发生，必须想方设法处理或解决时才使用的。如开会要先写通知或者准备会务文书，开展某项工作事先要作计划书等。文书写作因直接为工作和生活服务，具有应用价值的特点，所以一般都受到时间的限制。这里的时效有两层意思:一是文书的写作要讲究时效,如会务文书、机关事务文书、契约文书、诉讼文书写作都要求迅速及时,而不能延误时间。二是写作的成品本身的功用或者效力要受到时间的限制,比如合同只在有效时间里才有效力,超出规定时间就失效了;诉讼文书的时间效力也很强;简报、调查报告、祝辞、工作计划、总结等等,也都受到时间的制约,这种及时性是日常文书的基本特征。当然,不同类型的文书对时效的要求不完全一样,虽也有些文体的要求,但不是那么严格。

二、文书的作用

文书具有较为广泛的社会功能,它在人们的日常交往中起着重要的作用。具体来讲,可以归纳为以下几点:

1. 联系沟通作用

社会生活中存在多种多样的公共关系,人类社会就是人际关系的联络网。无论是个人与个人之间、单位与个人之间还是不同的单位之间的交流都日益频繁,文书在这种交际中就起着沟通双方情感、互通信息、商洽工作、交流经验的重要作用。文书写作的联系沟通作用一般表现为两种形式,即专门联系与公众传播。前者如礼仪书、各类书信、讣告悼词、契约文书、诉讼文书等各有其特定的联系对象、联系范围,具有一种固定的联系功用;后者如广告、启事、演讲文书、机关事务文书、会务文书等,具有一种公众传播作用,目的在于让大家了解和知晓。

2. 媒体传播作用

知识是人类进步的阶梯,正是由于知识的积累和传播,人类社会才不断向高度的物质文明和精神文明发展进化,而文书正是记录和积累人类知识并使之传播的载体。大而言之,诸如科技报告、学术论文、各类专著都是对文化知识的一种传播,中国古代的科技文化知识正是通过《齐民要术》、《天工开物》、《梦溪笔谈》、《本草纲目》等著作流传下来的。而近代法国科学家法拉第发现了电磁感应规律,但因为没有用论文把这项成果公布出来,所以没有得到科学界的认可,一直到麦克斯韦用论文正确地阐明、论证了这一规律,这项发现才被承认并广泛传播。此外,起媒体宣传作用的文书还有很多,像海报、启事、广告等会务类文书,其中许多就是主要为了宣传而写的,它们就是要将有关的信息刊登发布出来,让尽可能多的人知道,从而满足其业务或个人其他目的的需要。有的还要配上图片或一些装饰物,其目的也就是为了使它更好地起到传播的作用。

3. 资料凭据作用

文书反映单位和个人的种种活动,记载着各个时期的政治、经济和文化等方面的情况,因此它可以保存和积累大量的历史资料,为有关部门的研究提供方便。其中有很大一部分具有凭证性的功能。有些事务,特别事关钱财方面的,事后都要有可靠的凭据才好说话,因此像证明信、协议或合同等日常文书就起到了它作为凭据的作用。这种凭据作用表现在:一是作为处理问题、解决问题、管理事务工作的依据,如契约类的协议或合同作为双方确认、执行权利与义务的凭据,会议报告或计划总结则作为鉴定、评价其成果、价值的文字依据。二是文书在一定历史时期之后,本身虽已失去效力,但它作为档案材料被保存下来,却具有重要的史料价值,是研究、考据某个历史时期政治、经济、文化、教育的重要见证和凭证。

三、文书的分类

文书从不同的角度来看,可以有多种分类的方法。不同的分类,从不同的方面揭示了公文的特征或属性。

1. 按适用范围来划分

根据国务院办公厅2000年修订发布的《国家行政机关公文处理办法》规定,我国行政机关现行的公文有13种:命令(令)、决定、公告、通告、通知、通报、议案、报告、请示、批复、意见、函和会议纪要。

2. 按其行文方向来划分

可分为上行文、下行文和平行文。上行文是指具有隶属关系的下级机关呈报给上级机关的公文,如请示、报告等。下行文是指具有隶属关系的上级机关发给下级机关的公文,如决定、指示、公告、通知、通报等。平行文指平级机关或不相隶属机关之间来往的公文,如函等。通知、公文纪要有时也可作为平行文。

所谓隶属关系,是指上下级机关具有直接管理和被管理的关系。例如,某省政府与本省某地区政府就具有隶属关系,而某省政府与其他省政府所辖的县政府虽然具有级别的差异,但二者不具有隶属关系,其行政级别较高的机关对行政级别较低的机关没有约束力。因此,上行文和下行文的说法仅存在于具有隶属关系的机关公文活动之中。

3. 按时限要求来划分

可分为特急公文、急办公文、常规公文。公文内容有时限要求,需迅速传递办理的,称紧急公文。紧急公文可分为特急和急件两种。紧急公文应随到随办,时限要求越高,传递、办理的速度也就要求越快,但要"快中求准"。急件应当在接到来文后3天之内办理完毕,特急件应当在1天内办理完毕。随着社会的发展,对公文的时效要求越来越高,即使常规公文,也应随到随办,以提高办理文件的效率。

4. 按机密程度来划分

可分为绝密公文、机密公文、秘密公文、普通公文。绝密、机密、秘密公文又称保密文件,是指内容涉及党和国家的机密,需要控制知密范围和知密对象的文件。秘密等级简称密级,应在公文首页注明。文件的密级越高,传达、阅办、保管的要求也越严。这些不同等级的保密文件一旦泄露,会使国家的安全和利益遭受不同程度的严重损害。

四、文书写作及文书之间的关系

(一)文书的写作

写作是作者运用书面语言符号传递信息、交流思想感情而制成文章的精神劳动。它是一种精神劳动,是写作主体的一种有意识、有目的的脑力活动。写作作为一种精神劳动,不同于一般物质生产劳动的地方在于:物质生产劳动主要是支出体力(也有脑力的支出),写作主要是支出脑力(也有体力的支出);物质生产劳动的加工对象是物质资料,写作加工的对象是社会生活的种种信息以及由此产生的思想感情;物质生产劳动的工具是劳动主体把自己的体力劳动(也包括部分脑力劳动)传导到劳动对象上去的物质手段,写作的工具是写作主体用来表达脑力劳动过程的语言文字符号。

由此可以看出，写作的性质是精神劳动，写作的主体是作者，写作的工具是书面语言符号，写作的客体是社会生活的种种信息以及由此产生的思想感情，写作的载体是文章，写作的作用是传递信息、交流思想感情。

写作作为一门学科，是研究写作的特点、规律和方法、技巧的科学。写作学作为一门学科体系，由写作原理、文体写作、写作训练3个层级构成，由此便产生了基础写作学、应用写作学、文学创作3个相互联系又相对独立的分支学科，而写作训练则贯穿于各分支学科的技术操作的层面中。

写作可划分为文学写作和实用写作两大类。建筑文书写作是实用写作的分支，按功能特征可分为建筑理论写作（指探索建筑活动本质和规律的写作，如建筑论文写作）、建筑新闻写作（指及时宣传、报道、评论建筑行业活动中新人新事的写作，如建筑活动消息写作）、建筑应用写作（指处理建筑活动中公私事务的写作，如建筑合同写作）。必须指出的是，大量建筑写作活动可分属不同类型，具有明显的交叉性，如调查报告和总结报告的写作，有的属应用写作，有的属新闻写作，有的属理论写作。

（二）文书、文件和公文的关系

在机关的日常工作活动中，常常出现“文书”、“文件”和“公文”这3种概念同时使用的情况。如文书、文书处理、文书工作，文件、文件拟写、文件往来，公文、公文格式、公文立卷等。这些概念有时还可以通用。如文书处理也可称为文件处理、公文处理，文件往来也可称为文书往来、公文往来，公文格式也可称为文件格式、文书格式等等。这就说明，在机关日常工作活动中出现的文书、文件和公文这3个概念的基本含义是一致的，都是指国家机关及其他社会组织在工作活动中形成和处理的收来文件、发出文件以及机关内部所使用的文件材料，即公务文书。

在实际工作中，由于历史上的习惯称呼和用法，以及其他原因，文书、文件和公文3个概念在不同的场合往往强调不同的侧面，有着不同的称呼和用法。

文书一词，在机关的公务活动乃至人们的日常生活中，使用得极为普遍和广泛。它可以作为所有文件材料的总称，既可以指公务文书，也可以指私人文书，是一个整体概念。文书还可以指一种职业，如某某人在做文书工作；也可以指职务名称，如文书、文书科长、文书处长等。

文件一词则有两种理解。从广义上说，它同文书一样，既可以指公务文件，也可以指私人文件，有时还可以指文件材料的总称。如一次大型会议，会议结束之后，要将会议文件整理归档保存。这里说的文件，既是指会议形成的正式文件，如会议纪要、会议决议等，也包括会议进程中的领导讲话、代表发言、会议记录、会议简报，甚至还包括录音、录像、照片等有关材料。从狭义上说，文件主要指机关、组织制成和发布的有文件版头等固定格式的正式行文，如中共中央文件、国务院文件等。对于这类重要的正式行文，人们往往郑重地称之为“文件”，而不称文书或公文。就某一单份的文件来说，人们也习惯地称之为一份文件，而不叫一份公文或一份文书。

“公文”一词出现在东汉末年和三国时期。汉代多称文书，称公文较少。三国以后，多称公文，指官府之间往来的公事文书。如《后汉书·刘陶传》载：“州郡忌讳，不欲闻之，但更相告语，莫肯公文。”说的是东汉末年，黄巾起义的领袖张角等人势力强大，可能聚众起事，但州郡官员只是口头相互转告，不肯以公务文书的形式上奏朝廷。《三国志·魏志·赵俨传》中也有"辄白曹公，公文下郡，绵绢悉以还民"的记载。自此以后，公文就成为公务文书的统称了。

以上我们就文书、文件和公文这3个概念作了简要介绍，至于一些文书学著作或文章对这3个概念的比较辨析甚至分歧意见，则仁者见仁，智者见智，在这里我们就不过多地讨论了。

第三节　文书写作的基本概念

一、文书写作的含义及功能

（一）文书写作的含义

文书写作有广义和狭义2种理解。广义的写作是指除文学创作以外的一切写作活动，包括经济、军事、外交、科技、司法等社会生活各个领域的专业写作和在日常工作、学习和生活中的种种事务性写作；狭义的写作仅指日常工作、学习和生活中的事务性写作，如公文、信函、笔记等写作。本书所讲的文书写作是指广义的专业性写作。

实用文体是各类实用型文章的总称，而实用型文章是与欣赏型文章相对而言的，它是指为解决实际问题而撰写的文章，是在社会生活中具有特定用途的文章。社会生活丰富多彩，社会需求多种多样，实用型文章在不同的社会领域往往具有不同的面貌和特点，或者说，不同的领域往往有着不同的需求。

文书写作属文体写作的一个分支。文体写作分文学创作和应用写作两大门类，建筑文书写作是文书写作中的一个文体写作类别。

文书写作以语言文字为中介，传递各种信息，在社会政治、经济、文化、科技乃至日常生活交往中的各个方面都发挥工具性作用。进入信息社会，文书的作用就更大了，它是机关、单位和个人处理事务、沟通关系的重要工具，在社会生活中，各个领域都少不了它。

本书旨在对建筑文书写作这一行为及结果进行分析、讲解和研究，从理论上加以总结，找出规律，进而再指导和规范这一行为，以提高写作主体的写作水平和写作质量。

与其他写作一样，建筑文书写作是行为，是过程，是动态的。写作的目的是产品，而产品的质量如何，又取决于写作的行为与过程，两者是一种因果关系。

（二）文书写作的功能

文书写作的主要功能有以下几个方面：

（1）交流信息。下级单位或部门的希望要求、工作情况、工作动态，特别是新情况、新问题、新经验，需要及时向上级反映；上级制定的方针、政策和指示、意见等，需要尽快向下级传达；同级或不同部门相互之间商洽工作、交流情况、协作共事，都需要不同格式的应用文书面材料承担。

（2）宣传教育。机关的大多数文件都有宣传教育的职能。特别是决议、决定、报告、指示等机关的文件，其内容一般都包含指导思想、理论和实践的依据、方针政策，以及实施方案等。传达贯彻这些文件就是为了统一思想，提高认识，推动工作。有些可公开发表及可作为新闻报道发表的文件，宣传教育的范围更广，影响更大。

(3)规范行为。机关文书文种类繁多，不同程度地规定了人们的行动准则和行为方向，特别是法规性和政令性的文件，对于人们该干什么，不该干什么，在什么时间、什么范围、什么问题上可干或不可干，能干到什么程度等，都有明确的规定，有的还具体地制定了奖惩办法。这类文件一经发布，就必须坚决执行，任何人都不得违反。

(4)资料凭证。上级机关在制定方针政策或指导工作时，更多的材料来源于下级的简报、报告、计划、总结等。而下级机关开展工作、处理问题，单位之间的横向联系，通常也要以上级文件作为纽带和凭证。

二、文书写作的研究对象

文书写作以应用文为研究对象。它主要研究的就是它的程式性，即各有其格式。因此，各种文书的相对固定格式自然就成为文书写作的研究内容，但界域远不止此。因为格式只是表层的东西，只记住格式还不能写出像样的文字材料，文书写作还要研究深层的东西，而这个深层领域，其内容是极为丰富而深邃的。概而言之，这个领域既要研究应用文体的一般特点和写作规律，又要研究各种文书的具体特点和写作规律。也就是说，既要研究应用文体的共性，又要研究应用文体的个性。所以，写作思维规律和语言运用规律乃是应用写作学所必须研究的更深层的内容。

综上所述，实用写作的研究内容应当包括：

(1)共性与个性规律。文书的写作既有共性特点和规律，又有个性特点和规律。今人在这方面成果甚多，古人也有不少有价值的见解。如曹丕就说过：“奏议宜雅，书论宜理，铭诔尚实，诗赋欲丽。”(《典论·论文》)

(2)基础写作规律。即立意、选材、布局谋篇、遣词造句等写作一般规律。今人或概括为意化律、序化律、形化律。这是根本，是为“根深才能叶茂” 。正如韩愈在《答李翊书》中所说：“根之茂者其实遂，膏之沃者其光晔。”

(3)语言运用规律。从语体上来说，包括口语、书面语的运用；从语言运用层次上来说，包括词语、句子、修辞、文体的运用；此外还有语言习惯规律等。

(4)逻辑思维规律。这是探讨思想形成的规律，尤其侧重于写前思维的研究。写作思维涉及人的经验、知识、理论各个方面，与哲学、逻辑、心理等多种学科相关联。

以上 4 点都是文书写作的研究对象。由于它涉及多种人文科学，诸如语言学、心理学、思维学、文学、哲学、逻辑学、社会学、法学、经济学等，所以实用写作是一门综合性文化基础课，而实用写作能力则是人的各种能力的综合体现。

三、文书写作的基本功

(一)文书写作的阶段性能力

值得注意的是，文书材料写作主体最根本的素养是写作能力素养。政策理论水平、知识结构、心理素质对建筑文书写作的影响最终都是通过写作过程实现的。写作的过程就是写作能力展现的过程。优秀的心理素质、丰富的知识储备、较高的政策理论水平在写作活动中一定程度上会转化为写作主体的写作能力,但并不是有了这些,写作主体的写作能力就一定会很强。写作能力是写作主体的认识、思维和技巧的综合反映。如果说认识水平的高低是理论水平和知识水平的反映,是思维能力反映了心理素质,那么写作技巧则是需要写作主体在熟练掌握写作知识的基础上经过长期写作实践训练才能培养出来的。如果政策理论水平、知识积累、心理素质不经由写作技巧去发挥它们在建筑文书写作中的作用,那么它们就不能转化为写作主体的写作能力。

具体而言,写作能力包括以下几个方面:①写作准备阶段的能力,表现为搜集、整理、分析、研究、选择材料的能力,确立文章主旨的能力;②写作行进阶段的能力,表现为写作文章的结构能力、语言组织表达能力;③写作完善阶段的能力,表现为修改文章、处理文书的能力。

当我们对建筑文书写作的各个环节掌握得游刃有余时,那么,我们的写作技巧就臻于成熟了。

(二)文书写作作者的能力

1. 语感能力

所谓语感,指的是人对语言文字的感觉、理解和运用的能力,这种能力是在语言实践中形成的,带有浓厚的经验色彩。这里的"实践"包括阅读和写作 2 种方式,阅读侧重于积累人对语言的敏锐的感觉能力和正确的理解能力,写作侧重于对语言的运用能力。叶圣陶曾经说:"文字语言的训练,我认为最要紧的是训练语感,就是对语言的敏锐感觉。"他们都充分认识到语感对写作水平的重要作用。

2. 思维能力

观察和阅读,为我们提高自身修养、获取写作材料提供了基本的途径和方法;经过一定的积累,我们在修养水平得到提高的同时,也相应地具有了一定的写作所必需的材料储备。但是,积累所得并不能自然地进入写作,要使写作者在观察和阅读中所积累的东西成为写作的内容,需要有一个转化机制,那就是主体的思维能力。在写作中训练思维能力,目的就是增强文章的深刻性与独创性。具体地说,通过培养由此及彼、由表及里的思维习惯,从中发现没有被人认识的新事物、新问题,或从已知事物、已知问题中探寻新的性质和新的答案。只有当写作者具有一定的思维——转化能力,能够对积累所得进行分析与综合,展开联想与生发,实现整合与创新,才能实现由材料积累向写作内容的转化。从写作的角度看,思维能力主要包括形象思维和逻辑思维两种能力。

3. 想象能力

想象是一种温故而知新的过程,是人们通过观察、搜集而来的资料,在大脑中重新组合,融汇升华,创造出一种新的形象的心理过程。写作离不开想象,《文赋》说:"观古今于须臾,抚四海于一瞬。"通过想象,可以使概念化为形象,物质变为精神,静止的继续行动,片段的两头延伸,浓缩的使之扩展,散漫的加以集中,并列的相互联结,对立的从中沟通。简单地说,小自打个比方,大至塑造典型,形象地说明整理,进行艺术概括,以致构思通篇文章,都需要借助想象。想象是感情奔放的产物,而想象又会使感情激越飞扬,超越眼前所见所闻。

4. 表达能力

所谓表达，是指人将蕴涵主体精神创造的内心图式借助某种物质手段和实践方式转化为新的事物，从而使人的智慧获得一种对象化的存在。在写作活动中，实现主体精神创造对象化的物质手段，主要是语言；其实践方式就是运用语言所进行的各种文体类型的具体写作。表达能力，就是运用语言和各种文体知识实现主体精神创造对象化的能力。

四、文书的行文规则及格式

（一）文书的行文规则

行文关系是根据行文单位各处的隶属关系和职权范围确定的。行文的规则是公文在运行传递中应遵循的规矩法则。所以，建立正确的行文关系，遵守必要的行文规则，有助于机关、部门、单位维护正常的领导和管理，避免行文混乱，防止“公文旅行”，克服文牍主义，提高工作效率。为了确保公文迅速而准确的传递，避免行文紊乱，《国家行政机关公文处理办法》第13条、14条指出：“行文应当确有必要，注重效用。行文关系根据隶属关系和职权范围确定。”具体的行文规则有：

1. 下行文规则

（1）政府各部门依据部门职权可以互相行文和向下一级政府的相关业务部门行文；除以函的形式商洽工作、询问和答复问题、审批事项外，一般不得向下一级政府正式行文。

（2）部门之间对有关问题未经协商一致，不得各自向下行文。如擅自行文，上级机关应当责令纠正或撤销。

（3）上级机关向受双重领导的下级机关行文，必要时应当抄送其另一上级机关。

（4）向下级机关或者本系统的重要行文，应当同时抄送直接上级机关。

2. 上行文规则

（1）请示应当一文一事；一般只写一个主送机关，需要同时送其他机关的，应当用抄送形式，但不得抄送其下级机关。

（2）报告不得夹带请示事项。

（3）一般不得越级请示和报告。

（4）除上级机关负责人直接交办的事项外，不得以机关名义向上级机关负责人报送请示、意见和报告。

（5）受双重领导的机关向上级机关行文，应当写明主送机关和抄送机关。

3. 联合行文规则

（1）同级政府、同级政府各部门、上级政府部门与下一级政府可以联合行文。

（2）政府与同级党委和军队机关可以联合行文。

（3）政府部门与相应的党组织和军队机关可以联合行文。

（4）政府部门与同级人民团体和具有行政职能的事业单位也可以联合行文。

4. 其他行文规则

（1）属于部门职权范围的事务，应当由部门自行行文或联合行文。联合行文应明确主办部门。须经政府审批的事项，经政府同意也可以部门行文，文中应注明经政府同意。

(2)属于主管部门职权范围内的具体问题,应当直接报送主管部门处理。

(二)文书的格式

1. 文书格式概述

文书格式,指的是文字的外部组织形式。它包括文书用纸、装订和文书文面结构。文书的格式,看上去属于形式问题,其实,除了书写、用纸、装订等项目外,其他方面都与文书的内容密切相关。因此,在撰写过程中,除了要考虑它们安排在哪里、如何布局外,对其内容更要字斟句酌。只有按要求完成了这项任务,才可能实现文书格式的规范化、科学化,才可能使文书的格式在保证质量、提高机关办事效率方面发挥应有的作用,才可能适应迅速发展的办公工具自动化的要求。

行政公文的格式体现了国家机关行政公文的权威性,是公文的重要组成部分。在这里我们着重介绍行政公文的格式。

2. 公文的书面格式

公文的书面格式,是指公文的数据项目在公文文面上所处的位置和书写的形式。这些构成要素不是随意而定的,它是由党和国家有关部门颁布的法规性公文所规定的,任何单位在拟制公文时都必须按规定执行。

按国家质量技术监督局 1999 年 12 月发布的《国家行政机关公文格式》规定,组成公文的各要素划分为眉首、主体、版记 3 部分。置于公文首页红色反线(宽度同版心,即 156 毫米)以上的各要素统称眉首,置于红色反线(不含)以下至主题词(不含)之间的各要素统称主体,置于主题词以下的各要素统称版记。

(1)眉首部分。文书的眉首部分包括公文份数序号、秘密等级和保密期限、紧急程度、发文机关标识、发文字号、签发人等项。

1)公文份数序号。公文份数序号是将同一文稿印制若干份时每份公文的顺序编号。如需标识公文份数序号,用阿拉伯数码顶格标识在版心左上角第 1 行。

2)秘密等级和保密期限。如需标识秘密等级,用 3 号黑体字,顶格标识在版心右上角第 1 行,两字之间空 1 字;如需同时标识秘密等级和保密期限,用 3 号黑体字,顶格标识在版心右上角第 1 行,秘密等级和保密期限之间用“☆”隔开。

3)紧急程度。如需标识紧急程度,用 3 号黑体字,顶格标识在版心右上角第 1 行,两字之间空 1 字;如需同时标识秘密等级与紧急程度,秘密等级顶格标识在版心右上角第 1 行,紧急程度顶格标识在版心右上角第 2 行。

4)发文机关标识。由发文机关全称或规范化简称后面加文件组成,对一些特定的公文可只标识发文机关全称或规范化简称。发文机关标识上边缘至版心上边缘为 25 毫米。对于上报的公文,发文机关标识上边缘至版心上边缘为 80 毫米。

发文机关标识推荐使用小标宋体字,用红色标识。字号由发文机关以醒目美观为原则酌定,但最大不能等于或大于 22 毫米 ×5 毫米。

联合行文时应使主办机关名称在前, 文件 2 字置于发文机关名称右侧,上下居中排布;如联合行文机关过多,必须保证公文首页显示正文。

5)发文字号。发文字号由发文机关代字、年份和序号组成。发文机关标识下空 2 行,用 3 号仿宋体字居中排布;年份、序号用阿拉伯数码标识;年份应标全称,用六角括号

“〔 〕”括入;序号不编虚位(即1不编为001),不加“第”字。发文字号之下4毫米处印一条与版心等宽的红色反线。

6)签发人。上报的公文需标识签发人姓名,平行排列于发文字号右侧。发文字号居左空1字,签发人姓名居右空1字;签发人用3号仿宋体字,签发人后标全角冒号,冒号后用3号楷体字标识签发人姓名。如有多个签发人,主办单位签发人姓名置于第1行,其他签发人姓名从第2行起在主办单位签发人姓名之下按发文机关顺序依次顺排,下移红色反线,应使发文字号与最后一个签发人姓名处在同一行,并使红色反线与之的距离为4毫米。

(2)主体部分。公文主体部分包括公文标题、主送机关、公文正文、附件、成文时间、印章、附注等项。

1)公文标题。一般由发文机关名称(作者)、文件的主题(事由)及文种(文件名称)3部分组成,位于文件首页发文字号之下,可分一行或多行居中书写。其结构如下:

国务院关于××的决定(作者+介词+事由+文种)

在撰写标题时,发文机关的名称要写全称或规范化简称,如果文件首页具有制发机关的标志(文头),其标题中可省略发文机关名称。事由是标题的主体部分,应准确、简要地加以概括。文种是公文文体的名称,用以概括提示公文的性质和制发的目的。正确使用文种,有利于及时、准确地处理文件。发文机关名称之后用介词“关于”引出文件主题,用助词“的”与文种相连接,以文种为中心词构成偏正词组。公文标题中除法规、规章名称加书名号外,一般不用标点符号。

公文标题的3个组成部分一般要写完整,也有部分省略的情况:一是法规类、单位内部使用的公文,标题中可省略发文单位;二是省略事由,有些公文内容单一,正文较简单,就可以在标题中省略事由。

文件标题应当准确、概括、简要,以便于公文的检索与处理,便于读者理解公文的内容与行文的目的。

红色反线下空2行,用2号小标宋体字,可分一行或多行居中排布;回行时,要做到词意完整,排列对称,间距恰当。

2)主送机关。指公文的主要受理机关,应当使用全称或者规范化简称、统称。其位于标题之下、正文之上,要求左顶格书写。标题下空1行,左侧顶格用3号仿宋体字标识,回行时仍顶格;最后一个主送机关名称后标全角冒号。如主送机关名称过多而使公文首页不能显示正文时,应将主送机关名称移至版记中的主题词之下、抄送之上,标识方法同抄送。

3)公文正文。这是公文的主体或中心,用来表达公文的具体内容。正文结构一般包括导语、正文主体和结尾3个部分。导语部分用来表明制发公文的依据、目的或原因。主体是公文的核心部分,其结构安排要有逻辑性、条理性。因各种文种的发文目的等方面不同,其写作要求也不同。结尾,各种公文一般有与文种相适应的习惯结束语。

主送机关名称下一行,每自然段左空2字,回行顶格。数字、年份不能回行。

4)附件。指与公文内容有关的随文发送的文件、材料等。如有附件,在正文下空1行、左空2字用3号仿宋体字标识“附件”字样,说明所附材料名称及份数。后标全角冒号和名称。附件如有序号,使用阿拉伯数码(如“附件:1. ×××××”);附件名称后不加标点符号。附件应与公文正文一起装订,并在附件左上角第1行顶格标识“附件”,有序号时标识序号;附件的序号和名称前后标识应一致。如附件与公文正文不能一起装订,应在附件左上角第1行顶格标识公文的发文序号并在其后标识附件(或带序号)。

5)成文时间。一般文件,以负责人签发日期为准;经会议讨论通过的文件,以通过日期为准;法规性文件,以批准日期为准;联合发文,以最后签发机关(部门)的负责人签发日期为准;电报以发出的日期为准。行政公文的成文时间用汉字书写,要将年、月、日标全,“零”写为“0”。

6)公文生效标识(印章)。①单一发文印章。单一机关制发的公文在落款处不署发文机关名称,只标识成文时间。成文时间右空4字;加盖印章应上距正文2~4毫米,端正、居中下压成文时间,印章用红色。当印章下弧无文字时,采用下套方式,即仅以下弧压在成文时间上;当印章下弧有文字时,采用中套方式,即印章中心线压在成文时间上。②联合行文印章。当联合行文需加盖两个印章时,应将成文时间拉开,左右各空7字;主办机关印章在前;两个印章均压成文时间,印章用红色。只能采用同种加盖印章方式,以保证印章排列整齐。两印章之间不相交或相切,相距不超过3毫米。当联合行文需加盖3个以上印章时,为防止出现空白印章,应将各发文机关名称(可用简称)排在发文时间和正文之间。主办机关印章在前,每排最多排3个印章,两端不得超出版心;最后一排如余一个或两个印章,均居中排布;印章之间互不相交或相切,在最后一排印章之下右空2字标识成文时间。③特殊情况说明。当公文排版后所剩空白处不能空下印章位置时,应采取调整行距、字距的措施加以解决,务使印章与正文同处一面,不得采取标识“此页无正文”的方法解决。

7)附注。指与文件有关的简要说明。如有附注,用3号仿宋体字,居左空2字加圆括号标识在成文时间下一行。

(3)版记。版记包括主题词、抄送单位、印发机关和印发时间等项。

1)主题词。是指标识公文主题、文件类别的并经过规范化处理的名词或名词性词组。标识主题词必须从有关主题词表中选用,如《国务院主题词表》、《教育类公文主题词表》等。主题词的位置在附注下方、文尾横线上端。一份文件选用2~3个主题词,最多不超过5个,词与词之间各有1个字的间距。用3号黑体字,居左顶格标识,后标全角冒号,词目用3号小标宋体字;词目之间空1字。

2)抄送单位(抄送机关)。指除主送机关外需要执行或知晓公文的其他机关,应当使用全称或规范化简称、统称。公文如有抄送,在主题词下一行,左空1字用3号仿宋体字标识抄送,后标全角冒号;回行时与冒号后的抄送机关对齐;在最后一个抄送机关后标句号。如主送机关移至主题词之下,标识方法同抄送机关。

3)印发机关和印发时间。印发机关是指负责把公文文稿印成正式公文的机关。印发时间是指把公文文稿送往印刷的日期。这两项位于抄送机关之下(无抄送机关在主题词之下)占1行位置,用3号仿宋体字。印发机关左空1字,印发时间右空1字。印发时间以公文付印的日期为准,用阿拉伯数字标识。

(4)版记中的反线。版记中各要素之下均加一条反线,宽度同版心。

(5)版记的位置。版记应置于公文最后一页,版记的最后1个要素置于最后1行。

3. 公文的特定格式

(1)信函式格式。发文机关名称距离页的上边缘为30毫米,字号由发文机关酌定。发文机关全称下为一条武文线(上粗下细),距下页边20毫米处为一条文武线(上细下粗)。发文机关名称及双线均印红色。

(2)命令格式。命令标示由发文机关加"命令"或"令"组成,用红色标宋体字,字号由发文机关酌定。联合发布的命令或令的签发人职务应标示全称。在签发人签名章下1行右空2字标示成文时间。

(3)会议纪要格式。会议纪要标示由"××会议纪要"组成。会议纪要不加盖印章。

五、文书写作应注意的问题

(1)注重政治理论修养,提高分析能力和认识水平。文书材料的写作,是表达研究问题、处理工作、进行交流、解决问题的工具。能不能写好文书材料,首要的是政治理论修养,其次是分析问题和认识问题的能力。注重政治理论修养,重要的是掌握分析和认识问题的武器,认真学习党和国家的方针、政策,了解新形势的发展,深入社会实际,才能以正确的立场、观点、方法去认识事物、分析问题、解决问题。有了正确的理论指导和正确的思想方法,就能够从各种错综复杂的现象中,抓住事物的本质,鉴别出是非曲直,做到观点鲜明、立场坚定,就可能用正确的观点统率繁杂纷纭的材料,写出思想内容比较深刻的应用文书来。同时,还要认真学习和掌握党的方针、政策,领会上级部门有关的指示精神,时刻关心和了解社会主义现代化建设的大局,了解国内外形势的发展变化,并对未来一定的政治环境下的经济发展进行预测。这样,就可以胸有全局,站得高,看得远,能够把一个部门和单位的局部工作同整个事业的大局联系起来,"以大看小",看得更深刻;也能以开阔的视野,敏锐的政治眼光,及时抓住问题的症结,"由小见大",写出思想深刻、内容真实、符合实际的文书材料。

(2)熟练掌握专业知识,具备必要的知识积累。文书的写作,主要靠熟悉世事、练达人情,对有关专业以及涉及问题的深入了解,对各种条件的敏锐洞察。文字功夫、专业知识、负责精神和协调努力,都不可或缺。这就必须掌握专业知识,精通业务,具有必要的知识积累,如较高的政治理论水平、丰富的生活阅历、深厚的专业知识和综合知识储备;具有熟练的篇章结构能力、语言表达能力、把握文体特征能力等。只有具备了深厚的专业知识及有关的知识积累,在写作时才能把事情叙述清楚,把道理讲明白,把要求提明确。文书是为了解决工作中的实际问题而撰写的,每个行业、每个单位、每个部门都有自己的业务和工作要求,所涉及的相关文件,不论是内容还是文字,都必须具有科学性,符合本部门的实际,符合客观事物的规律。因此,要写好文书材料,既要向书本学习,提高自己学习的自觉性和主动性,也要在各方面充实自己的同时,虚心求教,勤于动笔,在写作实践中摸索规律,持之以恒,有目的有步骤地提高自己的写作水平,从而使自己真正能够精通业务,具体地把党的方针政策和业务工作中出现的新情况、新问题结合起来,撰写出内容实在、能够指导业务工作的文书材料来。

(3)坚持理论联系实际,掌握文书写作的内在规律。要逐步摸索文书写作的规律,初学者要经过模仿、熟悉、自如3个阶段,对范文、例文的分析和模仿是学习应用文写作的重要途径。文章是客观事物的反映,这种反映是通过人们的头脑对客观事物所作的能动反映,是作者对客观事物进行积极思维、深入认识的创造性成果。在学习中,要重点阅读一些写作格式规范的经典范文、名篇,反复去研读、仔细去揣摩,从中领悟“应该怎么写”和“不该怎么写”,掌握文书写作的一些基本规律,开拓思路,善于借鉴,掌握技法,在阅读中、在实践中去思考、去写作,从而提高分析评价应用文的能力。掌握了这些规律,还需要勤于实践,只有在理论领悟和实践历练两个方面兼进并重,持之以恒,克服困难,加强训练,才能将文书写作知识转化为写作能力。因此,只要掌握写作规律,从多方面进行坚持不懈的努力,学好文书写作也并非难事。

(4)加强语言艺术修养,提高文字修饰能力。语言文字是写作的主要表达手段,任何一种作品都有语言文字使用上的独特要求。文书写作要注重实用,语言具有准确、简明、规范、平实的基本特点,由于语言文字的丰富性、复杂性,要想提高语言文字表达能力,唯一的办法就是多读多写,要经常练习写多种体裁的文章。还要做有心人,注意搜集生活中和各种材料中的生动活泼的语言。这样日积月累,积少成多,由生到熟,写作时文词就可呼之即来,得心应手。对于我们初学者来说,首先要熟悉和掌握公文的语言特点,要做到用词准确,养成辨析词义的习惯,熟悉并正确运用语法,注意语言的规范性;其次应注意行文的主体风格,特别要做到语言精练简洁,不说套话、废话。

文书写作能力是一个人综合能力的反映,加强政治、政策、理论、文化知识、实践能力等方面的修养,是改善一个人内在素质的根本途径,也是提高文书写作能力的必由之路。

第四节 文书写作的一般要求

一、对语言的要求

语言是思想的直接现实,是表情达意的工具,是构成文章的第一要素。文书写作,必须用好语言。尽管不同的文书体在语言要求上各有侧重,但要异中有同,那就是语言的平实、准确、简明、规范、得体,成为绝大多数文书写作的共同要求。

(1)平实。所谓平实,是指文书的语言平直自然,明白晓畅,通俗易懂。写作文书的目的是为了办事,而不是供人欣赏,所以只有平直朴素的语言,才能快捷有效地传达信息。

文书语言多用叙述、说明、议论,很少使用描写和抒情手法,要避免使用渲染、夸张的修辞手段,不追求生动而力求朴实。因此,写作时用字选词应“取最普通常用者”,不追求华丽,不滥用典故;遣词造句要直白明快,做到文风朴实自然。这样才能使文书的特定读者方便迅捷地、明白无误地理解作者的意思,达到快速有效地办理公务、处理事务的目的。

(2)准确。准确是对文章语言的基本要求。文书语言的准确,是指语义明确,褒贬得当,真切表达想表达的内容,准确反映客观事物的实际情况。准确同平实是统一的,文书要做到实事求是,就必须在准确上下工夫,注意以下4点:

1)用词要准确。根据表达对象的不同,字斟句酌,精确选用同义词,仔细辨析近义词的异同、轻重、感情色彩、时代特色等方面的细微差别。做到概念明确,判断正确,褒贬分明，轻重适度，使所选用的词语如实地反映客观事物，确切地表达作者的意图，恰到好处，不产生歧义。

2)句式使用要恰当。文书句子的使用，要少用长句，多用短句；少用感叹句和疑问句，多用陈述句。选择合适的句子形式，可以使读者更好地理解文章的内容。如果长句太多，既易出现病句，也会给理解带来困难；而整句、感叹句、疑问句使用太多，则会使文书失去其独有的平实、自然的文风，降低其作为日常文书的存在价值。此外，还要避免出现病句，否则会影响所要传递的信息。

3)推理要合乎逻辑。即推理要真实反映客观事物及其内在联系，反映客观事物发展的规律。

4)数字运用要精确。运用可靠的统计资料，准确无误的引用数字来揭示事物之间的数量关系，增强语言的精确性，使其能有说服力，令人信服。

当然，文书写作也可以适当运用比喻、对比、引用、设问、反问之类的修辞方法，但切忌为"修辞"而运用。

(3)简明。文书的写作目的可以说是以传递信息为主，因此行文务必简明。所谓简明，是指用较少的文字表达清楚较多的内容，文约而事丰，言简而意赅，篇幅短小精悍，做到一目了然。刘勰在《文心雕龙》中指出："随事立体，贵乎精要，意少一字则义阙，句长一言则辞伤。"这句话指出了语言应服从于表意的需要，强调了文贵精要。毛泽东同志早就提出，写文章要反对那些"空话连篇、言之无物"的八股文章，强调文书的简明性。

文书语言要简明，就应做到以下几点：一要思路清晰。即作者善于抓住事物的本质和关键，并用简练的语言进行高度概括和准确的表述，材料安排详略得当，表意简洁明白，不拖泥带水。二是能恰当使用概括力强的成语和熟语。如"同心同德"、"忠于职守"、"八九不离十"等；能使用一些专用词语和一些固定习惯用语，如"此复"、"函告"、"如期"、"尚需"等。这样既能突出语体特征，又能使语言简明，文体规范。三是删繁就简。××先生曾经指出，文章写完后至少看两遍，竭力将可有可无的字、句、段删去，毫不可惜。写文章不能文词烦琐，套话、空话、废话连篇，一定要惜墨如金，务求文字简练，用语简洁，篇幅短小精悍。

(4)规范。所谓规范，是指文书写作的语言必须合乎语法、合乎逻辑、合乎各种文体的书写习惯，而不能生造词语，故意标新立异。文书的语言规范化主要表现在：一是书写规范。做到正确使用简化汉字，不写繁体字、异体字、不规范的汉字；使用标点符号要严格按照规范标准执行；行文中的数字、数据的书写符合有关的规范标准，不能滥写。二是能使用习惯性专用语。文书在长期的写作实践中逐渐形成了一些习惯用语，为人们所认同，一般不能随意变换，诸如称谓语常用"本(公司)"、"你(处)"、"我(部)"、"该(县)"等；期请语常用"即请查照"、"希即遵照"、"请"、'拟请等；征询语常用"当否"、"是否可行"、"可否"、"是否同意"；结尾语常用"为要"、"为盼"、"为荷"、"特此"等。三要适当使用约定俗成的简缩词。简缩词必须是约定俗成的，如"中共"、"十七大"之类，不能自己胡乱简缩，否则容易产生歧义。

(5)得体。所谓得体，是指文书的语言要适合现实社会中的各种公共关系，并能体现出各种人际关系。这要求文书运用语言写作时，要考虑到作者自己的身份、阅读的对象、写作的目的，甚至还要考虑到与客观环境的和谐一致。比如需要登报或张贴的广告、启事，语言要简明流畅、通俗易懂，便于记诵。同时还要注意文书语言的合体性，体是指语言要合乎特定文体的要求，合乎特定的语境、特定的场合。做到根据所写文体的不同运用不同的语言，如祝辞、贺信要热烈欢快，提出申请需委婉平和，诉讼、机关事务文书用语必须庄重、严肃等等。

总之，文书语言平实、准确、简明、规范、得体的特点，不是孤立存在的，而是互相联系，统一存在于1份文书的整体之中。因而我们在撰写文书的时候，遣词造句，应从体现这些特点出发，切勿顾此失彼。为此，我们将文书常用特定用语以表格的形式来规范，如表1-1所示。

表1-1　**文书常用特定用语简表**

类别	用语名称	作　用	常用特定用语
1	开端用语	主要用于文章开头，表示发语、引据	为、为了、为着、查、接、顷接、根据、据、遵照、依照、按照、按、鉴于、关于、兹、兹定于、今、随着、由于
2	称谓用语	用于表示人称或单位的称谓	第一人称：我、我单位、本人、本公司、我们、敝单位 第二人称：你、你局、贵公司、贵方 第三人称：他、该公司、该项目
3	递送用语	用于表示文、物递送方向	上行：报、呈 平行：送 下行：发、颁发、颁布、发布、印发、下达
4	引叙用语	用于复文引据	悉、接、顷接、据、收悉
5	拟办用语	用于审批、拟办	拟办、责成、交办、试办、办理、执行
6	经办用语	用于表明进程	经、业经、已经、兹经
7	过渡用语	用于承上启下	鉴于、为此、对此、为使、对于、关于、如下
8	期请用语	用于表示期望请求	上行：请、恳请、拟请、特请、报请 平行：请、拟请、特请、务请、如蒙、即请、切盼 下行：希、望、尚望、切望、请、希予、勿误
9	结尾用语	用于结尾表示收束	上行：当否，请批示；可否，请批示；如无不当，请批转；如无不妥，请批准；特此报告；以上报告，请批转；以上报告，请审核 平行：此致敬礼；为盼；为荷；特此函达；特此证明；尚望函复 下行：为要；为宜；为妥；希遵照执行；特此通知；此复；为……而努力；……现予公布
10	谦敬用语	用于表示谦敬	承蒙惠允、不胜感激、鼎力相助、蒙、承蒙
11	批转用语	用于上级对下级来文的批转处理	批转、转发
12	征询用语	用于征请、询问对有关事项的意见、态度	当否、妥否、可否、是否妥当、是否同意、如无不当、如无不妥、如果可行等

二、对所取材料的要求

所谓材料，也就是那些用以说明观点的事实根据。从材料本身的形态来看，材料可分为事实和理论两大类。如果再作进一步划分，事实则有事件与情况、实物与现象等，理论则有方针、政策、规定及概念、原理、学说等。从材料的来源看，有第一手材料和第二手材料之分。不同类型的材料，往往有不同的获取途径。观察、实验和调查是在实践中获取事实材料的主要途径，是得到宝贵的第一手材料的重要渠道；查阅文献则能够集中获取理论材料，第二手材料主要是通过查阅文献或调查得到的。那么，文书对观点和材料有哪些要求呢？

（一）对材料的要求

凡是为写作所搜集到的一系列事实和事理，都称为材料。应当说，撰写实用型文书所用的材料是多种多样的，不同类型的材料其获取途径又有所不同。当然，材料多样是就实用型文字材料的总体特征而言的，并不是说每一篇文字都必须要用到所有类型的材料。

材料是支撑文书的基础，是形成主旨的依据。没有材料作为基础，就难以形成观点，更难以产生深刻的思想或见解。所谓“言之有物”，这“物”指的就是材料。材料真实准确是文书写作对材料的基本要求。只有材料真实，才能确保内容的可靠。文书是用来办实事的，因此材料必须准确无误。不仅时间、地点、情况的反映要真实，而且各种数据都必须准确，否则就达不到办实事的目的。比方说，日记是写给自己看的，没必要说假话；书信是写给亲戚朋友看的，不应该说假话；调查报告、总结中的内容都必须是现实生活中确实存在的；学术论文、科研报告中所引证的事实、数字或数据都要求精确无误，真实可信；报告、请示是向上级反映情况，为上级制定政策、措施提供依据的，如果情况反映得不真实、不准确会造成工作的失误；即使是为了招徕顾客而拟写的广告，也必须依靠真实、准确来提高信誉，否则只会引起顾客的疑虑与反感。

在进行写作之前，作者要尽可能广泛地占有材料，要有一种“竭泽而渔”的功夫。这些内容包括：一是材料的数量要多，即搜集材料要多多益善；二是材料的品类要全，这里的“全”是指材料应当包括各种各样的材料，包括历史的、现实的，正面的、反面的，直接的、间接的，点上的、面上的，典型的、一般的，数字的、数据的等等材料。

建立了材料仓库，掌握了大量的材料，这仅仅是迈出了第一步。还必须对材料进行整理、审查、比较、鉴别、选用。文书写作要求内容真实，而真实的内容必须来自准确的材料。因此，务必要对材料进行分析、比较，辨别其真伪、精华与糟粕，确定其价值。只有经过鉴别的材料，才可供选择。

那么，选材有哪些具体要求呢？应注意以下 2 个方面：

1. 选材的原则

（1）紧扣主旨选材。选材的第一条要求，就是表现并突出主旨。一旦主旨确立，就成为选材的依据，首先是材料的取舍，应以主旨为统帅，围绕主旨选材是首要原则。要选取那些能充分表现主旨的材料。如不能很好地表现主旨的材料，哪怕极为生动，也要毫不犹豫地舍弃。那种马虎草率、任意拼凑材料的写作方法，不仅无助于主旨的表现，甚至会歪曲事实。初学写作的人往往误以为文章中所用材料越多,主旨便越突出,因而把自己花大力气搜集来的材料,尤其是孤立地看来还比较新鲜、生动的材料,尽量塞入文书中,致使文书显得臃肿繁杂,结果主旨反而被淹没了,这是要引起注意的。

(2)选取真实的材料。文书所选用的材料必须内容真实,符合实际。这种真实有两层意思:一是不能关起门来胡编乱造,必须符合客观事物的实际,不能弄虚作假。这真实,包括事实、事例、数字、数据、引用的言论等都是现实生活中真实存在的。文书写作不允许虚构、想象,不能"失真",不能对材料任意夸大或缩小。例如,表彰先进人物,姓氏、籍贯、模范事迹要准确;叙事则时间、地点、人物及因果要交代准确;引用别人的话或者摘引有关政策、法规等依据,要明白无误,哪怕是一个数据、一个标点也不能掉以轻心,随便处理。这就要求作者必须具有科学、求实的学风,同时又要具备严肃、认真的态度。二是要从材料的全部总和与联系中去选择反映客观事物一定本质的材料,不能选择一些孤立的、偶然的、个别的、没有代表性的材料。单个的材料,即使经过鉴别不失为真实材料,但因为是个别的,不具有真实性,就不能反映事物的全貌,因而是不可取的。

(3)选择典型的材料。所谓典型材料,是指能够深刻揭示事物的本质和规律,体现同一类事物的普遍意义,具有鲜明独特个性的材料。这样的材料有时即使只有一个,也足以将问题说得清清楚楚,并使文书有强大的说服力。选择这种"以一当十"的典型材料,一要注意尽量到客观现实中去选取真实存在的典型材料,这些材料虽然是个别的、特殊的,却能反映事物的共性,揭示某些本质的东西。二要注意范围和角度,不能一看是"典型材料",就不管三七二十一地拿来全方位地使用,以至于与主旨脱节。要善于思考与分析,善于鉴别与选择。"鉴别"是"选择"的基础,"选择"是在"鉴别"基础上的选择;鉴别材料要提倡一个"严"字,选择材料要提倡一个"精"字。

(4)选择新颖的材料。选材新颖是指要注意选择那些新近发生的、有时代特点的材料。这类材料有特色、有魅力,给人以新鲜感,使人耳目一新,能吸引人、说服人。尤其在当前,改革进一步深化,各种新事物、新情况不断出现,新经验、新问题不断产生;写作者也必须不断地去调查、研究、总结、概括。我们要结合题材勤于思考、善于分析。新生事物一开始往往是极少的,不要认为少而把它当成是偶然的、暂时的现象,以至失之交臂;新鲜生动的材料能使读者感到亲切,吸引读者去认识事物,接受信息,处理问题,这也正是文书写作所要求的。要避免使用陈旧的、时过境迁而又缺乏说服力的材料。有人认为,文书写作不过是"板着面孔说话",这种看法有失偏颇。

2. 材料的使用

选材之后接踵而来的是材料的使用。使用材料,重在一个"活"字,即依据主旨的需要灵活运用材料,文书才生动活泼,有说服力。

(1)灵活安排材料的顺序。材料的安排顺序可以是时间的,也可是空间的,还可以是时空结合或者有逻辑关系的。在写作过程中,到底选取哪种方式组织材料,要根据写作的实际需要来确定,如反映情况一般按时间顺序安排材料依次道来,说明问题则宜按照空间顺序或逻辑顺序来组建材料。有位报社记者写了一篇《关于××模板厂挖掘人才的调查报告》,叙述该厂大胆招收无人敢用而实际有用的人才时,便按招收人才的时间先后顺序安排材料;叙述该厂在商调有各种困难的工程技术人员时,材料的安排采取的是空间顺序;而在叙述该厂开展技术协作,让高校、科研单位的智力成果为“我”所用时,则是按照逻辑关系来安排材料顺序。由于该调查报告的材料顺序灵活,十分成功地树立了一个尊重知识、尊重人才的典型,因而有着普遍的现实意义。

(2)使用材料的角度要活。文书主题的提炼要有角度,运用材料来表现主题同样有个角度问题。同一个材料,“横看成岭侧成峰”,于是你直接使用,我间接使用;你概括使用,我具体使用。比方说一年一度的财税大检查工作总结,使用材料时既可以从严格财经制度、严肃财经纪律的正面角度使用这个材料,表现经济建设中取得成就的主题;也可以从经济领域中尚存在着腐朽现象的反面角度来用这个材料,体现腐朽思想对经济领域不断侵蚀的主题。

(3)灵活处理材料的详略。如何处理材料的详略,决定于材料表现主题的重要程度。有的文书主题只需选取一个典型材料来表现即可,这样的材料当然必须细致展开,详细叙述材料的重要方面,简略叙述材料的次要方面;有的文书选用了较多的材料来表现主题,对于具体的、重点的材料则详细表述,而对于概括的、次要的材料则简略表述。此外,材料表述的详略,还要考虑到读者和其他文书的情况:对于读者比较熟悉或易于接受的材料,从略;对于读者比较陌生或难以理解的材料,则应从详。对于同一材料,其他文书已选取并详细表述了的,从略,其他文书虽已选取了但仅是简略表述的,则可以从详。

总之,在文书写作的过程中,对所需材料要认真遴选,做到“博采”、“严鉴”、“精挑”、“活用”。

三、对观点的要求

对日常文书而言,所谓观点,就是指文书所发表的主张、态度、看法,所表达的意愿等。观点即主旨,是作者在文章中通过全部内容所表达出来的意向。在不同文体的文章中,对主旨观点的说法不同。文书的主旨是指文书每个章节中所体现的主张和基本思想,是作者对客观事物和材料的总的看法和评价。我们写文章,也要有一定的目的和意图,这个目的和意图体现在文中,就是主旨。主旨是一篇文章的核心和灵魂所在。一篇文章的价值如何,它的成败,首先就体现在主旨上。基本观点确立以后,便对材料、结构和语言起统帅作用,也就是说,文章的其他构成要素都要服从于表现主题的需要。

文书的主题,来自于社会实践。要写好文字材料,必须深入到社会实践、深入到人民群众中去,广泛搜集材料,认真进行调查研究,搜集各方面的意见,以获得对一些社会问题、社会现象正确而深刻的认识和理解。主题的获取除了作者直接的生活体验以外,还可以从反映他人社会实践的书籍、报刊等材料中得到间接的体验和经验,以对直接的生活经验进行补充。

但是,在文书写作中,常有单位领导人或负责人“授意”的“命题”写作。这种“授意”是否要“主题先行”呢?首先,这种“意”是有关领导人对他的社会实践,通过考察、思考而获得的;其次,作者在行文中,也会把自己对相关内容的思考、理解、看法融入写作之中。由此可见,这种主题终归还是来源于社会实践。

那么,文书主题的确定与提炼有哪些要求呢?

1. 主题要正确

主题正确是指文书的观点要符合党和国家的方针、政策,符合客观实际,反映事物的内在联系和发展规律。文书是客观事实的反映,主题必须符合客观实际,才能称得上正确。文书只有主旨正确,才能达到实用目的。通常情况是:经办事务类的要求主旨正确、措施得力,记事写实类的主旨要求思想、情感的正确和健康,解说知识类的主旨要求符合科学规律,阐述观点类的主旨要求观点正确、科学。正确的主旨,首先来自于作者先进的世界观和科学的方法论,同时要求作者具有实事求是的态度。这样才能正确认识客观事物,揭示事物的本质规律和发展方向,使文章的观点符合客观实际,经得起时间的考验,获得好的社会效果。

2. 主题要集中

文书主题集中的基本要求是:一文一事,即一个文书只能突出一个中心,只能有一个核心,这样才能主题突出。主旨既不能分散,也不能多。主旨分散,容易使读者摸不着边际,影响文书的实用效果;所谓"意多乱文",面面俱到,主旨就不集中了,实际上淹没了中心,主题反而不突出了。有些文体甚至对内容都要求单一,例如法定公文中的"请示",就要求"一文一事"、"一事一请"。所以文书写作常常采用"立片言而居要"的方法,以使主旨更加突出、集中。

3. 主题要鲜明

作者对文书中涉及的诸般事物必须有明确的立场、观点,赞成什么反对什么,提倡什么批评什么,肯定什么否定什么,务必旗帜鲜明,不能含混其词,模棱两可。所以,在文书中常常用肯定的判断句将主旨简明扼要地揭示出来。当然,任何观点的提出都要符合国家的法律、法规,符合党和政府的方针、政策及有关规定。

4. 主题要新颖

文书的主旨也要立足于一个"新"字,要敢于反映新事物、新情况、新问题,在立意方面也需要标新立异,想人之未想,发人之未发。只有常定常新,才能使人有耳目一新之感。如果总是人云亦云,陈陈相因,就写不出有新意的文书。

总之,文书的主题观点只有反复提炼,才能做到正确、集中、鲜明、新颖。

四、对结构的要求

结构是指文章内部的组织和构造。主旨和材料是文书内容的构成要素,而结构、语言、表达方法则是形式的构成要素。简单的说,结构是文章的内部构造;安排结构就是根据表达的需要,合理地谋篇布局,组织材料。如何根据主旨的需要精心而合理有序地安排材料,这就需要谋划结构。刘勰早就在《文心雕龙·附会篇》中指出:"总文理,统首尾,定与夺,合涯际,弥纶一篇,使杂而不越者也。"讲的就是谋划文章的结构。安排文书的结构,既要反映客观事物的内部规律,也要服从表现文章主题的需要,还要考虑文体的特点。文书对结构安排的要求,归纳起来主要是对构成要素的要求和对行文谋篇的要求。

(一)对构成要素的要求

结构要素包括标题、开头、正文的层次与段落和过渡与照应、结尾、落款等。我们主要介绍开头与结尾、层次与段落、过渡与照应。

1. 开头与结尾

文书的开头应当开门见山，不拐弯抹角，不拖泥带水。开头的主要方式有：

(1)概述式。开头反映基本情况、基本问题，交代有关背景、缘由，例如计划、调查报告即用之。

(2)结论式。把结论、主要问题放在文书的前面，然后再展开论述，具体写清其结论、主要问题的由来。报告、通报、总结常用这种方式开头。

(3)目的式。开头说明写作本文的缘起与目的，如通知、通告、请示、协议、合同等文书常用之。

(4)引叙式。引用上级有关指示或精神，或引叙下级来文反映的情况、问题作为开头，如报告、批复、通知等常用这种方式开头。

(5)提问式。开头提出问题，正文解答问题，如会议讲话、会议报告、思想评论等文书常用提问或设问的方式开头，以引起下文。

文书的结尾应当"言止而意尽"，干净有力。常用的结尾方式有以下5种：

一是总结式。结尾对全文进行归纳，点明主旨，如会议讲话、学术论文等用之。

二是请求式。结尾表明行文的具体请求，强调目的的意图，如请示、报告等文书。

三是说明式。在文书末尾交代或者说明与文书有关的内容，以引起注意，如广告、启事类文书。

四是强调式。结尾强调说明本文的主旨，以引起有关部门的重视，如诉讼文书、演讲文书。

五是照应式。结尾与开头呼应，使主旨更加鲜明突出，如礼仪文书、悼亡文书等。

2. 层次与段落

层次是表示意义的结构单位，是文书思想内容的表现次序，或称结构段、意义段。文书的层次实际上是作者的思路在文书中的体现，文书中先写什么，后写什么，按什么顺序安排内容才能突出主旨的表达，使文气贯通，都是层次安排上要周密考虑的问题。层次安排要着眼于材料之间的逻辑关系，即材料的本质和彼此的内部联系。

段落是构成章节的"自然段"，它以换行前空格的形式起止，具有完整性和单一性。设段的目的在于清晰地反映文书层次中思维进程的承接和转折、间歇和强调，使文书眉目清楚，重点突出，进而给读者留下深刻印象。

一般情况下，一个层次包括若干个段落。在节段合一式的文书中，一个段落又包括若干个层次。通常以目的、说明和意见为主旨的文书的层次，分别有一层式、两层式和三层式。一层式，即文件中只叙述行为的目的和意图，内容单一，正文只有一段，层次和段落合一；两层式，是指一个文件中只有目的和意见或说明和意见，这种两层式结构，往往层次大于段落，即一个层次中不止一段；三层式，即在一篇文件中包含有目的、说明和意见3个层次，报告、通知、请示等都采用三层次的方式。

其他如机关事务文书、公务文书、契约文书、诉讼文书、演讲文书、论述文书，其层次安排一般有以下几种形式：总分式，即按照事物的种属关系来安排材料，或先总后分，或先分后总，或用"总—分—总"，一般用先总后分式者较多，如总结、调查报告、报告多用这种方式;递进式,即层次关系是一种层层递进、逐层深入的关系,或由点到面,或由浅到深,各层次之间按一种顺序递进展开;并列式,是将材料按性质或问题归类,各层次之间表现为一种平列关系。

段落是构成文书的基本单位,即通常所说的自然段,它具有"换行"的标志,分段要注意"单一性"、"完整性",要注意段落之间的内在联系。此外,还要注意文章的过渡与照应,上下文之间的衔接。

3. 过渡与照应

过渡是指段与段、层与层之间的衔接和转换。当文书内容需要转换,表达方式或表现手段手法需要改变,或由概括到具体、由具体到概括时,过渡起个"桥梁"和"针线"的作用,使结构更加清晰、严谨。过渡的方法有 3 种:一是用过渡段从内容上承上启下,二是用过渡句搭桥过渡,三是采用关联词语置于段首、句首穿针引线。

照应是使文书前后关照和呼应的结构手段。它可以使文书结构紧凑,脉络贯通,主旨突出。常见的照应方式有:开头与标题照应;结尾与标题照应;结尾与开头照应;行文前后照应。

(二)对行文谋篇的要求

要安排好日常文书的结构,行文谋篇时必须注意以下 4 点:

1. 事先拟定恰当的提纲

拟定提纲就是在正式写作前,根据写作需要将文书的主要内容从不同的角度概括出来,并据此将所用的材料分目的、分层次地列出来,形成所写文书的一个大样,作为写作时的依照。拟定提纲的过程往往也是疏通思路的过程,经过反复斟酌和修改提纲,要写的文书就会自动地呈现于你的头脑之中。拟定提纲不一定非得动笔不可,有时可以在心中反复修改,所谓"打腹稿"。提纲拟好了,写文书时也就思路通畅了。作者思路清晰,行文时文书的结构也必将有条不紊。否则主次不分,枝蔓交杂,思路混乱,也就很难写出好文书来。

2. 行文注意前后联结贯通

一篇文章大都由开头、主体、结尾 3 个部分构成,这几部分形成一种内在的联系,不可互相冲突。因此要注意其中一些重要地方的写作。段与段之间、句与句之间所表达的意思都必须前后连贯,不可前言不搭后语;在安排层次时也要根据它们之间的确定关系,有次序地恰如其分地加以安排;详略要适当,哪里重笔浓抹,何处轻描淡写,要心中有数;灵活使用过渡方式,以求达到前后照应、上下沟通、结构完整。

3. 服从于表达效果的需要

文书无论选用什么样的结构,都要服从和服务于文书表达内容的需要。读者希望得到的是信息,希望一看就懂。所以文书结构的安排也要简洁明了,使读者可以顺着文书的说明了解它所要说明的问题,而非由于结构安排上的复杂,以至影响读者的阅读而不能收到应有的效果。

4. 正确使用序数及其符号

文书的写作格式是固定的,要符合文体本身的要求。这里要谈的是文书在成形后的外在形式。一般来说,文书会用到一些序数。合理地利用序数可以加强文书清晰的结构安排。使用序数时，要注意体例的一致性。在分条列式时，可以依照层次关系标上“一”、“(一)”、“1.”、“(1)”等。有的文书可以用“首先”、“其次”、“再次”或“第一”、“第二”、“第三”等文字来表明说明的次序和结构。合理地利用序数的表达，对结构的安排是十分有意义的。

总之，文书是为办事而写的，它应该使特定的阅读者读得清楚明白；同时，为了提高办事的效率，最好是开门见山、有话直说，使阅读者一目了然。绝大多数文书在结构上是平铺直叙的，用不着起伏跌宕、故弄玄虚，以免使阅读者费解、误解，避免费时、误事。

五、文书写作表达方法

表达是运用语言反映客观事物的手段，写作是一种能力，而能力的获得仅靠知识的学习还是不够的，知识向能力的转化必须凭借实践的环节。文书常用的表达方法有叙述、议论和说明，下面分别作一个简单的介绍。

(一)叙述

叙述是把人物的经历或事件的发生、发展、变化过程表述出来的一种表达方式。作为最基本、最常用的表达方式，叙述的方法有顺叙、倒叙、插叙、被叙、平叙5种，叙述的人称有第一人称和第三人称。

文书中的叙述可以介绍人物的事迹，记述事件的发生发展变化过程，还可以为议论说理提供事实论据。

(1)平直真实。文书写作中的叙述，与文学作品的叙述不同，文学作品中的叙述往往与描写结合，运用虚构、夸张等手法，叙述得曲尽其致。实用文书写作中的叙述，要理清线索，不追求近乎描绘的铺陈，不拐弯抹角。在叙述过程中，平铺直叙，常用顺叙法，即按时间的推移、事件的发展先后顺序来交代来龙去脉，而不要求叙事方法的多样化。文书在叙述过程中，主要是介绍工作过程、交代事实原委、反映情况变化、汇报典型材料等等，使受文者了解事实真相，所以，叙述应绝对真实。

(2)概括清楚。文书写作中，一般多用概括叙述，不必详述事件的过程、人物的情态和环境状况，只求概括交代前因后果、来龙去脉，做到言简意赅、文约意丰即可。文书叙述要清楚，也就是要将叙述的6个要素——何时、何地、何人、何事、何因、何果交代清楚。

(3)语言得体。语言的运用，既要准确地反映客观实际，达到预期的行文目的，又要促使有关的受文对象产生与行文目的一致的心理效应：或亲切温暖，或震慑警觉，或欢欣鼓舞，或严肃郑重等等，这就是所谓的语言得体。一是由于行文的目的、内容不同，语言风格也有所不同，因此，写作时要适应行文的语体风格。二是要考虑必要的修辞上的讳饰和婉曲。

(二)议论

议论是作者运用事实材料进行逻辑推理来辨明是非、阐发道理、表明观点的一种表达方式。一段完整的议论，由论点、论据和论证三要素构成。论证分为“立论”和“驳论”两类，常用的论证方法有归纳法、演绎法、比较法、分析法、例证法、引证法、比较法、分析法等。

议论在文书写作中使用频率很高,论述文书、演讲文书主要使用这种表达方式;在议论中,要求论点明确、论据充分、论证周密。总结、调查报告、通报、简报、会议讲话、建议书、申请书等文体也要有议论,其他文体有时也会用到。一般来说,文书写作中的议论应点到为止,简明、深刻,无须长篇大论,要在叙述、说明的基础上进行,如总结、调查报告,就常用夹叙夹议的方法来表述情况和结论。

(三)说明

说明是用简明的文字解说事物、剖析事理的表态方式。文书写作中,说明这一方法运用很广泛,陈述情况、介绍事物、剖析原因、提出方案等,都要用到说明。商业说明书、经济广告、市场预测报告、合同、计划、启事等文书都是以说明为主的。文书常用的说明方法有定义法、分类法、举例法、比较法、数据法、图表法等。从说明的方式来看,主要有平实说明、数字说明、因果说明等。说明的基本要求是解说清楚明白、准确无误。要达到这一标准,必须注意以下3点:

(1)要抓住事物的特征进行说明。所谓特征,是指一事物区别于其他事物的标志。使用说明时,必须对被说明的事物有深入细致的了解,抓住区别于其他同类事物的外部特征和内在本质,准确地反映事物的结构、状态、规模、性质等情况,说明事物的独到之处。

(2)要选用恰当的说明顺序。说明的顺序一般有时间顺序、空间顺序、时空顺序、逻辑顺序。选用什么顺序进行说明,要视被说明对象的情况而定。

(3)要多用平易朴实的语言。平易朴实的语言能让读者感到亲切、自然,易于明白,便于操作。说明旨在因说而明,其语言自然应平易朴实、简明准确。平实、准确的说明能使文章语言精练、表意清晰,增强科学性和可信度。

第五节　文书的写作过程

一、材料准备与构思加工

(一)材料准备

材料准备,对写作活动而言,就是为了写作的需要而搜集、整理一系列的文件、资料、情况、事实、数据等等。它对所有写作活动而言都是十分重要的工作,对文书的写作也是如此。只有掌握最充分的写作材料,文书材料才能写得内容充实、言之有理、言之有据。如果没有充分的材料准备就贸然动笔,那是一种很不负责的写作行为,也是肯定写不出有价值的文字材料的。

写作活动中材料准备有2种情况:一种是将材料搜集整理作为一种日常工作常抓不懈,将与单位工作或写作作者个人感兴趣的有关的一切资料用心搜集、定期整理,这样,一旦写作需要,组织起材料来就十分轻松,往往大部分材料已在手边,这样就能大大提高写作效率,避免临时抱佛脚的状况出现。一般而言,一个单位的工作组织管理井然有序或对自己的工作任务完成得不错,可以为文书写作的材料准备提供有利条件,再加上写作兴趣把握十分清晰,这种情况我们可称之为广义的材料准备。另一种材料准备的情况是,为某篇任务明确的文书的写作搜集准备材料,由于有了具体的目标和任务,对材料的要求也就十分明确,有很强的针对性,这种情况我们称之为狭义的准备材料。在文书的写作中,应将两种准备材料的方式有机结合起来,日常的准备为每一次写作的定向材料需求提供及时、高效的服务。

根据材料的性质不同,写作者在准备材料时可以采用不同的方式。现成文字或音像材料(含理论材料和间接事实材料、数据材料)的准备,主要是平时要不断地积累,将有关的文件、报刊杂志、交流简报及内部简报、录音及影像资料等等加以搜集、分类整理或剪辑保存。直接事实材料的准备要通过调查研究获得。调查的类型和方法是多种多样的,可以进行普遍调查、抽样调查、典型调查等各种类型的调查,可以采用填表法、问卷法、座谈法、访谈法等等多种调查方法进行调查。在进行调查访问时,可采用笔记、录音、录像等各种方式。调查中要防止先入为主、主观片面、机械教条,要实事求是、点面结合、细心灵活。对通过调查获得的材料要进行细致的综合整理,做一番去伪存真、去粗取精、由此及彼、由表及里的研究工作,使之成为一个单位和部门情况的真实写照。

(二)构思谋篇

构思是写作过程中最为关键的一个步骤。在写作的准备阶段,主要应考虑“写什么”的问题;进入构思阶段,写作主体就要解决“怎么写”的问题。

构思,简而言之,就是对文书的具体设计。构思的过程,实际上是作者的一种思维活动过程。在这个过程中,作者的认识要完成由粗到细、由浅入深、由抽象到具体、由模糊到鲜明的转变及飞跃。这个思维活动过程一经完成,在许多作者手里就会形成一份或详或略的写作提纲。写作提纲是作者构思完成以后的确定形式。当然,有的作者由于自己的写作习惯,在动笔写作内容简单、篇幅短小的文书之前,不一定会有提纲,但这并不等于可以不要构思。这种没有提纲作为确定形式的构思,人们称之为“腹稿”。所以,构思的过程又叫“打腹稿”。不论是文字提纲还是“腹稿”,都要基本完成文章主旨的提炼,并通过选定合适的材料,安排恰当的文体结构,实现文章主旨的初步表达。

文书写作的构思过程主要表现为以下几个步骤:

(1)深化认识,确立主旨。文书写作的构思阶段,在确立主旨的过程中,作者应从两个重要侧面深化认识,努力避免认识的一般化。一是对文书写作所要实现的写作意图即写作目的有深刻认识,二是对文书实现其写作意图而必须涉及的客观事物的内存本质与规律要有深刻把握。由这样两个侧面构成的认识,作者实际上早在写作的初步准备阶段就已开始形成,但往往是零碎的、不确定的,还必须经过构思阶段的冷静、理性、深入的分析思索,使其进一步深化进而形成文书明确而确定的主旨。

要在构思阶段避免认识的一般化,实现认识的不断深化,确立科学合理有效的文书主旨,写作者应从以下4个方面入手:

第一,联系实际,分析矛盾。联系实际查找问题,问题即客观实际存在的矛盾。找出实际工作中存在的各种各样的矛盾,进行有比较的深入分析,找到它们的内在联系和规律,找到解决问题的科学方法。这种发现问题、分析问题、解决问题的过程,就是认识深化的过程。如果在工作中遇事不多问几个为什么,总是让自己的认识浮在表面上,不通过对一连串相互联系的矛盾进行由表及里的深入分析，文书的内容就始终只能是表面化、一般化的。

第二，借鉴比较，同中求异。不适当地重复别人的观点和材料，也是造成文书内容一般化的一个重要原因。因此，要避免一般化，就要善于把别人对同一问题的认识拿来同自己的认识进行比较，同中求异，探索新意。客观事物的本质是十分丰富的，人对事物本质的认识也是可以随着认识角度的不断变换而新意迭出的。只要我们不满足于他人的见解和自己的已得之见，不断探讨，不断深入，我们就一定能提出新的见解，使文书内容不落俗套，翻出新意。

第三，突破禁锢，力求创新。人们往往容易把自己的认识禁锢在他人或自己原有的认识水平上，使思维产生惰性，妨碍创造性思维的启动与发挥。这种认识上的自我禁锢主要表现为两种倾向：经常从事理论工作的人，容易受他人或自己已有的一套理论模式的限制，把生动丰富的实践活动教条化；经常从事实际工作的人，容易受狭隘经验的限制，把局部经验误认为普遍真理。我们只有克服这两种倾向，才能从自我禁锢中解放出来，把自己的认识不断引向深入。一是要自觉抵制自己的思维习惯，不轻易相信出自自己的思维习惯的轻率判断，从各个方面想一想还有没有其他的可能。二是多同别人交换看法，尤其要同与自己观点相反的人交流，注意发现并吸收别人看法中的长处和优点。

第四，补充材料，重新思考。认识不深，既可能是对已占有的材料理解分析不够，也可能是可供分析的材料数量太少、质量不高。这就要求我们设法进一步获得更多的过硬材料，既补充事实论据，又补充理论论据。我们的认识只要是建立在丰富扎实的材料基础上，就一定能向新的高度升华。

(2)理清思路，优化结构。只要文书的主旨明确，同时又选择好了供文书使用的材料，就要考虑理清文书的思路，优化文书的结构，安排好文书的层次格局、先后详略、首尾过渡，将文书的主旨通过选定材料言之有序地组织起来，使实施起草有所依循，这就是安排文书结构，也称为布局谋篇。将结构的概要写成文字，打好"腹稿"。

理清思路，就是认识的条理化、系统化。理清思路是一个同深化认识既有区别，又有联系的重要问题。深化认识所要解决的是对写作目的和文书主旨的再认识、再思考，使之提高、升华的问题；而理清思路则是一个在深化认识的基础上理清认识的过程，安排文书内容表述的顺序和层次，使文书的表述更符合认识规律的问题。可以说，理清思路是深化认识的继续，是使构思趋于成熟，作者对文书的设计趋于定型的一个重要环节。

思路清晰的文书，文脉也就清晰。文脉清晰的文书结构，一方面能符合人们认识事物的一般规律，做到中心明确，重点突出，连贯完整；另一方面又能符合事物的特征和发展变化规律，做到时间先后有序，空间布局得当，内在联系清楚；同时，它还能符合特定读者的认识习惯和方式，或开门见山一目了然，或由浅入深逐层揭示，都可使读者理解接受，释然于心。具体方法是：

第一，选好思路，理清文脉。要根据文书写作意图与主旨的要求，恰当地反映事物的内部规律和人们对事物的认识规律，还要适应不同文体的特点去选定思路，理清文脉。不同的文书体裁，因其反映生活的角度、方式、内容不同，其结构也会有这样那样的差别。由于写作者的长期写作实践，一定的文体往往形成一些约定俗成的文书体式。

第二,删繁就简,主次分明。理清思路,疏通文脉,就是要来一番“删繁就简”,使文书的表述主次分明,一丝不乱。这就要求我们首先列出文书内容所涉及的全部问题,给问题“排队”,从中分出主次轻重。然后抓住主要问题,用来带动一般问题,以主要问题(或主要观点)为纲,对具体意见和措施进行归类组合,把毫不相关的内容尽行删去。这样,就必能使文脉显豁,流畅贯通。

第三,精选材料,力求圆满。撰写一个好的文书材料,要思路清晰,文脉畅通,纲举目张,井然有序,这就说明作者的构思基本上是成功的。但还不够完美,还必须将精选出的材料恰当地组织进文书中。精选和组织材料也是理清思路的一个重要方面。精选材料的实质就是要在思路已经明确、文脉已经形成的前提下,围绕写作意图、文书主旨与文书体裁的需要,通过深入分析、比较,在已备材料库中选取真实、典型、新鲜又类型多样的事实材料和理论材料,有时,已备材料并不能完全满足选材的需要,还要根据写作的需要去通过各种途径获取并选用新的事实和理论材料来充实文书的内容。

(3)编写提纲,完善构思。写作提纲是作者构思完成以后的确定形式,因此,提纲的编写应是构思的最后一个步骤。一份编写得很好的提纲,凝结着构思的成果,是作者思路条理性的体现,能够具体地反映全文的组织结构和材料的安排配置。

提纲作为构思成果的体现,要采用一定的书写形式。列示提纲的书写形式多种多样,但以能够正确反映文书内部结构的层次划分以及层次之间的逻辑关系为上。按照这样的要求,当然以写成条述式最为相宜。

所谓条述式,就是用词、词组或短句将构思中形成的层次划分依次逐条表述出来。国际上通行的方式是采用阿拉伯数字为提纲中所列各条分级编号,以显示文书内部结构的不同层次关系。其具体书写形式参见图1-1。

在我国,人们长期以来习惯于把中文数字和阿拉伯数字结合起来,并在数字上加用括号的方式为提纲所列条款分级编号,也同样可以显示文书内部结构的不同层次关系。其具体书写形式参见图1-2。

文书的正文部分
- 前言——1
- 主体——2
- 结尾——3

图1-1　条述式提纲(一)

文书的正文部分
- 一、前言
- 二、主体——
  - (一)……
  - (二)……
  - (三)……
- 三、结尾

图1-2　条述式提纲(二)

二、执笔起草与修改定稿

(一)执笔起草

在材料准备与构思谋篇的工作顺利完成后,就可以进行文书的执笔起草工作了。起草,亦称草拟,就是用具体的内容和连贯的书面语言去丰富和展开提纲中所列的要点或充实、展开“腹稿”中涉及的要点。文书的起草受提纲的约束,要按提纲的顺序写下去。保证我们的文书写作始终围绕主旨进行,不至偏离中心,逸出轨道,出现“下笔千言,离题万里”的局面;同时,也能使文书各个部分、各个层次之间保持有机联系和前后照应,而使文脉清晰、文笔连贯,避免文意脱节或任意拼凑。

在语言运用问题上,首先有一个表达方式的选用问题要求我们注意。所谓表达方式,是指文书中反映客观事物、表达思想感情的方法和手段。由于文书所反映的客观事物千差万别,作者所要实现的写作目的多种多样,因此文书所采用的表现方法和手段也会多种多样。根据作者写作目的的不同及作者所采用的语言表达方法的差异,人们将表达方式概括为叙述、描写、议论、抒情、说明最基本的5种。

(1)叙述。就是把人物的经历或事物的发展变化过程表述出来。叙述的方法有顺叙、倒叙、插叙、平叙、补叙等。叙述的要求是交代明白、线索清楚、繁简得当。

(2)描写。就是用生动形象的语言,把人物或景物的状态具体地描绘出来。从不同的角度,可将描写分为多种类别,如直接描写和间接描写,白描和工笔细描,人物描写和景物描写等等。

(3)议论。就是作者对客观事物进行分析和评论以直接表明观点和态度的文字。完整的议论包括论点、论据和论证3个要素。论点要正确鲜明,论据要确凿、有力,论证要周到、严密。论证的方法有归纳法、演绎法、例证法、喻证法、类比法、对比法、反驳法等。

(4)抒情。就是作者在文书中抒发和表白自己的感情。抒情的方法有直接抒性和间接抒性。

(5)说明。就是对于客观事物的形状、构成、性质、特征、功能、用途等所进行的介绍和解说。说明的方法有概括法、定义法、分类法、举例法、比较法、数字图表法、引用法、问答法、介绍法等。说明有较强的客观性和科学性。

通过合理选用表达方式、恰当运用语言手段将文书主旨、内容、材料通过合适的文体结构完整地表述出来之后,一篇完整的文书就起草完成了。但并不能说起草完成的文书就一定是合格的文书,特别是容量大、内容复杂、对工作关系重大的一些文体,都要通过反复检查修改以求完善,只有经过检查修改的文书,才能最后定稿。

(二)修改定稿

文书修改就是对文书初稿进行增、删、改、调,进行再认识、再整理、再加工,使之完善定稿的过程。

修改文书可以有积极修改和消极修改两种方式。积极修改就是对文书从主旨、材料、结构、语言表达等各方面进行全方位的推敲修改,补充丰富加工,增添文书魅力,使文书臻于完善。消极修改就是仅对文书语言表达进行修正、删削的工作,使文书语言准确、明白、通顺。在对文书材料进行修改时,我们应提倡积极的修改与消极的修改紧密结合,从文书全局的高度去实现文书的完善。

在文书修改中,要注意先大后小,由全局到个别。先检查和解决根本性的大问题,即文书的思想内容是否有意义,主旨和一些主要观点是否正确、全面、深刻等,然后再检查解决结构、表达方式、语言技巧等方面存在的具体问题;先看全局性的内容安排是否恰当,再决定对个别材料、段落的取舍、详略和位置的处理。

经过精心修改,文书就能定稿了,随之就可交付打印并进入发送、传播或执行程序,发挥它在实际工作中的各项功能。

增、删、换、移是修改文书的4种主要方式，它们在文书的修改过程中各有所长，各有所用，在修改文书时可以综合运用。

增，就是增添。适用于增添的方式进行文书修改的情况一般有2种：一是文书的内容转移时，缺乏必要的承上启下，转折过渡、前后照应或议论抒情的词语、句段，使文书前后脱节，文气不能连贯，这就要把必要的词语句段增添上去。另一种情况是文书中原有的材料不充足，论据不充分，更需要增添补足。

删，就是删削。文书材料最忌拖沓冗长，废话连篇，这就要求在修改时特别注意逐一斟酌，删繁就简。

换，就是更换。修改中如果发现有用得不准确的材料或词语，就需加以更换。文书在修改时更换事例、论据的情况是很多的，而在修改过程中进一步锤炼语言、推敲字句的情况就更属多见，作者的语言表达上的创造性能在修改文书时得到充分的发挥。

移，就是移动。修改中你会发现，初稿中某些材料或语句的位置不够恰当，如有的词语被不恰当地提前或推后了；有的论据与论点不够吻合，该用于这个论点的材料，用到另一个论点上去了；有的内容在顺序安排上不合逻辑，颠三倒四……这些问题都要在修改时加以调整，对语句和段落层次进行适当的移动。

为了方便修改，人们在长期的写作实践中逐步形成了一套通用的符号，其通常用法见附录五。

第二章 日常通用类文书

第一节 书 信

一、书信的概念

书信是在个人与个人、个人与组织、组织与组织之间,借助文书,用书面语言交流感情、互通情报、联系工作、传递信息、相互慰勉、排忧解难等作用的一种应用文体。书信有它特定的格式,而且一般要通过邮寄或通过互联网传递的方式送至对方,有时也可托人转交。

在日常生活中,书信一直在沟通思想情感、维系社会关系、交流信息、协调行为、商讨问题、处理事务等方面起到不可替代的作用,是人际之间互相联系的重要工具。它帮助人们广泛地参与社会政治、经济、文化、军事等活动。即使在当今被称为信息时代的今天(例如广播、电视、电报、传真、电话、互联网等),书信也有自己独特的存在价值。特别是在亲朋好友之间,当你孤寂烦恼时,书信会带来温暖与慰藉;当你遇到问题一时难以解决的时候,书信会带来开启心窍的钥匙;当你身体不适需要求医时,书信会带来亲切的问候和灵方良药;当你在事业上取得成就的时候,书信会带来美好的祝愿和诚挚的鼓舞;当你在外地工作或长守边防久久没有接到家信时,你可能会对家信深深渴望。总之,书信对于人们的生活、工作、学习是密切相关的。不可否认,现在有了更加方便快捷的通讯方式,如电话、手机、短信、互联网等,但在一定情况下,书信仍是不可替代的。即使是可用电话、手机、短信代替家信、情书等,但其感觉和个中滋味是截然不同的。而且,电话和手机短信等是不能作为信证长久保存、更不便于典藏和出版留给后人享用的。因此,书信的重要作用是非同一般、毋庸置疑的。

二、书信的类型

书信一般可以按以下分类:

(1)按通信的对象分,有给家人的信(家书)、给友人的信、给同事的信等。

(2)按书信的目的和内容分,有家常书信、请托书信、劝勉书信、祝贺书信、慰问书信、致谢书信、辞谢书信、恋爱书信等。

(3)按用途来分,可以分为一般书信(即家信、亲朋好友之间的书信,恋人之间的情书等)和专用书信(如介绍信、证明信、表扬信、感谢信、慰问信、求职信等)。

三、书信的写法

书信在写作格式上大致相同,只是在写作的具体内容上有所不同。本节重点介绍一般书信的写法。

1. 书信内容的构成

一般书信由信封和书信内容两部分构成。

信封的书写要规范。一般来讲,信封的书写形式有2种:一种是横排书写,从左到右,邮票贴在信封的右上角。第一行写收信人的地址,第二行写收信人的姓名,第三行写寄信人的地址和姓名。另外一种是竖排书写,从右向左,自上而下,邮票贴在信封的左上角。右边写收信人的地址,中间写收信人的姓名,左边写寄信人的地址和姓名。

如果书信不是通过邮寄而是委托别人转交,只写“面呈(转交)×××”即可。

2. 书信内容的写法

书信的内容有固定的格式,一般由称呼、正文、祝语、署名、日期等部分组成。

(1)称谓。即写信人对收信人的称谓,它表示写信人与收信人的关系。写在首行顶格处,表示礼貌。称谓后加一冒号。写称谓,由写信人和收信人之间的关系而定(见表2-1)。首行除称谓外,不得再写其他任何内容。

称呼是写信人对收信人的称谓,表达两者之间的关系。如果对方德高望重或者有较大影响,宜用“修饰语+姓名+称呼”的形式,如“尊敬的鲁迅先生”。如果对方与自己关系不十分密切,可直接用“姓名+同志(或先生)”的形式。如果收信人是自己的亲属,可以直接使用称呼,如“爸爸”、“大姨”等。对于有职称或职务者,可采用“姓+职称(职务)”的结构,如“王教授”、“张书记”等。对于关系特别密切的同志或朋友,则可使用“老×”、“小×”、“×老”等。对于晚辈、学生或年龄比自己小的平辈,可以直呼其名。称呼要在信纸的第一行顶格书写,且在称呼后面加上冒号,以表示下面有话要说。

(2)正文。正文是书信的主体部分,它是书信的重心,一般由开头、主体、结尾3部分组成。开头要简洁利索,忌假话、官话、套话。主体要做到层次分明,中心突出,语言生动。在称谓下面一行空两格处,先写问候语,紧接着在问候语下面一行空两格处即可写具体内容。问候语属于礼貌性语言,按说是不应该缺少的。一般来说,写信都是写给不常在一处、不能面对面交谈的人,先问候一声很有必要。即使谈起对方不愉快的事,多一声问候语,礼貌在先,总是有益处的。

写完问候语,接着写缘起语,即说明为什么写这封信。缘起语不一定非写不可,不过,有了它正文的开头会自然些。写缘起语,应当同写此信的目的联系起来,以便自然引出主题内容。问候语、缘起语之后,就是此次写信的具体内容。具体内容涉及面很宽,但总的原则是先谈对方的事情,然后才写自己的事情,特别是回答对方曾经询问的事情,要有针对性地一一回答清楚明白。然后,写信人想给对方讲些什么、问些什么、商量些什么、要求些什么等,都要在这一部分写清楚。具体内容多时,可以分段写、一事一段,层次清楚,不至于把事情混淆在一起,说不明白,对方读起来也会理不出头绪。重要的事情要写得详尽具体,次要的可简略些。

最后,结尾的话要尽量写得真挚、自然,或表达愿望,或强调主题。可以写一些自己的希望、要求或需要再联系之类的话。

(3)结尾语。即祝颂之类的话,意在表示礼貌。祝颂语是用来表示祝愿、敬意的话,一般有2种写法:一是在正文写完后紧接着写“此致”,然后另起一行顶格书写“敬礼”二字;二是直接另起一行空两格,写上“春安”、“秋祺”等话语。

祝颂词的内容,由写信人和收信人之间的关系而定(见表 2-1)。一般在正文结束之后另起一行空两格处写起,也可以在正文结束语之后接着写。祝颂词均成对使用,不可只写前一半,后一半缺失。祝颂词前一半可接正文末起,也可另起一行空两格处写,后一半则要另起一行顶格写。

表 2-1　**常用称谓、祝语表**

致信对象		称呼对方	自　称	常用祝颂语
给长辈	祖父的父亲 祖父的母亲	曾祖父 曾祖母	曾孙、曾孙女	敬祝健康 敬请安好 敬请近安 敬祝全家安好 敬祝春安、暑安、秋安、冬安(按季节用) 敬请旅安(对方旅外用) 敬祝痊安(对方有病时用)
	祖父 祖母	祖父(爷爷) 祖母(奶奶)	孙、孙女	
	妻子的祖父 妻子的祖母	岳祖父(爷爷) 岳祖母(奶奶)	孙婿	
	丈夫的祖父 丈夫的祖母	祖翁(爷爷) 祖姑(奶奶)	孙媳妇	
	父亲 母亲	父亲(爸爸) 母亲(妈妈)	儿、女儿	
	妻子的父亲 妻子的母亲	岳父(爸爸) 岳母(妈妈)	婿	
	丈夫的父亲 丈夫的母亲	父亲(爸爸、公公) 母亲(妈妈、婆婆)	儿媳妇	
	伯父 伯母	伯父(伯伯) 伯母(大妈)	侄、侄女 侄婿、侄媳妇	
	叔父 叔母	叔父(叔叔) 叔母(婶婶)	侄、侄女 侄婿、侄媳妇	
	外祖父 外祖母	外祖父(外公) 外祖母(外婆)	外孙、外孙女、 外孙婿、外孙媳	
	父亲的姐(妹)夫 父亲的姐、妹	姑父(姑丈) 姑母(姑姑)	侄、侄女 侄婿、侄媳妇	
	母亲的姐(妹)夫 母亲的组、妹	姨父(姨丈) 姨母	甥、甥女、 甥婿、甥媳妇	
	母亲的哥、弟 母亲的嫂、弟媳	舅父(舅舅) 舅母(妗)	甥、甥女、 甥婿、甥媳妇	
给平辈	丈夫 妻子	写名字	写名字	祝你健康 祝你进步 祝你快乐 祝你工作顺利 祝你安好 祝你愉快 祝你春节欢乐 祝旅途安康 祝你早日恢复
	哥哥 嫂嫂	哥哥(兄) 嫂	弟、妹	
	弟弟 弟媳	弟弟(弟) 弟媳(弟妹)	兄、姐	
	姐夫 姐姐	姐夫 姐姐	弟、妹	
	妹夫 妹妹	妹夫 妹妹(妹)	兄、姐	

续表

致信对象		称呼对方	自　称	常用祝颂语
给平辈	堂兄 堂姐	堂兄(兄) 堂姐(姐)	弟、妹	祝你健康 祝你进步 祝你快乐 祝你工作顺利 祝你安好 祝你愉快 祝你春节欢乐 祝旅途安康 祝你早日恢复
	堂弟 堂妹	堂弟(弟) 堂妹(妹)	兄、姐	
	表兄 表嫂	表兄 表嫂	表弟、表妹	
	表姐夫 表姐	表姐夫 表姐	表弟、表妹	
	表弟 表弟(媳妇)	表弟 表弟(媳妇)	表兄、表姐	
	表妹夫 表妹	表妹夫 表妹	表兄、表姐	
	妻子的哥哥 妻子的弟弟	内兄(兄) 内弟(弟)	妹夫(弟) 姐夫(兄)	
	妻子的姐夫 妻子的妹夫	襟兄(兄) 襟弟(弟)	襟兄(兄) 襟弟(弟)	
对一般	同志 同学	一般写名字 (名字后边可加 同志、同学)	只写名字	敬礼 此致敬礼 祝你健康 握手或紧握手 敬礼健康 敬祝安好 敬请教安 (对老师专用)
	老师 师父 首长	老师 师父 写职务	学生 只写姓名	
对晚辈	对晚辈的称呼,可参看对长辈一栏中的称呼,只是称呼对方与自称正好相反。如:给伯父写信,称对方为伯父,自称为侄,如是伯父给侄写信,则称对方为侄,自称为伯父。其余照此类推			祝你健康 祝你快乐 祝你进步 望努力学习 祝工作顺利 祝春节愉快 祝旅途安好

(4)署名和日期。在祝颂词下另起一行靠后起写发信人的姓名,给不熟悉的人写信要署姓和名全称,对熟悉的人员写名或小名即可。署名要另起一行,位于正文的右下方。日期一般用公历,如用农历则应注明。写在署名下边另起一行,通常要把年、月、日写完全,“日”字恰好落在最后一格内。如果写信的当天是节日或纪念日,日期也可写作“××××年清明”、“××××年国庆日”等。

另外,有的书信还有附加内容,如:①附告地址。初次通信,或者自己的通讯地址有变动,都应该把新的通讯地址告诉对方。可写在署名和日期下面另起一行空两格写起。②附件说明。如信封里装有照片、邮票或其他邮政法规允许附加寄出的票证等,可在祝颂词下边或署名、日期下边另起一行空两格写明，如“附上照片两张，请查收”等。③如果信写完之后，临时想起来还有话要说或代别人捎话，可在日期下边另起一行空两格处写“附”或“另”加一冒号，即可接写，不需再署名和写日期，只写上“另及”或“又及”就行了。④有时，同一封信，除收信人阅读外，还希望其他有关人看到，旧时常写“××均此”或“××均此不另”。现在通俗写作“××同阅”即可。⑤如果写信人以外的人在同一封信上顺便问候收信人，可写“××附笔问候”。

【示例 2-1-1】

私人书信

爸爸：

我在您的亲切关怀和悉心照料下，于××年 9 月顺利地进入××建筑工程学院，开始了我的大学生涯，我应该衷心地感谢您。

爸爸，您成年累月，不停地劳作，为我已经付出了很多。当初，您带着半辈子积攒的血汗钱，将我送进了建筑工程学院，并安排到您所冀望的工民建专业，但我仍然还是使您失望了，我还是选择了激动我内心灵魂、点燃我圣灯的给排水专业。

爸爸，您为什么对给排水存在着偏见呢？一直认为给排水是一个无足轻重的角色？是啊，学工民建，出于自己的手建起了一幢幢高楼大厦，会倍感自豪。但一栋房子没有给排水，它又能有什么用？一个城市没有给排水，光有一些鳞次栉比的大楼，还不是一个肮脏得让人悲哀的世界？我无法忘却，我们喝的那浑浊、有严重漂白粉味的自来水；我无法忘却，每年夏天我们为了洗一个澡，凌晨两三点爬起来的情景；我无法忘却，那被宋代大诗人苏东坡誉为“为曲缎子”，给我童年带来欢乐的上犹江，如今，她那秀媚的胸脯上泛起了细腻的白沫，漂浮着腐烂的菜叶，散发着使人恶心的气味。在一个夏日的晚上，您不是望着灯光辉映上犹江，叹道：“我可怜的父老乡亲，什么时候你们才能喝上一口干净的水；我美丽的上犹江，什么时候您才能让您的儿女重新投入您静谧宽容的怀抱。”

爸爸，您常教育您的学生要树立为人民服务的思想，服从祖国的需要，为什么到了您儿子的身上您却是如此“自私”（请您原谅我用词的不敬）。改革开放带来了中国城镇的繁荣，人民的生活水平也得到了日益提高。但全国约 648 座城市，目前只有 89 座污水处理厂，城市污水处理量仅占城市总排污量的 3.2%。而德国，146 座城市，就有 216 座污水处理厂，处理量达到 87%。我国只有 18.9% 的中小城市的自来水符合国家卫生标准。这是一组令人触目惊心的数字。现在全国有 1000 多所高等院校，其中只有 26 所设置了给排水专业。据国家住房和建设部统计，中国需要 24 万懂给排水技术的大军，而目前却只有 10 万人左右。爸爸，请让儿子再次作出自己的选择，请您相信我的选择。

入学 3 年来，为了自己的选择和实现自己的梦想，我一刻也没有懈怠过。我不敢尝试那所谓“潇洒”的大学生活。因为，我身后有 600 万同胞，由于喝了不洁净的水而经常痛苦地躺在床上；有 400 万西北地区的同胞，有时几天才能喝上一口饮用水。这些善良可怜的人们，在激励着我，要努力学好我所喜欢的给排水专业。不能以 60 分为标准，也不能以学到书本上的那点知识而满足，我要把全部心思和生命投入到学习之中去，为人民群众共同创造一个更洁净、更美好的世界。在校 3 年，我都泡在了教室、实验室、图书馆。在这里我不仅悟出了人生的真谛,也给了我更多的乐趣。清丽的月光给了我充实的夜晚,晶莹的露珠给了我希望的早晨。爸爸,如果您看到儿子在课堂上慷慨陈词阐明精辟的见解时,如果您读了儿子《××给排水》杂志中洋洋3000字的《试论高等院校节水措施》的文章时,相信您会为儿子骄傲,相信您会支持儿子的选择!

我记得今年寒假回家,您用长满老茧的手抚摸我的脸说:"儿子,瘦了。"当时,我看见您眼里闪着晶莹的泪光。当时,我不敢告诉你,为了学电脑我花费了大半部分的生活费。去年岁末,我读了比尔·盖茨写的《未来之路》,我被他所描绘的信息高速公路而感慨,为他描述的未来的精彩世界而惊叹。"未来的世界是计算机世界",给排水要随着人类社会的进步而发展,给排水也将毫无选择地进入计算机时代。为了到××建工学院,我选择节俭的生活方式,经常吃素菜,省下一点钱作为学费,选修了排水CAD语言等课程。爸爸,您不要责怪自己,这不是您的不尽责。儿子为了自己热爱的事业,可以做物质上的"乞丐",但一定要做精神上的"贵族"。爸爸,我在计算机里找出了一个神奇的世界,看到了一个更远的世界——计算机绘图必将代替手工绘图,人工操作、人工检验必将被计算机自动控制逐出历史的舞台。虽然给排水计算机管理在我们中国还是一个空白,但这空白正是需要我们这些热血青年去弥补,也正是要靠我们这些跨世纪的青年用自己的智慧和勤奋来发展。南京秦淮河、北京龙须沟、日本"水俣病"的人类历史悲剧,决不能让它再在我们身边重演。

城市没有水,就没有灵气。"水是建筑的血液,工业的脉搏。"要让一个强大的中国跨入辉煌的21世纪,也一定要大力发展给排水事业。爸爸,我不敢面对您苍老的眼睛,阡陌纵横的额头,但为了儿子的爱好,为了民族的繁荣,就请原谅儿子的不孝,让儿子坚持这样的选择吧!

每个人都会有自己的梦,我也有我自己的梦,但我的梦想得更远。爸爸,请您相信我的选择吧!

敬祝

健康!

钧儿

××××年×月×日

【示例2-1-2】

求职信

尊敬的领导:

您好!首先诚挚感谢您在百忙之中对我的关注!同时也殷切地希望能够成为贵单位(公司)的一员,也殷切地希望能够成为贵单位(公司)的一员。

我是××建筑工程职业技术学院建筑施工(3年制专科)专业××××年应届毕业生,欣闻贵单位需要新生力量,这对我来说是很好的机遇和挑战,所以我冒昧地毛遂自荐,希望能得到阁下的考验和指导。

初中毕业后我就进入××市建筑工程学校工业与民用建筑专业学习。四年中专的刻苦学习，在校期间学习成绩优异，多次评为“三好学生”。曾多次到建筑工地参观、实习，掌握了一定的建筑专业技能。

大学3年来，我积极向上，勤勤恳恳地学习，3年来在班上的学习成绩都是名列前茅，并曾获得学院的“学习优秀三等奖”奖学金、“三好学生标兵”一等奖奖学金。在原有的建筑知识的基础上向室内设计方向刻苦学习，具备了良好的建筑室内设计知识，并熟悉掌握了多种室内设计软件。同时，我热爱运动，曾多次代表系、班参加篮球比赛获奖。此外，在工作上，我积极锻炼自己，在班上曾担任组织委员，多次为同学组织活动。在学院学生会曾担任学习部副部长、常委。在系学生会曾担任学习部部长、学生会主席。期间组织策划多次大型活动，如校文化艺术节、技能节、系的体育节等，使我的组织管理能力得到明显的提高，办事能力和人品深得师生的认同和信赖。

尊敬的领导，我性格开朗，待人诚恳，有较强的团队合作精神，有一定的组织管理能力和责任心强。“纸上谈兵终觉浅，绝知此事须躬行”。诚然，我能力和素质确实还有待提高。回首过去，是串串奋斗的足迹，展望未来，是更加充满挑战的世界，可是我相信，凭着年轻人的锐气和潜力，凭着自己对建筑行业的热爱和专业知识的熟练掌握，我有信心在未来的岗位上能充分表现自己。而今，就业在前，热血沸腾的热情催我竭尽所能发挥所长，我将以百倍的勇气和信心迎接未来的挑战！

最后，祝贵单位乘世纪东风，更上一层楼！

此致

敬礼！

翟××谨呈

××××年×月×日

【示例2-1-3】

辞职信

尊敬的领导：

您好！此时此刻，我的心情很不平静，想了很久才写下了下面的内容。

“诚信或者忠诚，并不机械地等于终身服务于一家公司。人和企业都在时刻的改变着，对于企业而言，随着公司的发展变迁，过去适合的员工未来可能不再适合他的职位；对于个人来说，一个公司过去可能是他最佳的选择，随着时间的流逝，现在可能已经无法激发他最大限度地发挥他的激情和才干。”当我在凌晨3点读到这段话时，心里面感慨万千，久不能眠……于是我打开电脑，给您写了这份辞呈。

从去年底开始，去与留这两个字，一直在我心里反复。直到我想到了这句话：“当您在很难作出选择的时候，您必须尊重发自您内心的声音。”当初进入公司时您对我满怀期许。而我自持在外企呆过，做事条理清晰，对自己充满信心，看不到自己的短处。想起这些至今令我汗颜。记得当时我在工作上遇到困难与挫折，我与我夫人商量准备离开公司时。我夫人一句意味深长的话让我留了下来。她说：“您先呆着看看，有的时候坏事也未必是坏事。”我现在得感激她，因为现在看来，她的话是对的。是她的这句话，使我在工作之余每天都在反省自己的不足之处，并想办法加以弥补。我终于明白了一个道理，一个人在反省中不断完善和超越自我是多么的重要。

建筑是一个技术性很强的行业，个人曾经历过一个又一个开发工具从受到大家的追捧到被冷落。最后我发现，我应抓住其中的一些基础的和永恒不变的因素，即人人都有权利去选择他感兴趣的部分。因此，我努力地找到了自己的兴趣与擅长，并不断努力学习。

在这3年的工作时间里，我曾经也有过激情、迷惘、彷徨和温暖、感悟、奋进。父亲教给我的坚毅、诚实的心态使我在这些过程中艰难地走了过来，并在工作中、生活中不断地修正自己，不断地提高自己的认识。我也因此而重拾生活的信心。

回首过去，当我想到："要有足够的胸怀来接受你不能改变的事情，要有足够的勇气来改变你能改变的事情，要有足够的智慧来区分两者的不同。"与此同时，我恍然大悟，原来是因为自己的胸怀不够，人生无法重来，但是可以随时从头做起，我有选择的权利。

曾记起研究开发部的朝气、热情，工程技术部的和谐、沉稳和责任。这些都给我留下难以忘怀的印象，它已深深地印在我的脑海里，也必将让我时常想起一起共事过的各位同仁。

最后我发自内心地感谢与我一起工作过的同仁，我曾经同他们度过了一段非常快乐的、令我难忘的时光。

感谢您这几年来对我的厚爱，对我自身缺点的包容。您那正直的心态、宽广的胸怀、机敏的处事方式，将令我受用终身。

也正因此，我祝愿您，您也必定能用您的智慧引领公司走向一个更加高远的、全新的未来。

此致

敬礼！

辞职人：刘××

××××年×月×日

【示例2-1-4】

感谢信

××市××建筑设计院：

我校工民建专业的×××、×××等××位学生，在贵公司进行毕业实习期间，得到了贵院领导和专业技术人员的热情关怀和悉心指导。使他们在短短的3个月实习中，学业上有了长足的进步，取得了很大的收获，达到了预期的目的。我们特向贵公司表示衷心的感谢！

此致

敬礼！

××建筑工程学院（公章）

××××年×月×日

【示例2-1-5】

表扬信

××道桥工程指挥部：

×日上午10时左右，我校道桥专业实习生×××同学，在贵部工地实习时，不慎被风刮入江中。幸得贵部工程人员×××、民工×××纵身跳入寒冷的江水中积极救助方得以脱险。×××同学被救上岸后，工程人员×××、×××又将自己御寒的衣服脱下给他穿上。他们这种奋不顾身、舍己救人、热心助人的精神，值得我们学习。请贵部给予公开表扬。

此致

敬礼！

××建筑工程学院

××××年×月×日

【示例2-1-6】

证明信

××县公证处：

李××同志于××××年×月在我校建工系攻读硕士学位，并于××××年×月取得研究生毕业证书。××××年×月公派去×国××大学深造。在我校学习期间，李××同志一心致力于学业，未参加过任何非法组织。

特此证明

××大学建工系（盖章）

××××年×月×日

【示例2-1-7】

慰问信

公司全体员工同志们：

金虎日山去，玉兔迎春到。值此2011年新春来临之际，公司董事会、党委和工会谨向辛勤战斗在生产（工作）岗位上的广大员工同志们致以亲切的问候和节日的祝福！

回首过去的一年，我司广大员工在公司党政领导班子的领导下，深入学习贯彻落实党的方针、政策，扎实践行科学发展观，积极开展创先争优活动，巩固和扩大应对国际金融危机冲击的成果，及时调整优化企业经济结构和经济发展方式，努力推进企业自主创新，节能减排，发展绿色经济，加强经营管理，增强企业活力，出色地完成和超额完成了企业经济发展的各项指标。由此，得到了上级组织和社会的肯定。这些成绩的取得凝聚着全体员工的辛勤汗水和对公司发展的支持与奉献。再次向你们表示衷心的感谢并致以崇高的敬意！

雄关漫道真如铁，而今迈步从头越。2010年是“十一五”规划的收官之年，2011年又是全面贯彻落实党的十七届五中全会精神的重要之年，也是实施“十二五”规划的开局之年，在新的征途上，我们的建设事业将面临更多的挑战，肩负更大的重任。我们坚信：

公司全体员工，在公司董事会和党委的领导下，保持和发扬团结奋进、求实创新的优良传统和工作作风，创造优异的成绩迎接建党九十周年！

最后，祝大家新春愉快，身体健康，合家幸福，万事如意！

××建筑公司

××××年×月×日

【示例2-1-8】

决心书

××道桥建筑公司党委：

×××国道今天顺利破土动工了，它的动工兴建对发展我地区的经济有极为重要的意义。由于在长达162千米的沿线上地质状况复杂，环境条件恶劣，工程人员和民工们的吃住及工作条件均十分艰苦，为此，我全体承建×××国道×路段的施工人员经过认真热烈的讨论，决心发扬不怕苦、不怕死、敢打善拼的精神，努力奋斗，决不拖后腿，×××国道保证××年元旦前竣工，力争在××年元旦前10天完成筑路通车任务。

为了实现这一决心，我们的措施是：

一、将×路段划成若干个工段，各工段责、权、利到人。

二、坚持质量第一，速度第二的原则。在搞好质量的基础上，全力加快施工速度。

三、实行动态管理，制定奖惩细则，做到奖罚分明。

四、做好后勤服务工作，保障第一线工程施工人员的生活和施工顺利进行。

五、……

六、……

××国道×路段全体施工人员

××××年×月×日

第二节　函

一、函的概念

函是适用于不相隶属机关之间商洽工作，询问和答复问题，请求批准和答复审批事项的公文。

从函的主要作用来看，它主要在平行机关或不相隶属的机关之间使用，有时上级机关对下级机关询问一般性的问题，下级机关向上级机关询问具体事项、报送统计报表或一些简单物件，答复上级机关询问的一般性问题等，也可用函来进行。在行政机关的公务活动中，函不具有"指挥"、"领导"的作用，但它具有"桥梁"、"纽带"作用，同时也具有"记载"和"凭证"作用。

二、函的类型

在公文处理中"不相隶属机关之间行文视同平行"。而"函"作为法定行政公文的一个平行文种，就承担了各种各样不相隶属机关之间各种各样事由往返行文的繁杂重任。

对于现阶段不相隶属机关之间的行文,“函”成了不可或缺的公文文种。

对于正式公函,可从以下2个角度分类:

1. 按行文时间先后次序分

(1)主动发函。即主动向对方发出的公函。主动发出的公函对于发文机关来说是“去函”,对于收文机关来说则是“来函”。

(2)被动复函。即为回复对方来函而被动发出的公函。对于不相隶属机关来说,收到来函,发出的就应是复函。但对领导机关的办公部门或职能部门来说,经常要按领导的旨意处理下级机关呈送的上行文,如请示或上行意见,并以本部门的名义复文。因为本部门与呈送上行文的下级机关级别相同,故复文必须慎重。

一是回复请示,不可使用批复而只能使用复函,此即所谓“函复请示”或“函代批复”。

二是回复下级机关要求批转的上行意见,上级机关同意并责成办公部门或职能部门转文,办理部门要用“转发”文件的通知而不是“批转性”通知;如上级机关不同意转文,则办理部门只能以复函回复,而不能用其他文种,此即所谓“函复意见”。

由此可知,复函所对应的文种不一定就是对方先行发来的“函”,复函与函并非一一对应。

2. 按行文内容与作用分

(1)商洽函。即发文机关为商洽解决问题而使用的函。

(2)询问函。即发文机关向主送机关询问有关情况的函。

(3)请批函。即发文机关向没有上下级关系的有关主管部门请求批准的函。请求批准的函有2个文种可用:一是请求上级机关批准,须用“请示”;二是请求有关主管部门批准,必须用“请批函”。“有关主管部门”,就是与此次行文事由有关的业务主管部门,如负责城市建设工作的建设委员会、负责项目立项工作的发展和改革委员会,负责城乡规划的规划局。

(4)答复函。即被动行文以答复询问函或请批函等主动来函的复函。

(5)邀请函。即主动邀请收函方参加某项活动的公函。

(6)知照函。即不相隶属机关之间相互告知事项时使用的函。

(7)慰问函。即发函方为表示对因遭遇重大灾难而蒙受巨大损失方的关注慰问,按照公务礼仪而发出的公函。

三、函的写法

(一)标题

函的标题有以下2种形式:

(1)二项式。“事由+文种”。如信息产业部《关于要求检查验收下水道涵管修复情况的函》。

(2)三项式。“发文机关+事由+文种”。如《××建科所关于同意商借××同志的复函》。

复函的标题,通常需在文种“函”之前加标一个“复”字,写作“复函”。

(二)主送机关

函必须标明主送机关。其主送机关可以是一个,也可以是若干个。可以用全称或规范化简称,也可以用统称。

(三)正文

函分为主动发函和复函两类,每类都由3部分构成。

1.主动发函

主动发函的正文包括以下3部分:

(1)发函缘由。应写明去函的原因、理由、背景、根据、目的等。如《支持××经济区信息化建设的意见》撰写的公函,在发函缘由部分,首先说明党中央、国务院和国家各有关部门对××省工作的高度重视,同时突出强调了国务院信息化工作办公室对××经济区信息化建设给予指导和支持,以此为背景提出发函事项。如是请批函,这一层的写法与请示的第一部分相同,理由一定要充足。

(2)发函事项。这是去函的核心部分,应明确表述去函的意图,是将有关信息告知对方,或是请对方协办有关事项,或是向对方询问有关问题,或是请求对方批准某一事项。写作上一定要具体清楚,明白无误。如示例2-2-2的去函事项为"商借×××高级工程师"。

(3)发函尾语。通常是对对方的希望、要求。如"特此函商"、"特此函询"、"请研究批准"、"请函复"、"……为盼"等,也可以省略尾语。

2.复函

复函的正文也有以下3部分:

(1)复函缘由。即在开头部分首先说明要对收到的哪个文件进行答复,规范的做法是引述来件的标题与文号,不过引述来文日期及要点如"××年×月×日来函收悉,关于……问题经研究答复如下"的做法,当前也时有所见。如果本部门此次复函是奉领导机关之命对某下一级政府主送领导机关的请示等文种作答,那么在缘由部分务必按照行文规则的要求,写上"经××××(上级机关名称)批准,现函复如下"、"经××××(上级机关名称)领导同意,现就有关问题函复如下"之类的说明性文字。

(2)复函内容。这部分是复函的重点,写作上一定要针对来函的事项作答。如果复的是询问函,应给以明确的答复;如果复的是商洽函、请批函,应明确表态,条理清楚地说明意见。如示例2-2-1的复函内容是"同意商借×××同志"。

(3)复函尾语。可用"特此函复"、"特此函告"作结。

(四)成文日期与印章

无论主动发函还是复函,都必须在正文右下方标明成文日期并加盖印章。

【示例2-2-1】

关于前往贵市学习考察施工现场
文明施工管理经验的函

××市建委:

为加强施工现场文明施工管理,提高文明施工水平,维护城市市容环境整洁,保障人身和公共安全,建设绿色、环保、节能、生态型城市,创建国家文明城市,我市准备派出由市人民政府法制办公室和我委相关人员组成的学习考察小组,于××××年×月×日,专程前往贵市学习,请予支持和接待。为了便于双方联系,还请接函后指定一位相关人员与我们联系,以便安排考察事宜。谢谢!

附:学习考察小组名单

××省××市城乡建设委员会(盖章)

××××年×月×日

【示例2-2-2】

××公司关于商借×××同志的函

××〔2009〕×号

××建科所:

我公司因研究××××材料的需要,拟向贵所商借高级工程师×××同志来我公司帮助研制,为期贰年(自1999年2月至2001年1月)。商借费用及×××的酬金等问题依前所议。望鼎力支持,并尽速函复为盼。

专此函商

××××公司(章)

××××年×月×日

【示例2-2-3】

××建科所关于同意商借×××同志的复函

××〔2009〕×号

××公司:

贵公司《关于商借×××同志的函》(××〔1999〕×号)已收悉。经研究,同意我所高级工程师×××同志借调贵公司工作,为期贰年(自1999年2月1日至2001年1月31日)。借调费××××元请于本月底前汇至我所。我所银行账号为××××××。

特此函复

××建筑科学研究所(章)

××××年×月×日

【示例2-2-4】

关于要求检查验收下水道涵管修复情况的函

××市城市管理局:

在沿江宾馆地基隐蔽工程施工时,曾在贵局的同意下(见8月31日函)移动下水道涵管6处共78米,现已修复完毕。因近日将掩盖地基隐蔽工程,望贵局能在近五日派员前来检查验收,以便于我工程的顺利进行。

特此函达,即希函复

××工程项目部(印章)

××××年×月×日

第三节　申请书

一、申请书的概念

申请书是个人、单位、集体向组织、领导提出请求、要求批准或帮助解决问题的专用文书。如个人要求入党、入团、转学、调动、出国探亲或留学等，企业、事业单位向上级机关要求调拨经费、增加设备、添派专家等，均可用申请书的形式向上级提出，使用范围极为广泛。

二、申请书的类型

常用的申请书有：入党申请书、入团申请书、入学申请书、转学申请书、助学申请书、出国留学申请书、开业申请书、住房申请书、困难补助申请等。

三、申请书的写法

1. 书写的格式

申请书通常有固定的格式，其内容包括以下几部分：

(1)标题。在申请书第一行正中写申请书的名称，一般只写“申请书”3个字就可以了，有的则写出内容的主旨，如“入党申请”、“申请调换工种”等等。

(2)称呼。称呼也叫“抬头”，就是在标题下空一行顶格处写出接受申请书的组织、机关、团体、单位、领导的名称。称呼后用冒号。

(3)正文。正文是申请书的主体，在称呼下一行空两格处起写。正文部分要写明申请的事情和理由。如果内容和理由较多，特别是申请的是几件事的情况下，每一件事都要分段写，以使面目清楚。

(4)结尾。结尾部分须表示礼节或恳切的愿望，如“此致敬礼”、“恳请批准”、“不胜感谢”等。

(5)署名和日期。在结尾一行下靠右写上申请人姓名或单位名称。如是单位，要盖公章；如是个人，可盖私章，也可不盖。在署名后面写上写申请书的年、月、日。

2. 注意的事项

(1)申请的事情。要求的情况一定要写具体、写仔细，有的细节也要写明，数字更要具体、准确。

(2)申请的理由。一定要实事求是，不能虚夸和杜撰。就是实在的理由，也要说充分，说具体，说全面，特别是最有说服力的理由，更要讲清、讲得感动人。特别要注意的是，一些无关紧要的、不起作用的所谓“理由”还是不讲为好，以免冲淡气氛，甚至起相反的作用。当然，更要避免出现相互矛盾的“理由”。

(3)申请书的语言。一是要准确，二是要朴实，三是要简洁明了，四是要恳切。要认识到，语言表达得如何，常常会影响到申请的效果。

【示例 2-3-1】

转学申请书

××大学学生科：

我是本校××系 2010 年进校的二年级学生。最近，我父母因工作需要调至南方××市工作。我是家里的独生女儿，加上从上学期起又得了风湿性关节炎，一个人独立生活有困难，需要得到父母的关照，这样，留我一人在北方不方便，因此，请求学校将我的学籍关系转到我父母现在工作的××市××大学。特此申请，恳请批准。

此致

深切的谢意！

申请人：熊××

××××年×月×日

【示例 2-3-2】

助学申请书

尊敬的××银行东海分理处领导：

我是××大学经济管理系 2002 级会计与审计专业的学生张××，男，身份证号：35052519841106××××。由于家庭经济贫困，全家上下 6 口人的生活来源仅靠双亲单薄的农业收入，加上爷爷病重，常年在床无法下地行走，弟弟还在读书，每年必须从家里拿出大部分的钱来供给我和弟弟读书。父母亲的担子一天比一天重了，身体状态也大不如从前了，如今已经无力支付得起我所在学校专业的高额学杂费。平日里虽然全家省吃俭用，假日里我出去打工，但所得离我的学费还相差一大截。为了继续求学，顺利完成学业，我不得不向贵行提出申请，希望可以获得适当的帮助！本人愿意遵守与贵行所签订贷款合同的所有条款，并承担相应法律责任和经济责任，认真履行相应义务，按时交利息和到期还本付息；在学校遵守规章制度，认真学习，积极主动配合领导工作；争取把每分钱用在该用的地方上。恳请领导给予批准，不胜感激。

此致

敬礼！

申请人：张××

××××年×月×日

【示例 2-3-3】

入党申请书

敬爱的党支部：

我自愿要求加入中国共产党，因为共产党是中国工人阶级的先锋队，是中国各族人民利益的忠实代表，是中国社会主义事业的领导核心。

产生这一崇高的信念，是我从孩提时，在电影里、课本上革命先烈的英勇行为中感受到了党的神圣和伟大。那鲜艳的党旗如熊熊燃烧的烈火温暖着我的心窝……虽然对党的一切还没有具体理念，但那金色的镰刀和锤子砸碎了禁锢在劳动人民身上的铁链，打破黑暗旧社会的枷锁,推翻了几千年来压在中华民族头上的三座大山,是中国共产党给处在水深火热中的炎黄子孙带来了新生活。带着这种对党的崇高敬意,于是我有了一个信念——梦想有一天我也能站在党旗下,向党宣誓,成为一名优秀的中国共产党党员。我从小就学习用功,积极向上,8 岁加入少先队,14 岁加入共青团,在共青团的生活中严格要求自己,认真做一个合格的共青团员,争当先进。

这种发自内心深处的一种执著与崇高的信念,给了我克服一切障碍、追随中国共产党建设社会主义中国的勇气、信心和力量……

我决心用自己的实际行动接受党对我的考验,我郑重地向党提出申请:我志愿加入中国共产党,拥护党的纲领,遵守党的章程,履行党员义务,执行党的决定,严守党的纪律,保守党的秘密,对党忠诚,积极工作,为共产主义奋斗终身,随时准备为党和人民牺牲一切,永不叛党。

我深知按照党的要求,自己的差距还很大,还有许多缺点和不足,比如我的政治理论水平还不是很高、在工作中有时处理问题还不够成熟等。希望党组织从严要求,以使我更快进步。我将用党员的标准严格要求自己,自觉地接受领导和群众的帮助与监督,努力克服自己的缺点,弥补不足。争取早日在思想上,进而在组织上入党。

即使组织上认为我尚未达到一个党员的要求,我也将按党章的标准,严格要求自己,总结经验,寻找差距,继续努力,争取早日加入党组织。

请党组织在实践中考验我!

申请人:李××

××××年×月×日

第四节 会议记录

一、会议记录的概念

会议记录是开会时记录会议情况、与会者发言及会议决定(决议)等所形成的书面材料。从严格意义上讲,它不是正式公文。

会议记录使用范围极为广泛,它的主要特点是其原始性、保密性。它是反映会议真实情况的第一手资料,具有一定的实用价值和保存价值。

会议记录是会议情况和内容的实录,是会议记录员把会议的基本情况,研究和讨论的问题,会议报告、讲话、发言以及形成的决议和各方面的意见如实地记录下来的书面材料。它的真实性和完整性使它具有重要文献的性质。一般来说,无论是讨论会、座谈会还是工作会议等,只要是比较重要的正式会议,都要求做会议记录。

二、会议记录的类型

根据会议重要性的不同,对会议记录有不同的要求,大型的重要会议还有两个或两个以上的会议记录员。按记录方式,会议记录主要分为以下几类:

(1)详细记录。详细记录要求全面、具体地记录会议的组织情况、内容、决议以及到会人员的发言。它主要用于重要会议,要求有言必录,对于重要讲话(发言)要尽可能记下原话，记下讲话者的语气、姿态，对关键问题、要害问题和有分歧、有争议的意见都应详细记录下来，生动、详细地反映会议原貌。

（2）摘要记录。简要记录会议内容、发言重点、讨论问题的结论以及通过的决议等，主要用于一般会议。记录力求概括大意、突出重点、简洁明了。

（3）决议记录。只记录会议组织情况、会议议题的决议，不记录报告、发言的具体内容。

三、会议记录的写法

会议记录一般由标题、会议组织情况、会议内容和会议结尾4个部分组成。

（1）标题。即会议记录名称，一般由单位名称＋会议名称＋文种组成。如《××厅××年度评优工作会议记录》。

（2）会议组织情况。包括：

1）会议时间。要写清楚某年某月某日某时。

2）会议地点。召开会议的具体场所名称。

3）出席人。即按规定参加会议的人员。出席的人不多，可写清楚出席者的姓名、职务；出席的人多，可只写人数。

4）缺席人。缺席人比较少，应写清楚姓名，并注明缺席的原因。大型会议，缺席人较多，可只写缺席人数。

5）列席人。不属于参加本次会议的正式成员，但因工作需要参加会议的有关人员。

6）主持人。写清楚主持人的姓名、职务。

7）记录人。要写明记录人的姓名、职务。

以上内容，均应在开会前完成。

（3）会议内容。这是会议的主体部分。记录内容包括：与会者的发言、会议议题、会议报告、会议讨论发言、会议形成的决议。与会者的发言，按发言先后顺序记录，记录姓名和发言的主要内容。“决议”项很重要，要详细记录，先写议案内容，后写表决结果，并注明表决的实际情况。例如“全体通过”或“若干同意”、“若干反对”、“若干弃权”。对于重要讲话（发言），要尽可能记下原话。会议内容详略、记录方法，以会议的性质、重要程度为依据。

（4）结尾。会议内容记完，转行，空两格，写“散会”或“结束”。另外，会议中间休息，可在记录中断的地方，转行，空两格，写上“休息”二字，最后主持人和记录人应分别在会议记录正文后的右下方签名，重要会议的记录要由记录人念给与会人听，经核对无误后，写下共×页，然后签名。

【示例2-4-1】

××市政府第×次市长办公会议记录

时间：××××年×月×日×时

地点：第一会议室

出席人：徐××（市长）　　　李××（副市长）

刘××(副市长)　陈××(副市长)

蔡××(市长办公室主任)　　张×××(市长办公室副主任)

缺席人:李××(到省里开会)

列席人:孙××(市文明办主任)

主持人:徐××(市长)

记录:张××(市长办公室副主任)

议题:1.贯彻落实"创建卫生城"活动工作的计划和步骤

2.××市文明小区的评优工作部署

发言内容:

徐××:(略)

李××:(略)

…………

决定事宜:

一、(略)

二、(略)

……

散会

主持人:徐××(签名)

记录人:张××(签名)

【示例2-4-2】

××公司行政办公会会议记录

时间:××××年×月×日下午14:30~17:30

地点:××办公楼会议室

出席人:×××总经理、×××副总经理、×××副总经理、×××办公室主任、×××办公室副主任、各科室主任、副主任等

主持人:×××

记　录:李××　　陈××

(一)会议议题

1.加班奖金发放办法。

2.聘约方案。

3.有关人员的调动问题。

4.对违反劳动纪律人员的处理问题。

(二)会上达成的协议

1.按公司加班的有关事宜办理。

2.在公司缺人手时可对外招聘。聘约人员应享受公司员工的一切福利待遇,对为公司创造极大利益的聘约人员给予特别嘉奖。

主持人：×××(签名)

记录人：李××(签名)

陈××(签名)

××公司行政办公室

××××年×月×日

【示例2-4-3】

××学院第×次办公会议记录

时间：××××年×月×日。

地点：第一会议室。

出席人：张××(院长)、吴××(总务处处长)、王××(院长办公室主任)，谢××(院长办公室秘书)及各系各部门主要负责人。

缺席人：朱××、王××(到省开会)。

主持人：张××(院长)。

记录：谢××(院长办公室秘书)。

(一)报告

1. 吴××报告院基本建设进展情况(略)。

2. 主持人传达省人民政府《关于压缩行政经费开支的通知》(略)。

(二)讨论

我院如何按照省人民政府的《通知》精神抓好行政费用的合理开支，切实做到既勤俭节约，又正常教学。

(三)决议

1. 利用两个半天时间(具体时间各系各单位自己安排，但必须安排在本周内)组织有关人员集中传达学习《通知》精神，提高认识，统一思想。

2. 各系各单位负责人在认真学习的基础上利用下周政治学习时间向群众传达宣传。

3. 各系各单位责成有关人员根据《通知》的指示精神，重新审查和修订本年度行政经费开支预算，并于两周内报院长办公室。

4. 各系各单位必须严格控制派出参加涉外会议及外出学习的人数，财务部门要严格把关。

5. 利用学习和贯彻《通知》精神的机会，对全院师生员工普遍开展一次勤俭节约、艰苦朴素的传统教育。

散会。

主持人：张××(签名)

记录人：谢××(签名)

××学院行政办公室

××××年×月×日

第五节　公　　约

一、公约的概念

公约，指机关、团体或街道居民内部拟定的共同遵守的行为规范与准则。其作用主要是通过集体共同的约定，规范人们的行为，从而维护公共秩序及共同利益。一般用于公共事务，如城市市民文明公约是我国首都、各省省会以及其他城市的工会、共青团、妇联会等在共产党领导下的群众组织、团体，号召城市市民共同遵守一定的道德规范和准则时，所用的一种应用文样式。这种公约多半由几个组织制订，在举行"全民文明礼貌月"活动总结表彰大会上由群众组织负责宣读，而后在报纸上公开发表，在电台广播；有的还印成单页，贴在市民家庭和各机关、团体的办公室内。这种公约已经成为我国城镇人民共同遵守的道德规范和行为准则。

又如乡规民约是我国农村广大干部和农民群众在建设社会主义物质文明、抵制和批判不正之风、不良习气中，总结、创造出来的一种新的应用文样式。

二、公约的类型

公约一般属集体相互约束行为，按其用途可分为公共事务公约和乡规民约。

三、公约的写法

由标题、正文、落款3部分组成。

(1)标题。就是公约的名称，直接表达了公约的内容。

(2)正文。这是公约的主体。开始一段要简明扼要地写明订立本公约的目的意义，以引出下面的条款。接着逐条逐款写出大家讨论通过的内容。有的公约没有引言，一开始就逐条逐款写。

(3)落款。国内单位、团体制订的公约，要写清单位名称和年、月、日。

如标题中已写单位名称，则落款时不再写。国际公约则要写上各国代表的名字并签字盖章。有的在条文后有附件，还应特别写明附件名称。

【示例2-5-1】

首都市民文明公约

第一，热爱祖国，热爱中国共产党，热爱社会主义制度，热爱首都，热爱劳动，同心同德干四化。

第二，讲文明，讲礼貌，敬老爱幼，邻里团结，家庭和睦，不说脏话，不耍态度。

第三，讲清洁卫生，不随地吐痰，不乱扔脏物，不乱倒垃圾，消灭蚊子、苍蝇、蟑螂、臭虫、老鼠。

第四，遵纪守法，维护公共秩序，不打架斗殴，不起哄。

第五，爱护山水林木，爱护文物古迹，爱护珍禽益鸟，爱护一切公共财物。

第六，积极植树造林、种草栽花，美化、绿化首都。

第七，破旧习，树新风，实行计划生育，婚丧事要简办，不赌博酗酒。

第八，开展健康的文化体育活动，坚决抵制反动淫秽书画和录音录像。

【示例 2-5-2】

乡规民约

1. 集体劳动好，勤劳致富步步高；正当副业要发展，投机倒把不准搞。
2. 热爱集体好，不拿村里粮和草；落实生产责任制，损公肥私不能搞。
3. 尊老爱幼好，赡养父母尽孝道；教育子女听党话，粗语脏话要去掉。
4. 家庭和睦好，夫妻相敬偕到老；婆媳妯娌心连心，邻居团结赛金宝。
5. 移风易俗好，勤俭持家要记牢；不搞迷信和浪费，计划生育不动摇。
6. 文明新风好，待人诚恳有礼貌；不准打人和骂人，陋规恶习要除掉。
7. 遵纪守法好，主持正义讲公道；检举坏人和坏事，打击报复法不饶。
8. 四防安全好，综合治理很重要；场头仓库勤检查，实行制度排干扰。

宜堡乡封家村委会

××××年×月×日

第六节　守　　则

一、守则的概念

守则是国家机关、社会团体、企事业单位为维护公共利益和工作秩序，向所属成员发布的行为准则和道德规范。守则是根据本单位具体情况制定的，有的还是工作中的具体操作规范，有特定的使用范围和较强的针对性。

守则的制定有 3 个依据：一是党和国家的方针、政策，二是有关法律、法规，三是全社会共同遵守的道德规范。因此，遵守守则，实际上也就是遵纪守法，就是讲文明、讲道德。

二、守则的特点

守则可分为约束性守则和原则性守则。其特点如下：

(1) 概括性。守则篇幅短小，写作时要用简明概括的语言行文，不能写得太繁杂。

(2) 针对性。要根据党的路线、方针、政策，结合本地区、本系统、本单位的实际情况，有针对性地拟定具体条文。

(3) 准确性。在文字表述上，提倡什么，反对什么，应该准确、明白，不能模棱两可，含糊不清。

(4) 可行性。所规定的条文，所提出的要求，应该实事求是，切实可行，通过努力可以做到，防止要求过高，变成一纸空文。

(5) 通俗性。语言应明白、流畅、通俗易懂，防止长句和专业术语的大量运用。

三、守则的写法

守则一般由标题、正文和签署 3 部分构成。

(1)标题。守则的标题由发文机关、事由和文种类别(守则)组成,有时可省去发文机关和事由,只写"××人员守则"或"守则"。

(2)正文。守则的篇幅一般比较短小,多采用通篇分条式写法。如果内容复杂,为了更有条理性,也可采用章条式写法,由总则、分则、附则3部分组成,下面再分章,章下再分条。

在正文的写作中,条与条之间的划分是否符合逻辑规律,能不能做到条理清楚、层次分明,是写作守则成败的关键。另外,还要注意语言表达的简练、质朴、准确。

(3)签署发文机关和日期。如标题中已标明发文机关,或标题下标明了发布日期,这部分内容可以省略。

【示例2-6-1】

公司职工守则

一、热爱集体,勤俭节约,爱护公物,参与管理。

二、热爱本职,学赶先进,提高质量,讲究效率。

三、努力学习,尊重科学,钻研业务,提高水平。

四、遵守法纪,严格规章,执行制度,维护秩序。

五、关心同志,尊师爱徒,和睦家庭,团结邻里。

六、文明礼貌,讲究卫生,保持整洁,崇尚公德。

七、扶植正气,抵制歪风,拒腐防变,廉洁奉公。

××建筑有限责任公司

××××年×月×日

【示例2-6-2】

机关部门文明守则

一、执行党的政策,维护群众利益

二、办事公正廉洁,遵守法规纪律

三、努力学习创新,不断开拓进取

四、树立全局观念,加强团结协作

五、密切联系群众,热情服务基层

六、提高工作效率,增强安全意识

七、讲究职业道德,倡导文明风尚

八、弘扬艰苦奋斗,厉行勤俭节约

九、爱护公共设施,维护环境卫生

十、争创一流业绩,构建和谐勘院

××市××勘察设计院

××××年×月×日

【示例2-6-3】

职工宿舍文明守则

第一条　为加强公司宿舍的文明建设,使职工有一个清洁、宁静、安全、文明的生活环境,特制定职工宿舍文明守则。

第二条　保持生活环境的整洁卫生,不随地吐痰,不乱丢果皮、纸屑、烟头等。一切车辆(含自行车)要按指定的位置摆放整齐。

第三条 宿舍区内的走廊、通道及公共场所禁止堆放杂物、养鸟和其他宠物。

第四条 讲文明礼貌,不随地大小便,不从楼上抛丢垃圾、杂物和倒水。不准弄脏和画花墙壁。

第五条 养成良好的卫生习惯,垃圾、杂物要倒在垃圾池(桶)内。

第六条 注意安全,不许私自安装电器和拉接电源线,不准使用明火炉具(用电炉具)等超负荷用电。

第七条 预防火灾,严禁在宿舍区燃放烟火和鞭炮。

第八条 自觉维护宿舍区的安静,在中午、晚上休息时间不使用高音器材,不进行有噪音的活动,以免影响他人休息。

第九条 美化环境,爱护花草树木和一切公共设施。

第十条 各住户生活区的卫生要经常打扫,保持整洁。

第十一条 遵纪守法,严格遵守治安管理的有关规定,自觉维护宿舍区的秩序。

以上规定希望广大职工自觉遵守,违者按公司住房管理规定的条款给予处理。

××市××开发公司

××××年×月×日

第七节 条 据

一、条据的概念

条据是指在日常工作和生活中,需要将有些事项留作凭证或向别人说明的一种简单的应用文。

条据看似普通,但应用范围很广,并具有极大的法律价值。当出现纠纷、发生争议时,这种条据就是最有力的证明。条据的特点是简明、速效,无论何种条据,文字均简单明了,并一般是立刻写好,很快发挥作用、解决问题的。条据是工作和生活中值得重视的一种文体。

二、条据的类型

条据分为两类:一类是凭证性条据,也称单据;一类是说明性条据,也称便条。

凭证条据是单位之间、个人之间、单位与个人之间在发生了财物往来,借到、收到、领到钱或物品时,写给对方的字据,是方便对方作为收入、支出、报销、保存、查考的根据。常用的有借条、收条、领条、欠条等。

说明条据是一种最简单的书信,目的在于把某一件事对人说明。在日常工作和生活中,常会遇到有事而不能直接面谈的情况,往往要写一张字条以告知对方。

三、条据的写法

各种条据的写法都差不多。在第一行的正中写上表明条据性质的标题,若是借物,则写“今借到(或借到)”,若是领物,则写“今领到(或领到)”。字略大于其他字。在第二行空两格起,写对方单位、部门或个人名称,接着写物件名称、数量或金额。结尾另起一行,在当中偏左处写上“此据”二字,以示“以此为据”。最后,在条据的右下方写上经手人姓名及所属部门或单位,如果是代借、代收、代领的,则要在此处标明“代”字,用括号标注在经手人姓名的后面。在经手人姓名的下行具明日期。

1. 凭证条据的写法

写单据的注意事项主要是:

(1)条据中的数字要大写。0~10 的大写数字是:零、壹、贰、叁、肆、伍、陆、柒、捌、玖、拾。数字前面不留空白,数字后面要加“整”字。

(2)写条据要字迹工整。若有涂改,应在改动的地方加盖图章,以示负责。

(3)写条据一般要求用钢笔、毛笔、圆珠笔,不得用红墨水及铅笔。

【示例 2-7-1】

借　条

今　借　到

××市建筑设计院××大厦建筑设计施工图纸壹套,计贰拾陆张整(副本)。壹周内归还。

此据

××县第一建筑公司

经手人:×××

××××年×月×日

【示例 2-7-2】

收　条

今　收　到

某砖瓦厂运来两车红砖(24 毫米×115 毫米×53 毫米、75 号)共计柒仟块整。

此据

××市××化工厂建筑工地

经手人:×××

××××年×月×日

【示例 2-7-3】

领 条

今 领 到

××工地建筑储料仓库IV级××牌热轧钢筋(螺纹)HPB235××吨,××牌热轧HRB235××吨。

此据

××工地第五工段施工队

经手人:×××

××××年×月×日

【示例 2-7-4】

欠 条

今 欠 到

××建筑机械设备厂款捌佰柒拾壹元整(购混凝土搅拌机两台所汇款不足),将于下月15日前归还。

此据

××县建筑安装公司

经手人:×××

××××年×月×日

2. 说明条据的写法

说明条据(便条)的写法:

(1)写明收条人的称呼或单位名称。

(2)写明要说的事情。

(3)写明写条人的姓名。

(4)注明写条时间。

常用的便条有:请假条、留言条、托事条等。

便条要求简明扼要。请假条一般要求在第一行中间标明,其他各类是否要标明便条性质不作要求。

【示例2-7-5】

请假条

请　假　条

×××经理：

今日下午我要前往市建委质量监督科领取有关资料，不能参加下午的建筑节能技术讨论会，特此请假。

此致

敬礼！

×××（签字）

××××年×月×日上午×时

【示例2-7-6】

留　言　条

供销科×科长：

上午我来找你商量有关进货事宜，不巧你出去办事了，下午3时我再来，请在办公室等我。

此致

敬礼！

×××（签字）

××××年×月×日上午×时

【示例2-7-7】

托　事　条

×主任：

你到××市出差办事时，请到××贸易股份有限公司（××市××区×××路×××号）查询一下，×月×日我厂的购货汇票收到与否，若收到请催发货。

此致

敬礼！

×××托

××××年×月×日

第三章 行政事务类文书

第一节 通 知

一、通知的概念

通知是用于批转下级机关的公文，转发上级机关和不相隶属机关的公文；传达要求下级机关办理和有关单位需要周知或者共同执行的事项；任免和聘用干部的公务文书。

通知主要用于传达和告知，因此它主要属于传达性或告知性公文，但大多数通知在传达、告知时对受文者总是有所要求，如提出需要办理或执行的事项，规定办理的方法和目标等，有一定的指挥、规范作用，因而有一定的权威性。此外，有些通知涉及的事项是要求立即办理、执行或周知的，有的甚至只在特定的某一阶段内有效，从而使通知具有明显的时效性。传达性、告知性、权威性和时效性可以说是通知的基本性质。

通知的突出特点是它的应用范围广泛，使用频率很高。它不受发文机关级别的限制，所有的机关、团体、企事业单位都可根据自身公务、业务活动的需要使用；它不受内容轻重大小的限制，无论是领导机关的重要决策，还是一般单位的日常工作，都可以用通知来传达、部署；它的使用比较方便，写作较为自由灵活，内容根据实际需要可多可少，行文无须过分拘泥于固定的结构程式；它的行文路线限制不严，不仅上级机关对其所属下级机关，各团体、单位对其所属成员可以发出通知，平行机关之间、不相隶属机关之间，也可使用通知沟通、知照有关事项。

二、通知的类型

通知因其使用范围广泛而种类繁多，一般依其内容归纳为下列4类：

1. 发布性通知

即党政机关在发布、印发某些不适宜使用命令（令）发布的规定、规则、细则、办法等规章性文件时所使用的通知，如《国务院关于颁发〈中华人民共和国建筑法实施细则〉的通知》。

2. 批示性通知

批示性通知是指那些用于转发上级机关、同级机关和不相隶属机关的公文。批转下级机关的公文时所使用的通知，如《国务院转发国家教委关于深化高等教育体制改革若干意见的通知》等。

3. 指示性通知

指示性通知是上级机关对下级机关办理或共同执行事项发出指示、作出部署、提出要求而又不宜用命令（令）、指示、决定等文种行文时所使用的通知，是各类通知中规范性、指挥性最强的一种，如《国务院办公厅〈关于投资体制改革的决定〉的通知》、《基本建设财务管理规定》等。

4. 告知性通知

告知性通知是上级机关的有关事项需要使下级周知时所使用的通知。凡成立、合并、撤销、调整某个机构，启用、停用某个印章，任免干部，迁址办公，召开会议，更正文件等日常工作事务，都可以使用这种通知。如《国务院办公厅关于成立国务院勘界工作领导小组的通知》、《××省人民政府办公厅关于撤销省政府清理整顿公司领导小组及其办公室的通知》等。

三、通知的写法

通知种类繁多，各自承担的使命不同，写法上也有不同的要求，本文只介绍发布性通知。

发布性通知的标题通常有2种形式：一种是发布机关、发布事由、文种名称三要素齐全的规范标题，一种是只包含发布事由和文种名称的简化标题。后一种一般只用在几个机关联合发布有关法规、规章的情况下。标题中的发布事由一项，是一个由介词“关于”、动词“发布”（或“颁发”“印发”）和发布对象名称构成的介宾词组。“颁布”、“发布”、“印发”等动词的选用，视发布对象的重要程度而定；发布对象的名称一般要置于书名号之内。

发布性通知的正文内容单纯，结构简单，一般只需要写明发布对象名称、提出执行要求即可，必要时可在发布对象名称之前简要地介绍发布依据，在执行要求后对有关事项作简要说明或突出强调。若在发布新规章的同时还要废止旧的规章，则应写明被废止规章的名称。

【示例3-1-1】

通　　知

各分公司：

为贯彻市政府安全工作会议精神，研究落实我公司安全生产事宜，经建筑总公司决定，召开2010年度建筑施工安全生产工作会议，现将有关事项通知如下：

1. 参加会议人员：各分公司负责人。
2. 会议时间：5月3日，会期1天。
3. 报到时间：5月2日至5月3日上午8时前。
4. 报到地点：第二招待所301号房间。联系人：×××。
5. 各单位报送的经验材料，于4月20日前报公司安全技术科。

特此通知

××市建筑总公司

××××年×月×日

【示例3-1-2】

关于设置安全生产管理工作机构的通知

各分公司、各直属科（室）：

由于在承包经营的过程中忽视了安全生产(施工)的管理工作,致使今年第一季度的工伤事故较去年同时上升21.7%,直接经济损失达3万余元。为迅速扭转这种局面,经研究决定,总公司设置一个安全生产(施工)的管理工作机构——安全管理办公室,设办公室主任1名,副主任1名,安全干事3名,负责总公司所属企业的安全生产(施工)管理工作。下属各分公司及建筑工地、生产车间、工段的生产(施工)安全机构和安全员归该办公室领导,在该办公室的指导下开展安全管理工作。

特此通知

××建筑安装总公司

××××年×月×日

(此通知下发至各建筑工地、生产车间)

【示例3-1-3】

关于召开公司技术交流会的通知

为提高各建筑安装项目的施工质量,维护我公司在全省建筑市场的声誉,公司决定召开公司所属各企业建筑安装技术交流会,并邀请上级建设主管部门及有关专家莅临指导。现将有关事项通知如下:

1. 会议时间:11月3~5日。

2. 会议地点:总公司大会议室。

3. 出席人员:公司设计科、技管科、质监科全体人员,各分公司正副经理、项目经理,工地施工员、质监员、安全员。

4. 注意事项:

(1)各分公司推派一名公司级技术能手在交流会上发言,并做好现场示范操作的准备。

(2)会议期间各企业、各工地的工作及早安排好,以免影响正常生产施工。

(3)与会者随身带好日常生活用品。

(4)与会者接到通知后于×月×日到会议接待处(公司招待所)报到。

××建筑安装总公司

××××年×月×日

【示例3-1-4】

关于进一步加强建筑门窗节能性能标识工作的通知

各省、自治区住房和城乡建设厅,直辖市、计划单列市建设及有关部门,新疆生产建设兵团建设局:

《建筑门窗节能性能标识试点工作管理办法》(建科〔2006〕319号)印发后,各地住房城乡建设主管部门和有关企业高度重视,认真组织落实,门窗节能性能标识(以下简称“门窗标识”)试点工作取得了初步成效,为进一步加强门窗标识工作,促进门窗行业技术进步,确保建筑节能取得实效,现将有关工作通知如下:

(一)充分认识门窗标识工作的地位和作用。我国每年建筑门窗生产应用量大,门窗能耗约占建筑围护结构能耗的50%,建筑总能耗的25%。提高门窗的节能性能是降低建筑物能耗的有效措施之一,是确保建筑节能取得实效的重要手段。门窗标识明示门窗的节能性能指标,反映门窗节能性能的优劣,是建筑能效标识的重要组成部分。门窗标识制度可为建筑节能设计、工程质量监督、引导消费提供可靠依据,对促进节能门窗开发应用、提高门窗节能性能、推动门窗行业技术进步起到积极的促进作用。

(二)明确工作目标。要利用3年左右时间,对全国规模以上门窗企业的主要产品进行节能标识,努力提高当前主要门窗产品的节能性能,使获得标识的门窗广泛应用于新建建筑和既有建筑节能改造。

(三)加强门窗标识队伍建设。加强对门窗标识实验室从业人员的培训和业务指导,继续推进对门窗标识实验室的确定和考核工作,实现门窗标识实验室在全国范围内的合理布局。提高门窗标识测评能力,开展门窗标识实验室之间的测评能力比对,确保测评结果的准确性和可复验性。抓紧编制《建筑门窗标识测评技术导则》,进一步完善建筑玻璃数据库,积极开发并推行具有自主知识产权的标识测评模拟计算软件。

(四)完善政策措施,加强管理。要抓紧研究制定促进和规范门窗标识市场发展的政策措施,结合建筑节能监管体系建设制定门窗标识管理办法,建立健全相关的协同推进机制和门窗标识管理机制,加快门窗标识测评和证书发放工作。

(五)加大门窗标识推广力度。财政投资建设的办公建筑和大型公共建筑、保障性住房等项目,应优先采用获得节能标识的门窗产品;建筑节能示范工程、绿色建筑示范工程、可再生能源建筑应用示范工程,应采用获得节能标识的门窗产品;在建筑能效测评、工程招标过程中,对门窗的节能性能指标要求应当采取门窗标识的信息。

(六)开展门窗标识制度宣传教育。要充分发挥网络、电视、报刊等媒体的作用,加大门窗标识工作的宣传,使更多的企业、工程建设各方主体和社会公众充分了解门窗标识制度、正确使用门窗标识。

(七)加强门窗标识全过程监督。要按照《建筑门窗节能性能标识试点工作管理办法》(建科〔2006〕319号)的要求,对获得节能标识的门窗及其生产企业、门窗标识实验室和节能标识门窗的应用工程进行监督检查,并将门窗标识工作列为建筑节能专项检查的内容,切实查处违反有关规定的行为。

各省级住房城乡建设主管部门要及时将本地区门窗标识工作的实施情况、问题和建议报我部。

中华人民共和国住房和城乡建设部

二〇一〇年六月十八日

第二节　通　　报

一、通报的概念

通报是用于表彰先进、批评错误、传达重要情况和精神,具有明显的传达性、告晓性和指导、教育作用的公文。

二、通报的类型

通报按其内容性质可分为以下3种：

1. 表彰性通报

即专门用来表扬模范人物和优秀事迹，树立先进典型，推广成功经验，教育干部群众，推动各项工作的通报。如《国务院关于表彰国家科委等单位长年深入基层开展扶贫工作的通报》等。

2. 惩戒性通报

即专门用于在一定范围内公布对某些犯错误的单位或个人的批评、处理，或在一定范围内公布对某些重大事故的调查情况和处理结果，从而教育干部群众从中吸取教训，以防类似情况发生的通报。如《国务院办公厅关于对少数地方和单位违反国家规定集资问题的通报》、《××省人民政府关于××楼施工特大伤亡事故的通报》等。

3. 传达性通报

即专门用来传达重要精神和情况，帮助有关单位了解、掌握全局或某一方面工作的信息、动向，以统一思想认识，推动工作进程的通报。如国家计委等4部门联合发布的《关于一九九二年上半年粮食挂账情况的通报》、《××省人民政府办公厅关于在我省开展春季“建筑安全月”活动情况的通报》等。

除按内容性质分类外，通报还可以按写法分为直述式通报的事实并加以评论、分析和提出要求的写法；所谓转述式是指发文机关直接叙述所通报的事实并加以评论、分析和提出要求的写法；所谓转述式是指发文机关通过转发其他机关的文件或其他文字材料（如调查报告、群众来信等）并加以评论、分析和提出要求的写法。

三、通报的写法

各类通报的结构均由标题、正文、落款3部分组成。

通报的标题一般采用三要素齐全的规范形式。其中的事由一项，要能够反映出通报的内容性质，让受文者一望而知是何种类型的通报。多个机关联合发布的通报可以将发文机关名称略去。机关单位内部使用的通报，还可只用“通报”二字作为标题。通报有无主送机关也因文而异。一般普发性通报和在单位内部公开张贴的通报，可不设主送机关栏，不写受文单位；而向指定单位或一定范围下发的通报，必须在主送机关栏写清受文单位。正文后的落款与标题对应，即采用三要素齐全的规范标题者，落款可不署发文机关名称，只写发文日期；标题中略去发文机关名称的，落款处必须署发文机关的全称或规范简称，并写明发文日期。

【示例3-2-1】

关于对市×××建筑公司实现安全生产年的表彰通报

市×××建筑公司采取有力措施，切实贯彻《安全生产条例》，建立安全生产岗位责任制，2009年实现全年生产无事故，成为我市第一个安全生产年优秀企业。为此，市政府决定对×××建筑公司给予通报表扬，并奖给锦旗一面，奖金×××××元。

市政府号召全市各企业以×××建筑公司为榜样，层层建立健全安全生产岗位责任制，扎扎实实抓好安全生产，争创安全生产年企业，把我市安全生产推上一个新台阶。

××市人民政府（印章）

××××年×月×日

【示例3-2-2】

关于××建筑公司质量事故的通报

今年3月下旬，由××建筑公司承建的××市38中可容纳二十余个教学班级的2座主教学楼报危，仅使用12年的三层楼墙体倾斜，部分屋面出现裂缝，近20000名学生被迫易地上课，在社会上引起强烈反响。

××建筑公司承建的这两座教学楼，以265万元中标，项目经理是涂××，施工员是李××、施××、欧阳×，教学楼设计由与××市建筑设计院挂钩的××设计所作出，质量监督部门为××市教育局质监科，工程验收时评为“优良”工程，并在当时的本市教育简讯中作过报道。

事故发生后，经过事故调查及专家认定，此次质量事故产生的原因主要是：

1. 结构设计不合理，造成楼基承载能力不足，未设构造柱体，圈梁起不到应有的作用。

2. 由于中标价格偏低，勉强与成本费用持衡，致使在施工过程中存在偷工减料的情况。经检查，水泥标号低，钢筋质量差且未按图纸实际要求用足数量，红砖等级也不够。

3. 质量监督部门未尽责任，尤其是对隐蔽工程未能及时地进行现场检查监督，致使楼基及浇灌混凝土的施工质量过差而无人监管。

4.（略）。

根据以上事故原因分析，项目经理涂××、施工员李××、施××、欧阳×对此事故负有主要责任，××设计所负有重要责任，××市教育局质监科负有责任。为此，市建委于××××年×月×日研究决定：

1. 将××建筑公司的建筑二级资质单位降为三级资质单位。建议××建筑公司撤销涂××、李××、施××、欧阳×现有职务，作出行政处理和经济处罚，并于6月上报至我委。

2. 取缔与××市建筑设计院挂钩的××设计所，由市工商行政管理部门另案处理。

3. 建议市教育局撤销局监察科主要负责人职务，对两楼质监员给予一定的行政处理。

4. 由××建筑公司与市建筑设计院负责，尽快采取措施排除险情。所需费用另案处理。

5. 此决定向全市建设行业通报。

××市建设委员会

××××年×月×日

第三节 请 示

一、请示的概念

请示是下级机关向上级机关请求指示、批准事项时使用的报请性公文。

请示作为一种独立的公文种类,主要适用于下列几种情况:一是涉及方针、政策界限等方面的重要问题,请求上级给予明确指示或解释;二是遇到无章可循的新情况、新问题,把握不准的疑难问题,请求上级予以指示;三是涉及其他地区、部门、系统、单位的工作或问题,本机关(单位)无权独自决断时,请上级予以批示、协调;四是本机关(单位)情况特殊,因人力、物力、财力等方面限制难以执行上级统一要求时,请求上级批准予以变通;五是其他按规定必须经上级批准方可开展的工作及遇到困难时请求上级帮助解决。

二、请示的类型

请示依其内容可分为以下 3 种类型:

1. 请求指示的请示

这是下级机关在遇到涉及方针、政策界限的重大问题、无章可循的特殊问题、难以把握的疑难问题时,请求上级机关给予明确指示或作出解释的请示。

2. 请求批准的请示

这是用于下级机关需要办理、解决而自己无权无力办理、解决的事项和问题,请求上级批准办理或授权解决时所使用的请示。

3. 请示指转的请示

这是职能部门就自己分管业务范围内出现的新情况、新问题提出解决的办法、措施,却因职权范围所限不能自行向有关地区、部门发出指令性文件,需请求上级机关审定批准后转发执行时使用的请示。

本文只介绍请求指示的请示。

三、请示的写法

请示的标题一般由发文事由和文种名称两个要素构成,有时也采用三要素齐全的形式。但无论采用何种形式,标题都要能够鲜明地反映出请示的主要内容,同时还须注意使用的动词不要与文种名称的词语表意重复。《关于请求批准××××的请示》之类的标题应努力避免。几个机关联名上报的请示,标题内无须出现“联合”二字。

请示的正文一般分引言、主体、结尾 3 个部分。引言部分应简要而充分地说明请示的原因、背景或依据。如果原因较为复杂,则不可片面追求简要而使之简单化。必须把情况说清,把理由说够,把道理讲透,才能为请示提供充分的依据。主体部分用以陈述请示事项,即请求上级指示、批准或批转的具体事项。事项无论详写略写,都要做到实事求是地说明情况,清楚明白地陈述要求,具体可行地提出意见,以利上级迅速决策,作出答复。结尾一般用“妥否,请指示”、“当否,请批示”、“特此请示,请予批复”之类的习惯结语重申期复意愿;请求批转的请示则以“以上请示(意见)如无不妥,请批转各地(部门)贯彻执行”的结语作结。

事项单纯、篇幅短小的请示,可以将请示原因、依据与请示事项合为一个段落,不必再分成引言、主体 2 个部分;结尾以单独另起一段为宜。

正文后的落款应署发文机关全称或规范简称。由于请示的标题中多省略发文机关名称,故落款时必须十分注意,切不可再将发文机关署名遗漏,让受文者不便审批、回复。在署名下方,写清发文日期。

【示例3-3-1】

××齿轮厂关于增加“六五”期间技术改造项目投资的请示

××省机械工业厅：

我厂经国家批准的“六五”期间59万元技术改造项目，在执行过程中资金额已突破了原计划，其原因如下：

一、原计划更新的设备11台，资金额13万元。因一些优质名牌设备提价，致使这项资金额达14.7万元，价差1.7万元（详见附表）。

二、原计划翻建车间厂房1000平方米，资金额30万元。日前，我厂与铁西区建筑工程公司签订了施工任务书，经市建行审查定案后，工程预算为33.2万元。超出的原因是一部分计划外建筑材料议价，价差3.2万元。

上述两项共超出资金4.9万元。由于在59万元技术改造项目中，我厂自筹资金已达35万元，此次突破计划的资金4.9万元，我厂已无力解决。为了不致影响“六五”技术改造项目的实施，特请予以办理调整计划，增加指标4.9万元。同时请求银行给予办理贷款，以解决资金问题。

妥否，请批示。

××市××齿轮厂（印章）

××××年×月×日

附：优质名牌设备价格调整前后对照表（略）

【示例3-3-2】

关于暂缓调高旅游专项资金在交通建设附加费中分配比例的请示

市人民政府：

今年4月7日，市委、市政府下发了《关于加快发展旅游业的决定》（×字[××]8号）文件，同意建立旅游建设发展专项资金，其部分资金来源于交通建设附加费的分配，并将此分配比例从原来的5%调高到10%。对此，我委认为该措施无疑有利于筹集资金，促进旅游业发展。但当初决定征收旅游业交通建设附加费的目的，主要是筹集地铁资金，现要提高旅游专项资金在交通建设附加费中的分配比例，必然减少地铁资金的来源。地铁工程建设年度投资高达30亿元，筹资任务十分艰巨，而今年地铁资金缺口更大，需开拓更多的资金来源。因此，任何减少筹集地铁资金的做法都会导致工期拖长和投资增大，不利于工程建设。

鉴此，我委建议在地铁建设期内，暂缓调高旅游专项资金在交通建设附加费中的分配比例，仍执行旅游专项资金在交通建设附加费中占5%的分配比例不变。

专此请示，请批复。

××市发展改革委员会

××××年×月×日

【示例3-3-3】

关于将××湖风景名胜区列为区级重点风景名胜区的请示

××省人民政府：

我市××湖风景名胜区位于××县境内，面积168平方公里，分为3个景观区，距市区约100公里，二级水泥公路直达湖区，观光旅游的交通十分方便。

据地质考察，数百万年前这里曾是一片大湖泊，后在地质构造运动中，形成了高山峭壁和嶙峋洞穴，山水相连，自然风景十分奇异。现景区已开发接待游人的范围为35平方公里，主要景点有67处，山、湖兼备，绿化良好，兼之摩崖石刻、寺庵、亭台楼阁点缀其间，自然及人文景观丰富。南侧为石山景区，奇山异峰，造型独特。西侧为××湖景区，湖面宽阔，水质清澈，湖光山色相互辉映，景色秀美。目前，基本形成了一条重要的旅游线路。

根据《风景名胜区管理暂行条例》，我市对××湖风景名胜区进行了资源调查、评价，编制了总体规划。现申请把××湖风景名胜区列为区级重点风景名胜区。

以上请示，请审批。

××市人民政府（印章）

××××年×月×日

【示例3-3-4】

关于××小区物业管理收费标准的请示

××市物价局

为规范物业管理服务收费行为，保障业主和物业管理企业的合法权益，根据《××市物业管理条例》和《××市物业服务收费管理办法》有关规定，按照物业管理服务合同的约定，现就××小区物业管理收费问题请示如下：

一、公共服务费按每月每平方米建筑面积0.25元收取。公共服务的内容包括楼内公共楼梯和区内道路、绿化带、场地的清扫保洁，垃圾的收集清运，水箱的定期清洗，化粪池的定期清理，外墙的定期清洗；公共设备设施和绿化的维护管理；区内公共安全秩序的维护管理（实施24小时保安值班）。

二、公共照明用电（路灯、走道灯、车库灯等）单独列账，按月公布使用度数、单价、总额，然后由使用人合理分摊。

三、停车费：室外划定汽车停车区位120元/（月·辆）。停车场24小时专人看管。

四、装修垃圾清运费：

小套（60平方米以下）180元/户；

中套（61～80平方米）200元/户；

大套（81～100平方米）230元/户；

特大套（101平方米以上）260元/户。

我公司物业管理服务收费将明码标价，使用你局监制的价目表，定期公布年度费用预算、收支账目，并接受业主委员会和物业产权人、使用人的监督。

妥否，请批示。

××市××物业公司

××××年×月×日

第四节　报　告

一、报告的概念

报告是用于向上级机关汇报工作、反映情况，提出意见或建议，答复上级机关询问事项的报请性公务文书。

报告是机关、团体和企事业单位中应用较多的公文。它既可以帮助上级机关随时了解下级的情况和意见，对下级机关进行切合实际的科学的领导和指导，又可以帮助下级机关接受上级及时的指导和督促，使自己的工作少出或不出差错，不走或少走弯路。在实际工作中，向上级机关报送有关文件、报表、物品也常用报告行文。

二、报告的类型

报告的分类角度较多，从不同的角度出发，都可以划分出相应的几个种类，如从报告的内容范围划分，有涉及全面工作、多种情况的综合性报告和只反映某一项工作、一方面情况的专题性报告2种。若按行文意图划分，报告又可分为2种：一种是以汇报工作、反映情况、回答征询、报送文件物品为主，只要求掌握、了解或查收，不要求上级批转的呈报性报告；另一种是下级机关、部门根据业务分工，提出本机关、本部门的安排部署意见，向上级机关汇报并请求有关部门参考或执行的呈转性报告。我们这里按报告的内容、性质，将其划分为以下几类：

(1)工作报告。这是侧重于向上级机关汇报工作过程、总结工作经验、反映工作中存在问题的公务文书，是机关、团体和企事业单位应用最多的一种报告。如《国务院清理三角债领导小组关于全国清理三角债工作情况的报告》等。

(2)情况报告。这是侧重于向上级机关反映工作和社会生活中出现的重大情况、特殊情况、突发情况和新情况，以便上级及时了解和掌握社情、民情的公务文书，如国家土地管理局《关于部分地方政府越权批地情况的报告》。

(3)建议报告。这是侧重于向上级机关就开展、落实、加强、推动、改进某一方面的工作而向上级机关提出本机关、本单位建议和意见的公务文书，它多用于一些业务主管部门和职能部门。如《民政部关于调整设市标准的报告》等。

(4)答复报告。这是用以回答上级机关征询、查问事项以及汇报上级机关布置的需要汇报结果的工作情况的公务文书。如全国人大民族委员会呈报全国人大常委会的《关于六届全国人大第二次会议主席团交付民族委员会审议的代表提出的议案审议结果的报告》等。

(5)报文送物报告。这是用于向上级机关和主管部门报送有关文件、报表、物品的公务文书。如《××市建设局关于报送1995年综合统计报表的报告》、××市建筑培训中心《关于报送2010年工作总结和2011年工作计划的报告》等。

三、报告的写法

各种报告的结构一般都由标题、正文、结尾、落款等部分构成。

报告的标题有2种形式：一是三要素齐全的规范化标题，一是省略去发文机关名称的半简化标题。以后一种较为多见。报告的内容若有特殊要求，应在文种名称前冠以相应的定语，如“紧急报告”、“补充报告”等。

报告是公文中内容较为复杂的一种，其正文和结尾的写法也因内容性质和行文意图的不同而有较大差异，本文只介绍工作报告。

工作报告的正文，一般分为引言、主体、结尾3个部分。

引言部分主要交代报告缘由，一般是极为简要地介绍工作的有关背景及目前的进展情况，然后用“现将有关情况报告如下”之类的承转语导入主体。

主体部分一般包括工作情况、经验体会、存在问题、今后意见4个方面的内容。不同行文目的的工作报告，在这4个方面内容上有不同的侧重点。如偏重于总结的工作报告，可着重写工作情况、经验体会，略写或不写存在问题和今后意见；偏重于汇报的工作报告，可着重写工作情况、存在问题，略写或不写经验体会和今后意见；如既要总结工作又要反映下一步的工作设想，则着重写工作情况、经验体会和今后意见，略写存在问题。在结构安排上，每一方面的内容可形成结构上的一个部分（层次），每部分可以标出序码或小标题，自成一个或数个段落。

对工作情况的介绍，应简要交代工作的起止时间、背景和条件，讲明工作的措施、步骤、经过、结果和成绩。

简明扼要的介绍，让受文者从中看到了这项工作的基本步骤、措施、经过和结果，对该项工作的基本情况有整体上的了解和把握。

经验体会是对工作实践的理性认识，是从工作实践中概括出来的规律性的东西，对今后的工作具有重要的指导意义。为便于让受文机关吸收或推广，工作报告中的经验体会部分常分成若干条目，标明序码，用段首总括提要的形成，逐条予以陈述说明。

对存在问题即工作中存在的缺点和不足。对这一方面的内容，应根据具体的行文目的来决定取舍详略。即使要写，一般也不单独列为一个部分，而是或者附于工作情况之后简单列出，不作或少作分析，或者并入今后意见部分作简要分析，成为意见部门的一个简短引言。

今后意见即针对存在问题或下一步的工作任务，在总结前段工作经验教训的基础上提出的措施、办法或打算、设想。为便于受文机关了解、采纳，这部分内容也常分为若干条目，逐条陈述说明。

工作报告的结尾依行文意图的不同而有不同的写法。一般而言，只要求上级了解工作情况而不要求上级批转的工作报告，可用“特此报告”之类的结语或直接用主体的最后一段（条）收结全文；有批转要求的工作报告，可依其内容的具体情况，恰当使用“如无不妥，建议批转各地”、“以上报告如无不妥，请批转各地贯彻执行”之类具有不同要求的结语收束全文。

【示例3-4-1】

关于××百货大楼重大火灾事故的报告

省住房与建设厅：

××××年×月×日凌晨2时40分，我市沿江大道南区××百货大楼发生重大火灾，经过两个多小时的扑救，于5时明火全部扑灭。该大楼二层楼经营的商品以及柜台、货架、门窗等全部烧毁，直接经济损失达50万元。造成此次重大火灾的直接原因，是××建筑公司电焊工××违章操作所造成的。电焊工××在未经同意的情况下，从总闸自接线路，夜间在没有接地的条件下，违章施工，导致电线起火。

这次火灾的发生，暴露了该大楼领导对安全管理工作极不重视，内部管理混乱，安全制度不健全，违章作业严重等问题，因而造成了惨重的经济损失，教训十分深刻。

火灾发生后，市政府、市建设行政主管部门十分重视，多次派人员到事故现场进行调查，并对事故进行认真处理，责令该建筑公司经理刘×停职检查，电焊工李×罚款×万元，并听候进一步处理。

今后，我们要吸取教训，切实加强对安全工作的领导，尤其要加强对零售企业的安全管理，及时消除各种不安全的因素和隐患，为企业创造良好的经营环境。

××市建筑管理局（印章）

××××年×月×日

【示例3-4-2】

××市人民政府关于治理××河水质污染问题的报告

省政府转来××××委员会提出的关于××河水质污染状况的报告，经市政府调查研究，对报告中提出的有关问题及解决方案报告如下：

一、关于××河水质污染的问题。解决这个问题的关键是尽快建成污水处理厂。现在××河的污染主要是××区排放的污水所致。×区的排放量为25万吨，污水比较集中，因污水处理厂未能及时建立，致使污水直接排入××河，造成了××河的污染。

为解决××河的污染，市政府已抓紧×区污水处理厂建设，争取在××××年建成。×区污水处理厂原设计概算为831.6万元，按现行价格估算约为1100万元，已于××××年×月开工，建成了8项附属设施，完成投资200万元。市政府今年安排的300万元投资已全部落实，××区城建局正在组织实施。

根据××河河道以南人口密集区的地下水污染和环境问题，在污水处理厂尚未建成时，利用现有污水管道，把污水引到某区污水处理厂以西，污水直接排入污水处理厂的出口，这样就避开了污染区。

二、关于电热厂的粉煤灰污染问题。电热厂粉煤灰也是污染源之一，污染的重点是储灰厂，储灰厂的选址必须考虑到对地下水和环境污染。选址已责成×区电热厂抓紧做好前期工作，争取尽快报市政府有关部门审批。对南储灰厂渗漏对地下水的污染，主要采取截流集中排放的措施，以减少对地下水的污染。

××市人民政府

××××年×月×日

【示例3-4-3】

××系党总支关于应届毕业生思想工作情况的回复报告

学院党委：

近日,学院党委询问各系党总支做好毕业生毕业前思想工作的情况。现将我系党总支所做工作汇报如下:

我系××专业应届毕业生共26名,系党总支根据不同情况,做了如下3个方面的工作。

一、已经找到工作并与接受方签约的毕业生15名,对这些同学,系党总支于6月10日召开座谈会,鼓励这些同学走上工作岗位之后,保持谦虚好学的精神,勤奋工作,立足本职,在未来的工作中"求发展,创新业"。

二、尚未找到工作的同学8名,对这些学生,系党总支采取逐个谈心的方式,劝其克服急躁心理,正确对待自己,认识到自身的长处和优点,不要悲观懈气。同时,系党总支与该专业主任、副主任及时取得联系,多方为这些同学寻找就业岗位。目前,已经有3名同学,工作有了着落。其他5名同学,我系还在帮助联系中,同时,找他们多沟通,稳定他们的情绪。

三、已经推荐报考并达到××大学××系对口专业本科录取分数线的3名同学,系党总支一方面表示祝贺,同时勉励他们好学上进,发扬优良传统,力争在新的学年取得佳绩。

特此报告

××建筑职业技术学院××系党总支

××××年×月×日

【示例3-4-4】

××建工技校关于11月份学校安全零事故的报告

市教育局:

自本学期开学以来,我校严格履行安全相关规定,认真排查各方面可能存在的安全隐患,及时整改到位,不留死角。在我校校长室的领导监督下,总务部门的细致工作下,11月份安全工作报告如下:

(1)积极准备迎接了"平安校园"检查。按照××区相关部门的要求,我校积极整理相关安全材料,迎接了"平安校园"检查。

(2)完善活动板房周边围栏。我校活动板房与操场间存在1.5米的落差,发现隐患后,及时完善了活动板房周边围栏。对操场实行封闭管理。

(3)疏通了公寓楼下化粪池。学校公寓楼下化粪池因常年未清理,淤积严重,我校及时进行了整改。

(4)加大传达室管理力度。传达室加强了对教职工的考勤,对迟到早退教职工及时记载,报办公室、校长室。严格外来人员登记制度。

(5)重新罐装灭火器。冬季是火灾高发季节。我校邀请相关专家对全校的灭火器材进行了拉网式排查,淘汰部分失效灭火器瓶,通过公开招投标,对70只过期灭火器进行了重新罐装。

(6)加大校内、周边拆迁场所的管理。对校内、周边拆迁场所进行了围网围护,设立警示标志,严禁学生进入。

(7)对操场边的厕所进行了维修。

(8)对公寓楼上的水箱进行了清理。

××建筑工程技工学校

××××年×月×日

第五节 批 复

一、批复的概念

批复是上级机关答复下级机关请示事项时所使用的指挥性下行公文。

批复以下级机关的请示作为存在的条件，上级机关接到下级机关呈报的请示，要及时对请求的事项进行研究、分析，对如何处理作出决定、提出措施、拿出办法。批复是权威性的表态，是一种下行文。批复针对性很强，是专门解决请示问题、事项的专用文种，批复的处理原则基于请示的问题。

二、批复的类型

批复按其内容性质可大致分为以下2种类型：

1. 指示性批复

这是针对下级机关请求指示的请示而发的为下级机关在方针、政策等方面释疑解难的批复，以指示性为其突出特点。如《国务院关于××自治区“一江两河”中部流域综合开发若干问题的批复》等。

2. 决定性批复

这是针对下级机关请求批准的请示而发的就下级机关的请求批准事项作出决断的批复，以决定性为其突出特点。如《国务院关于〈民用航空运输销售代理业管理规定〉的批复》、《国务院关于××省撤销××地区设立地级××市的批复》等。

三、批复的写法

与其他公务文书一样，批复的结构也由标题、正文、落款3部分构成。

1. 标题

批复的标题有2种形式：一种是三要素齐全的规范形式，一种是省略发文机关名称的半简化形式，以前者最为多见。标题中的发文事由一般要反映出原呈报请示的下级机关名称及请示的事由。

2. 正文

批复的正文视内容而定，事项单纯、内容单一的决定性批复常采用篇段合一式结构，先极其简要地引述来文的请示事项，必要时连同来文的日期、字号、标题一并引述，作为批复的根据(通常称为引据)，然后针对请示内容，具体明确地写清批复事项，表明本机关的态度、意见和要求。

内容较为复杂的指示性批复，正文可分为引言、主体、结尾3部分。引言部分交代批复依据，写法与决定性批复的引据部分相同；主体部分具体写批复事项，一般按照请示中所提问题分段或分条逐一答复；结尾根据需要或以希望要求作结，或以“此复”、“特此批复”类结语收尾，也可直接用主体的最后一段（条）作为结尾。

3. 落款

正文结束后的落款处要签署发文机关名称。为郑重起见，落款处不要略去发文机关名称。落款下面注明发文日期。

两类批复的写法非常相近。

【示例3-5-1】

关于同意组建“××混凝土搅拌站”的批复

××镇人民政府：

你镇于××年×月×日报来关于组建“××混凝土搅拌站”的请示已收悉，经县发改委、商贸委研究，同意列项。

经营性质：镇办集体；经营范围：商品混凝土；经济形式：独立核算，自负盈亏；经营方式：自产自销。将你镇沙厂管理站王村码头约560平方米的房屋作厂办公用房，周围约5000平方米的河滩荒地作厂施工和堆放成品场地。总投资960万元，自筹550万元，年产值1800万元，税前利润535万元。望接批复后即向有关部门办理登记手续。

特此批复

××县人民政府

××××年×月×日

【示例3-5-2】

××建筑总公司关于同意拨款
修建地下消火栓的批复

××分公司：

你公司《关于要求拨款增设地下消火栓的请示》（××字〔2004〕×号）收悉。经研究批复如下：

同意你公司在建材仓库库区范围内修建四处地下消火栓，有关手续请尽快同当地消防部门联系办理。

现拨款5万元作为你公司修建消火栓专项费用，专款专用，不得挪作他用。不足部分请自筹解决。

××建筑总公司

××××年×月×日

第六节　意　　见

一、意见的概念

意见，原属党务公文，2000年8月24日国务院发布的《国家行政机关公文处理办法》将意见也定为行政公文。

《办法》规定:意见“适用于对重要问题提出见解和处理办法”。

对某些新的情况和问题,原有的政策规定或没有明确,或不相适应,需要上级机关进行及时的指导,提出措施,规范行为,又可以为下一步完善和制定有关的法律法规做必要的准备,这就需要意见这一文种,向上级建议,或者对下级指导。

二、意见的类型

行政公文所提出的意见内容,原来主要在建议性报告中提出。现在《办法》规定报告文种取消这一作用和种类,而将意见专门列为一个文种。

1. 直接意见

直接意见,是发文机关直接提出自己的具体看法、措施的意见种类。直接意见可以上行或者下行、平行。

2. 批转意见

批转意见,有转发上级机关的意见和批转下级机关的意见两种方式,其实就是批转通知。

三、意见的写法

意见的结构与一般行政公文结构相同。

1. 标题

意见标题,一般有 2 种写法:一是按照规范的行政公文标题“发文机关 + 事由 + 文种”来写,如示例 3-6-1。二是只写后两部分“事由 + 文种”,事由要概括得清楚明确。

2. 正文

正文作为主体,一般都有“原由 + 事项”2 个部分。

(1)原由。意见的原由是提出建议的理由和依据,即为什么提出意见,一般要求写得具体概括,叙述情况,说明依据,议论作用。如《关于在全市开展创建文明城市“形象工程”活动的意见》,首先说明了意义及任务,又具体说明了有关管理的文件依据。

(2)事项。意见的事项即建议、措施和指导。有的事项是提请任免领导人列出要求任免的人及其职务。

有的意见写出结语,特别是批转意见,一般有“以上意见如无不妥,请批转各地执行”等语。

【示例 3-6-1】

国务院办公厅关于实施《国家行政机关公文处理办法》涉及的几个具体问题的处理意见

各省、自治区、直辖市人民政府,国务院各部委、各直属机构:

为确保国务院发布的《国家行政机关公文处理办法》(国发〔2000〕23 号)的贯彻施行,现就所涉及的几个具体问题提出如下处理意见:

1. 关于“意见”文种的使用。“意见”可以用于上行文、下行文和平行文。作为上行文,应按请示性公文的程序和要求办理。所提意见如涉及其他部门职权范围内的事项,主办部门应当主动与有关部门协商,取得一致意见后方可行文;如有分歧,主办部门的主要负责人应当出面协调,仍不能取得一致时,主办部门可以列明各方理据,提出建设性意见,并与有关部门会签后报请上级机关决定。上级机关应当对下级机关报送的“意见”作出处理或给予答复。作为下行文,文中对贯彻执行有明确要求的,下级机关应遵照执行;无明确要求的,下级机关可参照执行。作为平行文,提出的意见供对方参考。

2. 关于“函”的效力。“函”作为主要文种之一,与其他主要文种同样具有由制发机关权限决定的法定效力。

3. 关于“命令”、“决定”和“通报”3个文种用于奖励时如何区分的问题。各级行政机关应当依据法律的规定和职权,根据奖励的性质、种类、级别、公示范围等具体情况,选择使用相应的文种。

4. 关于部门及其内设机构行文问题。政府各部门(包括议事协调机构)除以函的形式商洽工作、询问和答复问题、审批事项外,一般不得向下一级政府正式行文;如需行文,应报请本级政府批转或由本级政府办公厅(室)转发。因特殊情况确需向下一级政府正式行文的,应当报经本级政府批审,并在文中注明经政府同意。

部门内设机构除办公厅(室)外,不得对外正式行文的公文是:部门内设机构不得向本部门机关以外的其他机关(包括本系统)制发政策性和规范性文件,不得代替部门审批下达应当由部门审批下达的事项;与相应的其他机关进行工作联系确需行文时,只能以函的形式行文。

“函的形式”是指公文格式中区别于“文件格式”的“信函格式”。以“函的形式”行文应注意选择使用与行文方向一致、与公文内容相符的文种。

5. 关于联合行文时发文机关的排列顺序和发文字号。行政机关联合行文,主办机关排列在前。行政机关与同级或相应的党的机关、军队机关、人民团体联合行文,按照党、政、军、群的顺序排列。

行政机关之间联合行文,标注主办机关的发文字号;与其他机关联合行文原则上应使用排列在前机关的发文字号,也可以协商确定,但只能标注一个机关的发文字号。

6. 关于联合行文的会签。联合行文一般由主办机关首先签署意见,协办单位依次会签。一般不使用复印件会签。

7. 关于联合行文的用印。行政机关联合向上行文,为简化手续和提高效率,由主办单位加盖印章即可。

8. 关于保密期限的标注问题。涉及国家秘密的公文如有具体保密期限应当明确标注,否则按照《国家秘密保密期限的规定》(国家保密局1990年第2号令)第九条执行,即“凡未标明或者未通知保密期限的国家秘密事项,其保密期限按照绝密级事项三十年、机密级事项二十年、秘密级事项十年认定”。

9. 关于“附注”的位置。“附注”的位置在成文日期和印章之下,版记之上。

10. 关于“主要负责人”的含义。“主要负责人”是指各级行政机关的正职或主持工作的负责人。

11. 关于公文用纸采用国际标准A4型问题,各省(区、市)人民政府和国务院各部门已做好准备的,公文用纸可用2001年1月1日起采用国际标准A4型;尚未做好准备的,要积极创造条件尽快采用国际标准A4型。省级以下人民政府及其所属机关和国务院各部门所属单位是否采用国际标准A4型，由各省(区、市)人民政府和国务院各部门自行确定。

中华人民共和国国务院办公厅
二〇〇一年一月一日

【示例3-6-2】

关于在全市开展创建文明城市“形象工程”活动的意见

为了深入贯彻党的十四届六中全会和十五大精神，适应经济和社会发展的需要，全面落实“两手抓，两手都要硬”和“精神文明重在建设”的方针，积极推进我市创建文明城市活动，市社会主义精神文明建设委员会决定在全市范围内，用四年时间开展创建文明城市“形象工程”活动。现就开展这项活动提出如下意见：

一、指导思想

创建文明城市“形象工程”活动的指导思想是：以“讲文明、树新风”为主题，以迎接2001年第九届全运会为目标，以《××市创建文明城市五年规划》为依据，创建文明城区、文明村镇、文明行业活动为载体，在全市范围大力推进公民教育，深化职业道德建设，加强城市环境整治、建设和管理，全面提高市民综合素质和城市整体文明程度，推动我市经济社会协调发展，两个文明共同进步。

二、目标任务

创建文明城市“形象工程”以“经济繁荣、政治清廉、风尚良好、科教领先、文化发达、规划科学、建设美观、环境优美、管理先进、城乡一体”为总体目标，主要完成以下十大任务：

(一)国民经济建设：国内生产总值等主要经济指标增长率位于全国大城市的先进行列。

(二)重大设施建设：按时保质完成市政府确定的市政、交通、体育、文化等一批重点建设项目。

(三)城市绿化建设：加快城市绿化、美化进程，到2000年城区绿化覆盖率达到35%，人均公用地面积达到6平方米以上。

(四)环境治理保护。(以下任务略)

三、主要内容

(一)全面推进公民教育，树立公民意识。

1. 认真贯彻落实中宣部编写的《中国公民道德建设纲要》，分类制定和实施我市《公民道德建设纲要实施细则》，加强公民道德准则、行为规范的舆论宣传和社会宣传，并与学习、宣传、实践《××市文明公约》、《××市职业道德守则》、《××市家庭美德守则》的活动结合起来，提高公民的爱国意识。(略)

2. 加大宣传力度，落实“十不”规范。(略)

3. 发挥榜样作用，搞好典型示范。(略)

(二)深化职业道德建设，树立党政机关、执法部门、各行各业为人民服务新形象。

1. 突出重点建设,树立良好形象。(略)

2. 发挥示范作用,表彰最佳服务。(略)

3. 坚持纠建结合,端正行业风气。(略)

(三)加强城市环境整治、建设和管理,树立优美、舒适、安宁的城市环境新形象。

1. 加大整治力度,狠抓巩固提高。(略)

2. 加强环境建设,提高环境质量。(略)

3. 加强基础工作,完善日常管理。(略)

四、实施步骤

创建文明城市"形象工程"的组织实施分以下3个阶段进行:

(一)宣传发动,突出整治。时间为1998年。主要任务。(略)

(二)深化教育,突出建设。时间为1999年至2000年。主要任务。(略)

(三)展示新形象,当好东道主。时间为2001年。主要任务。(略)

五、几点要求

(一)加强组织领导。(略)

(二)广泛宣传发动。(略)

(三)着眼基层群众。(略)

(四)稳步扎实推进。(略)

(五)大办实事好事。(略)

(六)各方协调配合。(略)

以上意见,如无不妥,请批转各地执行。

××市城市管理委员会(印章)

××××年×月×日

附件:《××市创建文明城市"形象工程"宣传标语口号》

第七节 计 划

一、计划的概念

计划是党政机关、社会团体、企事业单位和个人,为了实现某项目标和完成某项任务而事先做的安排和打算。计划主要用于对未来的工作任务预先拟定目标,设想步骤、方法等,做到事先心中有数,减少盲目性。

二、计划的类型

按照不同的分类标准,计划可分为多种类型。

(1)按其所指向的领域分,可分为工作计划、学习计划、生产计划、教学计划、销售计划、采购计划、分配计划、财务计划等。

(2)按适用的范围分,可分为国家计划、地区计划、单位计划、班组计划等。

(3)按适用的时间分,可分为长期计划、中期计划、短期计划3类。具体还可分为十年计划、五年计划、年度计划、季度计划、月份计划等。

(4)按指挥性的强弱分,可分为指令性计划、指导性计划。

(5)按涉及面的大小分,可分为综合性计划、专题性计划。

计划通常是单位(部门)或个人使用。根据工作需要,也可以上送下达。上送,即报送上级领导机关和主管部门,供领导机关了解某一段时间内其下属单位的工作安排和打算,以便下属单位接受督促检查或接受必要的指导和帮助;下达,是为了供下级所属单位了解上级领导机关的工作部署和安排,以便下属单位在工作中与上级步调一致。

三、计划的写法

这里主要介绍条文式计划的写法。

计划的书面格式有以下3种:

(1)表格式。表格式计划就是用表格来表达计划内容。表内栏目通常包括任务、执行部门、完成时间、具体措施等方面的内容,再把制订好的各项具体计划内容填写进栏目中,形成表格。这种方式适用于时间较短、范围较小、方式变化不大、内容较单一的具体安排。

(2)条文式。条文式计划就是把计划分成若干部分条款,通过文字叙述,逐一阐明计划的内容,大的计划一般要分章、节、目的层次,中小计划常用序数和小标题来划分层次。条文式计划表达比较自由,没有严格的格式限制,因此,在部分计划类型都采用条文式写法。

(3)综合式。综合上面表格式和条文式两种形式,既有文字叙述,又有表格。有的以文字叙述为主,附加表格;有的以表格为主,加以文字说明。

计划一般包括标题、正文、落款3部分内容。

1. 标题

(1)完整式标题。完整的计划标题由4个要素组成:单位名称、适用时限、计划内容和计划种类。如《××建筑公司2010年财务工作计划》、《××大学2010年政治思想工作计划》。

(2)公文式标题。公文式标题与完整式标题的区别是增加了介词,形成介词词组。如《××市园林处关于2009年春季植树造林的工作计划》。

(3)省略式标题。计划标题可以省略单位名称和时限,但省略的内容要在正文或落款中反映。

如果是未定稿,要在标题之后或之下加括号注明是草案、初稿、征求意见稿、送审稿等,如《××县返乡农民工就业实施方案(讨论稿)》。

2. 正文

正文是计划的主体部分,一般由前言、主体及结尾组成。

(1)前言。前言是计划的开头部分,主要说明"为什么"的问题。一般以简明扼要语言说明3个方面的问题:①制订本计划的依据:上级指示精神政策文件的贯彻或是本单位发展的要求;②本单位的基本情况,主要是与计划相关的主客观条件;③计划的目的、意义、指导思想等。以上内容不需要面面俱到,主要是对基本情况的分析,或对计划的概括说明。

(2)主体。计划的主体由目标、措施、步骤3部分组成,即计划的三要素:目标(做什么)、措施(怎么做)和步骤(分几步做)。

1)目标和任务。目标和任务是就是计划要达到的目的,是回答“做什么”的问题,制订计划的目标要明确2个方面:一是总分关系,所有的计划都有总目标和分目标之分,要保证完成总目标,就要对总目标进行细分,分成一项项具体的工作任务,以通过各项具体任务的落实保证总目标的实现;二是质量区别,计划目标又分质性和量性的,质性目标往往用程度副词修饰,多用于表达概括性目标;量性目标要用准确的数值表示,要求写明确具体、数据准确,便于操作和评价。

2)措施和方法。措施是指实施计划所采取的办法手段。措施是实现目标的具体保证,解决“如何做”的问题。在实施计划的过程中,运用什么手段,动员哪些部门和人员,排除哪些部门和人员,排除哪些困难等等都是要通过具体的措施来达到的。措施的拟定既要参照前人的成功经验,还要创造新的方法和手段,计划的创新思路主要就是能策划新的方法和手段。

3)步骤和安排。步骤是针对计划的人力物力资源和行动的方法、手段等软资源在时间进度上的配置安排。计划的执行是一个时间过程,各项具体任务开展和完成都有进度要求。因此,必须规划好操作的步骤,落实各项具体任务的开展完成的时间和执行人。科学地安排计划的时间次序,便于明确责任,控制进度,督促检查。计划的步骤和时间安排是保证计划目标按质量完成的不可缺少的手段。

(3)结尾。计划的结尾一般是表示期待,发出号召,既可以展望计划实现的情景给人以鼓舞,也可以提出总的希望或者号召。如果认为主体部分已经交代清楚,可以不写结语,在主体部分明确交代后结束正文。

3. 落款

计划的落款包括署名和日期,正文右下方署上制订计划的单位名称,在署名的下行写上日期。

【示例3-7-1】

××建筑公司开展植树造林
美化办公区的活动计划

根据五届全国人大第四次会议通过的《关于开展全民义务植树造林运动的决议》,结合我公司办公区建设的实际,决定在今年春季开展植树造林、美化办公区域环境的活动,拟做好以下几项工作:

一、任务与要求

(一)我公司今年春季在办公区内植树×××株,铺草坪×××平方米,种植各种花草×××棵。要求平均每人植树×棵,铺草坪×平方米,种花×棵。要做到栽种后有管理,保证成活,并在植树节前完成上述任务。

(二)这项活动以公司行政办公室牵头,以各科室为单位,以园林管理科为指导来进行。具体要求:

1. 各科、室的领导要带头,并指定专人负责此项工作。

2. 充分发动群众,认真组织好力量,采取分片包干的办法。

3. 要因地制宜,针对办公区环境的不同条件,种植各种不同的花草树木。

4. 园林管理科要及时做好花草树苗的备运等各项工作。

5. 加强对每一阶段工作的检查，2 月中旬做一次全面检查。

二、措施

（一）拟在 2 月下旬召开一次植树造林美化办公区的工作会议，各科、室负责人参加会议，重点研究植树造林美化办公区的各项准备工作，采取必要的措施予以落实。

（二）加强各部门对植树造林美化的领导，认真解决各部门存在的问题。

（三）从园林管理科抽调×名同志到植树造林现场进行指导。

（四）在植树节前，要把所有植树绿化完成好，这项活动基本结束。

××公司办公室

××××年×月×日

【示例 3-7-2】

××建工集团有限公司××××年员工培训计划

××××年集团公司员工培训工作要紧密围绕企业经营生产发展战略目标，以大人才观、大培训格局为指导思想；以坚持服务施工生产经营为中心，以全面提高员工素质为宗旨；以不断提升企业核心竞争力，确保企业经营生产持续发展为目的，拓宽培训渠道，全面启动培训工程。本着创建一支高素质、高技能的员工队伍，做好年度员工培训工作。

一、培训任务及目标

（一）实施管理层领导岗位轮训。通过对管理层领导的轮训，一是提高他们的政治和职业道德素养，以及领导力、决策力的培养；二是掌握和运用现代管理知识和手段，增强企业管理的组织力、凝聚力和执行力；三是了解和掌握现代企业制度及法人治理结构的运作实施。

（二）继续强化项目经理（建造师）培训。今年集团公司将下大力气组织对在职和后备项目经理进行轮训，培训面力争达到 50% 以上，重点是提高他们的政治素养、管理能力、人际沟通能力和业务能力。同时要求集团公司各单位要选拔具有符合建造师报考条件且有专业发展能力的员工，组织强化培训，参加社会建造师考试，年净增人数力争达到 150 人以上。

（三）重点做好客运专线施工技术和管理、操作技能人员的前期培训。客运专线铁路建设对我们是一项新的技术，是今年集团公司员工继续教育的重要内容，各单位要围绕客运专线铁路施工技术及管理，选择优秀的专业技术、管理人才委托或外送学习培训，通过学习，吸收和掌握客运专线铁路施工技术标准和工艺，成为施工技术、管理的骨干和普及推广的师资。集团公司人力资源部牵头会同工程管理中心及各成员单位，积极组织客运专线铁路施工所需的各类管理、技术、操作人员内部的普及推广培训工作，确保施工所需的员工数量和能力满足要求。

（四）加快高技能人才的培养和职业技能鉴定步伐。今年，集团公司将选择部分主业工种进行轮训，并在××技校适时组织符合技师、高级技师条件的员工进行强化培训、考核，力争新增技师、高级技师达 150 人以上，使其结构和总量趋于合理，逐步满足企业发展的要求。职业技能鉴定要使 35 岁以下的技术工人在职业技能培训的基础上完成初次鉴定取证工作。

(五)做好新员工岗前培训。对新接收的复退军人在兰州技校进行一年的岗前技能培训,通过培训考核,取得相应工种“职业资格证书”后,方可上岗;新招录的大中专毕业生,由各单位组织培训,重点进行职业素养和基本技能、企业概况、文化、经营理念,以及安全与事故预防、员工规范与行为守则等内容的培训。同时要注重个人价值取向的引导,实现个人与企业价值观的统一。培训率达100%。

(六)加强复合型、高层次人才培训。各单位要积极创造条件,鼓励员工自学和参加各类组织培训,实现个人发展与企业培训需求相统一。使管理人员的专业能力向不同管理职业方向拓展和提高;使专业技术人员的专业能力向相关专业和管理领域拓展和提高;使施工作业人员掌握两种以上的技能,成为一专多能的复合型人才和高层次人才。

(七)继续“三位一体”标准的宣传贯彻培训。集团公司在建项目经理部及分公司要利用各种机会,采取不同形式对员工进行质量、环境、职业健康安全标准的贯彻普及培训,并按照贯彻标准的要求做好培训记录。

(八)抓好在建工程施工人员的培训。

1. 做好特种作业人员的安全技术取证和复证培训工作,严格执行持证上岗的规定。

2. 在建工程项目经理部,要按照“三位一体”管理体系标准要求,扎实有效地做好施工生产关键工序和特殊过程操作人员的培训,以及施工环境保护、职业健康安全的应急预案的演练培训,确保人员供应满足施工生产要求。

3. 要把外协队伍人员的培训监管纳入管理视野,实行指导和有效的干预,消除隐患,切实维护企业信誉。

(九)开展职业技能比武,促进年轻优秀人才的成长。集团公司今年将选择3~5个主要职业进行技能比武,同时选择适当的职业与兄弟单位进行技能对抗赛,并通过专业比武的形式,选拔培养年轻优秀高技能人才。

二、培训措施及要求

(一)各单位领导要高度重视,业务部门要积极参与配合,制订切实有效的培训实施计划,采取指导性与指令性相结合的办法,坚持在开发员工整体素质上,树立长远观念和大局观念,积极构建“大培训格局”,确保培训计划开班率达90%以上,全员培训率达25%以上。

(二)培训的原则和形式。按照“谁管人、谁培训”的分级管理、分级培训原则组织培训。集团公司重点抓管理层领导、项目经理、总工、高技能人才及“四新”推广培训,各单位要重点做好新员工和在职员工轮训及复合型人才培训工作。在培训形式上,要结合企业实际,因地制宜、因材施教,外送与内训相结合,基地培训和现场培训相结合,采取技能演练、技术比武、鉴定考试等灵活多样的形式;在培训方法上,要把授课、角色扮演、案例、研讨、现场观摩等方法相互结合。选择最佳的方法和形式,组织开展培训。

(三)加强培训基础设施的建设和开发。一是充分发挥职工大学和技工学校培训资源和专业特长,积极整合,合理开发,使它们在集团公司人力资源培训开发中发挥骨干作用;二是各单位要根据各自的专业特长,发挥自有的培训基地、职校功能。选择专业或课题,组织编写适合企业特点的培训教材或讲义;三是要加强企业专兼职培训师队伍建设,实行资源有偿服务。

(四)确保培训经费投入的落实。各单位要按国家现行规定,即按工资总额的1.5%足额提取职教经费,由培训主管部门掌握使用,财务部门监督,其中0.5%上交集团公司统一协调使用,严禁将培训经费挪作他用。

(五)确保培训效果的真实有效。一是加大检查指导力度,完善制度。集团公司将对职工大学、技工学校及各单位和在建工程项目培训情况进行不定期的检查与指导;二是建立表彰和通报制度。对培训工作成绩显著、扎实有效的单位和培训机构给予表彰奖励,并在培训经费上给予一定的支持和倾斜;对培训计划落实不到位、员工培训工作滞后的单位予以通报批评;三是建立员工培训写实反馈制度,坚持将培训过程的考核情况及结果与本人培训期间的培训经费及工资、奖金挂钩,实现员工自我培训意识的提高。

(六)加强为基层单位现场培训工作的服务意识,充分发挥业务主管部门的主观能动性,积极主动深入现场解决培训中的实际问题,扎扎实实把年度培训计划落实到位。

(七)集团有限公司办班培训及员工外送培训,要严格按照《××建工集团有限公司员工培训管理办法》程序和要求组织落实和实施。各主办部门(单位)要做好开班前的策划及教学设计,各单位要做好学员的选送工作,确保培训质量。

【示例3-7-3】

××××年××市城乡建设事业发展计划

"十二五"时期是××省实现科学发展、进位赶超、绿色崛起的重要时期,也是××市临×湖发展的"山江湖"综合开发,全面建设更高水平"两篇文章"的关键时期。××市城乡建设面临重大机遇和挑战,将进一步创新发展模式,转变发展观念,充分发挥××市的核心增长极作用,加快×大组团开发建设,构建功能完善特色鲜明的城镇体系,提高产业、人口、资源等的集聚辐射能力,全面推进城镇化进程。

一、 指导思想

继续按照"以×江为主轴,一江两岸,南北双城,双核拥江,组团式、网络状发展"的城市总体发展战略,坚持人与自然和谐发展,注重资源节约和环境友好;坚持城乡统筹协调发展,推进具有××市特色的城镇化建设;坚持从××市城市实际出发,突出城市特色,提升城市品位;坚持深化改革、扩大开放,加速建设领域的市场化、法制化进程,推动城乡建设健康快速可持续发展。围绕经济社会发展的新特征和人民群众的新要求,遵循城市内涵与外延发展并重原则,紧紧抓住举办"×城会"的重要契机,再次推动新一轮城乡面貌大提升。

二、发展目标

××××年我市城乡建设事业力争达到以下目标:

——建口重大重点工程投资年度计划完成×××亿元,协调、管理和调度好全市××个重点项目建设;

——建筑业继续保持健康快速发展,总产值计划达到×××亿,同比增长5%,新签合同额达到×××亿,同比增长5%;

——全市城镇化率比2010年提高2个百分点,达到65%,完成村镇建设投入××~

××亿元；

——大力推进建设领域节能减排，城区新建建筑100%达到国家建筑节能设计标准，新建民建节能达50%；

——加大建设工程招标投标监管，工程施工招标率达100%以上，建设工程进场交易率100%；

——全市创省优工程35项，××花奖×项，创省样板工地××个，受监工地杜绝较大以上重大施工安全事故。

三、工作重点

××××年是各项事业的开局之年，××市城乡建设系统将深入贯彻落实党的十七届五中全会、中央经济工作会议和市委×届××次会议精神，坚定信心、创新进取，坚持城乡区域统筹发展，继续以保障民生为出发点，以基础设施建设为重点，以项目督导推进为抓手，立足新起点、抢抓新机遇，努力实现"十二五"新开局：

（一）加快推进基础设施建设和旧城改造，进一步提高科学化、精细化的城乡建设水平。结合××市的中心工作，按照"奋战×××天，喜迎×城会"的工作部署，抓好××路立交、××公路、××公路等工程的施工进度，完成好××路、××湖大桥、××中北大道连通、××湖中北大道改造等工程建设，确保×城会开幕前一批交通路网工程建成通车；做好××大桥西延二期等×项工程的开工准备；加快××大桥和南外环高速公路项目的前期工作。加快推进城市棚户区和城中村改造，推进打通"断头路"工程，全面改善老城区交通居住环境和公共服务承载能力。把廉租住房建设与棚户区改造结合起来，积极争取中央、省两级廉租住房补助资金；继续加大投融资力度，寻求多元化的城市建设投资主体，争取国内企业、民间和境外资本参与城市基础设施开发投资建设，促使项目早启动、群众早受益。

（二）加快推进城镇化，抓好政策落实，促进组团和小城镇建设管理水平达到新高度。充分发挥我市的核心增长极作用，积极推进××大都市区的发展，努力建设具有深厚文化底蕴和独特城市风貌的区域中心城市。加快×大组团和重点小城镇项目推进。用好省、市关于加快重点示范镇建设的发展政策和扶持措施，落实好建设资金的有关政策；进一步加大督查力度，制定好对组团和重点示范镇的各项量化考核指标；加强对组团和小城镇建设项目的跟踪管理，坚持好项目进展月报制度，推动组团和重点镇建设管理均达到一个新的水平。

（三）坚持绿色可持续发展，强化示范带动，扎实推进建筑领域节能减排和科技创新。大力开展建筑节能示范工程，以申报国家可再生能源示范城市、太阳能光伏应用工程为契机，组织多个地源热泵建筑应用工程、太阳能光伏示范建筑应用工程、LED路灯照明示范工程的实施；全面推进可再生能源应用，形成地源空调规模化应用、太阳能光伏示范工程、LED路灯照明示范工程示范化的态势；抓好一批建筑节能工地，引导建筑节能推进方向，及时建立建筑节能专项检查制度；启动既有建筑改造、大型公共建筑能效统计工作，加快科技创新，推动建筑节能工作向纵深发展。

（四）增强建筑行业发展后劲，规范市场秩序，进一步探索科学质量安全监管模式。加快推进企业改制工作，提高企业核心竞争力，逐步形成以特级企业为龙头，一、二级企业为主力的可持续发展的企业梯队，大力推动施工企业劳务用工采用劳务分包企业。完善质量安全信息化监管技术，提高应急反应能力；进一步规范招投标体系建设，加大开展在建工程合同跟踪管理力度，严厉查处围标、串标、挂靠、违法分包等行为；加快建筑信用体系建设的步伐，推行工程担保制度，完善工程质量保证金制度和工程预付款制度，强化风险管理，发挥信用约束和失信惩戒机制作用，努力营造我市统一、开放、竞争有序的市场环境。

（五）全面推进城乡建设领域依法行政；积极开展"××提升年"活动，深入推进廉政建设和作风建设。继续推进政务公开和办事公开，规范行政执法和行政处罚程序；进一步完善有关法规政策，促进各项工作的制度化、规范化、程序化，不断提高政府部门公信力和执行力。在建设系统广泛深入开展"创先争优"活动，部署参与全省"××提升年"活动，不断提高创业服务、促进发展的能力水平；将廉政建设、作风建设与业务工作紧密结合起来，加强和改进干部队伍建设，紧紧围绕城乡建设发展大局，努力开创建设工作新局面。

第八节　方　　案

一、方案的概念

方案是计划中内容最为复杂的一种。由于一些具有某种职能的具体工作比较复杂，不作全面部署不足以说明问题，因而公文内容构成势必要烦琐一些，一般包括指导思想、主要目标、工作重点、实施步骤、政策措施、具体要求等项目。

二、方案的写法

方案的具体写法：方案的内容由于是上级对下级或涉及面比较大的工作，一般都作为通知的组成部分用正式文件的形式下发，所以不用落款，只有标题、成文时间和正文3部分内容。

(1)方案的标题有2种写法：一种是"三要素"写法，即由发文机关、计划内容和文种3部分组成，如《××市今后五年建筑业发展规划总体方案》；另一种是"两要素"写法，即省略发文机关、成文时间。为郑重起见，方案的成文时间一般不省略，而且要注在标题下。

(2)方案的正文一般有2种写法：一种是常规写法，即按"指导方针"、"主要目标(重点)"、"实施步骤"、"政策措施"及"要求"几个部分来写，这个较固定的程序适合于一般常规性单项工作；另一种是变项写法，即根据实际需要加项或减项的写法，适合于特殊性的单项工作。不管采用哪种写法，"主要目标"、"实施步骤"、"政策措施"这3项都不可少。实际写作时的称呼可以不同，如把"主要目标"称为"目标和任务"或"目标和对策"等，把"政策措施"称为"实施办法"或"组织措施"等。在"主要目标"一项中，一般还要分总体目标和具体目标。"实施步骤"一般还要分基本步骤或阶段步骤和关键步骤，关键步骤里还有重点工作项目。"政策措施"里一般还要分"政策保证"、"组织保证"和"具体措施"等。

【示例3-8-1】

××省“十一五”期间建筑节能工作方案

一、指导思想

按照全面落实科学发展观和构建社会主义和谐社会的要求，紧紧围绕建设事业发展的总体目标，以节约使用资源和提高资源利用率为核心，以全面实施节能建筑、推动绿色建筑建设、发展节能省地型建筑为重点，以科技创新引领发展，不断提高建筑节能技术水平，努力提高人居环境的舒适度，促进我省建筑节能工作健康快速发展，确保完成省委、省政府提出的建设节约型社会的目标任务。

二、主要目标

1. 2010年设区市新建民用建筑全部达到国家和地方标准规定的节能50%的标准，2010年省会市启动实施节能设计65%的标准。

2. 开展既有建筑节能改造工程，率先进行政府机构既有建筑节能改造。

3. 开展低能耗建筑可再生资源利用示范工程。

4. 开展太阳能建筑一体化技术在建筑中的规模化应用。

三、主要任务

（一）加强科技创新，提高节能技术水平

积极研发外墙外保温技术，积极开发符合节能、节材要求的新型外围护结构体系、节能建筑关键构造节点技术、复合保温隔热技术、墙体自保温技术等技术。

中国绿色建筑的核心是“四节一保”（节能、节地、节水、节材，保护环境和减少污染），要大力推广“四节一保”新技术，推广新型结构体系。积极采用混凝土结构、钢结构以及钢混组合结构（型钢混凝土、钢管混凝土等），推广符合建筑工业化方向的预制结构体系（预制预应力结构、钢结构、复合木结构等）；积极推广应用复合叠合楼板和现浇空心楼板技术；积极采用高强钢筋、高性能混凝土；积极推广符合“四节”要求的给水排水管道系统和节水器具。

加快建设和完善建筑节能检测技术体系、建筑能耗标识体系，抓好节能建筑检测技术的研发和成果转化工作。

推广新型节能门窗及遮阳技术。限制飘窗、凸窗；外窗必须采取外遮阳措施，门窗遮阳应考虑多种形式，推广使用既满足隔热功能，又满足防盗要求的百页遮阳隔热卷帘。

（二）综合利用资源，提高能源利用效率

推广可再生能源利用技术。城市全面推广太阳能（光热、光电、光纤）、地热、水热、空气源热泵等自然能源在建筑中的应用。城镇多层建筑普遍采用太阳能技术，农村要积极推广太阳能技术、沼气、秸秆制气等生物质能技术。

积极推广应用高性能外加剂技术，推广应用符合“四节一环保”要求的新型装饰材料与技术，推广雨水利用、生活污水处理技术。

降低照明电耗。城镇与建筑物照明工程应当合理选择照度标准、照明和控制方式。

（三）加强公共建筑的节能

加强公共建筑节能标准的宣传贯彻、实施和监督，确保公共建筑节能设计标准中的各项要求落到实处。政府投资的工程项目必须率先执行节能设计标准，采用节能产品与设备，积极推广应用新能源和可再生能源。

（四）加快既有建筑的改造

积极进行城市既有建筑节能改造试点示范工作，研究相关政策措施和技术标准，为全面推进既有建筑节能改造积累经验。

四、保障措施

（一）建立建筑节能政策法规体系

组织制定《××省建筑节能管理办法》、《××省建筑节能示范工程管理暂行办法》、《××省建筑节能技术（产品）认识办法》等。

出台建筑节能配套措施和相关政策，构建有效建筑节能工程质量监督管理体系、评价监测体系，建立建筑能耗统计、建筑能效认证、建筑节能性能测评与标识管理，开展相关工作，形成有效的建筑节能行政监督体系。

加强同有关部门的沟通和协调，积极促进建筑节能相关鼓励政策的研究制定和出台工作。

根据本省不同地域气候差异条件，制定符合各地市实际建筑节能实施细则，明确目标，采取有效措施，促进建筑节能工作的健康有序发展。

（二）加强建筑节能技术支撑体系

科技创新是实施建筑节能的关键，科技工作要紧密联系"四节一保"工作，组织一支本行业产学研各方联合参加的科技公关队伍，选择一批投资少、节能效益显著的科研项目，组织技术攻关，促进科技成果尽快推广、转化为生产力。

要充分利用本地资源，因地制宜，通过研发，逐步形成我省地方资源特色的建筑节能产业链。

根据"四节一保"要求，对现行地方建筑技术标准规程和标准设计、图集等进行修改完善。

要完善检测技术标准、配套工程定额标准、施工工法标准、工程质量监督标准，实施本地区节能住宅小区和节能建筑物业管理标准。

积极引进节能建筑新技术、新产品，定期发布建筑节能技术和产品公告。结合建筑节能试点示范工程，加大外墙外保温技术、新型节能型门窗、新型材料、可再生资源利用、建筑节能设备等"四节一保"方面的成熟技术的推广与应用。

（三）健全组织保障体系

加强组织领导，形成齐抓共管的良好局面。要有专门的组织机构或专人负责建筑节能工作。建立和完善建筑节能领导小组的工作制度、建筑节能工作的评审标准和激励机制。

把建筑节能工作纳入设区市建设行政主管部门年度考核目标，每年定期组织开展全省建筑节能专项检查，从组织上、制度上保证建筑节能工作的正常开展。

加强专业培训，提高节能技术的应用水平。加大对设计、施工，监理等相关技术人员和管理人员的建筑节能知识与技术的培训，把建筑节能有关法律法规、标准规范和经核准的新技术、新材料、新工艺等作为注册建筑师、勘察设计注册工程师、监理工程师、建筑师等各类执业注册人员继续教育的必修内容。

加大宣传力度,全面推进建筑节能工作。通过组织编辑《节能宣传册》、《建筑节能专辑》、《绿色建筑专辑》、《××建设科技信息》和《建筑节能新技术、新材料、新产品、新设备推荐目录》,举办"建筑节能新技术、新材料、新产品、新设备展览",召开建筑节能现场会等多种形式,大力宣传节能建筑的优越性,使之家喻户晓、社会认同。

【示例3-8-2】

××市建委公务员年度考核实施方案

为认真做好委机关科级及以下公务员××××年度考核工作,充分发挥公务员考核的评价激励作用,根据市委组织部、市人事局《关于做好××××年全市公务员年度考核工作的通知》文件精神,特制定《××市建委公务员年度考核实施方案》,具体内容如下:

一、指导思想

以"三个代表"重要思想和实践科学发展观为指导,坚持客观公正的原则,结合《公务员考核规定(试行)》的有关规定,认真考核委机关公务员一年来贯彻党的路线、方针、政策,按照市委、市政府提高机关效能、创建最优发展环境的要求,优化政务环境、提高依法执政、公共服务水平和行政效率、服务全民创业、廉洁守纪等方面的情况,进一步提高干部队伍的整体素质。

二、范围和对象

委机关科级及以下公务员均按要求进行考核,工勤人员参照执行。

三、组织机构

为了加强对年度考核工作的领导与监督,保证年度考核结果的客观公正,平衡年度考核等次,成立年度考核委员会。

主　任:×××

副主任:×××、××

成　员:×××、×××、×××

年度考核工作以处(室)为单位进行,各处(室)负责人分别负责牵头落实本处(室)考核工作中的有关具体事宜。

四、方法和程序

1. 考核内容。根据《公务员考核规定(试行)》有关规定,结合年初制定的工作目标,全面考核公务员德、能、勤、绩、廉5个方面,重点考核工作实绩。工作实绩主要包括完成的数量、质量、效率,以及业务工作在全国或全省、全市范围内所产生的实际效果、获得表彰奖励和服务对象满意程度等情况。

德:思想政治素质及个人品德、职业道德、社会公德等方面的表现;

能:履行职责的业务素质和能力;

勤:责任心、工作态度、工作作风等方面的表现;

绩:完成工作的数量、质量、效率和所产生的效益;

廉:廉洁自律等方面的表现。

2. 个人总结。被考核人根据平时履行岗位职责,完成任务情况和《考核手册》记载,按考核内容,对本年度德、能、勤、绩、廉5个方面进行总结,并填写《公务员年度考核登记表》。

3. 确定等次。年度考核的结果分为优秀、称职、基本称职和不称职4个等次。首先机关各处(室)要认真组织好本处(室)和本单位被考核人的述职工作,报分管领导提出考核等次建议和改进提高的要求,最后由委考核委员会研究确定考核等次。

4. 优秀等次比例确定。经市人事局核准,确定我委优秀比例为20%。

5. 总结归档。年度考核工作结束后,召开总结大会,以书面形式向全体参加考核的工作人员报告考核结果,并将考核材料整理归档。

五、几点要求

1. 实行年度考核是完善公务员考核的重要内容。因此,机关各处(室)要认真组织,严格按要求对各被考核人进行考核,不徇私情,不持偏见,以事实为依据,以标准为准绳,如实评定。

2. 被考核人在个人总结中要根据测评要素设置的内容,重点汇报工作任务的完成情况,把承担的目标任务讲明,把组织实施的过程及方法讲清,把完成各项工作的结果讲准。

3. 被考核人对考核等次有异议时,应在接到考核结果通知之日起十日内向委考核领导小组申请复核,考核领导小组在×日内提出复核意见。

××××年×月×日

【示例3-8-3】

关于进一步加强建筑市场诚信体系建设工作的实施方案

按照市委、市政府建设"诚信××"的工作要求,为了进一步规范我市建筑市场秩序和建筑业企业的市场诚信行为,从源头上遏制围标、串标、挂靠等违法行为;进一步建立完善清欠工作的长效机制建设。按照"诚实守信、失信必惩"的原则,建立准入和清出机制,充分发挥行业主管部门的监管作用,推动我市建筑市场诚信体系建设运行实现制度化、规范化,建立我市开放统一、公平竞争、规范有序的建筑市场秩序。根据《国务院办公厅关于社会信用体系建设的若干意见》、住建部《关于加快推进建筑市场信用体系建设工作的意见》、《建筑市场诚信行为信息管理办法》等法律法规及有关文件的规定,结合我市实际,我委于××年×月×日印发了《〈××市建筑行业企业"信用管理手册"及"企业IC卡"实施办法(试行)〉、〈××市建筑行业企业管理人员实名制管理实施办法(试行)〉的通知》(×建发〔××〕×号),目前"××市建委诚信管理系统"的软件研发已基本完成,"两个办法"即将进入实施阶段,特拟定如下实施方案。

一、指导思想

按照社会主义市场经济体制的要求,建立良好的建筑市场信用体系。要面向市场,加强建筑市场各方主体的诚信管理,提高诚实守信的水平;运用市场机制,强化诚信管理的内部约束和利益激励机制,建立失信约束和惩罚机制;在法律的框架内,建立行政监管和社会监督的诚信监管保障体制,运用现代信息技术手段建立诚信评价发布体系。充分发挥政府部门和市场机制的作用,调动社会各界的积极性,推动和加强建筑市场信用体系和评价机制的建设。按照"守法经营、承诺兑现、失信必惩、保障有力"的原则,创造良好建筑市场诚信环境，提高诚信水平，推进建筑市场诚信建设。

二、组织领导

为确保此项工作的顺利开展，协调各职能部门统一有序地开展工作，决定成立“市建委加强建筑市场诚信体系建设工作领导小组”，小组成员如下：

组　长：×××

副组长：×××

成　员：×××、×××、×××

领导小组下设办公室，办公室设在执法处，办公室主任由市建委××副主任兼任。

三、工作步骤及程序

（一）采集企业及管理人员基本信息

1. 企业登陆××市城乡建设委员会网站的“××市建委诚信管理系统”进行网上注册。具体时间安排如下：

（1）××市本地企业（含省属企业）在××年×月×日～××年×月×日之间在网上完成注册申报程序，并提供相关书面材料（详见×建发〔××××〕×号文件）到市建委执法处（××大厦×楼）进行信息确认，办理《信用管理手册》和“企业IC卡”；

（2）××省其他设区市企业在××年×月×日～××年×月×日之间在网上完成注册申报程序，并提供相关书面材料（详见×建发〔2010〕×号文件）和《自觉遵守和维护建筑市场秩序承诺书》（附件一）到市建委执法处（××大厦×楼）进行信息确认，办理《信用管理手册》和“企业IC卡”；

（3）外省企业在××××年×月×日～××××年×月××日之间在网上完成注册申报程序，并提供相关书面材料（详见×建发〔××××〕××号文件）和《自觉遵守和维护建筑市场秩序承诺书》到市建委执法处（××大厦×楼）进行信息确认，办理《信用管理手册》和“企业IC卡”。

2. ××省其他设区市企业和外省企业在进行信息确认同时，其管理人员必须到市建委执法处（××大厦×楼）进行首次指模打卡确认，采集基本信息。具体指模打卡事项详见《×市建筑行业企业管理人员实名制管理实施办法（试行）》。

3. 企业申报材料由执法处受理初审，然后统一送交市建委××处复核（对进市的企业办公场所和人员由××处和××处一起进行现场核查），确认无误后发放《信用管理手册》和“企业IC卡”。

（二）县、区建设行政主管部门

自××××年×月×日起，××市区域内（含县、区、开发区、新区）的建筑市场活动正式启用《信用管理手册》和“企业IC卡”。市、县区（开发区、新区）建设行政主管部门的建管、招投标等管理部门在办理相关事项和开标前应要求投标企业出示《信用管理手册》和“企业IC卡”。

各县区（开发区、新区）建设行政主管部门请于××××年×月×日前自行购买“非接触式IC卡读写机”，便于在“××市建委诚信管理系统”上读取企业信息，具体事宜咨询市建委××处。

（三）诚信信息的公布

市建委××处自××××年×月开始,每月根据电脑指模打卡记录进行汇总统计,并在市建委网上公示处理结果。

1. 对于第一次人员未到位的企业从网上进行警告处分;两次人员未到位的企业网上公示不良行为记录一次;超过三次人员未到位的企业将视情节轻重暂停其《信用管理手册》和“企业IC卡”的使用3个月至1年;其他处罚依据《××市建筑行业企业管理人员实名制管理实施办法(试行)》第七条的规定执行。

2. 对在办理相关事项和人员指模采集中存在冒名顶替、使用假证件等行为的企业,经建管处和执法处一致确认属实的,第一次给予警告处分;第二次给予“暂停办理或使用《信用管理手册》和‘企业IC卡’1~6个月”的处理;超过三次的企业给予“暂停办理或使用《信用管理手册》和‘企业IC卡’6个月至1年”的处理。

(四)企业《信用管理手册》变更程序

企业申请《信用管理手册》登记信息变更(含增加人员信息的)前,必须进行网上申报。企业需凭原申领手册的“用户名、密码”登陆××市城乡建设委员会网站的“××市建委诚信管理系统”,对信用手册的相关信息进行变更修改;网上填报申请变更资料后应认真检查所填写的各项资料是否完整、正确,确认无误再提交;一旦提交,信用管理系统将自动保存修改记录,企业将不能再进行新的变更修改及提交。企业需删除已登记的人员,请网上直接提交变更(无需修改任何信息),并到执法联络处提交《施工、监理企业信用手册变更申请表》(附件二)和相关变更资料即可。

四、工作要求

1. 加强组织领导,落实工作责任。为确保我市建筑市场诚信体系的正常建设,成立“市建委加强建筑市场诚信体系建设工作领导小组”,具体负责建筑市场诚信体系建设的指导、协调和整体推进工作。领导小组办公室设在执法处,具体负责全市建筑市场诚信体系建设日常组织工作。

2. 明确责任分工,建立互动机制。按照“全面完整、及时准确、规范有效”的要求,利用有形建筑市场载体,逐步完善“××市建委诚信管理系统”,××处负责施工、监理企业资质诚信行为、从业人员诚信行为等的收集记录;招标办负责招投标诚信行为信息的收集记录;质量、安全监督站负责开、竣工等诚信行为、质量诚信行为、安全诚信行为信息的收集记录;造价站负责工程造价等诚信行为信息的收集记录。

3. 建立信息共享的联动监管制度。将各方主体的诚信行为与建筑行业评优评先、企业资质管理、注册备案等行业管理活动直接挂钩,实行差异化的行业监管机制,对诚信度高的企业予以培植和扶持,实行以自控为主的行业管理模式;对有不良行为记录的企业,实行重点监控和“一票否决制”,与企业和个人评优评先相挂钩,通过实行激励和约束相结合的行业管理模式,加大违规企业和个人的失信成本,扩大诚信企业的社会影响力,不断净化建筑市场环境,促进我市建筑行业持续健康快速发展。

第九节 总 结

一、总结的概念

总结是各级党政机关、人民团体、企事业单位和公务人员个人经常使用的一种文体，主要用于对一定阶段的工作进行系统的回顾和分析研究，从中寻找出具体的经验或教训，发现某些工作规律或缺点错误产生的原因，调整改革与前进的方向，以利于今后工作的发展与进步。

二、总结的类型

从不同角度分，总结可以分成各种类型。

(1)根据内容分，可分为综合总结(或全面总结)、专题总结2种；

(2)根据总结的对象分，可分为工作总结、学习总结、会议总结、思想总结、生产总结等；

(3)根据范围分，可分为个人总结、集体总结等；

(4)根据时间分，又可分为年度总结、季度总结、月份总结等。

其实，上述分法多数是相互交叉的。从各级党政机关和行政单位来讲，总结的内容自然是本部门本单位的工作。因此，全面的工作总结和专题工作总结之分，是对总结的一种比较切实可行的区分。

全面工作总结，也就是日常所说的工作总结，或叫总结报告，是总结经验教训、检讨工作得失常用的一种公务文书。它可提高本单位人员对工作规律性的认识，提高工作人员的工作能力；也可报送上级领导机关，供上级了解情况、发现典型、指导工作。

全面工作总结既对一个单位和部门某阶段内各方面工作的全面总结，也可以是对某项工作的情况、成败得失的“单项性全面总结”。

三、总结的写法

总结一般由标题、正文和尾部3部分组成。

(一)标题

总结的标题大体上有2类构成形式：一类是公文式标题，另一类是非公文式标题。公文式标题由单位名称、时间、事由、文种组成，如《××建筑公司××××年度工作总结》、《××建筑集团××××年党建工作总结》，也有的只写《工作总结》等。非公文式标题比较灵活，有的为双行标题，如《增强师生体质，全面进行全民健身——开展多种形式的体育活动》，有的为单行标题，如《推动人才交流，培植人才资源》等。

(二)正文

总结正文的结构由前言、主体、结尾3方面组成。

1.前言

前言即正文的开头，一般简明扼要地概述基本情况，交代背景，点明主旨或说明成绩,为主体内容的展开做必要的铺垫。例如:党建工作总结可以这样写:在工作中,我们积极围绕支部班子建设这个重点,紧紧抓住配好支部书记的核心。或者这样写:在工作中,我们积极围绕支部班子建设这个重点,紧紧抓住配好支部书记这个关键,着力走好"选人"、"育人"、"用人"这3步棋,不断地把工作引向深入。

2. 主体

主体是总结的核心部分,其内容包括做法和体会,成绩和问题,经验和教训等。这一部分要求在全面回顾工作情况的基础上,深刻、透彻地分析取得成绩的原因、条件、做法以及存在问题的根源和教训,揭示工作中带有规律性的东西。回顾要全面,分析要透彻。

不同类型的总结,内容有所侧重,全面性总结其主体包括两个层次,即成绩和经验,存在的问题和教训。对于一般的工作总结,重点放在成绩和经验上。

总结正文的结构,主要采用逻辑结构形式。全面性总结,根据过去一段工作中的成绩和问题,或者经验和教训的内在联系去组织材料。专题性总结,是以经验为轴心去组织材料。

3. 结尾

结尾可以概述全文,可以说明好经验带来的效果,可以提出今后努力方向或改进意见。例如:通过上述工作,促使支部书记和班子整体作用的发挥。不少基层支部书记提出"任职一届、致富一方",也出现了一批"舍小家,顾大家"的支部书记先进典型。

(三)尾部

尾部包括署名和时间两项内容。如果标题中已有署名,这里可不再写。

【示例3-9-1】

××市规划局××××年6月份工作总结

一、规划编制

1. 完成××××小区、××奥林匹克花园小区、××雅苑、××嘉园等详规审查和港洽会有关项目的初审工作。

2. 组织召开了××××客车基地小区、××××小区、××路、×××路、××路、×××大道、×××路、×××路8项目管线综合协调会议。部署落实全市重点工程项目,目前已全部上交背街小巷提质改造工程设计图纸。开始着手交通影响评价分析工作。

3. 审查了××阁××走廊方案,组织编制了第一批控规正式成果和第二批控规初步方案,完成了×××修建性详规的发标工作。在××县、××区召开测绘管理工作会议,协调统一坐标系及基础测绘管理工作。

4. 审查了××区南片、××河口地段、×××东片控规初步成果。进行了××县化学品物流园区选址、××市人防指挥应急求救中心方案等9个项目方案评审。调整了××公司、××管理局等26个单位的用地规划指标。

二、规划审批

1. "两证"审批:据统计,6月份全局接受报建312个项目。核发《建设用地规划许可证》55个,用地面积1329535平方米;核发《建设工程规划许可证》128个,建筑面积

882478 平方米，管线长度 349.948 千米。共受理案卷 401 个，应办结案卷 413 个，已办理案卷 413 个（办理正点案卷 397 个、缓办案卷 14 个、退文案卷 2 个），正点率为 100%。其中：建筑处共受理案卷 165 个，应办结案卷 175 个，已办理案卷 175 个（办理正点案卷 169 个、缓办案卷 6 个），案卷正点率 100%。

用地处共受理案卷 156 个，应办结案 144 个，已办理案卷 144 个（办理正点卷 137 个、缓办案卷 5 个、退文案卷 2 个），案卷正点率 100%；市政处共受理案卷 80 个，应办结案卷 93 个，已办理案卷 93 个（办理正点案卷 91 个、退文案卷 2 个），案卷正点率 100%。

设计处应办结案卷 1 个，已办理案卷 1 个（缓办案卷 1 个），案卷正点率 100%。

2. 市政务中心规划局窗口共接待 10768 人次，受理事项 1824 项，办结事项 1824 项，月办结率 100%。

3. 信息中心办理建筑面积复核卷 63 个，主要技术经济指标复核卷 21 个，道路上线卷 131 个，监制公示牌 30 块，日照分析项目 1 个，正点率 100%。

三、批后管理

今年以来，局执法队参与建设工程放线 14 次，正负零验收 8 次，竣工验收 5 次，处理违章案件 7 次，下发停工通知书 2 次，规划公示建设工程项目 3 起。下达处罚决定书 5 份，处罚面积 60773.2 平方米，处罚金额 57.5 万元，实际到位金额 56 万元。着手开展创建无违法建筑示范小区、示范项目活动准备工作，在批后管理项目中实行挂牌管理，保证规划审批落到实处。为使公示制度进一步规范化、程序化，起草了《关于进一步规范建筑项目规划公示意见》。参与讨论了《关于公布××市市级行政许可实施项目目录的决定》、《××省实施中华人民共和国道路交通安全法办法》、《××市城市公共客运管理条例》等地方法规。出庭参加×××诉我局××区分局核发(98)私字 073 号《建设工程规划许可证》的诉讼。因"××数码港"一案接受××区检察院询问。顺利完成××市政府办公厅行政办公软件的研发工作，现已进入试运行阶段。对分局信息化建设中所采购的硬件设备、网络开通情况、内部局域连接情况以及网通运行情况进行验收。完成了综合管理信息系统 GIS 模块中四种调图的各种研发，以及道路上线模块的开发、检测工作。完成××市城市道路规划汇总 2010 年版的编辑与印刷工作。

四、行政管理工作

完成了我局争先创优教育活动第二阶段总结以及转段工作，召开整改提高阶段动员会议，部署第三阶段工作。印发了 2010 年度各部门的目标管理考核细则。办理了异动人员上编、消编、调资、调动、退休和有关人员的工伤等手续。做好了市局、分局、执法队、研究室养老保险工作年审的前期准备工作。组织召开机关党委委员会议，研究部署 2010 年度党建有关工作。按照市文明办要求，落实 2009 年创建全国文明城市有关材料上报工作。组织了四县（市）规划局迎接省建设厅检查组对我市重点实施项目"一书两证"专项检查。向市纪委党廉政室上报了局领导班子民主生活会情况报告和征求意见的有关材料。完成了局系统"小金库"情况的清理和上报工作。接待了市纪委来我局关于规划许可制度的调研。向市财政局申报并落实了 2010 年度第二批专项资金，对各分局信息化建设购置设备进行了验收，办理了各处室购买办公设备的控购。结清了各次会议的账务。上报了 2010 年度财务预算和财政供养人员年度报表。着手全市党政机关、市属事业单位秘书队伍理论研讨和学术交流活动的准备工作。完成了《×××年鉴》、《××建设年鉴》文字材料起草、上报工作。本月办理建议、提案25件，转办来信22件，接待上访2批7人次，答复来信15件次，安排各种会议93次。完成市政府签报卷14个，发文81个，收到政府签署件18件，其他收文105件。接待了×××市规划局等单位共16批次来我市学习考察。

【示例3-9-2】

××建筑学会××××年工作总结

××××年，我会在建设部和中国科协的领导下，组织干部职工认真学习邓小平理论，以“三个代表”重要思想为指导，认真贯彻落实党的十六届三中全会、四中全会的精神，坚持科学发展观，围绕中心任务，积极开展学术交流、科技咨询、国际交往、期刊出版等活动，在全国建筑学术界发挥了学术交流主渠道的作用。同时，深化各项改革，努力提高自身素质，带领广大会员积极开展活动，为推动建筑行业学术和科技水平的提高、为促进国家经济建设的发展作出了积极贡献，现将××××年的工作情况总结如下：

一、开展了形式多样的学术活动

一年来，我会按照年度学术活动计划，主要开展了以下活动：

1. 为全面体现高速公路“以人为本”的建设理念和设计思路，重视地域文化、环境、生态和可持续发展的关系，发挥青年建筑师的想象力和创作热情，以提高我国高速公路附属设施设计的总体水平，我会主办了“首届全国高速公路附属设施方案设计竞赛”。竞赛的参赛作品突出反映了高速公路附属设施建筑生态设计领域的研究和探索，揭示了高速公路附属项目的现状与未来，贯彻了资源的节约、再生和可持续利用。……

2. 由中国科协和海峡两岸学术文化交流协会共同主办的“第五届海峡两岸青年科学家学术研讨会”于××××年×月×～×日在北京召开。……

3. ××××年×月×～×日，在北京组织了中国科协第××次青年科学家论坛。……

4. ××××年×月，参与在上海举办的“国际别墅设计趋势展”。该展览展出了来自北美的十多位建筑设计领域杰出代表的经典作品。……

二、发挥了政府助手的作用

……（略）

三、做好了秘书处机关的工作

1. 积极筹备“××建筑学会第十一次全国会员代表大会暨学术年会”，有关会议的先期工作正在落实之中；以“发展的城市、创新的建筑”为主题的中国建筑学会学术年会论文征集工作自×月开始，本次征文活动以××个细目为题：……

一年来，在全体同志的共同努力下，学会（包括各分会）按计划（除个别活动外）完成了年度各项工作，通过开展大量的活动，取得了一定的成绩。但按照理事会的要求，尚有需要改进之处，例如，对学会学术发展的总目标有待深入研究，科普工作有待发展，对各分会工作的指导、组织和协调有待深入，工作有研究不及时或拖拉的情况，发挥工作委员会的指导、咨询作用不够全面等。我们将在总结工作的基础上，针对上述问题，制定出新的措施，在新的一年里更加扎实地工作，为取得更好的成绩而努力。

××建筑学会秘书处

××××年×月×日

第十节 简 报

一、简报的概念

简报有广义和狭义之分。广义的简报是党政机关、人民团体、企事业单位向上级汇报工作、向下级指导工作以及与兄弟单位互通情况、交流经验的一种信息文书的总称。狭义的简报是上述机关单位近期简明情况报告或报道的简称，是一种具有"纯粹新闻"性质的事务文书。情况简报、工作动态、信息通报、内部参考等都是简报的别称。

简报是党政机关、人民团体、企事业单位用于汇报工作、反映问题、沟通情况、指导工作、交流经验、传递信息的一种简短而具有一定新闻性的机关内部的事务文书。

二、简报的类型

由于简报的内容和形式多种多样，因而类型很多，依据不同的划分标准，就有不同的类型。比如，以编发简报的时间分，有定期简报和不定期简报；以反映的内容划分，有综合性简报和专题性简报。常用的划分方法是以简报的性质划分，大体上分为以下 3 种类型：

1. 工作简报

工作简报是反映本部门、本系统各方面工作情况和问题的简报。一般包括 3 个方面的内容：①反映领会和贯彻执行党和国家的方针政策以及上级指示的情况，使上级机关随时掌握具体工作的进展情况；②迅速反映工作中的经验、教训和问题，以便于领导及时推广带有普遍意义的经验，引导各单位借鉴有关教训，少走弯路，并防止倾向性问题的产生；③反映工作中的先进事例和错误，有助于领导发现并抓住先进典型宣传倡导，抓住错误及时对症下药，引导各项工作沿着健康的轨道发展。

2. 专题简报

专题简报是将某一项专门工作或中心的动态、进展、经验、问题向主管部门汇报，或向有关部门通报的简报。这种简报围绕着某一项专门工作或中心工作来编写，内容集中，事件单一，及时地将动态、进展、经验、问题反映出来，以利推动工作。

3. 会议简报

会议简报是在召开比较大型的会议时，用以向领导报告会议情况，并组织、引导会议的进行而编写的简报。其内容一般应反映以下 4 个方面：①有关会议的概况，如预备会情况、会议召开时间及议事日程安排，参加会议人员、人数，会议目的与要求，等等；②会议研究或讨论的问题，发言人姓名、职务，总的倾向性意见与个别意见，讨论的结果，等等；③典型发言的摘要报道，如重要发言、有代表性或有特殊见解的发言，以及可供参考或有启发性的发言，等等；④反映与会者的情绪、愿望，以活跃气氛，活跃思想，有助于把会议开得生动活泼一些。

三、简报的写法

简报的格式总体上由报头、报体、报尾3部分组成。

1. 报头

报头在简报第一页上方,约占全页1/3的篇幅。其内容包括:简报名称,位于报头的正中,多用套红大字体标出;期数,位于简报名称的下方;编发单位,位于报头的左下方;印发日期,位于报头右下方;密级,位于报头的左上方,和公文相同,一般的简报通常不写,有时只写"内部资料,注意保存"字样。简报的名称一般含能体现单位或工作部门特点的限制词,如"经济信息"、"科技简讯",等等。

2. 报体

报体是简报的核心部分。综合简报由多篇文章组成。专题简报由一篇文章组成。

报题之前有一横线与报头隔开,之后再用横线与报尾隔开。如有多篇文章,应在报体的开始设目录栏,并注明每篇所在的页码。如需加按语,则多篇文章的按语应排在文章之下,单篇文章的按语应排在该篇文章标题之下,均需注明"编者按"或"按语"字样。简报的文章一般由标题、正文、供稿者名称3部分组成。

(1)标题。标题要概括正文的内容、主旨或点明事项。简短醒目,使人一看便知道文章的主要意思。形式多与消息相似,可以是单行标题,也可以是双行标题。如果是双行标题,则正标题概括正文的文体内容。副标题交代时间、单位和事件等具体问题,对正文标题起补充、说明作用,强化标题的含义。

(2)正文。正文是简报的主要内容,其写作也与消息相似。一般包括导语、主体和结尾3部分。

1)导语。导语应生动醒目,给人一个概括印象。内容一般应交代单位或人员、时间、地点、主要事件和结果等,使读者对全文有一个大概的了解。也可以先对所反映的情况作简要的评论,阐述性质和意义,也可以先反映事件的结果等等。根据表达内容的需要,可灵活运用。

2)主体。主体是对导语部分的具体展开。它要用典型而有说服力的材料把开头概括的内容具体化,以表现简报的中心思想。在结构上,可以按照事件发生发展和结局的先后时间顺序来写;也可以按照层层推进,由表及里,由此及彼的逻辑顺序来写。在表达方法上,应以叙述为主,叙议结合,以叙述来阐明事实,用议论来表态观点。较长的简报,还可以在主体部分采用小标题,概括每一层次或每一方面的内容,以便读者理解和把握。

3)结尾。结尾常用一段话或简要的几句话收结全文,概括正文的主要内容,或指明事件的发展趋势,或提出今后的打算、建议或者提出希望、要求。有的简报在主体部分交代完毕以后,也可以不写结尾。

3. 报尾

报尾位于简报最后一页下端,常常用一道细的横线和报体隔开。报尾一般包括抄报(对上级)、抄送(对同级或不相隶属的单位)、发送(对下级)的范围,以及印刷的份数等内容。

【示例3-10-1】

要　　领	版　　　　式
版头： 1. 报名 套红大字 2. 期号 3. 编发单位	（可加密级或提示语） ××××会议 简报 （第××期） ×××会议秘书　　　　××××年×月×日
4. 编印时间 隔离线： 正文： 可有按语	按：______
版尾： 1. 发送范围 2. 印刷份数	主报：______ 抄报：______ （共印______份）

【示例3-10-2】

××集团职工代表大会

简　报

（第1期）

大会秘书处　　　　××××年×月×日

××集团职工代表大会胜利召开

××××年2月20日上午，××集团在本公司大礼堂隆重召开职工代表大会，集团王××总经理、李××副总经理、张××副总经理及365名职工代表出席了会议，王××总经理代表集团作了工作报告，张××副总经理作了财务报告，胡××主持了会议。

刘××代表上级单位对我集团的工作给予了充分的肯定，并对今后的职代会提出了一些建议。

王××总经理的报告分工作总结和工作规划两大部分，回顾了集团成立五年来所取得的成绩并指出了存在的问题，对集团的发展提出了宏伟的蓝图，振奋人心。下午2: 00，分4个小组对王××总经理的工作报告进行了讨论，代表们踊跃发言，畅所欲言，认为报告对过去的工作总结得客观、真实，成绩确实鼓舞人心；对存在的问题分析得透彻，恰如其分，指出了面临的机遇和挑战；对未来的发展指明了方向，是一篇实事求是和迎接挑战的时代宣言。

下午4: 00，代表们举手表决，一致通过了工作报告及财务报告，最后李××副总经理致题为"振奋精神，再创辉煌业绩"的闭幕词，大会在欢快的气氛中结束。

抄送：××办公室、各分公司

共印××份

第十一节　会议纪要

一、会议纪要的概念

会议纪要是根据会议宗旨、议程、文件、记录，用精练、准确、鲜明的语言整理出来，用新闻报道的形式，把其主要内容加以概括，以在报刊上发表为目的的文章。

就其基本特征而言，会议纪要应当算是一种实录性公文，是在对会议讨论的事项加以归纳、整理的基础上，将其反映出来的公文文种。除了能够起到通报会议精神的作用，上报给上级机关的会议纪要，往往还能起到反映情况、汇报工作的作用；下发给下级机关的会议纪要，往往具有统一认识、指导工作的作用；抄送给平行机关或不相隶属机关的会议纪要，则能起到交流信息、沟通情况、知照事项的作用。会议纪要是会议文件，但并非所有的会议都要形成会议纪要。通常只有大中型会议或比较重要的会议才要求写会议纪要。特别是尚未形成正式决定，而讨论事项又要求有关人员了解的会议，更需要写会议纪要。

二、会议纪要的类型

会议纪要大致有两种类型：办公会议纪要和专项会议纪要。

(1)办公会议纪要。办公会议纪要，也叫日常行政工作纪要。主要用来反映党政机关、人民团体、企事业单位的领导机关开会研究问题、部署工作的情况，其作用是为机关单位工作的开展提供实在的指导和具体的依据。

(2)专项会议纪要。专项会议纪要包括各种各样的交流会、座谈会、研讨会等。它是通过对涉及有关工作的重要方针、政策和理论原则问题的交流、讨论情况的纪实，给人们以深刻的启发，给工作以宏观的指导。但是，它如果未经领导机关批转，就不具有像办公会议纪要那样的行政约束力。

三、会议纪要的写法

会议纪要一般由标题、开头、正文、结尾4部分组成。

1. 标题

会议纪要的标题有以下4种写法：

(1)由会议名称、纪要内容、文种3部分组成，如“××建筑协会第×届理事会第×次会议决议事项纪要”。

(2)由发文单位名称、会议名称、文种组成，如“××市关于进一步做好建筑市场专项治理工作会议纪要”。

(3)省略纪要内容，由会议名称和文种组成，如“××建筑学会第×届年会纪要”。

(4)“正题+副题”的形式。正题阐述会议的主旨、意义，副题交代会议名称、文种。

会议纪要的标题必须写得明确、具体，决不能单以“会议纪要”为题。

2. 开头

简要介绍会议的基本情况，叙述召开会议的根据、目的，会议的起止时间、地点，参加会议的人员，会议的基本议程、主要活动和会议的结果。

3. 正文

会议纪要的正文主要有以下3种写法：

(1)条项式写法。就是把讨论的问题和决定的事项分条分项写出。会议讨论了几个问题，纪要就以几个问题各自成一点写出。工作会议纪要大多用这种写法。这种写法，条条项项井然有序，便于理解、记忆、执行。

(2)综合式写法。就是把会议内容，按性质综合为若干部分，然后逐一写出。工作经验交流会纪要、学术问题研讨会纪要一般都用这种写法。这种写法有一定的难度，但有利于概括丰富的内容，有利于从原则高度上把问题说深讲透。

(3)摘录式写法。就是摘要记录会上的发言内容，按发言顺序或按内容性质归类写出。这种写法，通过摘录发言人的话，反映发言人的观点，使人觉得客观、真实。先写发言者的姓名，然后再记其发言。记发言者的第一次发言时，在姓名后可注明单位、职务。要注意，不要全文、原话尽录，要摘其要点。

4. 结尾

一些会议纪要不单独结尾，主体部分的最后一个问题写完即结束全文。有些会议纪要要单独写一段结尾，或写会议主持人或其他领导人的总结讲话；或对会议作出一些基本估价，发出号召，提出希望。

【示例3-11-1】

××市人民政府

关于研究解决创建国家卫生城工作有关问题的会议纪要

××××年×月×日，罗××副市长主持召开会议，研究解决创建国家卫生城和市级卫生村工作有关问题。

会议听取了市爱卫会关于创建国家卫生城和市级卫生村的情况汇报，讨论了《××市创建国家卫生城市方案》。

会议认为，创建国家卫生区和市级卫生村，对于促进全市经济建设、社会发展和举办第七届全国城市运动会具有重要意义，各级政府、各有关部门要提高认识，加强领导，明确分工，狠抓落实。

会议确定，今后几年本市创建国家卫生城和市级卫生村工作的目标是：按照"政府组织，地方负责，部门协调，群众动手，科学治理，社会监督，分类指导"的工作方针，全面开展创建国家卫生城和市级卫生村工作，到2011年底前，城区全部达到《国家卫生区标准》，并力争2012年底以前通过国家卫生城市的考核验收；近郊区的农村全部达到《××市卫生村标准》；1/2的远郊区（县）政府所在地达到《国家卫生区标准》；公路干线（国道、市道）两侧和风景旅游区周围5公里内的行政村、山区公路干线两侧和风景旅游区周围2公里内的行政村达到《××市卫生村标准》。到"十二五"期间，市级卫生村的总数超过全市行政村总数的1/5。

会议议定事项如下：

一、原则同意市爱卫会提出的创建工作方案，会后，由市爱卫会对方案修改完善后印发各区县政府和委员单位。

二、为确保创建工作目标按期完成，按照创建国家卫生城和市级卫生村的标准进行任务分解。

由市市政管委、市环保局负责市容环境卫生、环境保护工作；

由市卫生局负责健康教育、食品卫生、公共场所及饮用水卫生、传染病防治工作；

由市爱卫会负责爱国卫生组织管理、除四害、单位及居民区卫生和民意测验、宣传、监督检查评比、信息交流等工作；

由市爱卫会、市农委负责创建市级卫生村工作。

各区县政府要按照属地管理的原则，加强组织领导，做好协调配合工作。

三、市爱卫会牵头负责创建工作，要充分发挥综合协调职能，转变工作方法，结合实施第七届全国城市运动行动规划，提高爱国卫生工作的科技水平，将创建工作作为城市管理和建设的重要内容抓紧抓好，并注意及时总结经验，鼓励先进。要充分发挥新闻媒体的作用，宣传创建工作的目的和意义。

各县区、各部门和单位也要采取多种形式，广泛宣传，发动群众组织参与创建工作。

××市人民政府

××××年×月×日

【示例3-11-2】

××建筑学院院长办公会议纪要

××××年×月×日上午，××院长主持召开了第××次院长办公会。

出席会议的有：

××院长，××副院长，×××副院长，×××副院长。

列席会议的有：

人事处×××，监审处×××，财务处×××。"211"办××，教务处×××，实验室管理处×××，理工学院×××。

会议议题和主要内容如下：

一、关于启动"211"工程二期建设有关项目的经费问题。会议研究决定，由财务处安排×××万元资金借给有关部门和单位。其中:借给实验室管理处××万元,用于支付基础电子线路实验室、基础化学实验室建设所形成的预算外开支;借给图书馆××万元,用于支付图书馆自动化集成系统建设和共享资源检索设备购置的经费;借给现代教育技术中心(网管中心)××万元,用于支付北校区光纤建设费;借给教务处××万元,用于9个重点专业和第七、第八、第九批课程的建设投入;借给研究生部××万元,用于××年新增学位点的建设和申报准备工作。前两项投入(实验室、图书馆)不足部分计×万元从“211工程”一期建设结余资金中支付。以上项目资金均以借款方式由财务处对各执行单位办理借支手续,等“211工程”二期建设资金到位后,从各相关单位的相关项目经费中扣还。

二、会议研究了关于××省地理研究所并入我校的有关事宜,讨论了《关于请求将××省地理研究所划转并入××学院的报告》的内容,责成理工分院在认真听取学校领导和省科技厅的意见后进一步修改完善《报告》,待校领导最后修改定稿后,由校方尽快制成文件上报省教育厅并呈省政府。

三、听取信息中心关于承办教育部“教育技术西部行”(云南、贵州站)活动各项筹备工作的汇报,会议对有关事宜决定如下:

(一)成立“教育技术西部行”(云南、贵州站)活动组委会。组委会由副院长×××任主任,×××任副主任,×××、×××、×××任委员;组委会下设办公室,具体负责筹备和开展“教育技术西部行”(云南、贵州站)活动的各项工作。

(二)活动举办期间(11月10~15日)所需要的报告厅、机房等场地和设施,请有关单位无偿提供使用。

(三)同意在我院成立“××省现代教育技术培训中心”,由×××副院长牵头拟文上报省教育厅批准。

(四)关于原培训部的资产问题,会议责成监审处牵头,先对原培训部资产审计和清理,待审计清理结果出来后再研究其归属。

(五)鉴于××分院的特殊情况,会议同意学院适当调整××分院上课时间:上午上课时间往后推延15分钟,下午上课时间提前10分钟,课间休息时间及每节课时长与院本部一致。

此外,会议还就学院加强财务管理、严格经费审批制度的有关问题,《×××杂志》经费和办公用房问题、近期人事调配等有关问题进行了研究。

××××年×月×日

第十二节　调查报告

一、调查报告的概念

调查报告是报告调查研究结果的书面材料。它是对调查对象经过深入细致的调查,取得充分的事实材料,然后运用科学的分析方法,得出切合实际的结论,提出解决问题的办法,最后把情况和结论写成的书面材料。

调查报告是实际工作中经常使用的一种为决策服务的事务文书,也是报刊上常用的一种新闻文体，工商企业及其他经济组织常常运用调查报告来对市场进行摸底，了解情况，然后写出建议或对策，使自己的决策有可靠的依据。

二、调查报告的类型

按调查的性质划分，可分为以下5种类型：

1. 社会情况调查报告

社会情况调查报告是在深入、系统地调查研究社会基本情况后写成的，其内容比较全面、广泛，篇幅也比较长。它反映的是社会的政治、经济、军事、文化、教育和生活等方面的基本情况，它的作用是为党制定路线、方针、政策提供参考。

市场调查报告实际上是社会情况调查报告。由于使用频率很高，成为企业专业文书。在写法上与后者基本相同。

2. 新生事物调查报告

新生事物调查报告是在新人、新事、新发明、新创造、新经验出现的时候，及时反映他（它）们产生的背景、产生和发展的过程，他（它）们所遇到的各种问题，提示其规律，说明其意义和作用，促进新生事物的成长和推广，起到方向性的指导作用。

3. 典型经验调查报告

典型经验调查报告反映有代表性、科学性、政策性的典型经验，以起到示范引路的作用。报告要叙述调查对象的基本情况、主要经验、现实意义、具体措施和今后的设想。

4. 揭露问题调查报告

揭露问题调查报告是对现实社会中暴露的问题进行周密的调查，用确凿的事实进行揭露，以引起社会或有关部门的注意，求得彻底的解决；或者查清问题的危害，分清职责，为公正严肃处理提供依据；同时也使人们从中吸取教训，提高认识。

5. 考察历史事实调查报告

考察历史事实调查报告是根据现实的需要，对某些需要重新审定的重大历史事件、史实、问题进行调查，用确凿的事实反映历史真相，还事实本来面目。

三、调查报告的写法

（一）标题

调查报告标题一般有以下4种写法：

1. 文章式标题

文章式标题概括调查报告的基本内容，如《一个经营有方的小型建筑施工企业》。

2. 公文式标题

公文式标题提示了调查的对象或主要问题，使用介词结构，如《关于××市建筑施工质量的调查》。

3. 提问式标题

提问式标题总结某一项工作经验，或揭露某一个问题，如《一个名不见经传的小型施工企业是怎样做大的》。

4. **正副式标题**

正副式标题，正题提示调查报告的思想意义，副题标明调查的事项和范围，如《他山之石可以攻玉——关于××市大规模引进先进施工技术的调查报告》。

（二）正文

调查报告的正文一般由导语、主体、结尾3个层次组成。

1. **导语**

调查报告的导语，又叫做“前言”或“开头”。一般要概括说明以下3项内容：

（1）有关调查本身的概况，诸如调查的起因或目的、时间、地点、对象或范围、经过与方法等。

（2）有关调查对象的概况，如组织规模、有关背景、历史与现状、主要成绩或问题，以及事件形成的简单过程等。

（3）有关研究结果的概说，如肯定意义、指出影响、提示结论意见或点出报告的主要内容等。

以上几方面应根据调查目的来确定，不能千篇一律。导语的作用既可使读者对调查内容获得总体认识，又为主体部分的展开做准备。

2. **主体**

调查报告的主体是导语的引申和展开、结论的根据所在。内容包括2个大方面：一是调查到的事实情况，包括事情产生的前因后果、发展经过、具体做法等；二是研究这些事实材料所得出的具体认识或经验教训。要通过富有说服力或根据充分的事实的叙述说明认识，由实而虚，分析引发，融合为一，切实说明问题。

这部分的结构形式主要有以下3种：

（1）平叙式。它适用于内容单一的调查报告。在写法上，按照事物发生、发展、结局的先后顺序，把材料组织起来，一层一层地把事情的来龙去脉报告清楚，使人既了解全貌，又得到方向性、指导性的经验或教训。

（2）并列式。它适用于内容丰富、背景广阔、综合性较强的调查报告。在写法上，是将说明主题的材料分成若干类，每类用小标题即分论点统帅，然后根据一定的内在联系排列起来。这样，各个小标题之间的关系是并列的，使复杂的事物显得有条不紊。

（3）因果式。它适用于总结经验的调查报告。在写法上，先将调查的结果、结论告诉读者，然后再叙述这一结果、结论的由来，从几个方面分析形成这个结果的原因。

主体部分不论采取哪种结构方式，都要注意先后有序，主次分明，详略得当，具体充实，有点有面，能更好地表现主题。

3. **结尾**

调查报告的结尾，又叫做“结论”，是调查报告的结束语。结尾的写法要根据报告的实际内容来定。

（1）研究性、论证性的调查报告，宜在结尾概括地说明全篇的主要观点，以进一步深化主题，增强报告的说服力和感染力。

（2）典型性调查报告，宜在结尾由点到面作出展望，指出方向，从更高的角度、更广阔的背景上说明所调查问题的实际意义，深化主题。

(3)揭露性的调查报告,宜在结尾对调查的情况和问题提出解决的办法、措施、意见和建议。

(4)反映新生事物的调查报告,宜在结尾用具有号召性和鼓舞性的语句激发情感,增强渲染力。

(三)具名和日期

具名和日期是落款,是调查报告的一个组成部分,不容忽略。具名,就是写作者的名。如果是调查组,则要写明是什么调查组,体现出权威性;如果是个人,也要写上姓名,必要时注明是什么人,以示负责。具名的位置一般在正文末尾下一行右侧,有时也可在标题下。日期是指成文后的年、月、日,写明日期以示时效。

【示例3-12-1】

精心规划　精心施工　精心管理

——××市××园住宅小区的调查

(一)

××园住宅小区是××市创业路拓改工程的配套工程,主要用于安置高士路拆迁户。

××园地处城北龙山大道与建设北路交汇处的西北角,属待开发的新区,四周道路宽阔,交通便利,整个小区规划用地79亩,其中建筑物占地25.5亩,道路、绿化占地53.5亩,建筑面积10.32万平方米,其中住宅建筑9.09万平方米,公共建筑面积1.23万平方米,建筑平均层数6.3层,总住户1090户,约5000余人。

小区体现了现代都市气息,高起点、高标准,建筑风格、色彩各异,功能齐全。沿主要道路布置了幼托、医务所、综合管理用房、运动场地、配电间、垃圾中转站、公共厕所等公共服务性设施。

(二)

××园住宅小区是××市解放以来规模最大、投资最多的重点城市建设项目,是一项涉及面广、时间紧、要求高、任务重的社会系统工程。为了把这一工程建设成全区的样板,他们做到:

1.科学规划,设计新颖。高士路是城中心通往郊区的交通要道。广大拆迁户主动拆迁房屋,为城市建设作出了很大贡献。建设一栋栋新颖、美观、舒适、实用的住宅让他们心理上得到安慰,是市委、市政府的共同愿望。在设计之前,他们组织规划处、设计院的工程技术人员到外地参观学习,开阔眼界,取他人之长,补自己之短。最后确定小区的31栋房屋(其中住宅26栋,附属建筑5栋)按照高低错落、排列有序、相互呼应的要求进行规划设计。使高层建筑雄伟挺拔、瑰丽多姿;低层建筑小巧玲珑,颇具特色。小区内的道路四通八达,路面平整宽敞,绿化面积达32%;自来水管道、供电线路、煤气管道、通讯电缆、有线电视一次性铺设完毕,各种生活设施,服务网点应有尽有,小区内环境优美、空气清新。许多新搬入小区的住户都说:“新房设计新颖,居住舒适,比原来的低矮、潮湿的旧房不知要好多少倍。”省、地领导及附近的县市领导,还有旅游者通过各种形式前往考察、参观,反应良好。

2. 强化管理,保证质量。根据小区的工作量和工期,本着公正、公平原则,他们在全市范围内筛选出30支四级以上信誉好的建筑队伍参与小区建设,签订建筑质量、竣工时间合同。从6月8日各建筑公司进入阵地开始,开展了一个比进度、比质量、比风格、比安全的四比竞赛。市政府成立了工程指挥部,分管城市建设的副市长、城建局长分别任正副指挥,规划处主任、设计院院长、建管处主任、质监站站长亲自蹲到工地,带领五个建设单位施工队伍的技术人员在工地上日夜不停地巡回检查;指挥部每两天召开一次调度会,发现问题及时处理,甚至推倒重来;对好的经验、好的典型则利用报纸、广播、电视进行宣传,为他们作"无偿广告"。

工地上所需的各种建筑材料,做到严格把关,尤其对水泥、烧结砖、钢筋、预制板、木材、夹板门进行严格的检测,不合格的坚决不用,杜绝伪劣产品。

10月上旬,由省建设厅组织的"建筑工程质量检查团"对小区的建筑进行了详细、严格、细致的抽检,检查得出的各种数据表明,房屋的主体结构、油漆、门窗、粉刷等符合设计要求,受到检查团的充分肯定。

3. 安全生产、文明施工。在指挥部的统一领导下,30支队伍,近2000名建设者不分日夜,高速度、高质量地为小区建设奋斗。他们工棚靠工棚,材料场连着材料场,脚手架挨着脚手架,形成了一个你追我赶争先进、同心同德作贡献的局面。

特别值得一提的是,在如此巨大的建筑工程中,从未发生过重大伤亡事故。

这些有效的措施,脚踏实地的工作,极大地调动了各方面的积极性,保证了整个工程的顺利进行,从6月8日动工到10月28日,仅用了142天,31栋房屋全部竣工,创造了××市建筑史上的奇迹。

(三)

至12月15日止,整个小区房屋到各项配套设施建设全部结束。今年元月5日原高士路近千户计5000余名拆迁群众从城市的四面八方向小区搬迁,一时车水马龙,热闹非凡,到元月28日止,除极少数需对房屋进行装修者外,95%以上搬迁完毕,胜利实现了市政府在去年5月初拆迁时"让所有拆迁户在1995年春节喜迁新居"的诺言,提高了政府在市民中的威信。

搬进新居后,剩下的问题是住宅区的物业管理问题,以往是一家一户分散式、松散型的管理,现在最高度集中,互相影响,互相牵制,往往某一个环节、某一项具体措施不当,少则涉及几十户、几百人,多则牵涉几百户、几千人,为在全市树立小区管理的样板,以适应日益发展的城市管理要求,他们做了以下几方面的工作:

1. 制定管理规定,增强市民的城市意识。早在拆迁户搬进新居前,他们就着手从小区的市政、环卫、绿化、环境和精神文明等方面入手,制定了《××园住宅小区管理规定》,人手一份发至每个拆迁户,在小区内广为张贴,在电视、广播、报纸上广为宣传,真正做到家喻户晓,人人知道,以此规范市民的行为,使大家在新的环境里,遵守新的规章制度,享受新的环境带来的清新气氛。

2. 成立居委会,抓好日常管理。好的规章制度必须有人来执行,否则将成为一纸空文。今年元月下旬,经市政府办公会议研究,市民政局批准,正式成立"××园居民委员会”,设编5人,具体负责小区内的社会治安、计划生育、卫生、绿化、精神文明等各项管理工作,行使政府管理的某些职权。有些项目准备在推行有偿服务上作些探讨和尝试,以保证正常的生产、生活和工作秩序。

3. 抽调人员,组成执法队。考虑到小区人员素质参差不齐,成立的居委会成员人生地不熟、管理难度大的情况,市政府从元月5日开始在市城建监察大队抽调6名队员到小区日夜执勤,既帮助小区居委会排忧解难,又查处违反规定的人和事。在小区正门设立执勤办事组,树立“为民排忧解难,有事请找城监”的木牌,每天三班接受市民的咨询,在小区巡回检查。先后对两起改变房屋结构,擅自对门、窗、墙进行改建,影响房屋稳定的人和事进行公开曝光处理,有效地制止和刹住了违章搭建、乱泼污水、乱倒垃圾、乱拆阳台等损毁市政设施的不良行为200余起,并处以罚款,责令作出书面检查,使得小区秩序井然,人民安居乐业,受到各方面的一致好评。

【示例3-12-2】

当前建筑市场存在的问题及治理措施

——对××省部分大中城市建筑市场现状的调查

为了适应建立市场经济体制的需要,贯彻落实监察部和建设部《关于在工程建设中深入开展反对腐败和反对不正当竞争的通知》,推动反腐败斗争的深入发展,××省建设厅建管处、纪检组和监察室于××××年×月×日至×月×日,对××、××等市建筑市场进行了调查。

一、建筑市场存在的问题

由于建筑市场机制不健全,法规不完善,对违章行为的制约和处罚力度不够,导致市场的混乱,损害了党和政府的形象,损害了行业的形象。主要表现在:

1. 交易行为不规范,建筑市场混乱

从调查中了解到,目前大部分地市建设项目未完全进入市场。××、××市等的部属企业、外资企业及部队的工程项目未纳入市场管理,自带资金、自带队伍。一些在建项目未办理报建手续和进行招投标,而行业主管部门对未进入市场的建设单位(业主)缺乏有效的制约手段。××市×中学教学楼工程施工至今未办理报建手续,据说他们有后台,致使工程得不到有效管理。××市开发区服从行业主管部门的管理,自立门户,各自为政。招投标过程中交易行为不规范,存在隐形市场,私下交易,双方串通,明招暗定。据了解,××市20%的工程项目在规划设计阶段已定好了施工企业,项目在进入市场交易前早已指定了队伍。

2. 建筑市场政出多门,削弱了市场管理

建筑市场是一个统一开放、竞争有序的市场,由于政出多门,出现职能交叉,关系不顺,互相扯皮,破坏了市场秩序。如定额造价管理,××市目前尚未理顺,存在计委和建委两个定额站,建委发的文件,计委否定,造成甲乙双方工程扯皮,影响决算。(据了解全省目前还有3个市的定额站关系不顺。)装饰工程管理,建委与轻工局存在扯皮现象,资质、质量多头管理,出现混乱。在招投标管理上也存在问题,计委与建委出现职能交叉现象,如果协调不好,势必影响工作。

行政干预给建筑市场管理带来困难，领导写条子、打电话、指定施工队伍现象较普通，个别领导有自己的施工队伍，给市场管理工作增加了难度。××市有一个工程领导应允了几个施工单位，收了2万元、4万元不同的信息费，但迟迟不能开工。

3. 施工企业垫资过多，资金短缺压力较大

近年来，施工企业增长过猛，出现僧多粥少的局面。施工单位为维持企业的生存，贷款为建设单位垫资以求承接工程项目。××市一项造价为1500万元的工程，企业垫资高达600万元。有的施工企业为了今后能再承建甲方工程，暗中替甲方垫资，造成施工企业资金周转困难，负担过重。有的建设单位在工程竣工后无故拖延结算，仅××市区建筑企业被拖欠额就达2595万元，其中市属企业被拖欠款达2348万元，占企业贷款的56%，以致影响正常工作的开展和职工生活。

4. 滥用工程发包权利，权钱交易时有发生

权力失去监督必然产生腐败。建设单位利用工程发包权进行幕后交易，索贿受贿。收取回扣现象非常普遍，方法十分隐蔽，建设单位与施工单位变成金钱和朋友的关系。有的企业不惜用重金获取承包权，致使国家的资金流入个人腰包。难怪群众说："富了儿子，穷了娘。"目前一些建设单位逃避招投标市场管理，奥妙就在于此。××市1994年共查处违法违章事件20人次，市××机械厂一名副厂长因在工程活动中受贿被捕。公开拿回扣，××市某企业接一个100万元的工程，给甲方回扣竟达××万元，中介服务费高达×%。

5. 使用低劣建筑材料，工程质量隐患堪忧

有些建设单位逃避监督，私下倒手转包、层层转包，违反建筑市场管理规定，使用不合格队伍，使用不合格建筑材料，施工中粗制滥造、偷工减料，给工程质量带来隐患。有的工程甚至出现"无图可以施工"的现象。××市某项目因无图施工造成铝合金门窗质量低劣。××县因使用某乡镇企业生产的构件，造成2人死亡事故。对住宅工程质量，群众反映也比较强烈，个别工程主体结构存在严重缺陷，达到省优标准的"拳头产品"为数不多。

6. 拆迁补偿问题突出，施工治安环境欠佳

这种现象××市较突出，施工单位反映强烈。当地农民利用土地被征机会，强取豪夺，从工程放线挖土到竣工都要给补偿费。施工企业要向当地农民购买运输权，否则无法施工。甚至绑架包工头勒索钱财。由于缺乏良好的外部和施工环境，有的企业不得不离开××市，另找出路。

7. 压级压价严重，国有企业竞争困难

建设单位希望施工企业收费越低越好，于是压级压价，有的甚至压到低于成本价。一些大中型企业自身负担过重，效益不佳，面对过低价格不敢问津。××市某医院工程预算420万元，最后压至320万元，把企业二级压到三极，如果承建必然亏损。××市搪瓷厂工程也出现类似情况。一些企业因接不到工程，加之管理不善，出现亏损。据××市统计表明，仅市一建公司亏损就达113万元，市六建公司亏损31万元。

除此之外，建筑市场无证，越级设计、施工还存在；层层转包，高估冒算比较严重，在招投标中泄漏标底，甲、乙双方串通明招暗定现象时有发生。削弱了市场管理，阻碍了市

场的健康发展。

二、加强建筑市场治理的措施和思路

建筑业中的市场主体——甲方、乙方、中介方、材料供应方完全进入市场，实行公开、公正公平竞争和法制化管理，才能有利于建筑业的健康发展，才能杜绝行业不正之风的产生，达到治理的目的，创造一个良好的外部环境和健康有序的市场，为此各地做了大量工作，提出了许多好的建议。我们认为搞好市场管理主要应做好以下几项工作：

1. 加快立法步伐，强化市场管理

建筑业现有的政策法规还不能适应市场经济发展的需要，甚至滞后于经济的发展，缺乏权威和力度。目前全省只有××市以法律形式制定了第一部《建筑市场管理条例》。因此，必须加快立法和完善市场管理的有关法规，大力推行报建制度和招投标制度，使发包方、承包方、中介方、材料供应方全方位进入市场，不留死角，对严重违背市场管理规定的行为，不管是哪一级，都要加大处罚力度，直至追究刑事责任。强化对建设单位（业主）的管理，是规范市场行为的关键，必须建立有效的约束机制。行业劳保统筹工作应尽快跟上，使企业轻装上阵，便于市场竞争。

2. 统一协调管理，形成整体合力

进一步理顺报建、招投标及装饰行业的隶属关系，实行行业归口管理。建筑市场管理与规划，工商、银行等部门建立紧密联系，相互配合，严把"两证一书"出口和资金划拨关。在法规不健全和市场发育不成熟的阶段，银行控制资金划拨是相对有效的措施。

3. 加强宏观调控，治理市场环境

施工队伍是建筑市场的主体，由于近几年增加过猛，队伍混杂，素质下降。一些皮包公司、挂靠公司，干扰了市场的正常秩序，造成不平等竞争。应通过企业改组和资质年审及新资质标准就位，治理整顿，关停并转，凡不具备资质条件的公司坚决取缔。搞好这项工作，除了建设主管部门的努力外，领导的支持是关键。建筑管理部门在扶持乡镇企业的同时，注意引导向外发展，这是今后发展的出路。加强对外来施工队伍的资质审查，控制总量，保证建筑市场平衡有序地发展。

4. 建立执法队伍，保证管理法规实施

建立一支执法监督队伍，是治理市场混乱、保持良好秩序的重要保证。对有令不行、有禁不止、严重违反建筑市场管理规定的行为加大监督检查力度，严厉制裁，同时扩大检查覆盖面，使检查范围辐射到每一个企业、每一个工程，并做到经常化、制度化。

5. 规范市场行为，遏制腐败行为的发生

由于建设工程未完全进入市场，失去监督。某些人利用承包权私下交易，行贿受贿，收取回扣，而建筑市场主管部门又缺乏处罚的手段和力度，这是产生腐败的根源。因此，必须强化报建和招投标制度，建立公开竞争的市场机制和廉政建设的措施。把全部工程项目纳入市场管理的"笼子"，规范行为，堵塞漏洞，标本兼治，综合治理，从根本上杜绝腐败行为的发生，建立一个公正、有序、健康的建筑市场。

第四章 经济贸易类文书

第一节 合 同

一、合同的概念

1999年3月15日第九届全国人民代表大会第二次会议通过的《中华人民共和国合同法》(以下简称《合同法》)第2条明文规定:“合同是平等主体的自然人、法人、其他组织之间设立、变更、终止民事权利义务关系的协议。”这是对合同含义的最权威解释。“法人”是为法律所承认,受法律保护并依法行使法定权利、义务的独立单位或组织,是单位或组织在法律上的人格化。合同是协作关系的具体体现。

二、合同的类型

合同的类型有多种分法:

(1)按时间分,有长期、中期、短期合同。

(2)按形式分,有书面合同、口头合同和其他形式的合同。书面形式的合同又细化为合同书、信件和数据电文(包括电报、电传、传真、电子数据交换和电子邮件等)可以有形地表现所载内容的形式。

(3)按写法分,有条款式合同、表格式合同和条款加表格式合同。

(4)按内容分,有买卖合同,建设工程合同,承揽合同,运输合同,供电合同,供用电、水、气、热力合同,融资合同,仓储合同,保管合同,租赁合同,租借合同,行纪合同,居间合同,技术合同,赠与合同,委托合同等。

三、合同的写法

尽管合同的种类很多,但一般都包括首部、主部、尾部3个部分。

1. 首部

首部主要包括以下几项:

(1)标题。合同的标题即为合同的名称,合同标题要明确写出合同的性质,如“买卖合同”、“建筑工程承包合同”、“运输合同”、“供用电合同”、“劳务合同”。有的合同还在标题下方写合同的编号。标题写在合同首页上方正中位置。

(2)合同当事人名称。合同当事人名称是指签订合同的双方或多方的名称(姓名)。要准确写出签约单位或个人的全称、全名,并在其后注明双方约定的固定指代:“甲方、乙方”、“供方、需方”或“买方、卖方”等。如:××商场(甲方);××工厂(乙方)。

(3)引言。引言即合同的开头部分,正文一般由引言交代签订合同的缘由、目的和依据等,常用的表述句式为:“为了……”或“根据……”,例如:“为了满足市场需要,协调产销关系,根据《中华人民共和国合同法》,经双方协商一致,签订本合同。”

若选用"表格式合同",则依据国家工商局或有关部门制定的合同的规范文本要求,填写有关内容。

2. 主部

主部是合同的主要部分,其写作一般多采用条文法。按双方当事人的约定,详细写明主要条款的内容。

按《合同法》规定,合同的主要条款包括:

(1)标的。标的是指合同当事人权利和义务共同指向的对象。没有标的的合同是无效合同。

合同的标的,可以是货物、工作成果、智力成果、劳动与服务行为等。

合同对标的的规定应当清楚明白、准确无误,对于名称、型号、规格、品种、等级、花色等都要约定得细致、准确、清楚,防止差错。特别是对于不易确定的无形财产、劳务、工作成果等更要尽可能地准确明白。

(2)数量。数量是指标的在量的方面的限度,是标的计量,是以数字和计量单位来衡量标的的尺度。在大多数的合同中,数量是必备条款,没有数量,合同是不能成立的。许多合同,只要有了标的和数量,即使对其他内容没有规定,也不妨碍合同的成立与生效。因此,数量是合同的重要条款。

(3)质量。质量是指合同标的的内在素质和外观形态优略程度的标志,是标的适应一定用途、满足人们一定需要的特征。这是合同中一项重要的条款,应明确标的质量的技术标准(如国家标准、行业标准)、等级、检测依据等。

(4)价款或报酬。这是指合同标的的价格,是合同双方当事人根据国家法律、法规、政策和有关规定,对标的议定的价格,是合同一方以货币方式取得对方商品或接受对方劳务所应支付的货币数量。要明确标的的总价、单价、计算标准、付款方式、程序、结算方式,若与外国有关方面合作,要写明支付币种。

(5)履行期限、地点和方式。履行期限是指合同中规定的当事人履行自己的义务,如交付标的物、价款或者报酬,履行劳务、完成工作的时间界限。过时则属违约,日期用公元纪年,年、月、日书写齐全。

履行地点是指当事人履行合同义务、完成标的任务的地点。

履行方式是指当事人履行合同义务的具体做法。履行方式与当事人的利益密切相关,应当从方便、快捷和防止欺诈等方面考虑采取最为适当的履行方式,并且在合同中应当明确规定。

(6)违约责任。违约责任是指当事人一方或双方,由于自己的过错造成合同不能履行或者是不能完全履行,应按照合同约定承担经济制裁。在合同中规定违约责任,目的是维护合同的严肃性,督促当事人严格履行合同,加强当事人履行合同的责任心。

(7)不可抗力条款。此项条款的作用是,如果发生了当事人不能预见、不能避免且不能克服的客观事故(如洪水、地震、台风等),而导致履行合同困难时,当事人便可根据这一条款,依据《合同法》规定,部分或全部免于承担责任。此条款的内容应包括不可抗力事故的范围、后果等。

(8)解决争议的方法。解决争议的方法是合同争议的解决途径,对合同条款发生争议时的解释以及法律适用等。要明确注明是通过仲裁解决、协商解决还是诉讼解决。

3. 尾部

尾部是指合同的结尾和落款部分。主要包括：

(1)合同的有效期限和文本保存。有效期限是指合同执行生效、终止的时间。文本保存是注明合同文本的保管方式，即合同一式几份及当事人保管的份数。

(2)落款。在正文下方签署合同双方或各方单位全称和法人姓名，加盖公章或合同专用章，各方代表签字，填写签署日期。

有些合同有特殊要求，或有附件，也要在尾部注出。

四、合同写作的注意事项

合同一经签订，对双方都具有法律效力。因此，在拟写合同时，要求做到以下几点：

(1)合同要合法、合理。订立合同，必须依法办事。当前存在的较突出的问题是，有的合同内容违反国家的法律和政策。这类合同，不仅不受法律保护，而且还有可能依法追究合同订立人的法律责任。

合同必须贯彻平等互利、协商一致、等价有偿的原则。任何一方都不得把自己的意愿强加给对方。

(2)条款要齐全、完备。合同的权利、义务以及其他条款要齐全、完备。

(3)规定要具体、明确。合同条款的规定必须具体、明确、毫不含糊，这样便于合同的履行。条款内容要全面明确，各种可能出现的问题都要充分估计到。

(4)表述要准确、简明。合同的措辞要准确、严密、简练，逻辑性要强，概念准确，没有歧义，不要在执行过程中发生歧义，不要在执行过程中发生争议。类似“大概”、“估计”、“尽量”之类的字眼一般不能使用，以防造成纠纷。

【示例4-1-1】

建筑安装工程承包合同

工程名称：____________

建设单位：____________(以下简称甲方)

施工单位：____________(以下简称乙方)

审查单位：____________　工程编号：__________

为了完成商定的建筑安装工程，明确发包方与承包方的相互权利、义务关系，根据《中华人民共和国经济合同法》和国务院颁发的《建筑安装工程承包合同条例》，特签订本合同。

第一条　工程名称：(见工程一览表)

第二条　工程地点：

第三条　建筑面积：共计______平方米；

第四条　承包形式及材料设备供应；

第五条　工程总造价；

第六条　工程价款和费用结算依据及付款办法；

第七条　技术资料供应：施工图________份，设计概算________份，钻探资料______份，于________月________日交齐。

第八条　工程开竣工时间：

第九条　工程质量标准：依据本工程的施工详图和国家颁发的建筑安装工程施工验收规范为准；

第十条　其他及协作条款；

第十一条　奖励与违约责任；

第十二条　合同有效期：本合同自双方代表签字盖章后生效，至工程竣工、办理交工验收和款项结算后失效。

第十三条　本合同正本2份，双方各执1份；副本______份(其中送建委、建行、合同鉴证机关各1份)；建设单位收执______份；施工单位收执______份。

建设单位(甲方)：　　(盖章)　　施工单位(乙方)：　　(盖章)
代表人：　　(盖章)　　代表人：　　(盖章)
地址：　　地址：
电话：　　电话：
联系人：　　联系人：
银行账号：　　银行账号：

××××年×月×日订

【示例4-1-2】

劳务合同书

甲方：________________

地址：________________

乙方：________________

身份证号码：________________

根据《中华人民共和国劳动法》，甲乙双方经平等协商同意，自愿签订本合同，共同遵守本合同所列条款。

第一条　本合同期限为________年期限合同。

第二条　乙方同意根据甲方工作需要，担任________________岗位(工种)工作。

第三条　乙方应按照甲方的要求，按时完成规定的工作数量，达到规定的质量标准。

第四条　甲方安排乙方执行综合计算工作工时制，平均日和平均周工作时间不超过法定标准工作时间。

第五条　甲方延长乙方工作时间，应安排乙方同等时间倒休或依法支付加班加点工资。

第六条　甲方为乙方提供必要的劳动条件和劳动工具，建立健全生产工艺流程，制定操作规程、工作规范和劳动安排卫生制度及其标准，负责教育培训。

第七条　乙方完成规定的工作任务，甲方每月足额支付乙方工资，工资不低于____元，其中试用期间工资为________________元。

第八条 甲方安排乙方加班或延长工作时间超过本合同第四条第2款规定的，按《劳动法》第四十四条支付工资报酬。

第九条 甲方双方按国家社会保险的有关规定交纳职工养老、失业和大病医疗统筹及其他社会保险费用。

甲方应为乙方填写《职工养老保险手册》。双方解除、终止劳动合同后，《职工养老保险手册》按有关规定转移。

第十条 乙方应遵守甲方依法制定的规章制度；严格遵守劳动安全卫生、生产、工艺、操作规程和工作规范；爱护甲方的财产，遵守职业道德；积极参加甲方组织的培训，提高思想觉悟和职业技能。

第十一条 乙方违反劳动纪律，甲方可根据本单位规章制度，给予纪律处分，直至解除本合同。

第十二条 法律、行政法规、规章发生变化，或客观情况发生重大变化，致使本合同无法履行的，本合同应变更相关内容或解除合同。

第十三条 乙方有下列情形之一，甲方可以解除本合同：

1. 在试用期间，被证明不符合录用条件的；
2. 严重违反劳动纪律或甲方规章制度的；
3. 严重失职、营私舞弊，对甲方利益造成重大损害的；
4. 被依法追究刑事责任的。

第十四条 有下列情形之一，乙方可以随时通知甲方解除本合同：

1. 在试用期内的；
2. 甲方以暴力、威胁、监禁或者非法限制人身自由的手段强迫劳动的；
3. 甲方不能按照本合同规定支付劳动报酬或者提供劳动条件的。

第十五条 甲方违反本合同约定的条件解除劳动合同或由于甲方原因订立的无效劳动合同，给乙方造成损害的，应按损失程度承担赔偿责任。

第十六条 乙方违反本合同约定的条件解除劳动合同或违反本合同约定的保守商业秘密事项，对甲方造成经济损失的，应按损失的程度依法承担赔偿责任。

第十七条 乙方解除本合同的，凡由甲方出资培训和招接收的人员，应向甲方偿付培训费和招接收费。其标准为：服务（工作）每满1年按培训费和招接收费总额的20%递减；服务（工作）满5年不再偿付。

第十八条 因履行本合同发生的劳动争议，当事人可以向本单位劳动争议调解委员会申请调解；调解不成，当事人一方要求仲裁的，应当自劳动争议发生之日起60日内向××区劳动争议仲裁委员会申请仲裁。当事人一方也可以直接向劳动争议仲裁委员会申请仲裁。对裁决不服的，可以向人民法院提起诉讼。

第十九条 甲方以______________员工守则作为本合同附件。

第二十条 本合同未尽事宜，双方协商解决，国家有规定的，按有关规定执行。

甲方（盖章）： 乙方（盖章）：

××××年×月×日 ××××年×月×日

【示例4-1-3】

建设工程招标代理委托合同

项目名称：×××项目

委托单位（甲方）：××城市建设投资集团公司

代理单位（乙方）：××工程招标代理有限公司

委托方将×××项目的招标事宜委托乙方代理，依据《中华人民共和国招标投标法》及有关法律、法规的规定，合同双方经协商一致，签订本合同。

一、代理业务的内容、形式：

甲方委托乙方组织建设工程招标活动。

工程概况：

本次招标范围 ：

1. 招标代理的内容：填写申请表格，编制招标文件（包括编制资格预审文件）；审查投标人资格；组织投标人踏勘现场和答疑；组织开标、评标、定标；提供招标前期咨询等业务。

2. 招标代理的形式：采取委托中介公司代理招标。

二、工作条件和协作事项：

1. 建设工程规划临时许可证、建设项目资金来源证明等（详见《办理建设工程招标投标需提交的资料》清单）。

2. 委托方提供能够满足施工，标价计算要求的施工图纸及技术资料；或者经符合资质条件的工程造价咨询机构编制的建设项目投资预概算。

3. 乙方代理过程中，遵守国家、地方有关工程建设招标、投标法规，坚持公开、公平、公正和诚实信用的原则，按照有关程序规定进行，接受招标监督管理部门的监督。

4. 委托代理人在签订本合同时，应出具委托证书。

三、委托期限：

本合同自签订之日起执行，中标通知书签发后自行废止。

四、费用支付方式及日期：

1. 本工程造价为人民币（大写）________元，收取代理费用合计人民币（大写）______元。付款方式为现金或转账，代理费用应在开标前全部付清。代理费用不包含编制标底的费用、资格预审及评标专家费用。（收费标准：按国家计委计价格〔××××〕××号）

2. 投标单位购买标书每份工本费计人民币（大写）________元，所得归乙方。

五、违约责任：

1. 双方都必须严格遵守签订的代理合同条款、不得违约。

2. 委托方应提供真实可靠的相关资料及按第四款第一条约定支付代理费用，否则一切责任由委托方自负。

3. 双方在合同执行过程中出现争议，可协商解决，也可由相关部门进行调解。

4. 双方对代理合同条款变更时必须另签补充合同条款，补充合同条款作为本代理合同的组成部分与主合同具有同等法律效力。

5. 本合同1式3份，甲方1份，乙方1份，报招标管理机构1份。

六、双方协议的其他条款：

委托方(甲方)：	代理方(乙方)：
法定代表人(签章)：	法定代表人(签章)：
单位地址：	单位地址：
联系电话：	联系电话：
邮政编码：	邮政编码：
开户银行：	开户银行：
银行账号：	银行账号：

签订日期：　　　年　　月　　日

第二节　协　　议

一、协议的概念

协议，又称协议书，是某一事项的当事人之间，对其共同合作或联合关系，经过协商达成一致意见后，共同订立的书面证明文件。协议书虽然不像合同那样具有很强的法规性，但对当事人履行协议也具有较强的约束作用。它可以为正式签订合同做准备，将协商结果、合作意向用文书形式加以固定。也可以进一步补充、修订成为合同的条款，发挥合同的作用。

协议与合同在性质、作用与内容上都很相似，有时替代合同应用。但它比正式合同又具有广泛性和灵活性，凡不宜签订合同的合作、联合，都可以订立写协议，并且协议的内容与条款也可以由当事人协商议定。这些都是协议与合同的不同之处。因此，应用面比较广泛，在企事业单位、社会组织、个人之间都可订立协议。

二、协议的类型

协议按其作用不同可分为以下3类：

1. 意向式协议

这种协议制作于正式合同之前，是正式合同的依据与参考，是签订合同的“前奏”。

2. 补充修订式协议

它制作于正式合同之后，即补充修订已签合同之不足，是合同签订后的“尾声”。

3. 合同式协议

凡是在《合同法》规定的15种合同形式之外的合作形式，均可用协议的形式来表现，是合同的“证据”。

三、协议的写法

协议的写作方式与合同一样，也分条款式、表格式和综合式3种。其结构也包括：标题、首部、正文和落款(签署)4部分。

1. 标题

标题，是协议的名称。协议名称由协议的事由、文种组成，如："企业联合经营协议"、"企业租赁经营协议"、"中外合资经营企业协议"等。

2. 首部

首部，是正文之前载明的订立协议的双方当事人的单位名称，法定代表人、委托代理人的姓名，并用"甲方"、"乙方"加以注明。

3. 正文

正文，是协议的主要条款部分。它包括引言、条款、附则3部分内容。

引言，写明签订协议的根据和目的。

条款，须写明当事人双方议定的事项。对协商达成一致的意见一条一款写出来。具体写法与合同正文的条款相同。

附则，也须载明协议的份数、有效期限，以及附件名称份数等。

4. 落款

协议的落款，是署名、印章和签订日期。协议的具体内容可参照合同的法定条款拟定。

【示例4-2-1】

土地使用权租赁协议书

本协议由以下双方在__________省__________市签署

甲方：____________________集团公司

住所：__________省__________市______路______号

乙方：____________________股份有限公司

住所：__________省__________市______路______号

鉴于：

1. 甲方是具有中国法人地位的国有企业，并持有工商行政管理部门颁发的企业法人营业执照，乙方是经有关政府主管部门批准，由甲方作为独家发起人拟定设立的股份有限公司；

2. 甲方已以出让方式取得本协议所列的各宗土地的使用权，土地使用期限为____年；

3. 乙方在正式设立后将使用本协议附件所列的各宗土地和有关房屋。经双方协商，甲方同意向乙方出租上述的各宗土地使用权，乙方同意向甲方承租该等土地使用权。

为明确甲、乙双方的权利义务，保护双方的合法权益，根据有关法律、法规的规定，甲、乙双方当事人本着平等、自愿、等价有偿的原则，订立本土地使用权租赁协议。

1. 租赁范围

1.1　甲方向乙方出租的土地共__________宗，总面积为__________平方米。甲方租给乙方的土地的使用证号、宗地位置、宗地面积、批准用途等内容以附件表格形式列出(详见本协议附件)。

1.2 地下资源、埋藏物和市政公用设施均不属于本协议的租赁房范围。

2. 租赁期限

本协议下的土地使用权租赁期限为______年,自乙方正式设立之日起计算。

3. 租金标准

3.1 乙方每年应向甲方支付租赁总额为__________元。

3.2 本协议项下各宗土地租金标准详见附件。该租金标准是依据__________省地产咨询评估中心《上地评估报告》确定的。

3.3 租赁期间,如遇有国家政策调整,则租金应作相应调整。

4. 土地用途

本协议项下的各宗土地应用于股份公司生产经营,即必须作与其生产经营活动相配套或相关的用途使用(租赁土地被批准的用途见附件)。

5. 甲方的权利、义务

5.1 甲方的权利:

5.1.1 甲方有权按本协议约定向乙方收取相关的租金。

5.1.2 在租赁期间,甲方有权对各宗土地的开发、利用情况进行检查、监督。

5.2 甲方的义务:

5.2.1 甲方有义务按本协议的约定向乙方移交租赁物进行查验。

5.2.2 甲方有义务协助乙方办理相关手续。

5.2.3 在租赁期间,甲方不得随意收回土地使用权。

6. 乙方的权利、义务

6.1 乙方的权利:

6.1.1 乙方有权按本协议的约定要求甲方移交租赁物并进行查验。

6.1.2 乙方有权利在本协议约定的范围、时间内使用附件所列各宗土地。

6.1.3 乙方有权要求甲方协助办理相关手续。

6.2 乙方的义务:

6.2.1 乙方有义务按本协议约定的时间、方式和数量向甲方支付租金。

6.2.2 乙方有义务按照本协议约定的范围内使用土地,乙方如果需要改变土地用途的,应事先征得甲方同意并由甲方按有关规定报批后,重新订立合同。

6.2.3 乙方未经甲方同意,不得将本协议项下的各宗地转租或许可任何第三人使用。

7. 甲方的承诺

7.1 甲方保证在本协议存续期间合法拥有该等土地的使用权,并有权出租该等土地使用权。

7.2 甲方同时保证该等土地使用权没有进行任何抵押。

7.3 如果因该等土地使用权存在异议,致使乙方在本协议项下的权利无法实现或遭到其他损失,甲方应给予赔偿,而乙方此时有权解除本协议。

8. 声明

8.1 本协议存续期间,甲方不得随意取回其土地使用权;但在特殊情况下,根据社会公共利益的需要，甲方可以依照法定程序提前收回某宗土地使用权，但应按有关规定及乙方开发利用土地的实际情况给予乙方相应的补偿。

8.2　本协议项下的某宗土地使用权租赁关系的终止，不影响其他宗地的租赁关系。

9. 续租

9.1　租赁期限届满后，在同等条件下，乙方享有优先承租权。

9.2　乙方如需继续使用各宗地，应在各宗地租赁期满前6个月向甲方提出续租申请，双方应重新签订租赁合同。

10. 租金的支付

10.1　本协议项下的土地使用权租金在依本协议第3条确定后，乙方应于每年12月31日将租金划入甲方指定的账户上。

10.2　有关土地的土地使用税、费等由甲方自行负担。

11. 违约责任

甲、乙双方任何一方不履行本协议项下的任一义务，均构成违约，应承担违约责任，即应向对方赔偿其违约行为造成的一切直接的和可预见的损失，若双方均有过错，按双方各自过错大小来承担违约责任。

12. 本协议的解除

12.1　双方均有权解除：

12.1.1　双方同意可以解除本协议；

12.1.2　因不可抗力，本协议已无法履行或履行已没有意义，双方均有权解除。

12.2　甲方有权解除：

12.2.1　乙方未经甲方同意擅自转租、转借本协议项下的土地使用权；

12.2.2　乙方违反协议规定欠交租金3年以上；

12.2.3　乙方利用有关土地进行违法活动时。

12.3　乙方有权解除：

12.3.1　由于本协议生效以后国家有关立法的变动，乙方须提前解除本协议的；

12.3.2　由于国家产业政策的变更，乙方须提前解除本协议的。

13. 争议的解决

13.1　甲、乙双方如果因履行和解除本协议而发生争议时，应首先通过友好协商解决。

13.2　若双方在30天内未能协商一致的情况下，任何一方均有权向市中级人民法院提起诉讼。

14. 附则

14.1　本协议未尽事宜，可由甲、乙双方订立补充协议，该等补充协议与本协议具有同等法律效力。

14.2　本协议附件为本协议不可分割的一部分，与本协议具有同等法律效力。

14.3　本协议由双方签字、盖章并依法经有关土地管理部门办理本协议的登记备案手续之日起生效。

14.4　本合同1式6份，具有同等法律效力，甲、乙双方各执2份，其他文本报有关部门备案核查。

甲方：××集团公司(盖章)　　乙方：××股份有限公司(盖章)

法定代表人(或授权代表)签字　　法定代表人(或授权代表)签字

××××年×月×日

租赁土地基本情况

编号	土地使用证号	宗地位置	批准用途	面积(平方米)	年租金(元/平方米)	年租金(元)
1	____国用籍字第____号	____省____市____县____	工业用地	…		
…	…	…	…	…	…	…
合计				…	…	…

【示例 4-2-2】

中外合资经营企业协议书

中国××公司(甲方)

日本国××公司(乙方)

根据《中华人民共和国合资经营企业法》和中国的其他有关法规，按照平等互利原则，甲、乙双方确定在中国××省××市共同投资举办合资经营企业，生产现代医疗器械，达成协议如下：

第一条　甲、乙双方共同投资，在甲方原有工厂基础上建立合资经营企业(以下简称合营公司)。

合营公司名称：中外合资××有限公司。

合营公司地址：中国××省××市××街××号

第二条　合营公司的宗旨：甲、乙双方本着加强国际经济技术合作，采用先进技术、设备和科学管理方法，开发新产品，提高经济效益。

第三条　合营公司的经营范围：合营公司从事××产品的生产、研究和开发新产品，在中国境内、外市场销售，并进行销售后的技术服务。

第四条　合营公司为有限责任公司。合营各方按其出资额在注册资本中的比例分配利润、分担亏损和承担风险。

合资公司的投资总额为××××万元人民币，其中注册资本为×××万元人民币，贷款×××万元人民币。

甲方出资额为××××万元人民币，占注册资本的55%；乙方出资额为××××万元人民币，占注册资本的45%。

甲方出资内容为：厂房、场地使用权、水电气公用设施、辅助设施、人民币现金等。

第五条　合营公司所需要的机械设备、原材料等物资，应尽量在中国购买。

乙方向合营公司提供的生产设备和技术必须保证是先进的和适用的。

如果在中国境外购买技术和设备时，应由甲、乙双方代表共同进行考察、谈判和签约。

第六条　合营公司的产品在中国境内、外市场销售，并把在国外销售放在优先地位，产品外销量要保证合营公司达到外汇收支平衡,并略有节余。

第七条　合营公司设董事会。董事会是合营公司最高权力机构,决定合营公司的一切重大问题。董事会董事名额分配,参照甲、乙双方投资比例商定。甲方任董事长,乙方任副董事长。

董事会聘请总经理、副总经理负责合营公司的日常经营管理工作。

第八条　合营公司按照《中华人民共和国中外合资经营企业劳动管理规定》,由董事会制定本企业的劳动管理办法。

第九条　合营公司按照中国有关法律和条例规定,缴纳有关税款。

第十条　合营公司合营期限为×年,从营业执照签发之日算起。

第十一条　合营公司应遵守中华人民共和国的法律、法令和条例。

第十二条　凡因执行本协议发生的争议,甲、乙双方应友好协商解决。如果协商仍不能解决时,应提交商务部对外经济贸易机构仲裁,其裁决是终局性的,对双方都具有约束力。

第十三条　本协议书生效后,甲、乙双方应认真遵守本协议书的规定。任何一方如不执行本协议书规定的义务,对方有向违约一方索取赔偿经济损失的权利。

第十四条　本协议书用中文和日文写成,两种文本具有同等法律效力。

第十五条　本协议书由甲、乙双方代表签字后,报中华人民共和国商务部(或其他委托的审批机构)批准后生效。

本协议书生效后,甲、乙双方应根据《中华人民共和国中外合资经营企业法》及其他有关法规和本协议书的规定,签订合资经营企业合同和制定章程,报审批机构批准后,到工商行政管理局登记注册,合营公司方为正式成立。

第十六条　甲、乙双方发送通知函电,应按下述法定地址进行:

甲方:中国××公司

地址:中国××省××市××路××号

电话:××××××

电传:×××××CN

乙方:日本国××公司

地址:日本国××省××市××路××号

电话:××××××

电传:××××××

第十七条　本协议于××××年×月×日,由甲、乙双方授权代表在中国××市签字。

甲方:中国××公司　　　　乙方:日本国××公司

代表职务:×××　　　　代表职务:×××

【示例4-2-3】

联合修建渠道协议

立协议书单位:青山乡人民政府(甲方)

绿水乡人民政府(乙方)

为了充分利用天女山水库的水，扩大双方灌溉面积，共同发展农业生产，经双方协商，决定共同修建一条渠道，特签订本协议，以利工程的进行。

（一）渠道南北走向，共长5000米，深1米，底宽1米，上宽3米。北段3000米，占用甲方土地；南段2000米，占用乙方土地。

（二）工程北段由甲方负责施工，南段由乙方负责施工。双方均要按照协议绘制的渠道图纸修建。

（三）工程从今年秋末冬初开始，春节前竣工、验收。

（四）需要工具由双方自备。部分工具互相调剂。甲方借给乙方小平车10辆，乙方借给甲方抬筐100个。所借工具的折旧费，由借方付给对方，工具损坏由借方向对方赔偿。

（五）所需经费由双方受益多少分配；劳动报酬由各方负责解决；新渠和旧干渠接口处闸门修建费由双方平均负担。

（六）双方各抽调干部3人共同组成工程指挥部负责修渠组织工作。甲方出1人为指挥，乙方出1人为副指挥，其他人为指挥部成员。

（七）请区人民政府负责监督工程实施和本协议执行情况，如有一方工程不合格或违反协议，依据情节予以返修，或责令其弥补损失。

（八）本协议及附件3种1式4份，双方各存1份，负责监督的区人民政府刘××区长1份，另1份送市人民政府存查。

青山乡人民政府代表人：张××（签章）
绿水乡人民政府代表人：王××（签章）
××××年×月×日

【示例4-2-4】

关于照明亮化设计合作协议书

甲方： 法定代表人：
乙方： 法定代表人：

《根据中华人民共和国合同法》的有关规定，经甲，乙双方友好协商，本着长期平等合作，互利互惠的原则，为创造良好的经济效益和社会效益，达成以下协议：

一、合作宗旨

促进科学技术产业化的发展，充分利用甲方广泛的市场资源优势和发挥乙方照明亮化设计能力，实现技术与市场营运的直接联盟。

二、合作范围

1. ××省各个建筑区域的照明亮化设计及实施。

2. （略）

三、合作方式及条件

1. 甲乙双方合作成立独立子公司。

2. 甲方以现有的建筑设计市场网络及社会资源为基础，更进一步开发市场潜力，为乙方逐步形成一个规范化营销网络作铺垫。

3. 甲方为乙方提供项目支持。

4. 乙方利用照明亮化设计技术开发力量，解决甲方新承接或者甲、乙双方共同确立的项目。

5. 乙方应配合甲方做好技术咨询及在开拓业务进程中提供技术支持。

四、权力义务

1. 甲、乙双方共同策划，共同发展独立子公司。

2. 属于甲方单方承接的开发项目，其所有权属于甲方拥有。

3 属于乙方单方承接的开发项目，其所有权属于乙方拥有。

3. 在双方合作过程中，甲，乙双方无权干涉对方企业内部管理。

4. 双方应以诚信为本，互相交流和切磋业务动作状况，以便互相促进。

五、利益分配

根据股权分配(略)

六、保密条款

1. 甲、乙双方所提供给对方的一切资料，专项技术和对项目的策划设计要严格保密，并只能在合作双方公司的业务范围内使用。

2. 甲、乙双方需对项目信息予以保密。

3. 凡涉及由甲、乙双方提供与项目、资金有关的所有材料，包括但不限于资本营运计划、财资情报、客户名单、经营决策、项目设计、资本融资、技术数据、项目商业计划书等均属保密内容。

4. 凡未经双方书面同意而直接、间接、口头或者书面的形式向第三方提供涉及保密内容的行为均属泄密。

七、其他

1. 甲、乙双方在执行本合同时发生争议，可通过双方友好协商解决，若经双方调解无效，可向有关仲裁机构提请仲裁。

2. 本协议未尽事宜，双方协议订补充协议，与本协议同样具有法律效应。

3. 本协议 1 式 2 份，双方各执 1 份。

4. 本协议经双方签章生效。

甲方：	乙方：
地址：	地址：
法定代表：	法定代表：
签订地点：	签订地点：
签订时间：××××年×月×日	签订时间：××××年×月×日

第三节　市场调查报告

一、市场调查报告的概念

市场是商品买卖的场所。市场调查，就是收集、记录、整理和分析市场对商品的需求状况以及与此有关的资料。将市场调查得到的资料进行分析整理、筛选加工之后形成的文书，就是市场调查报告。

市场调查报告是一种专题报告，通过尊重事实、反映问题、总结经验，透过市场现状，揭示市场运行的规律、本质。

二、市场调查报告的类型

市场调查的范围很广泛，凡是直接或间接影响市场经营销售的情报、信息，都是市场调查报告的内容。市场调查报告按不同的标准可分为不同的种类。

(1)按调查范围分，可分为区域性、全国性和国际性市场调查报告。

(2)按调查频率分，可分为经常性、定期性和临时性市场调查报告。

(3)按调查对象分，可分为商品、房地产、金融、投资市场调查报告等。

(4)按服务对象分，可分为市场需求调查报告(消费者调查报告)、市场供给调查报告(生产者调查报告)。

(5)按调查的具体类别分，可分为商品销售渠道调查报告、商品价格调查报告、市场竞争情况调查报告、社会环境调查报告等。

三、市场调查报告的写法

市场调查报告的写作，与一般调查报告的结构与写法基本相同，主要依据调查的目的、内容、结果以及主要用途来决定。一般来说，各种市场调查报告在结构上都包括标题、引言、主体和结尾4个部分。

1. 标题

市场调查报告的标题要求与文章的内容融为一体，是文章内容的高度概括，用精练简洁的文字去表现文章的中心思想。市场调查报告的标题有以下4种形式：

(1)在标题里直接写明市场调查的地区、调查的项目和“市场调查报告”这一文种。

(2)在标题里直接提出某一种商品在市场上的问题，点名文章的中心。

(3)用标题点名文章的中心，再用副标题说明市场调查的项目、地区和文种。第1、2种标题各有优点，这第3种标题则是把两种标题的优点集中起来的写法。

(4)用大标题点名市场调查的项目、范围、内容和情况，用小标题说明全文的主要内容。这样的标题一般是刊登在报纸上的市场调查使用的。它如同新闻消息，让人们在标题上就能很快地掌握市场的行情，既省时间又明白地了解全文的主要内容。

2. 引言

引言部分主要为调查的缘起、目的、对象、范围、内容、方法和时间地点等有关调查活动本身的说明。概要部分对提供决策用的市场调查报告是较有意义的，决策部门可据此更准确地把握调查的结果，如对调查方法的了解可以帮助决策者判断调查结果的可信程度。

3. 主体

主体一般由情况、预测、建议3部分组成。情况部分一般用叙述或说明的方法，将调查得来的有关情况表述清楚。这部分可以按问题的性质归纳成几大类，以小标题或提问句的形式进行表述；也可以按时间顺序进行表述。预测部分，主要是通过对调查资料的分析研究，预测市场发展变化的趋势。这部分主要运用议论的方式和结论性的语言加以表述。建议部分，主要是根据预测结果向有关部门提出建议，指出应采取的措施。

4. 结尾

主要是形成市场调查的基本结论，也就是对市场调查结果作一个小结。有的调查报告还要提出对策措施，供有关决策者参考。有的市场调查报告还有附录。附录的内容一般是有关调查的统计图表、有关材料出处、参考文献等。

【示例 4-3-1】

当前建材消费市场调查

——建材消费发力点由一线城市向二、三线城市转移

近年来，中国建材市场二、三线城市呈现迅速崛起态势，随着这些城市百姓钱包鼓起，家居建材业超市的人流量和购买能力逐渐向二、三线城市靠拢。与之产生背离状况的是，京沪广等一线城市由于经营成本持续攀升，百姓购买力已显疲态，上升空间受到严重挤压。在此背景下，一线城市已深切感受到被二、三线城市倒逼的压力。

二、三线城市是未来建材消费的真正发力点

近年来，我国二、三线城市的建设一直都在有条不紊地进行着，不管是国家相继出台的针对二、三线城市建设的利好政策，还是建材下乡、新农村建设等政策措施，都使得二、三线城市及其周边地区对建材企业充满了市场商机。

城市开发进程的进一步发展，使建材行业入驻中小城市已成为大势所趋，随着地方区域发展及一线城市消费者向二、三线城市的转移，对于建材产品需求逐渐增多，市场也将加速走向成熟，摆在建材企业面前的就是如何把握新城市崛起的大方向，在二、三线城市真正找到发力点。

而在南方如清远等广东三线城市，在工业发展方面承接了发达城市的“财富溢出”，其中房地产方面最为明显。由于高铁开通，相关房地产项目有95%以上全部为外地投资者购置。有数据显示，类似清远市民的消费升级主要体现在购置住房、居住相关消费增加。去年清远市居住相关的家居类、家用电器零售额同比增长了58.2%。

相继崛起的二、三线城市已步入快速发展轨道

近年来，重庆、郑州、西安、成都等一大批二、三线城市相继崛起，无论是在经济规模、基础建设，还是在城市管理、创业环境等方面，都已步入快速发展轨道，这些均得益于区域经济的高速发展。

早前我国不同地区间经济发展水平有很大差距，尤其是北京、上海、广州等一线城市发展水平明显高于其他城市。但本世纪特别是2004年以来，这种局面得到了扭转。一方面国家出台大量区域发展政策，如西部开发、东北振兴和中部崛起战略；另一方面，许多一线城市开始面临土地和环境承载力的制约，部分劳动密集型产业开始向其他地区转移。此外，我国中西部地区资源储备较为丰富，近年来资源价格不断上涨，推动了资源富裕的二、三线城市发展。

一线城市追求品牌、品位及使用享受，二、三线城市更注重的是实用性和功能性。中小型城市市场发展空间巨大，产品、定价策略是建材厂商首先考虑的问题，中小城市消费能力有限，但同时竞争相对平缓。

二、三线城市零售市场整体消费水平还有待提高

西安建材零售渠道集中在大明宫传统市场，中高端市场以红星美凯龙规模化商城为代表。在重庆、成都市场销售火热的红星美凯龙在古城西安仍保持一贯的高档豪华路线，场内人流量较高，但消费者总体以看样、询价为主，实际购买有限。

汉中、安康、渭南等三线城市，整体消费水平有待提高。除新世纪等中型百货综合市场，零售的多为中小个体经营户、路边店模式，以销售五金、电工、涂料、辅料等产品为主，部分兼营门窗、建陶产品。店面分布分散，以国内中低价位产品为主，品牌特许经销、专卖店也很少见到。

卫浴产品方面也较为单一，多为中小品牌，出样亦多为坐便器等单品。科勒、摩恩、TOTO、美标、乐家等一线城市常规品牌有一定网点，但知晓度、认知度低，无明显优势。

在过去的30年，中国的经济发展模式已经形成了一个成熟路径：通过招商引资，创办大量工业园区，GDP增长很快可以见到成效，同时也能拉动基础设施等相关的发展。那些大城市明显地建立在外延型扩大再生产发展的基础上，现在这个模式已开始从发达城市转移到了三线城市。

【示例4-3-2】

关于××市沿江×队房屋租赁情况市场调查报告

因专业学习需要，同时为了对××市的房屋租赁情况有个大致的了解，我们于××××年×月×日对××市××区沿江×队的房屋租赁情况做了一次调查。现将本次调查的实际情况反映如下：

一、调查情况

本次调查采用问卷法收集资料，问卷共由26个问题构成，主要是从承租人角度对沿江三队的房屋租赁的租户类型、月租金、房屋面积、房龄、租房原因等情况进行全面的提问。调查时间为××××年×月××日上午，共计半天。调查方式是分小组到各居住区由整群抽样的方式进行抽样调查，在承租人填写完调查表后当场回收。共发放问卷××份，收回问卷××份，回收率100%。

通过调查统计得出以下数据：

出租房屋房龄	10年以下	10～29年	30～59年	60年以上
百分比	22.1	68.8	10.1	0

出租房屋建筑类型	高层（11层以上）	小高层（7～11层）	多层（3～6层）	平房（1～2层）及地下室
百分比	0	18.7	81.3	0

房屋居住面积	5平方米以下	5～10平方米	10～20平方米	20平方米以上
百分比	0	25	50	25

出租房房租(元)	200以下	200~500	500~1000	1000以上
百分比	22.5	60	18.5	0

从以上数据可以看出，该地区出租房屋年龄较长，面积较小，月租金偏低，这与该地区租户所从事的职业，经济收入密不可分。调查结果得出该地区租户文化程度偏低(基本是大专文化以下)，其户籍为本市农业与外地农业所占比例较大，他们多是长期在本市工作，有多年的租房生活经历，多数人有过更换居住地的经历。他们选择的居住地到工作地点路程较近，一般步行或骑自行能在短时间内到达，所从事职业多为个体工商户及体力劳动者，家庭年收入不高(基本在5万元以内)。租房原因多是因为职业需要或买不起房。房源寻得方式主要是通过街头小广告和熟人介绍，且房东都是业主本人。相当部分租户与业主之间都是口头约定房租价格，实行定期交租，在遇到纠纷时基本都是私下解决。

二、结果分析

在××市的快速发展中，该地区由于滞后城市发展脚步，已经脱离了现代城市的管理，经济水平相对较低，房屋价格便宜，为许多非城市低收入人口提供了方便，他们在城市进行个体户经营与体力劳动，因为职业需要和买不起房，租房居住是最经济实惠的方式，所以选择租房居住，这是该地区房屋租赁市场活跃的主要原因。但由于缺少对这一地区的房屋租赁的控制，大多数房屋租赁都是出于租户与业主的私下交易，未走正常秩序签订租赁合同，所以很容易引发租赁纠纷。当纠纷发生时，多数租户由于处于弱势地位，只能忍气吞声，这种情况可能会引起社会的不和谐。由于此处租金低廉，因而选择此类房屋租赁的租户类型复杂，不便于治安管理，所以这类地区很容易发生盗窃、抢劫等犯罪活动。由于建筑年代久远，造成建筑结构老化，设施设备也年久失修，很容易引起安全事故的发生。由于缺少专门机构管理，该区域环境卫生极差，大量垃圾经久没有处理，造成卫生条件恶劣。

由以上分析可以看出，××市沿江×队属于旧城老街区，由于建设年代久远，现已落后于城市经济发展水平，成为大量低收入水平聚居场所。该地区的房屋租赁特点是，卫生环境极差，房屋存在安全隐患，设施设备年久失修，租金低廉；租户文化水平偏低，基本无法律意识(属于弱势群体)；租户类型复杂，社区的治安状况极差。

三、建议

(一)由于该地区所租赁房屋修建年代较久，房管部门应加强对这些房屋的质量监测，保证其安全使用。

(二)由于人口流动较大，结构复杂，应加强对这类地区的治安管理，减少违法犯罪的发生。

(三)政府应对这类市场制定合理管理制度与规范，保证双方利益，减少纠纷，也为相关纠纷提供法律依据。

(四)物业管理企业可以进入这类社区，为民服务，创造一个良好的社区。

(五)政府应加强法律方面的宣传，提高租赁双方的法律意识。

四、总结

本次调查整个过程中我们小组成员总是积极主动，相互团结，圆满完成了任务。

在调查问卷表的制作过程中，我们查阅了许多相关资料，掌握了问卷表的制作规范与技巧，同时也对房屋租赁所涉及的问题有了很大了解。在与被调查者交流时我们热情主动，以礼相待，给他们留下了好的印象。在对调查结果进行分析时我们一起讨论，各抒己"见"，相互补充。

本次调查活动，不仅让我们了解到了××市房屋租赁市场的一些情况，这些数据资料对我们物业管理专业人员意义重大，而且为我们提供了一个锻炼胆识与交际沟通的机会，提高了我们分析解决问题的能力，增强了我们的团结合作意识，可谓获益匪浅。不过由于时间有限和第一次做市场调查经验欠缺，所以还存在一些不足之处，比如：问卷涉及问题较少，而且有些问题专业性不强，所以不能使我们对房屋租赁市场有更全面的掌握，进而市场分析不够深入。

以后在类似活动中，我们一定会不断总结经验，提高自身能力，更好地服务于物业管理行业。

××物管第×小组

××××年×月×日

【示例4-3-3】

关于当代青年消费问题的调查报告

中国青少年研究中心联合北京、上海、广州、山东、辽宁、黑龙江6个省市青少年研究所和广西壮族自治区团校，最近在全国9个省、直辖市、自治区对青年人的消费观念、消费现状与趋势、消费结构进行了大规模的调查。

一、青年消费观念变化

如今青年人的消费观念正发生变化，以往视"粗茶淡饭"、"勤俭持家"为美德的观念淡化了。许多青年注重"吃要讲营养，穿要讲式样，玩要讲多样，用要讲高档"。因此，在调查中问及青年对这个"四讲"问题怎样评价？来自青年的反馈是：认为"符合现代生活方式"的占42.5%，认为"不合中国国情"的占21.3%，认为"助长好逸恶劳"的占7.2%，认为"容易引入高消费误区"的占23.9%，回答"说不清"的占5.1%。这表明当今相当多青年的消费观念已经发生变化，有42.5%的人向往"四讲"的生活方式，但对"四讲"的生活方式持怀疑和否定态度的人数也多达52.4%。

二、消费现状与趋势

(1)饮食日益注重营养。在"你对饮食最注重的是什么？"一问中，青年人回答"讲究营养"的人数占40.4%，为"方便省事"的占25.3%，"吃饱就行"的占23.4%。

(2)穿着注重"方便舒适"和"体现个性"。在青年人回答"你对服饰穿着最注重的是什么？"一问中，"方便舒适"占46.6%，"体现个性"占30.5%，"款式新颖"占16.5%，"讲究名牌时髦"占6.4%。

(3)住宅舒适被列为改善生活的主要目标。在对"你认为生活改善的主要目标是什么？"一问的回答中，多达55.9%的青年把"住宅舒适"列为改善生活的主要目标，其次才是“旅游”，占21.9%，“家用电器齐全”占16.1%。

在被调查的青年人中，约有1/3的人想买房，但当前许多人却买不起房，有的则认为房价过高。

(4)沿海地区青年人买大件消费品趋向高档化。据一些大城市及沿海经济发达地区调查，青年高档消费的指向产品，依需求人数比例高低排列的顺序是：立体声音响(46.8%)、空调(40.5%)、彩色电视(39.7%)、摩托车(37.6%)、电冰箱(31.5%)。

据调查分析，电脑、打字机和小汽车很可能在本世纪末、下世纪初列入新“三大件”广东、上海、北京青年人需求彩电已被排在第五六位，排在第三位的是电脑、打字机或摩托车，而广西、山东、吉林、黑龙江等地区彩电仍居“三大件”之首。广东、上海、北京青年今天的消费指向将是其他地区青年明天的消费趋向。

三、消费结构失衡

在调查中发现，现在青年人的消费结构有2个失衡之处：一是物质消费增长很快，精神消费则严重滞后；二是在精神消费中重娱乐消遣，轻读书学习。

据对9省、直辖市、自治区的调查，青年中“基本不买书报”的人占被调查人数的12.6%，“偶尔买点”的人数占26.4%，把“购买书报列为每月固定支出项目”的却只有9.9%；家中基本没有藏书(存书在50册以下)的青年多达34%，而拥有100册以上的人仅占28%。这种情况令人忧虑。消费结构失衡，不利于青年一代健康成长。因此，结合加强爱国主义教育，鼓励和引导青年多读书、读好书，应当受到社会各界的关注。

第四节　市场预测报告

一、市场预测报告的概念

市场预测报告是根据过去和现在的资料，对未来一定时期内经济发展过程及其变化趋势进行预见、分析和推理而写成的书面报告。它以经济调查为前提，以科学的分析研究为依据，以正确的经济理论为指导，采用大量翔实的调查、统计数字，对未来一定时期经济活动的演变进行预计和推测。从文章载体看，它属于调查报告的特种形式；从文章内容看，它属于一种经济信息。

二、市场预测报告的类型

市场预测报告按不同的标准可分为4类。

(1)按预测的范围分，有：

1)宏观预测报告。即对某一类商品在国内外市场上总需求量作出预测的报告，如洗衣机销量在国外市场上的走向情况。

2)微观预测报告。即对某种品牌商品在国内外市场上总需求量作出预测的报告。如在国内外洗衣机市场中，海尔不用洗衣粉的洗衣机总需求量走向情况。

(2)按预测的方法分，可分为定性分析预测报告和定量分析预测报告。

(3)按预测的时间分，可分为长期市场预测报告、中期市场预测报告、短期市场预测报告3种。长期一般预测期在5年以上，中期一般预测期在3~5年，短期为1年左右。

(4)按预测的内容分,可分为市场需求预测报告、市场占有率预测报告、商品资源市场预测报告、供求动态预测报告、市场价格预测报告、商品生命周期预测报告、商品销售市场预测报告等。

三、市场预测报告的写法

市场预测报告的内容要素一般有概况、预测、建议3个方面,结构形式通常由标题、前言、正文3部分组成。

1. 标题

市场预测报告的标题比较灵活,常见的有以下3种形式:

(1)全称标题。包括预测时限、预测区域、预测目标和文种4个要素,如《××年我国建筑市场预测》。

(2)简称标题。这类标题往往将预测时限、区域舍掉,突出预测目标和文种,如《建材市场预测》。

(3)消息式标题。这种标题类似新闻报道中的消息标题。标题中没有"预测"字样,却能看出是预测,如《关于明年钢材市场价格的预测报告》、《关于木材供需的市场预测报告》。

总之,不管采用哪种形式的标题,都必须标出预测目标。它是预测报告标题的必要条件。

2. 前言

前言也称导语,是市场预测报告的开头,它没有固定的模式。常见的有揭示全篇主旨的,有交代写作目的和动机的,有介绍预测方法和过程的,也有开门见山直陈其事的。这一部分文字要求简短扼要,以引起读者的注意。如果是篇幅短小的预测报告,也可以不要前言,直接提出问题,分析情况。

3. 正文

市场预测报告的正文,一般包括现状、预测和建议3个部分。

(1)现状。市场现状是市场预测的出发点。不说明现状,就无法进行分析,预测未来。就市场预测报告来说,现状部分主要说明当前当地的产销情况,同行业、同类产品的生产形势和竞争策略等。必要的时候,也可以对历史上的情形作简要的回顾。因为市场预测报告的重点是预测和对策建议,所以"现状"这一部分应该概括、简洁。

(2)预测。这是市场预测报告的主体部分。在这一部分要对市场现象进行分析研究,用科学的方法预测市场发展的趋势。就市场预测报告来说,重要的是要预测市场对某产品的需求总量和本企业产品占有市场的比例。对这两个问题的分析预测,可以从产品的销售总量、同行业的发展状况、影响产品销售的人口因素以及新产品取代情况等方面进行。有的预测报告还可以根据产品的特点,从技术发展趋势、资源、生产成本等其他方面作出预测。无论哪种预测,都必须以翔实、准确的材料和数据为依据,力戒闭门造车、凭空臆断。

(3)建议。预测的目的是为了准确地作出决策。因此"建议"是市场预测报告必不可少的内容。它是形成正确决策的重要根据。"建议"的写作,必须以现状的客观分析为基础,提出既具有前瞻性又切实可行的意见和措施。这部分内容在写作上没有固定的格式，主要是根据预测对象的特点，围绕扩大销售、提高竞争能力和经济效益做文章。预测对象的情况不同，“建议”的内容就会不同。

【示例4-4-1】

关于明年钢材市场价格的预测报告

据国家信息中心提供的消息，国内有关人士认为，今年下半年至明年，钢材市场供给将保持相对平稳价格小幅攀升的态势。但由于各地经济发展的不平衡，以及运输到货等因素影响，少数钢材品种在局部地区有可能发生较为明显的波动。

现对今年下半年和明年的市场情况分析如下：

国际钢材市场仍将看好。在今年上半年西方工业国家经济复苏带动下，出现了世界范围的钢铁热，各类国家对钢铁需求增长，出口锐减；当今世界最大的钢材出口国——日本，因地震重建任务繁重，钢材出口量大幅下降，进口量迅速上升；世界上许多钢厂都在寻找钢坯，提高附加值产品，按这种趋势预计，今年下半年乃至明年，国际钢材市场形势看好，这将对国内钢材出口和价格产生很大影响。

国内钢材需求增幅不大。据预测，今年全年钢材消费总量将超过1亿吨，与去年相比，增幅不大。明年经济增长率可能控制在8%～10%，对钢材需求增长不会太大，供求会达到大体平衡。由于国家将对出口产品最低价格加以限制，估计国内各钢铁企业将增加高附加值产品的生产和出口，而钢坯、生铁等初级产品出口量将减弱。

资源供给较为宽松。今年上半年，全国各钢铁企业都在贯彻“限平、停滞、增畅”和“限产压库”的举措，估计下半年供求形势转向平衡，各钢厂都会增加“高质量、多品种”的产品，占领市场，力争出口。明年仍然是这种趋势。明年钢材的供求总体上将逐渐平衡，但线材等品种有过剩的可能。因为今年年底前国内新投产的线材生产能力将有200万吨，这样可能会导致某些地区普碳材供大于求，从而在品种、质量、价格上展开激烈的竞争，如大钢铁企业销售难度大。而在短时期内“三板一片”的产量难以大幅度提高，供不应求的局面难以改观，价格仍将居高不下。

据有关部门预测，今年钢材资源量约比去年有所下降。虽然当年资源供给少于需求，但由于有上半年结转的大量库存，因而能实现供求平稳。明年钢材的资源量增幅不会大，但由于需求也不会太旺，可以达到供求平衡，有的地区还会比较宽松。

市场价格小幅上升。今年下半年钢材价格总体平稳，明年可能出现小幅上升的波动。这种波动往往局限在一个地区，货紧时价格上扬，货到又会下跌，但总的趋势是价格会在成本上升、出口价上升的推动下，小幅上升，一般不会再次出现“暴涨”。

【示例4-4-2】

关于木材供需形势的市场预测报告

今年头两个月，木材市场呈现淡季不淡，购销旺盛，价格上扬的态势。2月份原木价格已比年初上涨15.4%，比去年同期上涨40%。客户纷纷往返沿海港口打听市场行情，甚至抢购木材。今后木材社会需求将继续回升，增速明显加快。

近两年，随着国民经济的持续增长，木材社会需求开始逐步回升，1991年木材国内消费比去年增长2%,结束疲软时期需求逐年下降的局面。1992年国内消费量又继续增长1.8%。今年头2个月,国内消费需求加快回升,据统计,1~2月木材国内消费量比上年同期增长18%,增幅比去年同期多14个百分点。木材国内消费量大幅度上升,说明市场需求旺盛。一方面,今年工业生产和固定资产投资仍将保持较高的增长水平,加上去年新开工项目大量增加,扩大对木材的需求;另一方面,房地产开发、经济开发区建设、居民室内装饰等今年也还会升温,这些必将拉动木材需求增长,预计年内木材需求将有较大幅度的增长。

木材供需趋紧,是因为国内木材资源减少。我国是少林国家,为了保护森林资源和生态平衡,国家对木材实行限产政策。据统计,从1988年开始我国木材产量每年以5.9%的速度递减。去年在国内需求明显增加的情况下,木材产量仍继续下降1.7%。今年1~2月木材产量又大幅下降,比去年同期减少19.7%,与同期木材需求大幅上升形成明显的反差。估计年内木材产量不会有大的增加。而且国内生产的木材,中小径级木材的比重较大,如××省生产的商品材中小径材占60%~70%,与需求相比,大径级材和优质材不能满足需求。

此外,一是世界市场木材供应资源减少,木材进口难度增加。近几年来,为保护环境和生态平衡,世界主要木材生产出口国,都先后采取各种措施限制木材采伐和出口。如,印度尼西亚为限制原木出口,实行高额出口关税。马来西亚决定沙捞越州主要产材区1993年减少采伐量150万立方米,并禁止沙巴州原木出口。美国由于限产,1992年原木产量减少20%,行家估计1993年还将进一步下降,并限制林地原木出口。二是由于世界市场木材资源减少,进口价格大幅度上升。如,美国花旗松原木价格去年上涨60%,今年还将上涨,马来西亚沙捞越原木价格,已由去年的195美元,上涨到260美元。因此,在世界木材市场上,我国与日本、韩国等国的竞争将更加激烈,对国内市场也将产生一定的影响。

由于社会需求回升,资源减少,这两年木材社会库存减少较多。1991年全国木材库存下降16.6%,去年继续下降24.8%。今年头2个月,木材库存继续保持下降趋势,2月末,全国木材库存又比年初下降7.3%,周转期也由去年末的3.6个月,逐渐缩短到2.8个月,为历史最低水平。库存调节市场供求的实力已明显减弱。

从以上情况看,年内木材国内需求将继续回升,但国内生产很难增加,如果木材进口不能大量增加,供需差距将进一步扩大,库存会继续下降,加上运输困难和用户心理紧张等因素,木材供需形势会逐渐趋紧。

因此,有关部门要抓紧组织木材进口,进一步提高木材利用率,加强木材的节约代用工作,以保持木材供需平衡。

第五节 经济活动分析报告

一、经济活动分析报告的概念

经济活动分析报告是以计划指标、会计核算数据、统计资料和调查研究中掌握的有关实际情况为依据,对某个部门或单位的全部或部分经济活动进行分析研究后所写的书面报告。它能及时反映时下经济状况,进行科学评估。经济活动分析报告在经济活动中作用很大,它能分析主客观因素,明确今后的努力方向;它能发挥管理功能,提高管理水平;它能够认识经济规律,对经济工作者有很大的指导作用。

二、经济活动分析报告的类型

(1)按涉及的范围分有:宏观分析和微观分析。前者如涉及一个地区、一个行业的影响较大的经济活动分析报告;后者如一个企业、一项产品等影响较小的微观经济活动报告。

(2)按时限上分有:年度分析、季度分析、月份分析等定期经济活动分析报告;也有根据经济活动需要,临时撰写的不定期的经济活动分析报告。

(3)按内容形式分有:综合型和专题型分析报告。

综合型分析报告又称全面分析报告。这类报告涉及问题多,头绪多,写时应着重分析经济活动中带有普遍性、规律性的关键问题。

专题型分析报告,是专门针对某个问题或某项活动的需要撰写的。这类分析报告反映情况及时,解决问题迅速,内容集中,建议明确,针对性和实效性强。

三、经济活动分析报告的写法

经济活动分析报告一般由标题、正文和落款3个部分构成。

1. 标题

经济活动分析报告的标题可以采用公文标题的写法,包括单位、事由和文种,如《××公司2009年度建筑市场占有率分析报告》;也可以采用论文式标题,揭示文章的主要观点,如《要从建筑施工垫资亏损中吸取经验教训》。

2. 正文

(1)前言。简要交代经济活动分析的目的、原因、要求,概括说明背景、面临的形势,交代基本情况,点名存在的主要问题。以上内容可以根据需要进行侧重和选择,也可以不写前言,而把它安排在主体的分析说明中。

(2)主体。这是全文的重点部分,主要是情况的分析研究,写作时要遵循"提出问题—分析问题—解决问题"的思路。一般包括情况介绍、评估分析、改进意见和措施等内容。

①情况介绍。主要包括分析的对象、目的和意义以及分析报告的基本内容。写法比较多样。有的是以简练的语言介绍经济活动的背景,有的是说明分析对象的基本情况,有的是交代分析的原因和目的,有的是明确分析的范围和时间,有的是评述分析内容,有的是提出问题,有的是揭示分析结论。

②评估分析。这是主体的核心部分。根据收集到的计划指标、会计核算、统计工作的报表和调查研究掌握的情况与资料,从分析目的出发,运用科学的方法对主要成绩或存在的问题进行综合性的分析研究,评估本部门或有关单位一定时期内的经济活动的实际效果,总结经验教训。经济活动分析报告要以评估分析为主,而不能只堆砌资料,罗列事实,分析要有理有据,深入细致。

③改进意见和措施。一般是根据分析的结果,有针对性地提出改善经营管理,提高

经济效益的意见、建议和措施，为分析对象提供切实可行的参考。对意见和措施的表述不宜过长，可以简要地归纳，也可以分项分条，概括地叙述。

3. 落款

在正文的右下方表明作者和日期，公开发表的经济活动分析报告的作者则署名在标题下面。

【示例 4-5-1】

大市待兴商为先

——××××年深圳市商业物业市场分析

近几年，深圳百多幢高层建筑拔地而起，为城市频频增添新风景。这些大厦的裙楼部分大多作为商业用途，与随和嘈杂的东门老街、福田商业街、平价商场形成鲜明的对比，成为现代大都市的标志之一。

在房地产销售中，裙楼商业至关重要，关系到整幢大厦的销售成败与否，可谓是“一旺百旺，一落百落”。下面就价格、供求、利弊等问题分析商业物业的现状和发展前景。

售价平稳　租价起伏

××××年至××××年，深圳商铺的价格有平均 33% 的年增长率。以××区一普通铺面为例，××××年至××××年，租金从 60 元升到 180 元（本文中价格单位为元/平方米），年增长 38%；售价从 3700 元升到 15000 元，年增长 50% 以上，××××年下半年受大市影响，商铺租金开始下降，至××××年平均下跌 15% ~30%。国贸商场是深圳早期最大的购物中心，租金高达 600 ~800 元，今年将至 350 元，友谊城租金从 500 元降到 300 元，新近落成的宝华楼甚至用“一年免租”来吸引业主。与租价相比，商铺的售价较为平稳，在售的大厦底层商铺价格为 28000 ~45000 元，佳宁娜广场高达 70000 港元，为目前市场最高价。由此反映出许多发展商寄望于后市，下调租金是短期行为，待一两年期满可以再次调整，亏损不大；而售出的物业就收不回来，平价抛售带来的缺口是很难补上的，因此，尽管是有价无市，发展商仍然惜售以待。

需求下降　供应增多

深圳商铺一直都较抢手，常常在建筑期内就已名花有主。但今年实际需求下降，空置率较高。处于繁华路段的大厦只有首层和 2 层尚能吸引业主，3 ~5 层几乎全空闲。发展中心、罗湖商业城的空置率高达 85%，其原因在于：

1. 已经开业运作的大商家，经营状况不太理想，只能维持现状，不再扩大经营；

2. 准备投资商业的企业，见大市冷清需作谨慎考虑，以致推迟投资计划；

3. 小商家竞争激烈，受经济衰退形势的冲击大，转让、转租现象多；

4. 部分商铺规划不合理，自断其路。如在首层设银行，过于庄重，以致上层商场无人光顾。

深圳市新近落成和在建的大厦有近百个，形成几个较集中的商业区：人民南路与深南东路交汇处、蔡屋围中心区、东门商业区和福田商业中心，除以上主要区域外，其他路段还零星分布着一些项目。预计××××年的商铺供应量约 200 万平方米，××××年约 32 万平方米，供应远远大于需求。

利弊共存　前景光明

深圳是座只有15岁的年轻城市，它的发展前景是光明的。就商业物业而言，机会与风险共存。

今年，深圳市政府提出建设“国际性大城市”的战略目标，其中包括大力发展商业，把深圳建设成为商业中心。深圳市政府在《深圳市商业发展规划》中，提出了以大型商业、物资批发中心为骨干，大型购物广场、商业零售企业为支柱，超级市场和连锁店为基础的发展方向，××××年至××××年要建起15个左右的大型购物广场，政府在税收、资金上予以倾斜，创造良好的市场环境和投资条件。

由于深圳的地理优势带来的旅游消费和深圳人口急剧增长，平均年增容30万人造成的社会购买力不断增强，给商家带来更多的发展机会，商铺的需求也随之增大。

但是，由于商铺供应量大大高于需求，市场消化有限。加上近年来深圳大量厂房、仓库改建为商铺，以其低廉的租金分摊了一部分投资者和小业主，截至今年9月份，已建成万佳百货、百姓购物俱乐部、百家惠等20多家平价商场，这股“平价风”对成本较大的大厦商铺冲击很大。

笔者认为，如果由政府统筹规划各类商业区，对经营的档次、类型作出明确的定位，既要保留老街那种商业街、小商品市场，又要发展高档商业中心区，各上特色，互不冲突，满足不同的消费者，将对商铺市场起到调节平衡作用，有利于商铺物业市场的发展。

此外，应该用优惠的政策、良好的投资环境吸引更多的外商来深发展。目前在深的外资名牌店有麦当劳、大家乐、佐丹奴、百佳、华润、迪生等，不久前，美国沃尔玛百货公司、香港珠江公司联合投资1.7亿元人民币，建成占地1.78万平方米的百货中心，这些对促进商业物业的发展起着显著的作用。

创造大型百货商场可以消化相当数量的商业物业，创造极为可观的利润。如上海第一百货公司××××年销售额为19.6亿元，而深圳各大商场连入围最低标准2.9亿元都没有达到，可见经营规模相差甚远。近日深房集团与香港合资，在“深房广场”建起1~5层、营业面积达2.5万平方米的德实利百货公司，就是一个良好的开端，希望深圳早日建起像上海第一百货、北京百货大楼那样的规模大、货品齐全、功能齐的百货购物城。

【示例4-5-2】

楼市紧缩对装修企业会带来什么

——关于我国房地产调控对装修企业影响的市场分析

春节前，国务院颁发了新“国八条”，紧接着央行决定上调金融机构人民币存贷款基准利率，楼市迎来了第三轮的国家调控。根据国务院公布的“国八条”要求，尚未采取住房限购措施的直辖市、计划单列市、省会城市和房价过高、上涨过快的城市，要在2月中旬出台住房限购实施细则。对此分析人士指出，未来一周内可能将有包括北京在内的多个城市出台住房限购细则。随着这些新政的不断出台，装修业将如何面对楼市紧缩带来的市场变化呢？

逆境中有失也有得

不少业内人士持悲观态度，新“国八条”的出台对整个装修行业的影响是有的，会让更多的消费者持币待购，买房速率就会下降，估计整个家居行业的发展可能会有20%～30%比例的下降。

也有不少乐观者认为，新“国八条”政策中所提出的保障性住房等政策对有真正需求的刚性消费者来说是很大支撑，长期来看，装修市场将会健康、稳定地发展。“尽管住房被限购，但不代表装修市场会大量萎缩。根据新‘国八条’中加大保障性安居工程建设力度的要求，已经有不少地方政府出台了保障性住房的装修标准，有不少地方政府要求把保障性住房建成全装修房屋。”中国房地产业协会副秘书长、中国房地产研究会副会长减少资源浪费，二是能够将装修市场的资源整合。

不少业内人士赞同这一观点，他们认为，只有有实力的装修企业才能同开发商、政府合作，才能承接到保障性住房的装修业务。这样既为业主提供了有质量保证的装修服务，又淘汰了一批没有实力的小装修公司面临窘境，但从长远发展来看，有利于整个装修行业健康发展。有的企业认为“我们本是公装出身，一直都有准备，等到市场成熟的时候，我们的实力一定会让房地产开发商、业主满意。”如果国家要求保障性住房全部都是全装修房，那么对于有实力的企业，反而是个扩充市场的好时机。

转战旧房翻新市场

××年第二轮楼市调控政策出台后，装修市场就出现了一个特别的现象：几年前对承接二手房装修还满脸不屑的各大品牌家装公司，现在已经开始发起专门针对旧房改造的促销活动。

笔者从多家装修公司负责人那里得知，转战旧房改造市场的原因是新房产出、交易量下降，未来二手房交易将十分活跃，并占据房产交易市场主要地位，做这部分市场非常有前景。在业内人士看来，城市化进程一直在加速，新房在很长一段时期内仍是房产交易的主角。另外，旧房格局多数“不太合理”、面积小，很多装修风格在旧房内很难实现，导致装修利润微薄，这也是多数装饰公司不愿“出手”的原因。但越来越紧的楼市调控政策必然会让一些企业“无米下锅”，不得不将眼光扩大到旧房市场。

虽然开拓旧房市场是不少装修公司的无奈之举，但是目前装修市场服务质量整体偏差的现象将得以改善。因为可做的新房将逐渐减少，要想留住客户，就必须改善现有的服务态度和水平。此外，旧房水电线路复杂，处理不好容易造成安全问题，装修企业想通过旧房改造这块市场赚取利润还得下番功夫。

装修企业三、四线城市寻出路

随着国家新一轮的房产调控政策出台，一、二线城市的装修市场风雨飘摇，走势待定，三、四线城市却因城镇化的快速发展而改变，部分装修企业势必将转入三、四线城市发展。

随着棚户区改造等工程开展，三、四线城市对房屋装修的需求量大大增加。“有的是因为拆迁搬入新居，需要对房屋进行装修；有的是因为老房子年久失修，需要对其进行翻新改造；更多的则是新婚夫妇酝酿的婚房精装修需求。”一位返城务工的年轻人说“现在的城乡差距越来越小，农村也盖了跟城里一样的住宅小区。”

目前，有不少装修企业在三、四线城市以地方电视台广告、交通枢纽及交通主干线上的立牌广告为主，开始宣传公司形象。对此，不断进军三、四线城市的华耐家居集团负责人认为，随着装修业的发展，售后服务问题将成为消费者未来选择品牌的重要依据。企业只有在服务方式上不断创新，才能满足消费者不断增长的消费需求。

××年的房产调控对于装修企业来说仍然是一个巨大的挑战，亦是企业重新定位的一个大好机会。在市场环境越发严峻的情况下，企业可以更加清楚地看清自身的优劣势，提升产品、服务、销售水平，积极地面对市场变化，逆境中求得生存。

第六节　贷款申请书

一、贷款申请书的概念

贷款申请书是贷款人（贷方）向有关职能机关或金融机构（借方）请求批准借款要求的事务性文书。它不具有借款法律凭证的作用，只是用以表示请求贷款的意愿。贷款申请批准后，贷方与借方还要签订贷款合同。

贷款申请书对有关职能部门和金融机构及时掌握资金需求信息，合理安排贷款资金，保证贷款资金的有效使用具有重要的作用。

二、贷款申请书的类型

贷款申请书一般可分为单位贷款（贷方）和个人贷款（贷款人）2 种。

三、贷款申请书的写法

贷款申请书由标题、受书单位、正文和结尾 4 部分组成。

1. 标题

贷款申请书的标题由申请贷款单位、事由和“文种”构成。如“关于××建材市场技改资金的贷款申请”、“关于××公司征地、安置及客房改造的贷款申请”。贷款申请书的标题不可写成“申请报告”，报告是下级向上级机关汇报工作、反映情况、提出意见和建议的公文。而贷款则可以向上级、平级或无隶属关系的部门申请，且目的不是在汇报工作，而是陈述贷款的用途。

贷款申请书如用文头专用纸，标题中不再写贷款单位名称。

2. 受书单位

受书单位是指贷款批准的部门或机构。受书单位写在标题下方顶格处。

3. 正文

贷款申请书的正文一般分为开头、主体和结语 3 部分。

开头简明扼要陈述贷款单位的基本情况，包括地址、生产经营的产品、资产总额、近期生产经营效益等；或者说明项目立项的背景、目的、预期效益、资金短缺的情况等。

主体陈述贷款项目，包括项目名称、项目内容、项目的可行性、项目的预期功用等。如果属多个项目，应分项逐条陈述；如果只是一个项目，内容繁多、情况复杂的，应注意安排好层次。

结语可写“请予批准”、“予以解决”或“致礼”之类的敬语。

4. 结尾

在正文右下方由贷款申请单位签章并注明申请日期。

【示例4-6-1】

关于危房改建贷款的申请书

市财政局：

我公司位于××区××路××号，地处城郊西北角。地域优越、交通方便，是近郊新兴的繁华商业街道。

企业共有职工105人，离退休职工57人。国有资本金393万元，占地17.4亩，是××市物资总公司所属的中型企业。主要经营业务是汽车修理和汽车配件的批发、零售。年收入在150万元左右。在市场激烈竞争的情况下，为了站稳脚跟，搞活企业，增加效益，首先逐步转换了经营机制，实行了"三项"制度改革，优化了人员。利用地理优势和技术优势，发包了汽车修理一厂。新增了汽车司机培训队，年纯收入承包费26万余元，企业效益好转，利润逐年上升。

为了发挥地理优势，提高地皮效益，经与上级部门研究，批准拟对我公司大门东侧，原临街二层危房进行改造。改造为二层商业网点门面房。建筑面积1000余平方米，总投资需70万元（包括配套和基础建设费用17.5万元）。

改造后的商业网点门面房，计划出租800平方米，年收租赁费33.6万元。另外再安置富余职工30人，年收入7.2万元，全年共收入40.8万元。扣除各项税、费等支出，可纯收入32.64万元。

经过多年的努力，拆迁工作业已结束，筹建一切就绪，商业局综合楼立项修建。有关单位均已盖章。由2009年3月工程开始启动，自筹资金和挪用的售房资金均已用完。因资金未能全部到位，工程已停5月之久。目前急需贷款60万元，以解燃眉之急。贷款计划2年还清（2011年还30万元，2012年还30万元，力争提前偿还）。请贵局研究给予解决。

××市××汽配公司

××××年×月×日

第七节 工程催款书

一、工程催款书的概念

工程催款书亦称工程催款通知（单），它是单位与单位之间的催收对方欠款（贷款）而使用的一种事务文书。这类文书大多在银行与银行、企业与企业或银行与企业之间催收欠款时使用。

工程催款书一般不具有行政、法律效应。它在使用中只是表明催促对方及时归还欠款的意愿。但银行作为国家的金融机构，它可以依照银行法行使权力，其工程催款书则具有一定的法律效用。

二、工程催款书的类型

工程催款书从形式上分，有短文式和表格式2种。其中表格式因催收对象和方式的不同而有某些差异。

三、工程催款书的写法

工程催款书一般由标题、正文和署名日期3个部分组成。

1. 标题

标题可只用“工程催款书”或“工程催款通知”，也可表明欠款内容，如“关于催收××贷款的通知”。标题之下第一行顶格写受书单位名称。

2. 正文

正文部分应写明所催收欠款的原用途、金额和欠款时间。继而写明催收方催收欠款的原因和要求。如要求对方答复或通过银行付款，还应注明电话号码和开户银行账号。正文之后可用“特此通知”、“特此函告”等作为结尾。

3. 署名和日期

最后署名催收单位名称和日期。

表格式催款通知单只需根据设计的空格，按要求准确填写即可。

【示例4-7-1】

工程催款书

××公司财务科：

你单位于××年×月×日发票编号××系购买××贷款，计金额××元。该贷款至今未解入我厂，影响我厂资金周转。请你们接到本通知后，在×日内予以结算，逾期按银行规定加收千分之二的罚金。

如有特殊情况，请及时与我厂财务科×××同志联系。我厂地址×××，电话×××，账号×××。

特此专函。

××厂财务科

××××年×月×日

【例文4-7-2】

催收、清理建材货款回复单

原联系单编号

中国人民银行信贷科：

我行开户单位__________（账号______）结欠你行开户单位__________（账号______）货（建材）款，经联系，查复如表：

序号	货款发生或托收日期	销货发票号码	主要内容	金额	查复处理意见
1					
2					
3					

中国人民银行信贷科（股）

××××年×月×日

第五章 法律诉讼类文书

第一节 起诉书

一、起诉书的概念

起诉书俗称“状子”,是司法公文中使用频率最高的一类文书。当事人认为自身的合法权益受到侵害并依法提起诉讼时,就必须撰写起诉书。按照纠纷的类别来区分,起诉书一般分为刑事自诉状、民事起诉书和行政起诉书。在建筑领域,使用最多的还是民事起诉书和行政起诉书。

(一)民事起诉书的概念

根据上述规定,我们可以知道,民事起诉书是指民事原告或其诉讼代理人在认为自身的合法权益受到侵害或与他人发生争执时,向人民法院递交的书面诉讼请求。

民事起诉书必须具备以下3个特点:一是民事原告必须是与该诉讼纠纷有直接利害关系的公民、法人和其他组织,二是必须有明确的被告以及具体的诉讼请求、事实和理由,三是必须是向有管辖权的第一审人民法院提起诉讼。

(二)行政起诉书的概念

行政起诉书,是指公民、法人或者其他组织向人民法院递交的,请求人民法院对行政机关或行政机关工作人员的具体行为是否合法予以裁决,用以保护其合法权益的诉讼文书。

二、起诉书的类型

起诉书一般分为民事起诉书和行政起诉书2种。

三、起诉书的写法

(一)民事起诉书的写法

一般来说,民事起诉书的内容主要包括:首部、正文、尾部3部分。

1. 首部

(1) 标题。标题应当居中写明:民事起诉书标题的字体及字号没有严格的要求,但一般字体要求端正严肃,字号一般要与标题以外的其他文字的大小相协调。

(2) 当事人的基本情况。一般按照原告、被告、第三人的顺序依次列写。原告是公民的,应当写明姓名、性别、出生年月、民族、籍贯、住址、职业、工作单位及职务等基本情况;原告是法人或其他组织的,应当写明名称、所在地址、法定代表人的姓名、职务、电话。原告有代理人的,必须另起一行写代理人的姓名和基本情况,代理人为律师的,只需写明姓名、所在律师事务所的名称和职务。

被告的写法与原告一样。

第三人应当在被告之后另起一行，在写清楚姓名和基本情况的同时，还必须说明第三人与原、被告的关系。

2. 正文

(1) 诉讼请求。从广义上讲，诉讼请求是指原告向法院提出的、要求法院作出利己判决的请求(当事人希望法院对其请求作出与之相应的确认、给付、变更，并形成具体的判决)。诉讼请求有多项的，应当分项逐条表述。表述时，应当做到请求明确具体、合法合理，语言高度概括、简洁精练。

(2) 事实与理由。事实与理由是起诉书的核心部分，是请求人民法院裁决当事人之间权益纠纷和争议的重要依据。事实一般应当包括以下几个方面：当事人之间的法律关系，主要是指民事诉讼法律、法规所调整的当事人之间以及当事人与其他诉讼参与人之间存在的、以诉讼权利和诉讼义务为内容的具体的社会关系；民事纠纷发生、发展的过程，主要包括纠纷的起因、时间、地点、经过、结果等；当事人之间争执的焦点及具体内容；认为被告应承担的民事责任。事实部分应当客观公正。

理由部分主要包括认定案件事实的理由和提出法律依据的理由。前者主要是根据事实和证据，写明认定被告侵权或违法行为的性质和所造成的后果及应承担的责任；后者是运用法律规定衡量纠纷事实，说明孰是孰非，同时写明提出请求的政策和法律依据，但必须注意援引法律应准确、适当。

阐明事实和理由应做到：第一，事实、理由的陈述要与诉讼要求一致，不能相互矛盾，也不可脱离诉讼请求无目的地讲事实；第二，事实的叙述应具体、清晰、层次分明、详略得当，交代清楚与争议有关的关键情节，以便使法院迅速了解双方争议焦点所在，明确调查、审理的重点；第三，阐明理由时，应以事实为依据，以法律为准绳。针对所述事实阐明理由，并以法律规定为依据，证明其诉讼请求的合理性和合法性，从事实和法律上有力地支持其诉讼请求，切不可胡编乱造，强词夺理；第四，案情简单的，事实和理由可以合写，边叙述事实边阐述理由。

(3) 证据及证据来源。这部分应当写明向人民法院提供的能够证明案情的证据的名称、件数或证据线索，并说明证据材料的来源和取得证据的可靠程序。有证人的，则应写明证人的姓名和住址，以便法院核实。

3. 尾部

(1) 写明致送人民法院名称。其写法一般为：在正文之后，接着换行写“此致”，在换行顶格写“×××人民法院”。

(2) 附项。写明起诉书副本的份数，副本份数应按被告(包括第三人)的人数提交；提交证据的，应当写明证据的名称和数量。

(3) 原告签名。原告如果是法人或其他组织则应加盖公章；如果起诉书是委托律师代书，则需写明：××律师事务所×××代书。

(4) 应当注明起诉日期。

(二) 行政起诉书的写法

行政起诉书的内容与民事起诉书的内容基本相同，主要包括：首部、正文、尾部3部分。

1. 首部

(1) 标题。标题应当居中写明:行政起诉书。标题的字体及字号没有严格的要求,但一般字体要求端正严肃,字号一般要与标题以外的其他文字的大小相协调。

(2) 当事人的基本情况。一般按照原告、被告、第三人的顺序依次列写。

原告是公民的,应当写明姓名、性别、出生年月、民族、籍贯、住址、职业/工作单位及职务等基本情况;原告是法人或其他组织的,应当写明名称、所在地址、法定代表人的姓名、职务、电话。原告有代理人的,必须另起一行写代理人的姓名和基本情况,代理人是律师的,只需写明姓名、所在律师事务所的名称和职务。

被告的写法与原告一样。行政诉讼的被告必须根据法律的规定来确定。

第三人应当在被告之后另起一行,需写清楚姓名和基本情况的同时,还必须说明第三人与原、被告的关系

2. 正文

正文内容包括3项:诉讼请求,事实与理由,证据和证据来源。

(1) 诉讼请求。诉讼请求是正文的第一项内容,即原告提起行政诉讼要解决的问题,要达到的目的。根据行政案件的特点,原告所提出的诉讼请求主要有3种类型,即:部分或全部撤销处罚决定,称为"撤销之诉";变更处罚决定,称为"变更之诉";提出赔偿损失,并请求判决被告在一定期限内履行职责,称为"履行之诉"。

诉讼请求要表述明确、具体。原告可以针对被告具体行政行为的性质以及自己的权益受损害的程度,依法提出恰如其分的请求。

(2) 事实与理由。这部分要写清楚提出诉讼请求的事实根据和法律依据。

事实是人民法院审理案件的依据,起诉书必须写明被告侵犯起诉人合法权益的事实经过、原因及造成的结果,指出行政争议的焦点,主要包括被告做出的具体行政行为的具体内容及其做出具体行政行为的时间、地点、原因、依据等。

如果是经过行政复议后不服提出起诉的,还要写清楚复议行政机关作出复议的决定过程和结果。

理由部分主要是在叙述事实的基础上,依据法律法规进行分析,论证诉讼请求合理合法。例如,对被告侵犯起诉人人身权和财产权的案件,原告要着重论述被告实施的具体行政行为所依据的事实不真实、证据不充分;或者违反了法定程序,所适用的法律有错误;或者被告纯属超越职权范围、滥用职权的行为;或者该行政处罚过重,侵害了原告的正当权益等。其理由应根据案件的不同而有所侧重,但引用法律、法规条文必须准确,理由务必充分。

(3) 证据和证据来源。由于行政诉讼法采用被告举证制,所以行政起诉书一般不写证据材料,但原告也可以向法院提供支持其诉讼请求的有关证据材料。原告提交证据材料的,应当写明向人民法院提供的能够证明案情的证据的名称、件数或证据线索,并说明证据材料的来源以及取得证据的可靠程序。有证人的,则应写明证人的姓名和住址。

3. 尾部

(1) 写明致送人民法院的名称。其写法一般为:在正文之后,接着换行写"此致",

再换行顶格写“×××人民法院”。

(2) 附项。写明起诉书副本的份数,副本份数应按被告(包括第三人)的人数提交;提交证据的,应当写明证据的名称和数量。

(3) 原告签名。原告如果是法人或其他组织,则应加盖公章;如果起诉书是委托律师代书,则需写明××律师事务所×××代书。

(4) 应当注明起诉日期。

【示例5-1-1】

行政起诉书

原告人:××市室内装饰工程公司

地址:××省××市××路××号

法人代表人:×××,男,××岁,公司经理

被告人:××市建筑管理局

地址:××省××市××路××号

法定代表人:×××,男,××岁,建筑管理局局长

请求事项:撤销××市建筑管理局×建管监字×号处理决定。

事实与理由:

××××年×月×日,××市××实业有限公司与原告(××市室内装饰工程公司)签订了承建××路综合楼通风、空调安装工程的施工合同,合同价款为49.18万元,该项目预算造价为130.47万元。××××年×月×日第三人(××省轻工业厅)向原告颁发了《室内装饰工程施工许可证》和《室内装饰施工企业资质等级证书》。

××××年×月,被告(××市建管局)在建筑市场大检查中认为原告无省建设厅颁发的《建筑安装资质等级证书》和单位工程《施工许可证》,违反了《××省工程建设施工招标投标管理办法》和《××省建筑市场管理实施细节》有关规定,作出了×建管监字第×号处理决定:①工程立即停工。由××中亚实业有限公司另找符合资质等级的施工单位,到市建管局办理建管手续后方可继续施工。②工程质量必须经市工程质量监督部门检查认定,如不符合要求,必须另行处理。③对××中亚公司未经招标投标管理,自行发包工程处以罚款5000元,上缴财政。④以××省室内装饰工程总公司无“资质证书”,无“施工许可证”违章施工,处以罚款1万元,上缴财政。

原告认为,本公司依法取得国家轻工总会颁发的《资质等级证书》和省轻工业厅颁发的《施工许可证》,承建××路综合楼通风、空调安装工程。而被告却确认我公司无资质证书、无施工许可证,属违章施工,责令我公司停工并罚款1万元。原告认为,本公司持有中国轻工总会颁发的甲级资质证书是合法有效的。省工业厅是省政府主管全省轻工业室内装饰行业的职能部门,有权向室内装饰企业颁发施工许可证。被告的处理决定,损害了省轻工业厅的权利,属越权行为。请法院依法撤销被告的处理决定。

此呈

××市××区人民法院

原告人:××市室内装饰工程公司

法定代表人:×××

××××年×月×日

【示例5-1-2】

行政起诉书

原告:×××,男,汉族,住××省××市××区,身份证号码:××××××××××××××××××

代理人:×××,××律师事务所

被告:××市城市管理行政执法局

法定代表人:×××,职务:局长

地址:××市××路×××号政府大楼×楼

诉讼请求:

依法撤销××市城市管理行政执法局×城执罚决字〔2010〕第××号《行政处罚决定书》。

事实与理由:

一、事实认定不正确。

原告的行为并未存在侵占城市规划确定的体育用地。目前××市体育中心被改变其规划的土地用途,不存在侵占体育用地的事实。

二、被告进行行政处罚的法律依据不正确。

一方面,《中华人民共和国行政处罚法》第15条规定,行政处罚由具有行政处罚权的行政机关在法定职权范围内实施。而无论是《中华人民共和国城市规划法》还是《中华人民共和国城乡规划法》,都明确将对违反城市建设规划行为的处罚权赋予了"县级以上地方人民政府城乡规划主管部门"。因此,××市城市管理行政执法局对于违反城市规划的行为和建筑并没有执法权,其出具的《行政处罚决定书》明显缺乏法律依据,依法应当予以撤销。

另一方面,《行政处罚决定书》系依据《中华人民共和国城乡规划法》作出,而该法自2008年1月1日起才开始施行。即使违法行为存在,根据法不溯及既往的原则,被告依据违法行为之后施行的法律对原告进行处罚显然系适用法律依据错误。同时,值得说明的是,《中华人民共和国城乡规划法》实施之前的《中华人民共和国城市规划法》明确其只适用城市规划区内进行建设的行为,而原告房屋所在地不属于规划调整范围。

三、被告的行政处罚违反法定程序。

《中华人民共和国行政处罚法》第6条规定,公民、法人或者其他组织对行政机关所给予的行政处罚,享有陈述权、申辩权。第31条规定,行政机关在作出行政处罚决定之前,应当告知当事人作出行政处罚决定的事实、理由及依据,并告知当事人依法享有的权利。第32条规定,当事人有权进行陈述和申辩。行政机关必须充分听取当事人的意见。同时,第3条第2款明确,没有法定依据或者不遵守法定程序的,行政处罚无效。

被告在作出行政处罚决定之前,未依法事先告知原告作出行政处罚决定的事实、理由及依据,也未告知原告依法享有的权利,更未依法听取原告的陈述和申辩,严重违反了法定程序，侵犯了原告的合法权益，依法应当予以撤销。

四、目前的行政处罚已经超过时效。

根据《中华人民共和国行政处罚法》第29条的规定，违法行为在2年内未被发现的，不再给予行政处罚。本案中，原告的房屋建于2005年下半年，显然，被告在建房2年之后才给予原告的行政处罚违反了上述规定。

综上所述，被告的行政处罚行为错误，严重侵害了原告的合法权益，故依法撤销××市城市管理行政执法局×城执罚决字〔2010〕第××号《行政处罚决定书》，切实维护原告的合法权益，维护司法公正。

此致

××市中级人民法院

原告/具状人：×××

××××年×月×日

【示例5-1-3】

建筑合同纠纷起诉书

原告：××钢结×××有限公司

住址：北京市××法定代表人：×× 职务：董事长

委托代理人：×× 北京市××律师事务所律师

被告：中国建筑××工程局第×建筑公司

住址：××市××

负责人：××× 职务：经理

邮编：×× 电话：××

案由：加工承揽合同纠纷

诉讼请求

请求人民法院判令被告给付所欠原告合同款1,334,890元，并赔偿原告逾期付款的利息损失（自1997年9月8日起计算至实际给付之日）。本案诉讼费由被告方承担。

事实与理由

中国建筑××第××建筑工程公司××分公司（实际为中国建筑第××局第××建筑工程公司）与原告方于1997年8月16日签订加工承揽合同一份，约定原告为其设计、加工由其承建的北京××创新××城1#写字楼工程施工模版，合同价款××万元，签订合同时预付30万元，提货时支付10万元，余款在打完第二层混凝土后付清。发货时间为第一批货当年8月16~8月25日，第二批货为8月16~9月8日。原告将货物送到施工现场。后经调查，中国建筑××第××建筑工程公司××公司没有办理工商注册登记，故实际施工方应为本案被告方中国建筑第××工程局第××建筑公司。

合同签订后，原告将第一批货提供给被告方使用，但被告使用过程中发现原订做的BP=75型钢框竹胶模板难以控制工程质量，直接影响被告方施工。为此，原告建议更换为全钢结构模板，得到被告方认可，双方将合同标的物更换为全钢结构大模板并实际履行，由此产生更换定做物标的后的材料价差问题。经核算，更换标的物后被告应支付的款项为人民币×××元，被告曾于2005年4月28日给付原告50000元，因此欠款额为1,334,890元。

合同履行后，原告多次与被告方协商模板价差结算问题，均为被告所拒绝。原告认为，双方签订的合同合法有效，合同履行中发生合同标的物变更的事实，为双方真实的意思表示，并且被告方实际接受了新的加工定作物，应本着诚实、信用的原则据实结算货款。被告拒绝支付合同款价差的行为已经构成严重违约，除应当履行给付义务外，还应当承担赔偿原告利息损失的违约责任。为此，原告诉至贵院，请求人民法院依法查明事实，公正裁决，维护原告的合法权益。

此致

北京市××人民法院

附：民事起诉书副本×份

起诉人：×××

××××年×月×日

第二节 上诉书

一、上诉书的概念

上诉书，是指民事、行政或刑事案件的当事人对地方各级人民法院作出的第一审民事、行政或刑事判决或裁定不服，按照法定的程序和期限，向上一级人民法院提起上诉时使用的法律文书。考虑到建筑领域使用较多的主要是民事、行政上诉书，现对其进行简要说明。

（一）民事上诉书的概念

根据《民事诉讼法》第147条规定，当事人不服地方人民法院第一审判决的，有权在判决书送达之日起15日内向上一级人民法院提起上诉。

当事人不服地方人民法院第一审裁定的，有权在裁定书送达之日起10日内向上一级人民法院提起上诉。

从中可以看出，民事上诉书是指民事诉讼当事人及其法定代理人，不服地方各级人民法院第一审判决或裁定，依照法定程序和期限，向上一级人民法院提起上诉，要求撤销或变更原审判决或裁定的诉讼文书。

（二）行政上诉书的概念

行政上诉书是行政诉讼当事人不服一审法院对行政案件作出的裁定或判决，在法定期限内依法向上一级法院提出上诉，要求撤销、变更原裁判的一种法律文书。其内容跟民事上诉书基本相同，均是由首部、正文和尾部组成。

二、上诉书的类型

上诉书一般分为民事上诉书和行政上诉书2种。

三、上诉书的写法

（一）民事上诉书的写法

1. 首部

（1）标题。标题应当居中写明：民事上诉书。标题的字体及字号没有严格的要求，但一般字体要求端正严肃，字号一般要与标题以外的其他文字的大小相协调。

（2）当事人的基本情况。上诉人是公民的，应当写明姓名、性别、出生年月、民族、籍贯、住址、职业/工作单位及职务等基本情况；上诉人是法人或其他组织的，应当写明名称、所在地址、法定代表人的姓名、职务、电话。上诉人有代理人的，必须另起一行写代理人的姓名和基本情况，代理人为律师的，只需写明姓名、所在律师事务所的名称和职务。

被上诉人的写法与上诉人一样。

第三人应当在被上诉人之后另起一行，需写清楚姓名和基本情况的同时，还必须说明第三人与上诉人、被上诉人的关系。

（3）案由。一般包括：案件性质、原审人民法院名称、处理时间、文书名称、案号以及提出上诉请求等内容。例如：上诉人因……一案，不服××人民法院××××年×月×日（×）×××字第×号民事判决（或裁定），现提起上诉。

2. 正文

（1）上诉请求。民事案件一审判决结果项目较多，且均不服的，应当分项逐条表述，不能遗漏。表述时，应当做到请求明确具体、合法合理，语言高度概括、简洁精练。

（2）上诉理由。上诉书针对原审判决或裁定陈述、论证理由时，通常应当从以下几个方面进行：陈述理由以论证原审认定事实错误；陈述理由以论证原审适用法律不当；陈述理由以论证原审违反法定诉讼程序。上诉理由完毕，一般还需重申上诉请求。例如：为此，特向你院上诉，请求依法撤销（或变更）原判决（或裁定）。

阐明上诉理由时，应注意：第一，事实、理由的陈述要与论证的目的（上诉请求）一致，不能相互矛盾，也不可脱离上诉请求无目的地讲事实；第二，事实的叙述应具体、清晰、层次分明、详略得当；第三，陈述与论证主要针对原审认定事实是否错误、适用法律是否不当以及是否违反法定诉讼程序进行。

3. 尾部

（1）写明致送人民法院名称。如果上诉书递交原审法院的，则需写明：×××人民法院（原审）转送×××人民法院（上一级法院）。

（2）附项。写明上诉书副本的份数，副本份数应按被告（包括第三人）的人数提交；提交证据的，应当写明证据的名称和数量。

（3）上诉人签名。上诉人如果是法人或其他组织，则应加盖公章；如果起诉书是委托律师代书，则需写明：××律师事务所×××代书。

（4）注明上诉日期。

（二）行政上诉书的写法

1. 首部

（1）标题。标题应当居中写明：行政上诉书。标题的字体及字号没有严格的要求，但一般字体要求端正严肃，字号一般要与标题以外的其他文字的大小相协调。

(2) 当事人的基本情况。上诉人是公民的,应当写明姓名、性别、出生年月、民族、籍贯、住址、职业/工作单位及职务等基本情况;上诉人是法人或其他组织的,应当写明名称、所在地址、法定代表人的姓名、职务、电话。上诉人有代理人的,必须另起一行写代理人的姓名和基本情况,代理人为律师的,只需写明姓名、所在律师事务所的名称和职务。

被上诉人的写法与上诉人一样。

第三人应当在被上诉人之后另起一行,需写清楚姓名和基本情况的同时,还必须说明第三人与上诉人、被上诉人的关系。

(3) 案由。一般包括:案件性质、原审人民法院名称、处理时间、文书名称、案号以及做上诉表示等内容。例如:上诉人因……一案,不服××人民法院××年×月×日(×)×××字第×号行政判决(或裁定),现提起上诉。

2. 正文

(1) 上诉请求。上诉请求与民事上诉书的写法基本相同。

(2) 上诉理由。理由部分的写法与民事上诉书的写法基本相同。

3. 尾部

(1) 写明致送人民法院名称。

(2) 附项。写明上诉书副本的份数,副本份数应按被告(包括第三人)的人数提交;提交证据的,应当写明证据的名称和数量。

(3) 上诉人签名。上诉人如果是法人或其他组织,则应加盖公章;如果起诉书是委托律师代书,则需写明:××律师事务所×××代书。

(4)注明上诉日期。

【示例 5-2-1】

行政上诉书

上诉人(一审原告):×××,男,××岁,×族,× ××市人,×××市××厂退休工人,住本市××村×街×号。

被上诉人(一审被告):×××市××区城市建设环境保护局。

法定代表人:×××,职务:局长。

委托代理人:×××,副局长。

案由:上诉人因不服××区人民法院(××)×法行字第4号行政判决,现提出上诉。请求:

1. 撤销××区法院(××)×法行字第4号《行政判决书》,依法改判;

2. 因被上诉人的工作人员失职及在执行职务中给上诉 人造成的建楼损失,应由被上诉人承担行政侵权责任,并赔偿一切经济损失。

理由:

一、上诉人于×年×月×日经被上诉人批准,在××村×街×号自己家院内建成一座二层小楼。上诉人是以审批的图纸和(××)×建字第×号《私房建筑许可证》为依据,并由被上诉人派工作人员到现场进行勘验、画线、打桩定位后,上诉人才进行建筑施工的。为了在施工中不与邻居发生矛盾,上诉人之子×××到被上诉人办公室,当面在批准的建楼图纸上加盖了自己的手章，并当场指明这1.15米（见图纸）是西侧房檐。被上诉人听后没做任何表示，也没有往图纸上做记录说明。在××××年×月×日，被上诉人要求上诉人去掉西房檐10厘米，然后在房顶上修一个高棱，不要让雨水从西边流出就行。从被上诉人这一要求来看，足以证明原审法院《判决书》中的经查："……讲明不要有任何建筑物（指房檐）"的说法是不能成立的。原审法院片面地听取被上诉人没有任何根据和证明的说法来作为判决的依据，是不符合《行政诉讼法》第四条"人民法院审理行政案件，以事实为根据，以法律为准绳"的规定的。如果案件的事实、证据不清楚，应予调查核实，不能轻信一方自述。

二、原审法院的《现场勘验笔录》大部分失实，但是造成这个失实的原因何在呢？原审法院不作深入的调查研究，甚至连上诉人提供的有关证明（书证、调查笔录）也未详细调查核实，就以《现场勘验笔录》为依据进行判决，是一种不负责任的失职行为。据上诉人所知，在建楼时，有被上诉人到现场勘验、打桩定位；在建楼1米高时，有其工作人员到现场查看，当时及以后均没有提出异议。这方面的情况，为什么原审法院不给予考虑呢？上诉人建楼西侧留窗户，是原图纸就有的，只是门的位置安在南边，并不像原审法院《判决书》所说："原告申请图纸的西立面是向西开门，但楼房建筑向南开门。因此出现西侧窗"那样。原告楼门留在南面，被告及工作人员是知道的，是看过现场的，有关证据都证明了这一点。从《判决书》中提到"西侧窗"问题，也足以说明"西边1.15米处不要有任何建筑物"说法是荒谬的。如果把门安在西侧，二层没有走廊、房檐，又怎么进屋呢？再说为房檐发生纠纷时，被上诉人只说西房檐去掉10厘米即可，其他问题概不追究。这只能说明被上诉人允许或默认建楼的现状，不作任何处理。现在被上诉人又出尔反尔，对其这种行为原审法院就不应给予保护，更不应该作为定案判决的依据。

三、原审法院认为："原告未按批准的《私房建筑许可证》施工，楼房确属违章建筑。"这是不能成立的。因《私房建筑许可证》是被上诉人根据上诉人的《私房建筑申请书》审查批准后发给的。在发证前，被上诉人都严格审查建楼图纸，做了必要的调查，进行了核实，才发给《私房建筑许可证》。特别是画线、打桩、定位这些工作都在发证以前做了，《许可证》上并没有记载说明应遵守事项，这怎么能说我 们是未按《许可证》施工呢？上诉人的建筑楼房是按《许可证》和现场画线、打桩、定位进行建筑，这怎么说是"确属违章建筑"呢？

四、原审法院认为："被告根据市人大通过的《×××市城市建筑规划管理办法（试行）》及×××市《私房建筑管理办法》的有关规定，对原告的处罚并无不当。"这一认定违反了《××市建设规划管理办法（试行）》第29条和第69条的规定。再看一下被上诉人的《处罚决定书》吧，上诉人是×××年×月×日找被上诉人的史××，史说"过两天就给你盖章，可以换房证"。结果等到××××年×月×日被上诉人却作出了所谓的《处罚决定书》。上诉人接到后向原审法院提出起诉，被上诉人引用法规条文不当，另外还有其他错误，自动撤销了《处罚决定书》。按被上诉人《关于办理私房建筑手续的规定》第6条，已超过时间，法律是不予保护的。在时隔近几个月的××××年×月×日被上诉人又下达了所谓《处罚决定书》。上诉人又起诉到原审法院，而原审法院只听信被上诉人口述和《现场勘验笔录》，也没有落实有关证据就草率地作出了判决。《判决书》

认为:“被告根据××××年×月×日市六届全国人大常委会第×次会议通过的《×××市城市建设规划管理办法(试行)》及××市《私房建筑管理办法》的有关规定,对原告的处罚并无不当,”而实际上,被上诉人在《处罚决定书》中所引用的法规是“(××)国函字121号文和冀政(19××)161号文及《×××市城市建设规划管理办法(试行)》”有关条款。可见,原审法院在审理此案中的工作是怎么做的! 连被上诉人处罚依据的法律、法规都没弄清,这怎么能公正审理案件呢?《宪法》第41条第3款规定:“由于国家机关和国家工作人员侵犯公民权利而受到损失的人,有依照法律规定取得赔偿的权利。”《行政诉讼法》第67条第1款规定:“公民、法人或其他组织的合法权益受到行政机关或行政机关工作人员作出的具体行政行为侵犯造成损害的,有权请求赔偿。”综上所述,上诉人认为原审法院不以事实、证据为依据,而轻信被上诉人的口述作出判决,是违反法律、法规的。为了维护上诉人的合法权益,依法追究被上诉人及其工作人员的行政侵权赔偿责任,纠正其错误,特依《行政诉讼法》第58条之规定,向你院上诉,请求依法公正地审理此案,撤销原判决,并改判,责成被上诉人赔偿所造成的经济损失。

此致

×××市××区人民法院转

附件:上诉书副本×份

×××市中级人民法院

上诉人:×××

××××年×月×日

【示例5-2-2】

上诉书

上诉人(一审被告):××省电力研究所

地址:××市××路××号

法定代表:×××,男,所长

委托代理人:×××,男,××省电力研究所,科长

被上诉人(一审原告):××市第×建筑工程公司

地址:××市××路××号

法定代表:×××,男,经理

上诉人因建筑工程承包合同工程质量纠纷一案,不服××区人民法院于××××年×月×日×字×号判决,现提出上诉,上诉的请求和理由如下:

上诉请求:撤销一审判决。赔偿质量损失费、占道损失费共176,137元。

上诉理由:

某区人民法院于××××年×月×日作出判决:

1. 被告给付原告工程款209,087元;

2. 原告承担未按设计施工的责任5万元(此款在被告应付工程款中扣除);

3. 原、被告其他之诉不予支持。案件受理费1800元原告负担500元,被告负担1300元。

上诉人认为原审×建行决算有误及原审法院对工程质量、占道损失费等认定有误。根据我国经济合同法规定，合同依法签订后，当事人应信守合同，认真履行。可被上诉人未遵守合同规定的按设计进行施工，施工质量又低劣，致使工程质量存在一定的问题，对造成此案的纠纷负有主要责任，并应承担经济损失费5万元。再者锅炉也未按技术规程安装，致使上诉人又重新解体组装，应承担全部经济损失费10万元。对于占道损失费的问题，根据市政府办公厅××××年×号《关于占用，挖掘道路预交损失赔偿费的通知》规定，占挖道路费由建设单位交纳，预交损失赔偿费由施工单位交纳。因当时被上诉人无款，我们双方商定由上诉人垫付预交损失赔偿费。××××年×月×日上诉人已经通知被上诉人；冬季进行施工，请被上诉人将施工现场清理干净。否则，发生一切占道罚款等，上诉人概不负责。但被上诉人接到通知后，未清理现场，被城建部门在上诉人为被上诉人垫付的预交损失费中罚款26,137元，所以，此款应由被上诉人承担。最后，关于3栋住宅楼和锅炉房的工程结算应重新鉴定。请法院依法判决。

此致

××市中级人民法院

上诉人：××市电力研究所（公章）

法定代表：×××（印章）

××××年×月×日

【示例5-2-3】

上 诉 书

原告（被上诉人）：唐甲、唐乙、唐丙、唐丁、唐戊、蒋某

以上第二至六共五原告均委托唐甲为诉讼代理人。

被告（上诉人）：××市××区赵家桥基地建设指挥部

一、一审诉辩主张

1. 原告诉称：本市赵家桥路××弄×号房屋系6原告共有之私房。该房因受被告建造24层高楼施工的影响，造成地面下沉地基松动、房屋倾斜、主梁脱位、外墙多处大面积开裂、楼梯楼板榫头移位。要求被告赔偿房屋修复费×××××元，误工费×××元，并由被告承担房屋鉴定费、勘查费和诉讼费。

2. 被告辩称：原告所有之房屋损坏，是由多种原因造成，除建造高层对其影响外，损坏主要原因还有：

（1）房屋本身已超龄所造成自然损坏；

（2）在该房屋旁边××外文书店建造6层工房对其也造成损坏，而且在诉讼之前被告经原告认可对该屋已进行了修理，故不同意再做赔偿。

二、一审事实认定

××市××区人民法院经审理查明：本市赵家桥路××弄×号房屋1幢（建筑面积为440平方米）系原告共有之私房。该屋建造于20世纪30年代。1987年8月，被告在本市赵家桥路常德路口建造三幢高层楼房，其中一号楼（24层楼）距原告所有的上述房屋约20米。在高层建造打桩过程中，原告发现房屋倾斜、主梁脱位、外墙开裂、楼梯楼板

榫头移位,地坪起拱、门窗歪斜等房屋损坏情况,遂前后多次向被告提出书面或口头异议,要求被告修复和赔偿房屋所受之损失。1990年3月被告委托工程队对原告房屋进行了部分修理,花去修善费人民币××××元。但修理后不久,原告发现情况仍未好转,损坏继续发展,而且原先的修理也是治标不治本,危险仍存在,故在与被告交涉协商不成后,遂向一审法院起诉。

审理中,为确定原告房屋损坏之直接原因,法院委托了××市房屋科学研究所对该房屋的损坏原因和损坏程序做出鉴定并提出修理意见。经该所鉴定:"造成目前赵家桥××弄×号房屋损坏的原因主要是:赵家桥高层楼房打桩时,土地的挤压力及振动波使该房屋的地面起拱;井点抽水进地下水位的下降造成地基土的自重应力增加,引起该房屋产生了不均匀沉降,房屋结构变形走动,墙体多处开裂,木搁栅移位,纵横墙脱离,墙体向东北方向倾斜造成目前赵家桥××弄×号房屋损坏原因主要是由于高层楼房打桩及开挖基础时抽水引起的。""外文书店所造多层房屋在宏观上不会对××弄×号房屋造成影响。"

被告对此鉴定不服,会同高层设计单位××建筑设计院及造房单位××第×建筑工程公司联合提出书面异议。为慎重起见,本案审判人员又带着该鉴定书走访了××市房产管理局总工程师室,听取他们的意见。据该室几位高级工程师认真研究后都同意鉴定报告,认为原告私房损坏是由于高层楼房打桩及抽水等原因造成是可信的。以后办案人员走访地区居委会了解其他房屋损坏情况,发现原告房屋的周围住房也有类似损坏,而且居民均反映:房屋损坏是造高层楼房所引起,在外文书店建造多层楼房时,他们的房屋已经损坏。

为查清修理该房所需费用,一审法院又委托××市房屋修建公司按鉴定报告之修理意见做修理费用预算,经查勘:该房修复费用需人民币×××××元,修复时间需2个月。又查,该房实际居住人唐丙每月基本工资为人民币×××元。

三、一审判决理由和判决结果

一审法院在查清事实的前提下,经合议庭评议,认为公民的仅有房屋受法律保护,被告由于建造高层楼房造成对原告私房损坏理应做出赔偿。被告在诉讼前虽然对原告私房做过修理,但损坏之处依旧存在,故不能免除被告赔偿之责任。至于被告对××市房屋科学研究所做鉴定报告之异议,因缺乏证据,不足以推翻该鉴定,故不予认定。原告提出赔偿修复房屋期间一人误工工资损失与法律无悖,可予准许。

根据《中华人民共和国民法通则》第117条第2款关于"损坏国家的、集体的财产或者他人财产的,应当恢复原状或者折价赔偿"的规定以及第3款关于"受害人因此遭受其他重大损失的,侵害人并应当赔偿损失"之规定,××区人民法院做出判决:

1. 被告××市××区赵家桥基地建设指挥部应赔偿原告唐甲、唐乙、唐丙、唐丁、唐戊和蒋某房屋修复费人民币×××××元,误工工资人民币×××元。

2. 房屋鉴定费人民币××××元和房屋查勘费人民币×××元由被告××市××区赵家桥基地指挥部负担。

诉讼费人民币×××元由被告××市××区赵家桥基地建设指挥部负担。

四、二审诉辩主张

一审法院判决后，被告不服，提出上诉称：赵家桥基地房屋打桩，曾考虑到可能影响周围建筑物，故与华东建筑设计院仔细研究了施工方案，以便对周围群众损失减少到最低限度。后鉴于被上诉人房屋有若干部位受到不同程度的损伤，已为被上诉人修理竣工，并有协议写明“一次性解决”，当时被上诉人对此并无异议，造成目前被上诉人的房屋损坏是由多种原因产生的，现施工资料俱在，可对鉴定结论由有关部门再行鉴定，上诉人可以服从。另据了解，被上诉人的房屋已在规划拆迁范围内，再做修理是浪费社会财富。被上诉人则称：一审判决赔偿的数额远不足补偿其房屋受损的程度，自己的房屋也未列入拆迁范围，即使需要拆迁，赔偿也是必要的。

二审法院受案后，承办人详细审阅案卷，又赴实地勘验并调查核实相应证据，认为一审法院所查事实清楚，所做查勘、预算及鉴定均为有效。据此，二审人民法院认为，上诉人缺乏足够理由推翻××市房屋科学研究所关于对原告房屋损坏原因所做出的鉴定报告，原审法院依据鉴定结论确认上诉人应承担民事责任是正确的，对上诉人的请求，不予支持。依照《中华人民共和国民事诉讼法》第153条第1款第(一)项的规定，做出如下判决：

驳回上诉，维持原判。

上诉案件受理费×××元由上诉人承担。

【示例5-2-4】

房屋买卖纠纷的上诉书

上诉人(原审第三人)：陈××，女，1963年8月3日生，汉族，××市人，系××市××工人，住××市汉阳区××号。

被上诉人(原审原告)：代××，女，1954年9月12日生，汉族，××市人，系××市××退休工人，住××市硚口区××号。

上诉人因不服××市××区人民法院(2009)硚民三初字第××号民事判决书，特提起上诉。

上诉请求

1. 撤销(2009)硚民三初字第××号民事判决书；
2. 判令被上诉人陈××、江××与代××签订的房屋买卖合同无效；
3. 判令三被上诉人承担本案一审及二审的全部诉讼费用。

事实和理由

一、一审法院判决理由不成立，适用法律错误。

(一)被上诉人代××未尽合理审查义务，主观上具有重大过错。

一审法院关于“原告在2002年10月与两被告签订了合同后，接受了房屋的两证，并一直使用房屋至今，足以使原告相信该房屋系两被告所有”的判决理由不能成立。被上诉人代××在签订合同时接受了两证及事后的居住行为并不能证明代××在签订合同时就足以相信陈××和江××对该房屋拥有完整的处分权。

2002年10月20日签订房屋买卖合同时，陈××出具的《××市国有土地使用权证》和《房屋所有权证》都注明是1993年核发的，而陈××与江××却是在1997年再婚的,且该房屋为解困房,必须以家庭为申请单位。如此重大的房屋交易行为,被上诉人代××应当审查而没有审查该房屋的两证登记时间、二处分人的婚姻状况及结婚时间,从而没有审查出江××无任何处分权,陈××不会拥有完整的处分权,主观上具有重大过错,故一审法院认定被上诉人代××足以相信陈××和江××有处分权的判决理由不能成立。

(二)被上诉人代××的购房行为不适用法律对善意取得的相关规定,一审法院关于代××适用善意取得该房屋的判决理由不能成立。

1. 该房屋买卖合同是2002年10月20日签订的,依照我国当时的法律规定,只有动产才适用善意取得制度。同时,房屋等不动产的买卖必须办理登记才能生效。

2. 即使该行为适用2007年实施的《物权法》,被上诉人代××也不能根据不动产善意取得制度取得该房屋的所有权。首先,被上诉人陈××、江××并没有与代××依照法律规定办理过户登记手续,物权变动这一事实行为并未发生,代××并未依法受让、取得该房屋;其次,被上诉人代××在签订该合同时主观上具有重大过错,并非善意的;最后,被上诉人代××并没有以合理的价格转让,当时该房屋市价为每平方米2,000元左右,而该房屋却以834元的价格卖出,并且双方没有约定过户费用。需要特别指出的是该房屋为解困房,买卖双方在签订合同时都深知该房屋不能买卖且不能办理过户,故在合同中未约定办理过户,并且合同双方当事人在一审期间对此事实也认可,双方当事人的真实意思表示并非买卖房屋。

(三)诉争房屋系上诉人陈××与被上诉人代××的共同财产,依据我国《合同法》第51条、《物权法》第97条的规定,未经上诉人代××同意,被上诉人代××与江××对该房屋的处分行为无效。

二、一审法院违反法定程序,未组织法庭审查上诉人在提起反请求时已提交一份租房合同的证据,严重地侵犯了上诉人的辩护权。

综上所述,一审法院无视以上客观事实,适用法律错误且又违反法定程序,严重侵犯了上诉人的合法权益。上诉人为了维护自身合法权益,恳请贵院依法改判。

此致

××市中级人民法院

附:上诉书副本×份

上诉人:×××

××××年×月×日

第三节 申诉书

一、申诉书的概念

申诉是法律赋予诉讼当事人、法定代理人、受害人的合法权利。它体现了社会主义中国有错必纠的司法原则。使用申诉书,既维护了申诉人的合法权益,也有利于促使司法机关重新审判,减少冤假错案。

申诉书是指,诉讼当事人及其法定代理人对已生效的裁定、判决、调解书,认为有错误,请求原审人民法院、上级法院或人民检察院给予复查纠正而写的法律文书。一般来说,对已发生法律效力的民事、行政判决、裁定、调解协议不服的,应当向原终审人民法院提出申诉。其中,对终审人民法院作出的民事、行政判决、裁定、调解协议不服的,向原审人民法院提出申诉;对一审人民法院作出的民事、行政判决、裁定、调解协议不服的,向终审人民法院提出申诉。对已发生法律效力的刑事判决、裁定不服的,也可向人民检察院提出申诉。

二、申诉书与上诉书的异同

申诉书与上诉书的目的相同,都是对原审人民法院的判决、裁决不服,要求纠正错误的法律文书,两者的写作格式都相似。两者也有明显的不同,主要有:

(1) 针对的对象不同。上诉书是针对未发生法律效力的判决、裁定,这是仅仅只针对第一审的判决和裁定;申诉书是针对已发生法律效力的判决、裁定,包括终审甚至已执行完毕的判决、裁定,申诉时,判决、裁定不能停止执行。

(2) 管辖法院不同。接受上诉的只能是作出第一审判决或裁定的法院的上一级人民法院;接受申诉的可以是原终审人民法院或终审人民法院,刑事案件还可以向人民检察院提出申诉。

(3) 期限不同。上诉由于是针对未发生法律效力的判决或裁定而提出的,所以,上诉必须在法定期限内提出,无正当理由逾期不提出的,视为放弃上诉;申诉是针对已发生法律效力的判决、裁定,故一般不受时间限制(申请再审除外)。

另外,上诉书必然会引起上诉审判程序,而申诉书会否引发审判监督程序,还需视原判决、裁定在认定事实或适用法律上是否正确来决定。

三、申诉书的写法

刑事、民事、行政申诉书的写法基本相同,都分为首部、正文、尾部3部分,现对这3部分做一个简单介绍。

1. 首部

(1) 标题。标题应当居中写明:申诉书。标题的字体及字号没有严格的要求,但一般字体要求端正严肃,字号一般要与标题以外的其他文字的大小相协调。另外,也可以按照刑事、民事、行政案件的分类,分别在前面加上刑事、民事、行政等字眼。

(2) 当事人的基本情况。申诉人/申请人是公民的,应当写明姓名、性别、出生年月、民族、籍贯、住址、职业/工作单位及职务等基本情况;申诉人/申请人是法人或其他组织的,应当写明名称、所在地址、法定代表人的姓名、职务、电话。上诉人有代理人的,必须另起一行写代理人的姓名和基本情况,代理人为律师的,只需写明姓名、所在律师事务所的名称和职务。

被申诉人/申请人的写法与申诉人/申请人一样。

第三人应当在被申诉人/申请人之后另起一行,需写清楚姓名和基本情况的同时,还必须说明第三人与申诉人/申请人、被申诉人/申请人的关系。

(3) 案由。一般包括:案件性质、原审人民法院名称、处理时间、文书名称、案号以及做申诉表示等内容。例如:申诉人/申请人因……一案,不服××人民法院××××年×

月×日(×)×××字第×号行政判决(或裁定),现提起申诉。

2. 正文

(1) 申诉请求。申诉请求与民事上诉书的写法基本相同。

(2) 申诉理由。理由部分的写法与民事上诉书的写法基本相同。其中重点应该是阐述原判决、裁定的不当之处。

3. 尾部

(1) 写明致送司法机关名称。

(2) 附项。写明申诉书副本的份数,副本份数应按被告(包括第三人)的人数提交;提交原判决、裁定的,应当写明名称和数量。

(3) 申诉人签名。申诉人如果是法人或其他组织则应加盖公章;如果起诉书是委托律师代书,则需写明:××律师事务所×××代书。

(4) 应当注明申诉日期。

【示例5-3-1】

申诉书

申诉人(原审原告、二审上诉人):×××公司,地址:×××市××路××号。

法定代表人:×××,职务:经理。

委托律师:×××,×××律师事务所,联系电话:×××××××。

被申诉人(原审被告、二审被上诉人):×××公司。

法定代表人:×××,职务:经理。

申诉人对××省高级法院(××××)×法第××号判决书不服,提出申诉。

申诉请求:

1. 撤销××省高级法院(××××)×法第××号判决书,依法改判。

2. 判令被申诉人支付申诉人拖欠×年之久的工程款×××元及资金利息。

3. 一、二审诉讼费用由被申诉人承担。

事实和理由:

1. ××××年×月×日,申诉人与被申诉人签订了《建设工程施工合同》,承包性质为"包工包料大包干",并非劳务人工费承包。工程内容为铁路涵洞×个,双孔桥两座以及护坡、水沟、堡坎和×公里长的路基挖运填筑。由于××复线是新建工程,原铁道部的工程概算、预算、分项单价过低,不能实用,铁路工程设计院正在编制新的工程概算和工程单价文件。当时整个××复线在开工时都无工程概算和分项单价文件。所以在我们签订的合同中无法确定工程造价和分项工程单价。在合同第×条第×款中只写了"暂定××万元(××)人民币(按实际收方决算)"。合同的核心工程造价和结算单价尚在等待新文件之中,所以无法签订。被申诉人说:"××复线的工程单价正在编制,连我们铁路单位内部都不知道是多少,现在只有边干边等,等新文件下来,再给你们算账,多退少补,这个你们不用担心。"虽然合同中的第×、×、×条有关单价的问题都无法落实(详见合同),申诉人还是将200余人和大量机械设备开进工地施工,并将工程干到××××

年×月,历时半年。可是被申诉人根本不按合同第××条规定支付工程款,而是拿出一个单方手写的《××复线验工报表》叫申诉人签字算账,并单方面将应结的40余万元结算成147,481元。鉴此,申诉人拒绝签字。为此,被申诉人认为:"新文件没有下来,现在只暂时订一个单价,以后按新文件多退少补。"申诉人被迫于无奈,在验工表上签了字。由于申诉人的签字是被迫无奈,所以××省高院不能以此作为判决的依据。

2. ××××年×月,申诉人在艰难困苦下将×公里长的路基和所有的桥梁、涵洞全部按质按量完成,并被评为优良工程。在×月×日最后决算工程款时,被申诉人故技重演,又拿出单方面编制的《委外工程单价表》,强迫申诉人签字进行决算。

3. 双方××××年签订《建筑工程施工合同协议条款》的首部导言是依据《中华人民共和国经济合同法》和《建筑安装工程承包合同条例》,这首先是合同签订和实施的法律依据,××省高级法院在适用法律时,却抛弃双方当时认同的两部国家法律法规,而是寻找铁路部门的《铁路施工企业使用民工管理暂行办法》来裁判本案。部门规章不能具有社会普遍意义的法律约束力,其效力不能高于国家法律法规。

4. ××省高院把申诉人包工包料大包干的承包性质认定为所谓民工劳务承包,而申诉人是包工包料大包干的性质,这在合同中已签明。同时,申诉人从××和××请来民工200余人,又从××开来了推土机、拖拉机、装载机以及各种机具,在进×年的施工中,×公里长的铁路路基从挖、运、填、筑,×个涵洞和两座桥、水沟、堡坎都是申诉人施工完成。申诉人承建工程所需各种材料全部是从外面购进,不足部分由申诉人有价售给被申诉人,机械从被申诉人手中租用,都是按台班支付租用费,被申诉人拖欠工程费,申诉人还要垫资购买各种建筑材料。

综上所述,由于××省高院违背事实,枉法判案,致使申诉人合法权益受到恶劣侵犯,特向贵院提出申诉,请以事实为依据,以法律为准绳,对本案进行审理,秉公改判。

此致

中华人民共和国最高人民法院

××省高级法院(××××)×法第××号判决书1份

附:申诉书副本×份

申诉人:×××公司

××××年×月×日

【示例5-3-2】

申诉书

申诉人(一审原告):××市第×建筑工程公司

地址:××市××路××号

法定代表:×××,男,经理

被申诉人(一审被告):××市电力研究所

地址:××市××路××号

法定代表:×××,男,所长

委托代理人:×××,男,××市电力研究所,科长申诉人因建筑工程承包合同纠纷一案，不服××市中级人民法院于××××年×月×日×字×号判决，特提起申诉。申诉请求、事实和理由如下：

申诉请求：撤销二审判决，维持一审判决。

事实和理由：

某市中级人民法院于××××年×月×日判决：

1. 撤销一审判决。

2. 被上诉人付给上诉人工程质量缺陷赔偿费5万元。

3. 被上诉人给上诉人占道损失费罚款26,137元。

4. 被上诉人付给上诉人锅炉房重砌红白砖的维修费21,094元。

5. 被上诉人返还给上诉人多付工程款236,618元；案件受理费二审、三审合计3600元，由被上诉人承担。

申诉人认为二审判决不当。××××年11月到××××年4月被诉人先后与申诉人签订建筑工程合同3份，申诉人按合同规定为被申诉人完成建筑面积为14868平方米的住宅楼3栋、面积为355平方米的锅炉房1座。根据《中华人民共和国经济合同法》第6条规定："经济合同依法成立，即具有法律的约束，当事人必须全面履行合同规定的义务，任何一方不得擅自变更或解除合同。"以及第32条第1款规定："由于当事人一方的过错，造成经济合同不能履行或者不能完全履行，由有过错的一方承担违约责任。"申诉人为被诉人承建工程已经双方验收，又经市质量监督站检查合格，且工程预决算已经双方同意结算，申诉人所施工的住宅楼和锅炉房已经被申诉人使用。但经建筑银行结算，被申诉人尚欠申诉人工程款209,087元。虽工程存在一些质量问题，但申诉人已进行返修，故被申诉人再以质量不合格为由拒付工程款是毫无道理的，不能予以支持。再者，锅炉解体责任和损失问题，被申诉人要求申诉人承担全部费用是不妥的。因双方的《会议纪要》只规定红白砖由申诉人重砌，而锅炉的解体需经双方商议后再定。被申诉人擅自解体，其后果由被申诉人自负。请法院依法判决。

此呈

××省高级人民法院

申诉人：××市第×建筑工程公司（公章）

法定代表：×××（印章）

××××年×月×日

【示例5-3-3】

拖欠建筑农民工工资申诉书

申诉人：×××；男；现年38岁；×××区×××街×××村×组人

被申诉人：×××；女；现任开发区计生办主任

申诉请求：讨要被拖欠工钱。

申诉理由：被申诉人在开发区×××村取得粮田数百余平方米为房基，急需建1栋5层面积1500余平方米房产（详见附1施工图），于××××年×月××日同申诉人按包工形式签订了施工合同（详见附2合同）。合同第4条约定："按照工程进度付款，主体工程完工后付款50%”。现工程进度建至4楼已封顶，占主体工程量的90%，而被申诉人仅向申诉人付工资款1.5万元，占按合同约定应付款的约20%，这个数目，远远不够开支工资。只有工人有基本的工资发放，才能保障工期。申诉人无论怎么向被申诉人要求按合同约定付工资款，被申诉人一直拒付。为此，使工人心情忐忑不安，无心干活，感觉被欺骗，导致工程于7月7日被迫停工。工程停工后，申诉人被工人讨要工资，感到无力无助也无奈，申诉人只有天天低三下四地向被申诉人讨要工资款，被申诉人却铁石心肠无动于衷。

申诉人对被申诉人身为国家机关领导干部，只顾个人利益，不讲诚信，利用绝对主动权，坑害他人的霸道行为，深感愤慨，但又无奈，现只有出此下策，找相关领导层向被申诉人提出申诉，并求助尊敬的领导对只顾个人得利、不顾他人辛勤劳动的霸道行为人×××进行干预，求得在合情、合理、合法的基础上维护弱者的合法权益。

以上申诉，敬请领导操劳。

申诉人翘首期待处理结果。

申诉人：×××

××××年×月×日

【示例5-3-4】

××企业经济仲裁申诉书

申诉单位：××市清滨企业公司直属建筑工程施工队。

法定代表人：姜厂长

地 址：××区　　电话：××××××

被申诉单位：×××省某厂

法定代表人：杨厂长

地 址：××区　　电话：××××××

一、请求事项

履行合同。

二、事实、理由及证据

1985年10月30日，双方签订1份基本建设承包合同。主要内容：

1. 按楼房538平方米，核算造价每平方米为人民币210元（包干），总计是111,316元。

2. 原三楼的电器维修为4,994元。

3. 土建工程维修为18,800元。

4. 新建四楼增墙工程为3,275元；这一项目是××市一商局设计室1985年11月15日“技术变更通知单”增加决定的。

5. 木屋面改变为平屋顶水泥面，造价差为人民币22,608元。此项改变工程是依据省建委标准化设计室（1986年1月15日文件）和省某工厂接楼技术鉴定决定的。

以上各项工程造价合计人民币160,995元。

证明文件：①建设承发包合同复制件1份；②市一商局设计室技术通知单复制件1

份;③)省建委对某工厂接楼技术鉴定复制件1份。

上述双方签订的承发包合同所有建筑工程造价,都是按实际工、料计算出来的。但在×市建工局、市建行联合文件×建工字(1986)第78号关于贯彻执行省建委、建行×建经(1986)第18号文件的补充规定中:关于建筑材料预算价格的调整按调整办法中"6"之规定执行。"差"为材料调差金额18,234元,人工费调差为2,750元,管理费增调为2,226元,增加现金5,600元。

以上总计:189,808元。申请方除收到人民币壹拾贰万肆仟元外,被申请方尚欠陆万伍仟捌百零捌元肆角玖分,拒不清偿。

对此,我方认为:在建设承包合同中凡属国家颁布的法令和有关机关下达的规定,一切被法律承认的经济权利主体都有无条件遵照履行的责任和义务。本案申请方的请求,均有文件规定,因此被申请方的拒付款额是无理的。为此,提起仲裁申请,希望给予仲裁解决。

第四节　答辩书

一、答辩书的概念

答辩书是被告(人)、被反诉人、被上诉人、被申请(诉)人针对起诉书、反诉书、上诉书、再审申请(诉)书副本的内容,在法定期限内根据事实和法律进行回答和辩驳的司法文书。

二、答辩书的特点

答辩是法律赋予处于被告地位的当事人的一项权利,其有处置答辩权的自由,可以答辩,也可以沉默。答辩书的目的在于回答、反驳对方诉状的诉讼请求以及诉讼的事实和理由,以减免答辩人的责任。它一般有如下3个特点:

(1)进行答辩的只能是民事、行政案件中的被告或者上诉案件中的被上诉人,以及刑事案件的被告人。行政复议案件中的被申请人也需要提出答辩书。

(2)答辩必须在法定期限内提出。一般而言,民事案件简易程序的答辩期限不超过15日;普通程序的答辩期限不少于15日。行政诉讼案件的答辩期限一般为10天。

(3)答辩必须针对起诉书、反诉书、上诉书、再审申请(诉)书的内容作出,切忌毫无目的地大讲空话、套话。

三、答辩书的写法

在格式上,民事、行政、刑事案件的答辩书基本相同,一般都由首部、正文、尾部3部分组成。

1. 首部

(1) 标题。标题应当居中写明:答辩书标题的字体及字号没有严格的要求,但一般字体要求端正严肃,字号一般要与标题以外的其他文字的大小相协调。另外,也可以按照刑事、民事、行政案件的分类,分别在前面加上刑事、民事、行政等字眼;属于上诉案件的，还需加上“被上诉”3个字。

(2) 答辩人的基本情况。答辩人是公民的，应当写明姓名、性别、出生年月、民族、籍贯、住址、职业/工作单位及职务等基本情况；答辩人是法人或其他组织的，应当写明名称、所在地址、法定代表人的姓名、职务、电话。答辩人有代理人的，必须另起一行写代理人的姓名和基本情况，代理人为律师的，只需写明姓名、所在律师事务所的名称和职务。

(3) 案由。一般只需简要概括案件性质就行。例如：因……一案，提出答辩如下。

2. 正文

(1) 答辩理由。理由部分的写法与上诉书的写法基本相同。其中重点应该是简单明确的回答原告、反诉人、上诉人、申请(诉)人的诉讼请求，并提出自己的主张。在答辩时，应当注意有理有据，做到简洁明确，说服力强。引用相关法律条款时，应当准确、适当。答辩一般分为两种情况：承认对方的诉讼请求，但通常只是部分承认或附有条件的答辩；反驳对方的诉讼请求，既可以从实体上进行反驳，也可以从程序上进行反驳，但都必须尊重基本的法律事实，并准确使用法律条文。

(2) 提出主张。在充分答辩并说明理由之后，应当概括提出自己的主张。答辩主张和诉讼请求一样，都必须具有简单明确、合情合理、易于操作等特点。

(3) 证据。答辩中有举证事项的，应写明证据的名称、件数、来源或证据线索。有证人的，应写明证人的姓名、住址。

3. 尾部

(1) 写明致送司法机关名称。

(2) 附项。写明答辩书副本的份数；提交证据的，应当写明证据的名称和数量。

(3) 答辩人签名。答辩人如果是法人或其他组织的，则应加盖公章；如果起诉书是委托律师代书，则需写明：××律师事务所×××代书。

(4) 注明答辩日期。

【示例5-4-1】

行政答辩书

答辩人：(一审被告)××市建筑管理局

地址：××省××市××路××号

法定代表：×××，男，建筑管理局局长

因××省室内装饰工程总公司违章施工一案，现提出签辩如下：

1. 答辩人认为原告领取的国家轻工总会颁发的《室内装饰施工企业资质等级证书》和《室内装饰工程施工许可证》是不合法的、无效的。因为原告承包的工程项目属建筑安装工程，应服从建筑业主管部门统一归口管理。而原告承包的工程项目无建管部门颁发的《资质等级证书》及《施工许可证》。第三人向原告颁发的《资质等级证书》和《施工许可证》无法律、法规和行政授权依据。

2. 该工程预算价款在130万元以上，没有实行招标投标，违反了《××省工程建设施工招标投标管理办法》中总投资在50万元以上的新建工程应当实行招标投标的规定。原告合同价款写为49.18万元，其实原告进行施工后，中亚实业有限公司已支付原告工程款80余万元。这是隐瞒工程价款实情,逃避招标,是不合法规的行为。

我局根据××省政府31号令发布实施的《××省工程建设施工招标投标管理办理》和《××省建筑市场管理实施细则》,对原告违章施工作出行政处罚,事实清楚,证据充分,适用法律法规正确,请求法院予以维持被告处理决定。

此致

××市××区人民法院

答辩人:×××(印章)

法定代表:×××

××××年×月×日

【示例5-4-2】

民事答辩书

答辩人:××市××餐饮公司,地址:××市××路××号。

法定代表人:×××,职务:经理。

因原告××市×××装饰设计工程有限公司诉答辩人不履行合同一案,提出答辩如下:

答辩人不承认原告的诉讼请求。主要理由如下:

一、原告未完全履行合同义务。

1. 原告延误工期,致使答辩人未能按期开店营业,给答辩人造成了重大经济损失。

根据原告与答辩人双方于2009年8月22日签订的《××市建筑装饰合同》约定,涉案工程的开工日期为"2009年8月24日",竣工日期为"2009年9月24日"。但原告明知答辩人将于2009年10月1日正式开店营业,却无故拖延工期,直至2009年11月4日才粗糙地完成装修工程。原告《民事诉状》称其"于2009年9月30日装饰完毕",严重歪曲事实,完全不能成立。

由于原告延误工期的违约行为致使答辩人未能按期营业,已经给答辩人造成了重大的经济损失,因此,答辩人为了尽快开店营业减少损失,被迫于2009年11月4日,即原告完工的当天,未经仔细查验就在答辩人的验收单上签了字。双方同日并就工程尾款及支付方式商定由答辩人根据自己的经营预期分期支付,还由答辩人的法定代表人和原告的两位现场负责人签署了《欠条》。

2. 原告的装修工程存在严重的质量问题,而且未按照约定履行其维修义务。

答辩人不仅未能按期完工,而且工程质量不合格。地面高低不平;墙面不平整,空鼓脱落;而且接缝不顺直,缝子也不均匀,爆裂起拱等;吊顶不平,接缝明显,与设备衔接不妥。其他的扣件多不平顺,2009年12月2日,店里的一位员工的手就被墙上的一块剥落的铁皮划伤。

原告装修存在诸多的质量问题,答辩人多次通知原告指派工作人员前来维修,但原告虽然口头答应却迟迟不见动静,要么以种种理由推脱其责任,一直不到场维护,履行其应尽的义务。因此,为了促使原告履行其维修义务,答辩人只好暂时停止按照《欠条》规定付款。

3. 原告多次雇用社会闲杂人员前来答辩人的店面违法收款，阻止答辩人正常营业，直接影响了答辩人的经营收入，更是给原告的商誉造成重大损害。

从2009年11月21日起，答辩人先后3次纠集社会闲杂人员到答辩人经营的火锅店来寻衅滋事，阻碍答辩人的正常经营，不仅给答辩人造成直接的经济损失，更是对答辩人的商誉造成重大的影响，导致火锅店的目前经营困难，未能达到盈利预期。

正是由于原告先行违约，不仅拖延工期，而且工程存在质量问题却又不及时履行维修义务，还采取违法手段暴力收款，如此，致使答辩人无法也不能再依照《欠条》规定付款。

二、如前所述，原告的装修工程存在诸多严重的质量问题，答辩人显然不能支付质保金。同时，由于原告拒绝履行保修义务，那么，答辩人将不得不用质保金另行委托其他装修公司进行维修。答辩人扣留的质保金额还不能完全支付维修费用，因此不存在支付质保金问题。

另外，根据双方签订的《××市建筑装饰合同》第9.9条约定，合同工程质保期自竣工验收之日起计算为1年。因而该期限应至2010年11月3日届满，现在尚在工程质保期内，支付质保金的条件也尚未成熟。

因此，原告的第2项诉讼请求也不能成立。

三、原告与答辩人双方于2009年11月4日签署《欠条》并未约定违约责任。该《欠条》如其名称一样，也不是简单地对原合同中工程价款及支付等内容的修改和重新约定，而是双方法律关系的一种变更。欠款法律关系取代了原来的建筑工程合同关系，而该《欠条》作为双方当事人的真实意思表示，并未约定违约责任。答辩人承担违约责任没有依据。

退一步讲，由于原告先行违约，答辩人只是合理行使自己的权利，不存在违约行为，更谈不上承担违约责任问题。同时，双方签订《××市建筑装饰合同》对于违约责任约定也不明确。如：因答辩人原因导致停工，每停工1天，支付原告1%元；答辩人逾期付款，按未付款额的1%支付违约金或向其支付违约金1%元；由于原告原因延误工期，每天向答辩人支付违约金1%元。双方关于违约责任的约定显失公平，而且属于约定不明。

显然，原告要求答辩人支付违约金没有事实和法律依据。

综上所述，答辩人与原告签订《××市建筑装饰合同》，并已依约履行义务，无违约行为。原告诉讼请求与事实不符，于法律无据，请求法院依法驳回原告的无理起诉，判令原告承担本案诉讼受理费。特此答辩！

此致

××市中级人民法院

附：1. 答辩书副本×份；

2. ××证据材料×份。

答辩人：××市××餐饮公司

××××年×月×日

【示例5-4-3】

建筑施工合同纠纷民事答辩书

答辩人:××省××书店有限责任公司××分公司。

代表人:刘××,分公司经理。

答辩人因原告黄××所诉建筑施工合同纠纷一案提出答辩如下:

答辩人改制前的××县××书店确实曾于××××年6月1日经招、投标与××县建筑公司第三分公司签订了《××县××书店综合楼工程施工合同》,××县建筑公司第三分公司经理×××在该合同上签名并加盖了公司及个人印章,原告黄××仅仅是作为××县建筑公司第三分公司的项目负责人在该合同上签名,并不是该合同的当事人。原告黄××在本案的《民事诉状》上所诉"原告以××县建筑公司第三分公司项目部的名义跟被告签订了《××县××书店综合楼工程施工合同》"的事实与《××县××书店综合楼工程施工合同》不符,与生效的××市中级人民法院(2009)×中法民一终字第459号《民事裁定书》认定事实不符。该合同的签订主体是××县××书店和××县建筑公司第三分公司,原告黄××不是合同的签订主体,无权主张该施工合同的有关权益。因此,原告黄××不是该合同的权利、义务主体,依法不享有起诉本案的权利,根据《民事诉讼法》第108条第1款(一)项"原告是与本案有直接利害关系的公民、法人和其他组织"的规定,黄××不具备原告主体资格,应当依法驳回其起诉。

经查,该施工合同的签订主体××县建筑公司第三分公司因没经工商注册登记而不具有法人资格,有权主张该施工合同有关权益的××县建筑公司已于××××年5月25日通过年检,证实××县建筑公司现在仍然具有法人资格。

综上所述,原告黄××不具备原告主体资格,依法不享有起诉的权利,恳请人民法院依法驳回其起诉。

此致

××县人民法院

答辩人:××省××书店有限责任公司××县分公司

××××年×月×日

【示例5-4-4】

建筑施工合同纠纷答辩书

答辩人:××县第×建筑公司

地址:××县××路××号

法定代表:×××,男,经理

委托代理人:×××,男,某法律顾问处律师

答辩人:

因某地区气象局要求全部推倒所承建的气象观测楼这一工程质量纠纷案,现提出答辩如下:

1.被告在施工中存在着偏重进度、忽视质量的问题,致使某些部位没有达到设计要求,愿意承担责任,但对有些检查数据是否准确有怀疑。

2. 原告诉称被告承建该局的气象观测楼，由于建筑工程质量低劣，经技术人员鉴定和县、地两级政府研究，从坚持高质量、保证八级地震区使用出发，提出了全部推倒重建的意见。被告认为不妥。事实是地区行署关于“应全部推倒重建”的批复，是在没有充分征求技术人员意见的情况下作出的。经业务部门科学鉴定，被告认为该工程虽存在质量问题，但原设计安全系数过大，只要进行加固补强，质量问题可以补救，并不影响在八级震区使用，且使用期能超过一般砖混结构60年以上的年限，同时被告已提出了加固补强方案。

基于上述理由，对原告提出的将该工程“全部推倒重建”的要求被告不能接受。被告认为可采取加固补强的措施弥补质量问题。请法院予以合理判决。

此致

××区人民法院

答辩人：××县第×建筑公司（公章）

法定代表：×××（印章）

××××年×月×日

【例文5-4-5】

民事答辩书

答辩人：××建筑安装工程总公司　　住所地：××市××路×号

法定代表人：刘××，建筑安装总公司总经理

委托代理人：郭××，××律师事务所律师

答辩人因××市××电缆公司诉我公司拖欠货款一案，先提出答辩如下：

一、答辩人下属单位××安装分公司从未与××市××电缆公司（即本案原告）签订过任何购货合同。王××与原告签订的合同，在合同需方栏中加盖的是王××本人的私章以及模仿××安装分公司章印刻制的合同专用章。据查，××安装分公司没有这种格式的合同专用章，也未在任何时候授权任何人刻制这样的合同专用章。从法律上讲，该合同属无效合同，一切责任由合同签订人自负。

我公司所属的××安装分公司从未与原告发生任何经济交往，不存在任何欠款与收款之事。原告称，原告按××安装分公司的要求将价值××元的电缆送至指定点××市××公司的建筑工地，××市××公司已将电缆款全部给付××安装分公司，××安装分公司收款后只给付原告货款×万元。经查明××市××公司实际是将足额货款汇至王××用该枚私刻的印章设立在××信用社的账户上，该货款已被王××个人提取。所付原告×万元亦是王××个人给付，××公司从未给付过原告货款。

二、王××的行为已构成经济犯罪，应依法追究其刑事责任。××××年×月×日××安装分公司与其下属的第一承包队王××签订一份承包协议书，协议约定由王××承包第一承包队，规定第一承包队自行承接、洽谈工程业务，实际是指以自己的名义接洽业务，包括签订合同。而王××以非法占有为目的与别人签订合同。合同不仅冒用××安装分公司名义签订，而且还伪造××安装分公司合同专用章骗取××电缆公司信任，并用伪造公章开设信用社银行账户，将货款占为己有。王××的行为符合诈骗犯罪的特

征。

三、我们的意见和要求。王冒用我公司下属××安装分公司的名义，伪造××安装分公司的合同专用章，以经济合同形式为手段，占有××电缆公司货款的行为，已经构成诈骗罪。××电缆公司应及时向公安机关报案，并及时提供线索，以尽早挽回经济损失。请贵院依法驳回××电缆公司的诉讼请求，将此案移送公安机关查处。

此致

××区人民法院

答辩人：××建筑安装工程总公司

法定代表人：刘××

××××年×月×日

第六章　新闻报道类文书

第一节　消　　息

一、消息的概念

消息也称为新闻，是报纸、广播中数量最大、受众最多、影响最广泛的一种新闻体裁。它是一种能迅速及时地简明扼要地报道新闻事实的文种。

1984年出版的《新闻学简明词典》中对消息的解释是："以简要的文字迅速报道新闻事实的一种体裁。"1993年出版的《新闻学大词典》中对消息的解释是："以最直接最简练的方式报道新闻事实的一种文字，是最经常最大量运用的报道体裁。"

消息常见于报纸中各个主要版面，尤其是头版中的各类消息，常常是国内外最近发生的大事、要闻，常常引起读者阅读的兴趣。消息有宣传和组织的作用，它的任务是运用短小精悍的文章体裁，把人们最关心的新近发生的事实迅速及时地告诉大家。

二、消息的类型

消息一般分为以下4种类型：

(1)动态消息。也称动态新闻。其显著特点是篇幅短小，表达直接而鲜明。它主要用以报道已经发生或正在发生的事实，文字简洁、反应迅速，是各类消息中数量最大、最常见的一种新闻体裁。它的时间性最强，尤其提倡发"今日新闻"。动态消息主要将社会生活中发生的新变化、新成就、新动向、新情况，在"第一时间"报道给读者或者听众。它只报道发生了"什么事"，而不解释"为什么"。

报刊上标有"祖国各地"、"简明新闻"、"国际短波"、"今日要闻"、"市场花絮"、"友好往来"、"经济动态"等栏目的消息，均属动态消息。

(2)综合消息。即综合反映全局性的情况、动向、成就、问题的消息。它报道的不是某一个具体的事件和活动，而是某一方面、某一个范围、某一个部门带全局性的情况。它不是一时一地一事的报道，而是由不同时间、不同地点、若干不同的事实组成，所以也叫"组织性新闻"。综合消息报道的范围广，是对"面"、对"全局"的综合性报道。

根据其报道的内容，有"横向综合"和"纵向综合"之分。

"横向综合"的综合消息，综合报道的事件、情况、成就、问题大多是新近发生和发现的，时间跨度不大。在具体写法上可按范围写，如报道某项中心工作在全省范围内开展，可先介绍总的情况，然后分别有重点地介绍省内各个地区的有关情况。

"纵向综合"的综合消息，报道的是一个时期以来全局性的情况、成就、问题，一般具有一个较长的时间跨度。它要把新闻事实的前因后果、来龙去脉、发展变化反映出来。

(3)典型经验消息。即对具有普遍意义的典型经验的报道。经验消息突出的特点是它的针对性和指导性。它要求针对尚没有解决的问题，在点上寻找新的经验以指导面上的工作，它要求在叙述事实的基础上通过分析综合，归纳出经验性的东西来，它对现实工作有指导意义。经验消息既可以总结某一系统、某一地区的先进经验，也可以报道某一单位、某一方面的成功经验。在具体写法上，经验消息偏重交代情况，介绍做法，反映变化与效果，比较注意提供背景材料，让读者感受到产生经验的条件，篇幅一般比其他消息要长些。

(4)述评消息。又称新闻述评，它也是消息中较为特别的一种类型。一般的消息，纯用事实说话，不要作者站出来议论。述评消息则是一种边述边评、夹叙夹议的消息体裁。它一面报道国内外重大新闻事件或有普遍意义的新闻事实，一面结合形势动向，对新闻事实进行分析和评论，提示其本质意义，指明其发展趋势，以指导现实斗争和工作实际。它是集报道和评论两者于一身的新闻体裁。

三、消息的写法

消息一般分为标题、导语、主体、背景、结尾5个部分。

1. 标题

标题是消息的眼睛，它概括、提示、评价消息的内容，提示新闻的本质，吸引读者的阅读兴趣。标题的好坏，直接影响消息的新闻价值。因为不管是谁看新闻，总要先看标题。

新闻通常要用多行标题，包括主题、引题、副题、提要等。

(1)主题。又称正题、母题、大标题、主标题，是多行标题的中心骨干和核心，用来概括说明新闻中最主要的事实和思想，放于显著位置，往往显得特别突出。

(2)引题。又称肩题、眉题。它衬在主题前面作前奏，起交代背景、烘托气氛、说明原因、揭示消息内涵和精神实质的作用。

(3)副题。也叫次题、辅题或子题，标在正题下面，常用来补充交代新闻中的事实，弥补主标题的不足。

(4)提要。又称提示题或纲要题。其作用是将新闻中的核心内容概括出来，起内容提要的作用，一般文字较长。

2. 导语

导语是“消息”这一体裁特有的概念，是消息区别于其他文体的又一重要特征。

所谓导语，是指消息中以简练、生动的文字介绍新闻事实中最重要的内容，并能引起读者阅读的开头部分。这就是我们通常所说的“倒金字塔”结构形式。

消息的导语除“倒金字塔”结构外，还有“金字塔”结构，即完全自然地按事实发生的顺序来写的一种导语写作方式。

导语常用的写作方式还有：

描写式。对新闻人物、现场或事实进行简练而又有特点的描绘，使人有亲临其境的感觉。

评论式。把对消息报道的事实评论放在导语位置，一上来就点明事实的意义和目的。

提问式。先提出问题，然后用事实回答，以期引起读者的关注和深思。

引语式。引用消息人物有特点的语言，点出消息的中心主题或体现新的思想，给读者以启迪。

3. 主体

主体是对导语内容的逐步展开，消息的主题也要主体部分来体现。主体在消息中具有双重功能，即：

(1)注释导语，使导语的事实更加清楚，更加详细，以满足读者深入了解新闻事件的要求。

(2)补充导语，使导语中没有提到的其他有关新闻主题的事实得以补充，以保证新闻的完备性。

写作主体要注意以下4个问题：

一是要注意变换角度，不重复导语。要写好主体，一个重要的问题是如何处理好与导语的关系，主体只是对导语中所涉及的事实加以具体化。如果处理不好，主体就可能与导语重复。

二是要注意扣紧主题，不要离题千里。主体既不能重复导语，又不能游离导语，这是一个问题的两个方面。初学者往往感到难以处理，有的写完导语后，感到话已说完了，下面没有什么可说的了；有的导语写完了，感到意犹未尽，把录访到的材料全往主体里堆，以致造成主题的重复、庞杂与臃肿。要避免这种情况，必须扣住消息的主题，即消息要报道的主要新闻事实，如果导语写得准确，导语实际上就是消息的主题。注释导语，实际上就是从何时、何地、何事、何人、如何、为何等几个方面，对消息导语作进一步的说明。补充导语，实际上就是补充交代与主要新闻事实紧密相关的细节。

三是要做到内容充实，不要空洞无物。消息必须用事实说话，不能空发议论。主体的写作，必须内容具体，不能把空泛的议论、抒情塞进消息。

四是要防止罗列事实，不要随意虚构。消息主体要用具体事实说话，但又要防止罗列事实。如果平铺直叙，简单罗列，读者还是不愿看。

4. 背景

所谓背景，就是有关新闻事实历史和环境的材料。

一般背景材料分为以下3类：

(1)说明性背景材料。就是用来说明新闻事实产生的原因、条件、环境、政治背景、历史演变以及新闻人物出身、经历、身份、特点的材料。

(2)注释性背景材料。即注释、解说有关科学技术、名词术语和物品性能特点方面的材料。

(3)对比性背景材料。就是那些能与新闻事实形成某种对比的材料。

运用背景材料的要求有：

一是要为主题服务。不能节外生枝，冲淡消息主题。背景材料是辅助性材料，一般情况下，不宜过多过长，喧宾夺主，冲淡了消息主题。

二是要为读者着想。著名记者邹韬奋说过："在写作的时候，不要忘记了你的读者"，"这是有志著述的人们要最注意的一个原则"。交代新闻背景也要看读者对象。

5. 结尾

结尾是消息的最后一段或最后一句话，但有的消息往往没有结尾。

消息的结尾，有的以概括性小结结束，这样能加深读者的印象；有时以启发、激励的话语作结，给读者以启迪，使之从中获得前进的力量；有的故意不把话说完，给读者留下思索回味的余地和想象的空间。如果内容已介绍完，没有结尾的必要，切不可画蛇添足，硬加上一段结尾，这时没有结尾效果会更好一些。

【示例 6-1-1】

××严把亚运后建筑工地复工安全关

本报讯 记者周××、通讯员李××报道 为确保建筑工地安全施工，××市城乡建设委员会日前出台了亚运后建筑工地复工阶段和后亚运时期开展建筑工地安全文明施工专项整治和督察工作方案，集中力量严把停工工地复工关，加强施工工地安全监管。

据悉，亚运期间获得豁免令而一直开工的工程有 972 项，亚运会后拟申请开工的工程有 985 项。到年底前为集中整治阶段，将严格审查亚运会后工地复工条件，做到“三不开工”：没有进行安全检查、不具备复工条件的工地不准复工，工人未经安全培训、未持有上岗证和平安卡的工地不准复工，安全管理人员没有到位的工地不准复工。工程质量管理做到“三不放过”：使用不合格建筑材料的工程不放过，质量问题未整改达到工程质量标准的工程不放过，质量未达到设计要求的工程不放过。2011 年全年为深入整治和重点突破阶段。该阶段着眼建立工地文明施工管理长效机制，要在道路开挖、占道施工、工地围蔽、扬尘控制、“泥头车”管理与余泥洒漏、噪音控制、工地卫生管理 7 方面强化管理。

××市城乡建设委员会此前还召开了建筑企业诚信综合评价排名前 100 名施工企业座谈会，要求百家诚信企业发挥龙头作用，切实做好当前建筑工地的安全消防工作。

【示例 6-1-2】

××加快推进住宅全装修试点工作

本报讯 记者刘×报道：记者从××回族自治区住房和城乡建设厅了解到，《××新建住宅全装修试点工作的实施意见》近日出台。按照计划，全区每年新建住宅全装修面积占到当年住宅竣工面积的 10% 以上，力争到“十二五”期末全区新建住宅实行全装修的面积达到年度竣工面积的 50%。

××住房与城乡建设厅按照“分地区、分阶段逐步推行”的原则，将采取有力措施加快推进新建住宅装修。一是全装修面积占到项目建筑面积 10% 以上的，容积率可以提高 1%；占到 50% 的，容积率可以提高 2%；占到 100% 的，容积率可以提高 3%。二是依据相关标准、规范，编制了《成品住宅套内装修标准》，规范装修设计、套内装修施工质量、部品验收、分户验收等环节，提升住房综合质量和品质，加快住宅建设集约型转变。三是抓专业化装修设计，实现住宅装修与土建安装一体化设计、一体化施工。四是积极推行工业化施工方式，鼓励使用装修部品，提高现场装配化程度，提高装修质量和施工效率。五是加强质量监管，严格落实房地产开发、装修施工企业、部品和材料生产企业住宅装修质量责任。按照要求，试点项目竣工后，由开发企业组织设计、施工、监理、物业管理等单位对装修工程进行验收，装修质量必须符合国家和自治区的有关标准。

【示例6-1-3】

××市推广“绿色洗车”

本报讯 目前，××市环卫局表示，今年将全面整治全市洗车档水污染问题，推广绿色节水环保洗车，新建洗车档的污水排放必须达到国家《污水综合排放标准》要求，所排污水必须达标，否则不予批准。

据介绍，××市目前共有大小洗车档800余家，但是多数洗车档由于环保设施简陋，洗车工艺落后，造成水资源浪费，洗车水经过简单的沉淀后就直接排放，洗车污水中的石油类、LAS(阴离子表面活性剂)指标多数超标。

为此，××市环卫局推广“绿色洗车”，要求从今年元旦开始，新设置的洗车档必须严格执行环境影响评估制度，其污水排放必须达到国家《污水综合排放标准》要求，使用节水、环保洗车设备，否则环评不予通过。对于已经批准设置但没有办理环保报建，以及使用汽车污水处理设备或节水型循环利用洗车水工艺设备的洗车档，必须于今年6月30日前补办环保手续，12月31日前完成安装污水处理设备或节水型循环再利用洗车设备的改造。拒绝检测的洗车档，一律取消其洗车行业资质，并提请工商部门吊销其营业执照。

第二节　简　讯

一、简讯的概念

简讯是用最简单精练的语言迅速报道新闻事实的一种文体。一些报纸开辟有“简明新闻”、“各地简讯”、“市场短波”、“国际简讯”、“一句话新闻”等栏目，刊登的信息都属于此类。简讯能够迅速快捷、简明扼要地报道情况，反映信息，传递信号。

二、简讯的类型

(1)消息式。消息式简讯是指与消息结构相同的简讯。它有导语、有主体、有背景材料。但这种类型的简讯为数不多。

(2)主体式。即简讯没有导语，只有主体部分。在主体部分，有的有一点背景材料，有的连背景材料也没有，只是把事情说清楚就结束。这种结构在简讯中最多。

(3)导语式。整个消息像一个比较完整的导语，时间、地点、事情的内容等都有所交代，但都不展开写。也有的就导语的要求来说也不够完整。

三、简讯的写法

简讯的写作格式较为简单，主要由标题和正文2部分构成。

1. 标题

标题一般是单行标题，直接说明简讯的主要内容或揭示所报道内容的意义。

2. 正文

正文一般采用逻辑顺序式，说明简讯所要表达的具体内容。

简讯一般事完停笔，无单独的结尾。

【示例6-2-1】

××科技师范学院新校区二期开建

昨日，省重点工程建设项目——××科技师范学院新校区二期在红角洲正式开工，这也是我省制定中长期教育改革和发展规划纲要后第一个开工建设的高校项目。

据了解，××科技师范学院是我省唯一一所培养职业教育师资的多科性本科院校。该校新校区二期工程总投资5.3亿元，共有14个建设项目，包括图书馆、大学生活动中心、文科教学楼、理工实验楼、体育馆、艺术大楼等，从而为该校2012年实现××大学目标吹响号角。

【示例6-2-2】

经过指战员一年零两个月艰苦拼搏
引滦输水隧洞主体工程昨晚竣工

本报讯　记者应××报道：今晚二十一点四十分，引滦输水隧洞工程最后一盘混凝土铺在十一号洞底。至此，全长九千六百九十米的引水隧洞工程，经过指战员一年零两个月的艰苦拼搏，主体工程全部竣工，达到通水程度。

今夜星光灿烂，景忠山下灯火通明。战斗在十一号、十二号洞的指战员喜笑颜开，集会在洞口，庆祝这一胜利的时刻。铁道兵指挥部政委李××、政治部刘××带领机关干部到现场祝贺。指战员们说，主体竣工，干劲不松，搞好收尾，善始善终。

第三节　通　　讯

一、通讯的概念

通讯，是新闻报道的重要体裁，是报纸、电台、通讯社使用频率很高的一种文体，一般以写人记事为主。与其他新闻体裁相比较，通讯容量大、范围广、写法活，所报道的内容是现实生活中具有典型意义的人或事。此外，通讯所选择的材料比较丰富，既有故事又有细节，报道方式和报道手法灵活多样，是深受读者喜爱的一种新闻体裁。

通讯在新闻传播中的大量使用，是新闻事业发展的必然选择，也是新闻写作不断向前发展的结果。通讯是中国新闻事业发展的独有新闻体裁。在西方新闻界，新闻只有长稿和短稿之分。他们把消息称为短稿，把不属于消息的长篇一律称为新闻长稿。与通讯相近似的文体被称为“新闻专稿”（又称特稿），即“比消息更详尽的新闻”。

二、通讯的类型

常见的通讯主要有4种，即人物通讯、事件通讯、工作通讯和概貌通讯。此外，专访和特写也属于通讯的范畴。

（一）人物通讯

人物通讯就是以人物为中心报道对象，通过一个人物或一组人物新近的行动来反映时代特点和社会面貌的一种通讯形式。人物通讯以写人物为中心，以报道社会各行各业的先进人物为主。人物通讯一般通过写人物的成长过程和先进事迹,着重揭示先进人物的精神境界,反映出人物的先进思想,展现人物的高尚品德,为广大群众树立前进的路标、学习的楷模,使之成为社会的共同财富。

(二)事件通讯

所谓事件通讯,是以详细报道具有教育意义的典型事件为主。它往往完整地叙述现实生活中发生的动人事件,深刻挖掘其中所含有的思想意义,热情赞扬时代的新思想、新风尚,如著名通讯《为了六十一个阶级弟兄》。也有揭露性的事件通讯,大胆披露现实生产中的不正之风,受到人们的重视和欢迎。

(三)工作通讯

工作通讯因题材的特点而得名。它是介绍经济建设、科学技术、文教卫生或其他领域里的新情况、新办法、新经验、新问题或新趋势的通讯。人们习惯称其为经验通讯,在报道中,它要求通过对典型的剖析,概括出具有规律性的东西,指导某方面的工作。这类通讯提出的问题大都具有强烈的现实意义,对实际工作有很强的指导性。

从报道的内容来看,工作通讯有以下几种报道类型:

1. 报道各项工作中的成功经验

发现和提炼启迪人的新思想、新观念。这类通讯在我国各级机关报中所占比例很高,如《江西日报》在 2002 年 8 月 30 日刊发的《从"江西第一"到"全国最大"——黄庆仁栈"变脸"的背后》,介绍了"黄庆仁栈药店"变成了"黄庆仁栈华氏大药房"的真相,介绍了黄庆仁栈"变脸"变的绝不仅仅是招牌,更是观念与机制。这是一篇较成功的经验性工作通讯。

2. 报道工作中的问题和教训

提示这些问题和教训中带有普遍意义的内涵,以引起社会的注意,推进各项工作的顺利进行。如《××晚报》在 2006 年 7 月 7 日刊发的《好药频出局竟因报价低》,分析了药品竞标黑幕出现的领域和原因,引起了人们的深思。这篇通讯所起的传播效果是不言而喻的。

3. 剖析难点问题,探讨对策与解决的方法

这类报道多是分析性报道。通过调查,展现工作中的各种问题和矛盾,进行比较和分析,找出问题的原因,探寻可能的解决方法。如《中国××报》在 2001 年 2 月 5 日刊发的《彩虹桥垮塌案应适用国家赔偿》,探讨了事故遇难者的赔付问题。

(四)概貌通讯

概貌通讯又称"风貌通讯"、"旅行通讯"。它主要是报道某个地区、部门、单位或村庄、街道、家庭今昔变化的通讯。它也介绍地方特色、人物情况、风俗习惯等。这类通讯常用概括介绍与形象描绘相结合的手法,既有细部,又有概况,取材广泛,气势大,笔墨重,给人以完整深刻的印象。往往运用点上具体事例来叙述和描写一个地区、一个单位、一个方面的风貌变化,展现时代的步伐和人的思想境界的变化。

(五)专访

专访是对某一特定的新闻人物或单位、部门进行专题访问和忠实记录而形成的新闻文体。在20世纪80年代，专访作为一种独立的文体，在中国报刊界迅速崛起，取得了蓬勃的发展。如今，许多报纸都设立了“本报专访”，一些新闻媒体还组织精兵强将专门从事新闻专访，甚至设立了专访部，有相当一部分记者因为成功的“专访”而出名。

人物专访，亦称人物访问记。由记者出面登场，就特定问题、特定对象进行专门的访问，内容集中。以采访活动过程为主线来结构和组织材料，文中有问有答，现场感强，可以穿插各种背景材料，使通讯有一定深度。如《××日报》××××年3月8日发表的专访《月到中秋分外明——三八前夕访女作家霍×》，就集中反映了霍达在文学上的成就和新的打算。中央电视台《东方之子》栏目报道的新闻中也有不少人物专访。

【示例6-3-1】

强化服务 监管并重

××为建筑企业创造良好创业环境

目前从××省住房和城乡建设厅获悉，今年以来，该省积极开展“创业服务年”和“三民服务”活动，注重强化行业服务，为建筑施工企业提供了良好的改革和创业环境。

××省住房和城乡建设厅的主要做法为：一是开展调查研究，推动建筑企业改革。深入基层了解并帮助解决企业在改制过程中遇到的实际问题，对完成改制的省建工集团上门服务，帮助解决企业改制后新牌子进入市场所面临的一系列问题。二是开展专项治理，规范行业运行秩序。认真履行工程建设领域突出问题专项治理工作的职责，抓好专项治理各阶段工作任务和落实。三是加强行业监管，促进建筑业健康发展。清理44家未按《工程监理企业资质管理规定》更换资质证书的监理企业，禁止其参加投标。

与此同时，××省建设工程招投标办坚持认真履行服务承诺，在监管备案上做到招标告知受理后即时办理；坚持热心服务企业加快发展，帮助基层解决电子化招投标及计算机辅助评标中的技术问题。积极培育低成本、便捷的招投标市场，加强行业监管，重新修订《××省房屋建筑和市政基础设施工程施工招投标评功标办法》，有效地遏制围标串标行为。

××省住房和城乡建设厅还按照“扶优、扶强、做专、做精”的原则，编制了《××省建筑业“十二五”发展规划》，明确了行业发展目标、主要任务和政策措施。对工程建设领域现行的57个规范性文件进行清理，提出废止、修改、保留的意见，切实从制度上、源头上解决企业负担和发展环境方面存在的问题。同时，积极指导建筑业转变发展方式，认真做好《对外承包工程资格管理办法》的实施工作，组织协调建筑企业开展对外承包和劳务合作，今年共审查同意4家建筑企业取得对外承包工程资格，目前全省经批准享有对外承包工程资质的企业达到58家。

【示例6-3-2】

构筑“防火墙” 织密安全网

××市全面开展冬季安全生产大检查

□特约撰稿人 许××

如何真正做到防患于未然，确保冬季施工安全？××省××市住房和城乡建设局的做法是领导重视，检查措施到位，抓住关键，全面覆盖，行动迅速，全面督查。据统计，11月下旬至今，该市已对641个项目进行检查，发现安全隐患770条，已整改隐患530条，发出整改通知书225份，停工通知书37份，其余未整改隐患正在跟踪督促过程中，为今冬明春建筑业安全生产打下扎实基础。

为确保冬季建筑施工安全，吸取其他省市建筑工地事故教训，盐城市住房和城乡建设局根据当地施工点多，涉及范围广，从业人员素质参差不齐等特点，有针对性地开展以防火为重点的消防安全、人身安全大检查。为促进辖区内参与建设各方认真做好本企业的安全工作，建设局根据省厅、市建委下达的安全生产文件精神，及时制定和下发《关于加强全市冬季节性建筑施工安全生产管理的通知》，要求各企业坚决遏制一般事故，杜绝重特大事故。并专门召开建筑施工企业安全责任人和在建工程项目经理防火安全工作会议，强调各单位结合自身情况，迅速行动，认真排查存在的安全隐患，切实落实安全生产各项措施。为达到全覆盖，人人参与的目的，该局针对防火安全和冬季建筑施工安全生产的特点，开展以防火、防冻、防滑、防坍塌、防中毒，防高空坠落、防机械设备事故为重点，狠抓薄弱环节，确保各项安全措施落实到位。检查中该局还对施工现场的各类建筑材料的使用都作出相应规定，如密目网、保温材料使用，必须经监理单位取样复试合格后方可使用。同时要求一级动火必须经专业同意，二、三级动火必须经专业监理工程师同意等防火措施。为在盐城市筑就密实的安全网，该局会同相关部门对工地进行复合式督查，对在建的所有工程、装饰工地的防火措施及器材进行重点督查。对部分施工现场存在的防火制度不健全、现场灭火器材缺失、施工材料占用疏散通道、防火间距小等火灾隐患的企业和项目部开出整改单，限时落实整改措施。

第四节　特　　写

一、特写的概念

特写一词源自于电影摄影，是电影镜头的景别之一。电影特写的特点是摄取人和物的局部，造成强烈的艺术效果。新闻写作借鉴电影特写的表现手法，截取报道对象中最有意义、最有特征的部分，用文字加以详尽地描绘，形成鲜明突出、形象生动的文体：新闻特写。

新闻特写是借用电影“特写镜头”的表现手法进行写作的一种新闻体裁。电影“特写镜头”的表现手法，在某些方面接近文学的手法，能够集中、突出地再现新闻事件或新闻人物活动中某些富有特征的片断。电影拍摄中把突出人物面部或其他局部突出某一物体或其他局部，称作“特写”。特写是放大了的近影。这种镜头呈现在银幕上，可以出现强烈的和清晰的视觉形象，使事物得到突出和强调。新闻写作中借用电影拍摄特写镜头的手法，通过形象描绘，再现现实生活中富有特征的片断，能给读者留下鲜明深刻的印象，增强新闻报道的效果。

特写是从消息和通讯中派生出来的一种报道形式。它和消息的共同点在于两者都简要迅速地报道新闻事实，与消息的不同点在于消息往往择要地报道新闻事件的全过程，而特写只要求抓住新闻事件中富有特征的片断，然后浓笔展开。

特写和通讯的共同点是两者都重视形象思维，强调生动形象地报道新闻事实。它和通讯的差别在于，通讯向人们展示新闻事实的横断面，特写向人们展示新闻事实的纵断面，比一般通讯集中、细腻、突出。

所谓“特写”，是指以描写为主要表现手段，将生活中某特定画面放大，集中描绘事件和人物某些片断、细节和部分，表现人和事的本质特点，给人以深刻印象和强烈震撼。如曾刊登在《××日报》上的《女排出征目击记》，作者巧妙地选择中国女排出征前集合队伍时的散乱、稀拉片断，从而使人通过这一角度深刻地窥见了中国女排在汉城奥运会上惨遭失败的原因。又如《××日报》××××年×月×日发表的《情切切，意绵绵——亲人眼中的郑培民》，就写出了党的优秀领导干部郑培民在家庭中所表现出来的良师、知音和楷模的光辉形象。

二、特写的类型

特写的分类方法很多，结果也有很大的差异。美国现行的新闻教育中就有3种有代表性的分类方法：瑞狄克分类法、柏德分类法、阿伦森分类法。与其他学科一样，从上世纪50年代起，我国的新闻理论和实践受前苏联的影响较大，特写的分类也是如此。在前苏联流行较广的M·切列巴霍夫的《特写写作》一书中，把特写分为：事件特写、人物特写、旅途特写。这种分类的方法在我国许多教科书中都能看到。当然，针对我国的实际情况，我国新闻界对特写的分类并没有囿于一家一派之说，目前常见的特定种类有以下几种：

（一）事件特写

事件是新闻写作中的重要元素，有些新闻体裁常常以事件为中心展开报道，不但如此，就是在其他种类的特写中，事件也常常会居于很重要的地位。因此，事件特写在对事件的描述中，既要突出特写的特点，又要兼顾报道的特点，以体现出事件特写的特色。具体而言，要注意以下3个方面：一是要聚焦重大典型事件。社会在运行进程中，各种事件层出不穷，对所有发生的新闻事件都进行追踪报道，既不可能也没有必要。事件特写摄取、再现的事件应该是社会中发生的重大事件，或者对社会具有典型意义的事件，值得人们深究细察。二是要重事轻人。重大典型事件几乎都与人的活动密切相关，处理好写人定事的关系对事件特写的写作很重要。事件特写不可能脱离人而单纯去写事件，但是，事件始终是事件特写的主角。文章的结构、主题的开掘等都要围绕着“事件”这个中心展开。不能轻事重人，更不能见人不见事。要客观、全面、深切反映事件的关键之处，把事件本身的关键之处细腻丰富地传达给读者。三是要意蕴隽永。顾名思义，事件特写要兼顾事件和特写两头，既不能面面俱到，对事件的来龙去脉平铺直叙，又不能就事论事，没有深刻的发掘和提炼。细腻，具体，放大……这些是特写的长处，用特写聚焦某一事件不仅是为了让读者看得真切、仔细，还要让读者看出门道。所以，作者自己不仅要了解事件的始末，而且要有敏锐的嗅觉，抓住整个事件中最有价值的部分，不仅使读者有身临其境的感觉，还能让读者体验到事件中蕴涵的价值。

（二）人物特写

如前所述，由于历史的原因，新中国成立后，我国新闻界受前苏联影响比较深。高尔基曾经说过这样的话："特写的中心，尽可能永远是人。这些人是单个的建设者也行，是一群战士也好，或者是创造性的集体。"受此影响，人物特写在我国整个特写中占据的比例高，影响也大。从写作的角度讲，同样是以人物为中心，人物特写写人有自己的特点。与文学相比，新闻强调的是真实；与传记相比，通讯突出的是新闻性；与人物通讯相比，人物特写注重的是人物的某一个局部、某一种行为，用贴近、放大，甚至是"定格"的方法加以仔细地描绘。

（三）风貌特写

随着交通工具的革命性飞跃，越来越多的人加入了旅行的行列。记者一向以见多识广、能跑善问著称。以记录、再现旅途见闻中最生动的片断为特色的旅途特写，曾经是特写家族中很活跃的一员。仅以旅途见闻为主要内容的特写对读者不再像以往那样有吸引力了。把旅途中的见闻加以提炼，反映风土人情的变化，反映社会的崭新风貌和气象，更适合当今读者的口味。与旅途特写相似，风貌特写突出的特点就是"动"。强调"动"，首先就是强调"跑"。坐在编辑部是难以写出好的风貌特写的。与人物、事件特写的采写相比，风貌特写要靠跑更多的路才能写成。记者必须能跑，"结实的皮鞋"是西方记者采写风貌特写的忠实伴侣，我国的记者也有相同的体会，"用脚板跑出来的"，是记者们写出一些优秀的风貌特写后常说的一句话。其次，强调"动"还要强调"变"。风貌特写不是旅行散文，而是新闻"见闻录"。如果把记者比做导游，那么他的工作不是要向游人介绍一成不变的旅游景点，而是要引导游客去观赏那些新近发生了变化的景点，走进那些能够感受到新近发生变化的景点。

三、特写的写作

（一）截取有特征的片断

新闻特写要求抓住事物的某些片断，经过集中生动的描绘，形象具体地再现生活。这些片断能否反映事物的全貌，能否完成新闻特写的写作目的，取决于对事物某一片断究竟截取得如何。一般地说，新闻特写在截取生活横断面时，最忌贪大求全，而要集中突出，既能揭示事物的本质特征，又要有强烈的现场感。这实质上也是选材问题。要解决好这个问题，必须做好现场观察工作，并要敏锐地抓住特点。特点越鲜明越好，个性越突出越好，形象越生动越好。特点不仅指人物、事件的表面特点，而且指本质特征。记者要善于透过现象看到本质，善于把表面现象和本质特征联系起来考虑，善于通过生动的形象表现本质特征。特点还应具有普遍意义，普遍意义要越大越好。离开普遍意义，便没有新闻价值，便不值得报道。

截取有特征的片断，对于表现一些既有技术性而又保密性很强的题材尤其重要。如一篇报道我国潜艇发射运载火箭的特写，采取"再现"与"放大"有关特征片断的写法，就很好地做到报道的"概貌化"和"情景化"，使读者读后，如临其境，如见其景，既不泄密，又很好地达到了宣传目的。

（二）着力描绘关键性细节

新闻特写要再现现场情景，必须着力描绘某些关键性的细节。"再现"并不是照相似的复制局部，而是有重点、有主次地再现有关片断或局部。这样的片断和局部往往是由一些重要的细节构成的。作者抓住了这些细节，并对这些细节进行着力的描绘，不惜笔墨，才能有效地再现情景。如《党组织为马寅初彻底平反恢复名誉》中有一段描写：“马老下肢虽然瘫痪了，上肢还能自由活动。圆圆的脸上气色很好，皱纹也不多，长白的眉毛下面是一双炯炯有神的眼睛，除了耳朵有点背，他的头脑是清醒的。”这些描写抓住了马老的脸色面容，寥寥几笔，使老人令人尊敬的形象跃然纸上。正像美国记者休·马利根所说：“生动的细节可以使纸面上的文章留在人们的心灵上，渗透到人们的情感中去。”

（三）较多运用文学手法

新闻特写兼有新闻性和文学性。一篇缺乏文学性的新闻报道不能算作新闻特写。文学性是指用文学的表现手法来写新闻，诸如运用小说、戏剧、电影等艺术形式的表达方式，或者运用比喻、联想、引申、衬托、抒情等修辞手法。《“活着的黄继光”杨朝芬》，运用白描手法描绘杨朝芬三次把爆破筒硬是塞进敌人地堡的情景。《共产党员刘胡兰慷慨就义》运用人物对白的方法，集中描绘了烈士壮烈牺牲的场面。

（四）要寓情于景，情景交融

新闻特写虽是对客观事物的形象描绘，却必须有作者主观情感的倾注。情感不能抽象地抒发，而要通过一些含情的事物来表现，力求做到情景交融，寓情于事物片断的描写或场景的描写之中，切忌空洞地、生硬地抒发感情。

【示例6-4-1】

为世博会锦上添花

——访上海××园林发展有限公司董事长符××

□本报记者　倪××

上海市徐汇区花卉景观方案设计工作在去年11月正式启动，根据市绿化和市容管理局迎世博花卉景观布置“定地点、定规模、定数量、定品种与花色、定生产企业”的“五定”要求，徐汇区出色地完成了各项任务，徐汇区的花卉布置受到了各方的一致好评。日前，负责花卉施工布置的上海徐汇园林发展有限公司董事长符××在接受记者采访时介绍说，徐汇区的花卉景观布置工作总体布局以3个区域、9条道路和5个景点为主。作为进入上海市的西大门，此次2010年花卉景观的设计、布置主要体现了“门户”意境，以色彩缤纷的四季鲜花及多种植物材料布置区域内的花卉景点来展示徐汇区人民喜迎四方来客、承办世博会的热情。花卉布置面积约1万平方米，增加草花坛面积约3500平方米。为了确保花卉景观效果，在世博期间更换草花3～4次，在梅雨、高温和台风等灾害性天气备用35万盆，总体花卉用量约为200万盆，比日常增加约100万盆。每季所用的花卉品种约为15～20个品种。

符××说，此次花卉景观布置范围之广及任务量之大，是全运会、奥运会景点布置所不能企及的，公司业务部的全体人员从方案设计开始就全力以赴，调集公司精干设计人员组成了花卉景观设计工作小组。通过合理的组织与分工，设计人员集思广益，精心设计，团结协作，多次查看现场，充分运用2008年奥运比赛场馆周边环境布置工作中积累的经验用于此次花卉景观设计中。经过十多次的讨论与专家指导，最终出色地完成了该方案。为了确保任务完成，公司成立花卉景观实施工作小组，由杨华总经理亲自挂帅，由业务部进行全面协调、组织实施及质量控制，由花木部、经营部、一分公司、三分公司和南站负责各自范围内的花卉景观具体实施。各重点绿地花卉和景点均已完成施工图，各类容器也已与供应商达成意向。花球和4月、6月花卉品种及数量也都已经与供应商落实好订单。

“精细化施工，确保形成花卉景观的亮点和精品。”符××说，首先是抓整体面貌，对花卉景观布置区域内绿地进行全面整治，面貌不佳的草坪进行更新；其次是抓花卉质量，根据方案确定品种和数量，落实专业生产单位进行生产，并对花卉质量进行跟踪把关。抓施工规范，组织一支具有花卉种植经验和技能的施工队伍，精心施工，重视施工各个环节的管理，种植土壤要以介质土为主，严格消毒，花卉落地种植，尽可能创造条件，注重消毒，花卉落地种植，尽可能创造条件，注重施工安全，确保施工质量，保证立体景点的构架安全，形成花卉景观的精品和亮点。业务部将组织花卉景观质量巡查人员，对施工全过程进行跟踪检查，对花卉质量和施工质量严格控制，对施工过程的跟踪进行文字记录和照片记录，不符合质量要求的坚决进行整改。同时抓好养护，实施花卉景观的各部门和单位必须安排专人负责落实，进行任务分解、责任到人。公司业务部还将加强世博期间花卉景观的巡查、反馈花卉景观布置和养护存在的问题，并且严格督察问题的整改落实情况，确保世博期间花卉景观的整体效果。业务部与此同时还制定了相应的应急措施，如暴雨、台风季节的护花措施等，让花卉景观真正为世博会锦上添花。

【示例6-4-2】

世博园区真正的天使

——记为申城世博默默辛劳的环卫工人

□特约记者　刘××

负　重

“太忙了，一天至少捡几十个烟头，3分钟要运掉50公斤垃圾。”干了39年环卫工作的朱××说，就说最基本的垃圾桶，“光世博局商务楼里就有两三千个，包括园区内外，平均每个环卫工要负责100个垃圾桶。”客流高峰时间，两三分钟就能收集到50公斤的垃圾，两人一组的小型运输车连轴转有时仍赶不上垃圾的堆积速度。打扫厕所包括收集废弃物、擦干台面、补充擦手纸和各种琐事，一个人负责几十个厕所本来就相当忙碌，但为了所有参观者的健康，园区厕所还有严格的消毒要求，细致到厕所地面、门把手、水龙头、台面。每个月的培训都有新的要求，都必须全面掌握并落实在行动中。

朱××介绍说，园区内展馆多、餐厅多、厕所多，粗心游客也多，落下手机钱包什么也是常事。前几天，她的一个姐妹打扫会议室时捡到一个黑色皮包，立刻上交公司，公司负责人打开一看，里面竟然有3万多元现金，还有各种重要证件资料。这一拾金不昧的行为为失主及时挽回了损失。

割 舍

陈××在普陀环卫一分公司任业务经营部副部长，在迎世博第6个百日测评中，她以敬业的工作精神和负责的工作态度带动了身边许多人。她提出了改善服务环境、擦亮"窗口"干干净净迎世博的口号，带头同大家一起参加全面整治，全身心地扑在了工作中。

在一次大卫生检查行动中，连续加班的她得知家中父亲病重的消息，医院还多次发来父亲的病危通知单。作为女儿，她恨不得立刻赶到医院去照顾，但作为业务副部长，她始终将工作放在第一位，坚持在本职岗位上，为班组解决许多困难，甚至为了整治还多次放弃了休息。最后直到医院发来了父亲过世的消息，她连夜赶到父亲所在的医院，为没能见到父亲最后一眼而痛哭流涕。

【示例6-4-3】

××省建筑企业："走出去"海阔天空

××省一批建筑企业正迎着全球化浪潮，在世界经济舞台上搏击风浪、茁壮成长。尽管他们"走出去"的道路大不一样，但有一点却是相同的"走出去"使他们的发展路子越来越宽广、前景越来越美好。

近日，××省建筑业50强企业齐聚××市，进行"走出去"战略座谈，共谋发展。而省住房和城乡建设厅也将鼓励和支持2010年建筑业产值排名前50位的企业做强做大，为全省建筑业发展提供强大的动力和广阔的空间。随着"走出去"战略的不断深入，对于传统的建筑业来说，"走出去"，外面的世界更精彩。

"走出去"成果喜人

"十一五"期间，我省实施的施工企业"走出去"战略取得可喜成绩，至"十一五"期末，对外承包中标项目个数及营业额创历史新高。

来自省住房和城乡建设厅的统计数据显示，2010年，我省施工企业新签对外承包工程合同总金额11.46亿美元，同比增长46%，中标上亿美元项目2个，其中××中煤建设工程有限公司在肯尼亚中标的公路项目合同额达1.7亿美元，是我省以往最大项目的2倍。我省施工企业2010年在境外实现对外劳务合作营业额110,916万美元，同比增长46.81%。

随着对外承包工程项目规模的不断提高，我省建筑企业对外形象和市场竞争力也得到增强，建筑企业参与国际竞争和开拓市场的能力也稳步提升，涌现出一批活跃在国际市场、有良好业绩的建筑企业。

××国际经济技术合作公司自1983年成立以来，不断加强企业内部管理，转变经营观念，主动出击，充分利用援外项目中积累的品牌效应，积极开拓当地承包工程劳务合作业务，抢占市场。同时，加大与部级公司和省内外大企业的合作力度，利用自身制作项目标书、组织项目实施能力较强等长处，靠大联大，借船出海，2010年××国际对外承包工程新签合同额首次位列全国地方国际公司第一，首次进入全国对外承包工程行业50强，列第47位。

“走出去”各显神通

面对“走出去”碰到的种种挑战，我省企业充分结合实际，走出了符合自身条件的“走出去”发展新模式。

××国际公司在境外积极寻找和谋划与自身业务相关联的投资项目，形成投资与主营业务相互促进、相互补充的共同发展局面，对外合作市场也从单一的以非洲为主，不断向大洋洲、拉丁美洲等地区渗透。

××建设集团负责人张××在座谈会上说：“企业要发展，需要一个灵活的市场经营机制。阻碍企业发展的最大绊脚石是企业的机制不活，不能充分调动人员的积极性。要从根本上改变这种现状，就必须建立起对接市场的整套机制，就必须产权清晰。”中恒集团通过管理变革，形成“干好发财，干坏赔本”的机制，将企业的命运与个人的发展紧紧捆在一起，激发员工的创造性和责任感，创造了灵活的经营机制。

××中煤建设集团总经理赵××在座谈会上说：“加强人才队伍建设，是提升竞争实力的关键环节。通过引进培养并举，一大批大学毕业生和研究毕业生充实到海外工作岗位，发挥了重要作用。一批80后项目经理在国外项目实施的过程中，逐渐成长起来。”目前，××中煤集团拥有从事海外业务的各类商务专业人才150人左右。在良好的用人机制和广阔的事业平台上，一批批既懂业务、善管理，又精通外语和商务的复合型人才，为该集团营造了良好的海外竞争软实力。

展翅高飞有保障

截至“十一五”末，××省共有建筑施工企业3002家，其中总承包特级企业1家，总承包及专业承包一级企业188家，二级企业761家，三级企业1800家，不分等级企业31家，劳务企业221家。2010年，全省建筑企业完成建筑业总产值1677亿元，其中排名前50强的建筑企业完成建筑业总产值近800亿元，占“半壁江山”。

为抓住“十二五”时期发展机遇，推动全省建筑业联大靠大、加快发展，××省积极实施建筑业“走出去”战略，省委《关于制定全省国民经济和社会发展第十二个五年规划的建议》明确提出，支持企业开展对外工程承包，努力提升全省劳务合作技术含量，创建××劳务品牌。

省住房和城乡建设厅将在企业资质申报、企业升级、特级就位、改革改制、业务拓展、专业承包、项目评优等方面对50强企业提供支持和帮助，并加快完善由总承包、专业承包和劳务分包等配套合理的施工承包企业体系，进一步加大对建筑企业扶优扶强的支持力度，加快扶持一批经营有特色、科技含量高、市场前景广的专业施工企业，巩固发展防腐保温、钢结构、土石方等待优势专业基地、引导施工企业向公路、铁路、水利、市政公用等基础设施领域拓展空间。未来3年，力争特级施工企业超过5家，一级施工企业突破200家，甲级工程监理企业突破25家，改制企业比例提高2个百分点，全省非公有制企业占企业总数的86%以上。

（记者 夏× 实习生 罗××）

第七章 广告宣传类文书

第一节 广 告

一、广告的概念

广告,顾名思义,就是广泛告知的意思。广告是借助报刊、广播、电视、橱窗等媒体,以吸引购买、指导消费招揽业务为目的,向公众介绍商品、报道服务内容或文娱节目的一种周知性文体。

二、广告的类型

常见的广告,从其所用的媒介来看,有报刊广告、电视广告、广播广告、交通广告、橱窗广告、牌匾广告、包装广告、体育场地广告、工商名录广告等。从广告的内容看,主要有以下4种类型:

(1)企业广告。它是通过广告媒介向人们介绍企业的有关情况,传递企业信息,使大家对企业有一个大致的了解,从而留下一个鲜明的印象和树立对该企业的信赖。

(2)商品广告。它是通过广告媒介在消费者心目中树立良好的产品形象和品牌形象,以刺激消费者的购买欲望,从而达到销售产品的目的。

(3)劳务广告。它是通过广告媒介向人们介绍劳务市场新近所需劳务的有关情况,为求职者提供职业信息、指导就职。

(4)生产资料广告。它是通过广告媒介向企业管理及相关技术人员介绍生产资料相关的技术、价格信息及售前售后服务情况等,利用能为用户提供全面服务或低廉价格的产品来吸引客户。

其他还有以旅游为内容和以商标为内容的广告等等。

三、广告的构成和写法

广告基本是由语言文字和图像画面构成。

(一)标题

广告的标题既能标明广告的主旨,又能作为区分不同广告内容的标志。标题应具有鲜明的个性和独到之处,具有新颖引人的创意,从而具有刺激性、吸引力和感召力。广告标题的醒目与否,直接关系着广告的未来命运及其产生的效果。一般正文越长的广告,标题所发挥的作用也就越大。在广告界有"好的标题等于成功了一半"的说法,可见标题的重要。

标题一般有引题、正题、副题。引题用来说明信息意义或交代背景,正题用来点明广告的主要内容,副题是对正题内容的补充。如某房地产广告,用"事业腾飞的起点,温馨的家庭承诺"说明意义,引出正题"华经大厦",点明这则广告的内容是与房产有关。广告中的正题不可缺少，尤其是以报刊为媒介的广告，引题和副题可根据实际情况拟写或者省略。另外，在与图像画面共同构成的广告中，引题和副题逐渐转化为标语口号式的语句，即成为广告者从长远销售利益出发，在一定时期反复使用的特定宣传语句，如某自动门窗制造公司广告的引题"严冬酷暑的烦恼，狂风骤雨的不便——一'按'了之"；又如某防盗门制造厂广告的副题"安全的保护神，盗贼的克星"就是这种特定的宣传语句，突出了产品的特点，鼓动性强，富于号召力，并且语句对称押韵，易理解记忆，形成强烈的印象，从而无形中成为人们消费时的重要依据。

（二）正文

正文是广告的中心部分，是广告的主旨和主要内容所在。正文的主要作用在于激发消费者对产品的渴求心理，即购买欲望。正文主要是以充实的理由对消费者先晓之以理，再动之以情，而后以客观的事实具体说明，以此来赢得消费者对产品的了解产生信任感和购买欲望。广告正文一般包括广告主办单位、商品及劳务等名称，以及规格、性能、功用，使用保养方法、出售方式、接洽方法等。撰写正文要注意：①重点突出；②简明易懂；③有趣引人；④有号召力。常见的写法是引用权威人士、社会名流、消费者等评价和推荐的话，或利用权威部门颁发的证书、奖状来证明。

（三）结尾

广告的结尾部分的作用主要在于促使消费者尽快付诸实际的购买行动，或者激发消费者长期的购买欲望。结尾应简短有力、诚恳真挚。

（四）随文

随文也称附告，是在正文之后的必要说明。包括广告单位的名称、地址、电话号码、电报挂号、邮政编码、银行账号、购买手续等，对消费者起指南的作用。

【示例 7-1-1】

招聘广告

本公司因开拓建筑市场、发展施工业务需要，由人力资源部诚聘下列人员：

1. 项目经理：××名，在分公司经理支持下开展工作。月薪 2,000～2,500 元。
2. 业务经理：××名，在项目经理支持下开展工作。月薪 1,800～2,200 元。
3. 造价师：××名，在业务经理支持下开展工作。月薪 1,500～2,000 元。

报名地点：××市××路××号，乘公交 209、227、228、229 路到××站下车。

报名时间：××××年×月×日至×月×日。

联系方式：××××××

××市建筑集团总公司

人力资源部

【示例 7-1-2】

××市建工集团混凝土公司

资质等级一级企业

信用等级 AAA 级

可靠的质量和完善的服务是本厂对新老用户的承诺

企业简介

本公司是××市大型混凝土预制构件和商品混凝土企业之一，是目前国内批准生产高强混凝土及其他特种商品混凝土的厂家。本厂技术力量雄厚，监测实验手段先进。××××年太平洋保险公司为本厂生产的各种商品混凝土承担产品责任保险，可解除用户的后顾之忧。目前本厂已拥有 8.0 万平方米混凝土预制构件和 30 万立方米的特种商品混凝土的生产能力，在北京建立混凝土搅拌供应站数座，可满足各类用户需求，并可为外埠工程提供服务。

混凝土预制构件产品

★预应力短向、长筒、超长圆孔板系列
★各种工民建筑非标准构件
★市政、公路工程各种预应力梁、柱、板
★离心混凝土制品

特种商品混凝土

★高强度混凝土 C_{60} ~ C_{80}
★大流动性混凝土，坍落度 20cm 以上
★自密实混凝土、自防水混凝土，防辐射混凝土，抗冻混凝土，轻骨料混凝土，补偿收缩混凝土，喷射混凝土等

经　营　项　目

★现场预应力张拉
建筑市政工程
★基础处理
★混凝土及构件系列试验
★高强混凝土 C60 ~ C80 及特种混凝土的技术服务

配　套　产　品

★DFS－1 DFS－2 超高效减水剂（减水率★25% ~30%）
★LM－1 型高效泵送缓凝剂（缓凝时间 10 小时）
★无碱防冻剂
★RE 系列高效脱模剂

地址：××市××路××号 邮编：×××××× 电话：××××××

竭诚合作　欢迎惠顾

【示例 7-1-3】

××瓷砖银河系列——玻化砖抛光面

型　号：YG600922

简　介：品质卓越，颜色纯正，历久弥新。畅销 7 年，工艺日臻成熟，各项指标趋于完美。

产品描述：××银河系产品突破了普通抛光砖色彩的单调和浅薄的缺点，全面采用超微粉、多管布料的先进工艺，自由布料，不同色彩的粉料自由融合，自然显现丰富的色彩层次，突破普通渗花抛光砖色彩层次浅薄，以及铺贴时花色图案完全一致而显呆板无变化的缺陷；其次，本系列产品还突破普通抛光砖肌理节奏生硬

的缺点。可随意将多种颜色的粉料同时分布、黏结,令花色肌理节奏自然、不生硬、蕴涵天然石材质感。

装潢价:￥58.50/元/片　　电 话:××××

市场价:￥78.00/元/片　　传 真:××××

第二节　海　　报

一、海报的概念

海报是在某一特定范围内向公众介绍和发布有关电影、电视、戏剧、体育比赛、报告会、展览会等消息的招贴,是一种告知性的事务文书。

海报一般张贴在公共场所,重要的海报也可以在报刊上登载、在电视上播映。

海报的作用主要是宣传与告知。它通过多样的醒目的方案和画面将相关信息有效地传递出去,从而吸引公众的注意与参与。通知上发布的事情,被通知者都必须做到;而海报上发布的事情,是希望众人知晓,并自觉自愿地参加或行动,但不具有强制性的约束力。

二、海报的类型

海报的种类很多,按其制作风格,海报可分为纯文字海报和图文结合的海报;按书写形式,可分为手写海报与印刷海报;按内容来分类,可分为以下4种:

(1)商品宣传海报。是指各类为商品宣传和商业目的而设计制作的海报。

(2)活动宣传海报。是指为各种体育、文艺、社团、会议及各种事务而举办的各类具体活动制发的海报。

(3)影视宣传海报。是指为影视剧的播映而特别制作的宣传性海报。此类海报以精美的画面制作为主,富有艺术性与创造性。

(4)公益海报。是指为社会公益事业和公益活动而制发的海报。

三、海报的写法

(一)格式要求

这里只介绍纯文字海报的写作。

(1)标题。海报标题的写作相对灵活多样,可只写“海报”两字;也可由事由加文种构成,如“电影海报”;也有一些海报,用一般文章标题的写法,形象生动地概括海报的主题和中心内容。

(2)正文。内容包括事由(为何事发海报)、时间、地点、主要人物等;商业性的演出,应另外写明票价及定票方法等相关事宜。

(3)落款。是指海报发出者的名称及发海报的时间。

(二)写作要求

(1)内容真实准确。海报具有醒目、快速和制作简易的特点,但是必须首先保证其内容的有效性与准确性。

(2)语言生动形象。海报的语言须富于鼓动性和吸引力,应精用生动的语言和合适的修辞方法,以达到相应的宣传效果。

(3)文面讲究艺术。海报为了醒目或突出重点,可根据内容配适当的图案,或对字体进行变化,或对排版进行精心设计,或对颜色进行适当调配,以增强新颖性和感染力。

【示例 7-2-1】

建筑学术研讨会海报

第三届海峡两岸大学图书馆建筑学术研讨会

THE THIRD CROSS - STRAIT CONFERENCE ON THE ARCHITECTURE OF UNIVERSITYLIBRARIES

变迁中的大学图书馆建筑

主办:西南交通大学图书馆
台 湾 大 学 图 书 馆

合办:中国图书馆学会高等学校图书馆分会
中国图书馆学会建筑与设备专业委员会

时间:××××年×月×日

地点:西南交通大学犀浦校区图书馆
(二号报告厅)

欢迎全校师生踊跃参会

【示例 7-2-2】

海 报

——建筑节能学术报告专题报告会

主讲人:特邀校友××博士

题 目:建筑节能技术的现状及发展前景

时 间:×月×日下午2点

地 点:本校大礼堂一楼大厅

第三节　声　明

一、声明的概念

社会团体、企事业单位或者个人，就涉及自身的事项向社会公开表明态度，阐明观点，说明事实写成的应用文叫声明。声明具有公开性和知照性，比启事更为严肃、庄重。这种声明也属于日常文体的一种，同国家机关、党政领导人对重大事件或重要原则问题发表的公文性质的声明有明显区别。声明文体一般较为简短，登载在报刊上时往往饰有边框，以引起读者注意。

二、声明的类型

声明可分为2种类型：一种是重要证件、票据遗失，须通过声明的方式发布在报刊、电台或电视上，言明作废，以防他人冒用。一种是当自身权益受到侵害，为保障自身合法权益而发布。声明的作者可以是企事业单位，也可以是个人。个人声明，也有由委托人或律师代为发布的。

三、声明的写法

声明一般由标题、正文和落款3部分组成。

1. 标题

声明可以直接用"声明"两个字作为标题；也可以是事由+文种，如"挂失声明"；又可以是单位名称+文种，如"××有限责任公司声明"；还可以是单位名称+事由+文种，如"××公司关于××问题的声明"。

2. 正文

内容较多的声明由引言、主体、结语3部分组成。引言写明发布声明的缘由和依据，如示例7-3-1中正文第一段就是引言。主体可以列出条目，依次写明声明的要点。结语一般使用"特此声明"等。简短的声明表明对事态的立场、主张，宣布采取的措施和做法。

3. 落款

落款置于正文右下方。标题中没有出现单位名称的，落款处要写明。标题中出现单位名称，落款处可以省略。发布在报刊上的声明可以省略日期，以报刊印发日期为准。

【示例7-3-1】

××有限责任公司声明

今年以来，个别商家冒用"××有限责任公司"的名义进行欺骗宣传，声称"由××有限责任公司从德国进口的××原材料，经过加工，研制成牌号为'997'的产品"。这些宣传纯属捏造，严重损坏了本公司的声誉。为此特声明如下：

一、本公司并未从德国进口任何××原材料。

二、本公司目前生产的所有种类的产品中，根本没有牌号为"997"的产品。

三、今后凡有冒用本公司名义的商家，不管是单位和个人，一经查实，一律追究法律责任。

望广大客户在购买本公司产品时，须认清“宝塔”牌、“大河”牌商标，切勿受骗上当。

××建材有限责任公司

××××年×月×日

【示例7-3-2】

辞职声明

自1998年以来，受××公司礼遇，被聘为该公司技术顾问，近因视力下降，身体虚弱，无力继续为该公司服务，经公司允许，辞去技术顾问一职。

特此声明

胡××

××××年×月×日

第四节 启　　事

一、启事的概念

启事是机关、社会团体、企事业单位或公民个人公开申明某件事情，希望有关人参与或协助办理的事务性应用文体。

启事的适用范围越来越广泛，已由原来的少量运用，涉及社会生活的各个领域，它方便快捷地为写作主体传递信息，帮助人们相互协调沟通，以处理相应的具体事务。

二、启事的类型

启事的种类很多，从其适用主体出发，可分为个人启事与公务启事。

1. 个人启事

公民个人为了日常事务的需求而撰拟的各类启事，如“寻人启事”、“寻物启事”、“征婚启事”、“出租启事”等，它涉及日常生活的诸多方面，因而内容范围广泛。

2. 公务启事

机关、团体、企事业单位为日常事务的需求而撰拟的各类启事，按其内容、性质的不同，又可分为“招领启事”、“招聘启事”、“招生启事”、“征文启事”、“征集启事”、“开业启事”、“更名启事”等。

三、启事的写法

(一)启事的格式

启事的正文一般由标题、正文与结尾3部分组成。具体写法如下：

1. 寻人(物)启事

(1)标题。启事的标题相对比较简洁，由事由与文种2部分构成。

(2)正文。正文是启事的主体部分，主要说明启事的事项，如“寻物启事”简明、准确地写明丢失物品的时间、地点、名称、数量、失物的特征等;“寻人启事”须写明走失的时间、地点、原因及走失人的体貌特征、服饰装饰及醒目特点。此外,还应写明便捷的联系方式,包括联系人姓名、地址、电话及其他联系方式,并对合作者表示感谢,如有必要,可写明酬谢方式及数额。必要时可附相关图片。

(3)结尾。署上写作主体的单位名称或姓名,并标明成文的时间,一般位于全文的右下方。

2. 招聘启事

招聘启事是随着用人机制的不断发展而使用日益广泛的一种事务性文书,它是机关、企事业单位、社会团体通过各种大众传播媒体或其他有效途径向社会公开发布的用人信息。可根据需要采取灵活多样的写作形式。其要素包括:

(1)标题。标题基本可包括招聘单位名称、招聘岗位及“诚聘”、“求贤”等内容,但内容构成与组合多样,形式灵活多变,以醒目达意为要旨。

(2)正文。正文主要包括用人单位及部门相关情况、业务岗位及职责、应聘条件及要求、福利待遇和洽询方式。正文写作的内容、方式及文面均灵活多样。

(二)启事的写作要求

(1)内容要素不求完备,但重要要素须准确、显明,条理清晰。

(2)写作方式相对灵活多样,版式排列亦可求新多变,一切以适用为目的。

(3)语言表述相对活泼亲切,可适当增加其文采,以吸引公众注意,更好地与其沟通与协作。

【示例7-4-1】

寻物启事

×月×日上午,本人不慎于教学楼3楼315教室丢失××牌××型手机1部。内存大量电话号码及相关信息,其丢失给本人带来极大不便。如有拾到者,请速与学生公寓3号楼208室王××联系,电话:88×××99,电子邮箱:××××。不胜感激,必有酬谢!

失主:王××

××××年×月×日

【示例7-4-2】

招聘总经理办公室秘书启事

本单位经有关部门批准,拟招聘总经理办公室秘书1人。具体条件如下:

一、全日制中文及相关专业本科或以上学历,有较强的语言文字功底,精通现代办公设备的使用与操作,有相关岗位2年以上工作经验者优先考虑。

二、性格开朗,善于沟通,富有合作精神与协调能力。

三、原则上年龄不超过30岁。

有意者请于本月20日之前将学历证、资格证书、简历、相关作品等的复印件寄至本公司。合则约见,谢绝来访。

地址:××市××区××街××号××公司人力资源部

联系人:赵先生　　联系电话:(略)

【示例7-4-3】

×××有限责任公司招聘启事

我公司系经主管部门批准、登记注册的独立法人企业,主要经营地产开发和商品楼房销售业务。现因公司业务拓展,急需招聘一批专业技术人才和经营管理人才,待遇从优。

招聘人才及条件:

1. 规划设计2人(中级以上职称);
2. 土建工程3人(中级以上职称);
3. 经营管理5人(有2年以上工作经验)。

以上人才,年龄不超过50岁,特殊情况可适当放宽年龄。

有意应聘者请持身份证及相关有效证明文件来我公司面谈。洽谈日期,即日起至×月×日止。

地址:××市××路××号××大厦××室

联系人:王经理、刘经理

××有限责任公司

××××年×月×日

【示例7-4-4】

征文启事

北京2008年奥运会将是世界瞩目的盛会。作为高职院校的每一个学子,都应该身体力行,为"北京奥运"作出贡献。目前,"迎奥运、树新风"的活动已在校园展开。用笔展现同学们的动人事迹和精神风貌,将会感染更多青年参与其中。因此我系学生会特举办此次征文活动,具体要求如下:

一、思想内容:在"迎奥运、树新风"活动中的好人好事,或者自己的收获与感受。

二、文章体裁:诗歌、散文、特写、报道等形式不限。

三、纸型字号:来稿一律采用A4纸,4号宋体,打印成电子版,也可以交送软盘。

四、正文时间为5月9日~5月20日。来稿送交地点:综合楼2层团委208室。联系人:姚××。

五、此次征文设一等奖2名,二等奖5名,三等奖10名。

六、来稿恕不退还,请自留底稿。

××院校××系学生会

××××年×月×日

第八章　学术学业类文书

第一节　学术论文

一、学术论文的概念

学术论文是某一学术课题在实验性、理论性或观测性上具有新的科学研究成果或创新见解和知识的科学记录；或是某种已知原理应用于实际中取得新进展的科学总结，用以提供学术会议上宣读、交流或讨论，或在学术刊物上发表，或作其他用途的书面文书。

二、学术论文的类型

学术论文按照不同标准可分为不同类型。常见的分类有：

(1)按研究内容分，可分为理工类、医学类、农林类、经济类、政治类等；

(2)按研究功用分，可分为基础型和应用型；

(3)按论证方式分，可分为立论型、驳论型；

(4)按推论方法分，可分为演绎型、归纳型、综合型；

(5)按论文的性质分，可分为论证型、对策型和综述型。

三、学术论文的撰写

为了适应科学技术发展的需要，迅速、及时、有效地传递科技信息，科技文献编写规范化、标准化成为学科发展的重要方面。根据 GB7713－1987《科学技术报告、学位论文和学术论文的编写格式》等国家标准的要求，学术论文主要由标题、作者署名、摘要、关键词、正文、注释、参考文献目录等部分构成。

1. 标题

学术论文的标题，是文章的重要组成部分，通常是对学术研究过程或成果的直接阐述，是论文内容的高度概括。标题应以最恰当、最简明的词语来反映论文中最重要的特定内容的逻辑组合，尽可能避免使用不常见的缩写省略词、字符、代号、符号和公式等。

学术论文标题要求简练鲜明，准确得体，一般不超过 20 个字，必要时可用破折号加副标题放在主标题之下，以说明论文的特定内容。

2. 署名

论文的署名包括：参与选定研究课题和制定研究方案的人员、直接参与全部或主要部分研究工作并作出贡献的人员、参加撰写论文的人员。如果是 2 个或 2 个以上的人员联合完成的论文，应根据个人贡献大小或根据约定排列名次。

3. 摘要

学术论文的摘要主要起内容梗概的作用，主要介绍论文的目的、方法及主要结果与结论，要充分反映创新之处。摘要的写作应以“摘录要点”的形式介绍作者的主要研究成果和比较完整的定量及定性的信息,突出创新之处,篇幅以200~300字为宜。

4. 关键词

关键词是指用来表达论文主题内容信息的单词或术语,供资料查询之用。关键词选用论文中起关键作用、最能说明问题、最能反映全文主题内容的单词和术语,一般列3~8个,按词条的外延层次从大至小排列。

5. 引言

引言是论文的起始部分。在内容复杂、篇幅长的论文中称作"绪论"、"序论",要求讲清本文的写作动机、主要内容、意义、欲达之目的。引言主要是用来简要说明研究问题的内容、目的、方法和意义,阐明全文的主要观点,在借鉴本专业领域中前辈及他人研究成果的基础上,提出作者本人对该专业理论和实践的继承与发展的研究设想和研究方法、预期达到的成果和现实意义等。在写作上一般应包括以下3方面的内容:

(1)说明选题的理由、意义。这一部分要简洁。

(2)提出问题。这是引言的核心部分。问题要提得明确、具体,有依据,有时要写一点反映国内外研究动态的文献综述,进行必要的历史回顾和对前人工作的综合评述,叙述这个课题以前研究的成果以及本人要做的补充和发展。

(3)说明作者论证这一问题将要采用的研究方法。这部分内容具有"提纲挈领"的作用,意在概括与领起全文,文字以"少而精"为宜。引言可单独成章,章序号为"1"或"一",章名即"引言"。也可不标序号,只有"引言"二字。也可以不写"引言"二字,一般写1个段落,也有写2~4个段落的。引言写完后,在转入本论时,中间最好空一行。

6. 正文

正文是学术论文的核心部分,也是论文的主体部分,其功能是:展开论题、分析论证。正文的内容就是深入分析文章引言提出的问题,运用理论研究和实践操作相结合进行分析论证,揭示专业领域中客观事物内部错综复杂的联系及其规律性。正文撰写的内容反映出论文的逻辑思维性和语言表达能力,决定了论文的可理解性和论证的说服力。正文撰写必须做到实事求是、客观真切、准备充分、思维逻辑清晰、层次分明、通俗易懂。

撰写正文时采用的结构方式通常有以下4种形式:

(1)总分式。将总论点分为若干分论点,分论点之间为并列关系,内容紧密联系,可分说不同的小问题。这种结构的优点是纲目清楚。其思路过程是:先概说整体,再逐一展开,最后归纳分析得出结论。

(2)递进式。将总论点分为若干分论点,其分论点之间的关系是层层递进、逐步上升。这种结构的优点是,符合人们认识问题的过程。其思路过程是:将论点分解为起点和发展,后一个问题总是前一个问题的深化,层层推进,最后获得结论。

(3)过程式。过程式结构将课题研究的过程作为行文的整体结构,依研究工作进程的时间顺序,遵照"发现问题——问题的研究实验或材料收集——分析试验结果或相关材料——总结并导出结论"的顺序,依次详细展开介绍和论证。

(4)综合式。兼用上述方式,根据文章内容表述的需要灵活运用。

7. 结论

结论是论文的收尾部分,是论文最终的总体的结论,结论的主要内容有:

(1)论文的研究结果说明了什么问题,得出了什么规律,解决了什么理论问题和实际问题;

(2)论文中对前人或他人的有关问题作了哪些修改、补充、发展、证实和否定;

(3)论文研究的不足之处,或遗留未解决的问题以及今后进一步研究的打算等。

如果不可能导出应有的结论,也可以没有结论而进行必要的讨论。可以在结论或讨论中提出建议、研究设想、改进意见、尚待解决的问题等。

8. 注释

注释是对正文中某问题的解释。原则上凡引文必须注明出处,加注的方法有4种:

(1)夹注,即段中注。注写在正文中,一律用括号标明。适宜全篇须注处较少(只两三处)的文章,若夹注过多,不便于阅读正文。

(2)脚注,即页下注。多见于出版书刊,标注在该页的下端最便于阅读。

(3)章、节附注,即注在一章或一节之后,一般书刊、特长论文中会使用。

(4)尾注,即所有注释都放在文章结尾或全书末尾。文内统一编码,文末集中注释。

9. 参考文献

参考文献是书写论文引用的文献资料方式,分为直接引用和间接引用两种。直接引用原文,需要加上引号;间接引用,只是转述大意,又称意引,不加引号。对于引用的文章内容,要忠实原文,不可断章取义、为我所用,不能前后矛盾、牵强附会。论文写作中,作者应表明对引文的观点、立场即称赞或反对的态度。学术论文无论是在脚注还是在尾注引用的参考文献,都要按规定的格式书写。

【示例8-1-1】

关于加强对屋面防水工程管理的探讨

屋面防水是建筑工程的一项重要组成部分,工程质量的好坏直接影响建筑物的使用寿命。目前,屋面防水工程存在的质量问题非常严重,已经引起了国家相关部门的高度重视。房屋渗漏虽然是一项普遍的质量通病,但它并非不治之症。本文就房屋渗漏问题的原因分析及防治措施作一探讨,仅供参考。

笔者认为,影响防水工程质量的因素主要在以下4个方面,即设计因素、材料因素、施工因素和管理因素。

一、设计因素

"我国长期以来没有制定防水工程的设计规范,设计人员没有规范可遵循,各种不同类型、不同功能的建筑如何进行防水设计,采用何种防水材料,有哪些技术要求,均没有明确规定"。再说,设计人员对建筑物防水设计不够重视,只是在建筑施工图总说明中作简单的注明。

二、材料因素

目前防水材料市场仍处于鱼目混珠、良莠不齐、真假难辨、假冒伪劣产品严重泛滥的局面,特别是主导产品SBS改性沥青防水卷材受到的冲击最大,就石家庄地区而言,假冒伪劣SBS产品的市场占有率高达50%以上。据了解,在石家庄郊县做防水卷材的小黑作坊不下几十家,而市场所需的各种品牌他们都能生产。笔者曾对一款所谓的名牌产品做过简单的试验,把标有-18℃的材料取样放入-5℃的冰柜内10分钟,取出用手能捻成碎末。可见防水材料的好坏是影响工程质量的主要因素。

三、施工因素

对屋面防水质量问题的原因分析表明,施工方面的因素也是造成房屋漏雨的主要原因之一,就算有合格而优质的防水材料、优秀的防水设计,但施工方不懂施工,施工质量低劣,仍然保证不了防水工程质量,因此确保施工质量是提高房屋防水质量的关键。造成施工质量低劣的因素如下:

1. 就建筑工程施工而言,人们对屋面防水施工不够重视,而且缺乏专业的防水施工队伍,特别是施工企业在利益的驱使下偷工减料、粗制滥造。

2. 屋面找坡、找平基层和防水层,未按施工规范分工序、分层次进行验收,尤其是对节点部位处理不认真,留下了渗漏的隐患。

3. 由于工程工期紧、抢时间、赶进度,在基层未干的情况下铺设防水层,又未采取排气措施,致使防水层出现起鼓、脱层导致渗漏。

四、管理和维修因素

工程竣工交付使用后,往往使用部门和个人忽视对屋面的保护,在上人或非上人屋面上私搭滥建、堆放杂物和饲养宠物,垃圾和树叶等杂物不能及时清扫,导致常年积水也是造成房屋渗漏的原因之一。

建议:

(一)根据笔者多年的管理经验认为:就平屋面而言、有组织排水的屋面其使用寿命短、且容易出现渗漏,而自由排水的屋面其使用寿命较长、则很少出现渗漏。建议设计部门在平屋面设计时设计成有组织的自由排水屋面。

(二)为确保施工质量、避免抢工期、赶进度和尽可能避开雨季施工,在我国北方地区屋面防水施工选择在4~6月份为最佳季节。

(三)设计方面:

(1)提高设计人员对防水工程重要性的意识;

(2)设计人员必须掌握防水技术、材料的性能;

(3)将防水项目施工图列为专项设计。

(四)材料方面:

1. 由建设单位或业主到防水材料市场及生产厂家进行考察,然后由建设单位或业主自行采购。

2. 防水材料进场后、首先验收查看相关资质,施工前由建设单位或监理人员取样到相关试验室进行检验,合格后方可使用。

五、施工队伍的选择及要求

1. 首先选择有资质、有业绩、经考察技术力量较强的施工队伍进行施工。

2. 防水施工必须按照施工规范分工序、分层次进行施工,每一道工序、每一层次必须经甲方或监理人员签证认可后,方可进行下一道工序。

六、管理和维护

1. 工程竣工交付使用后,使用单位和物业部门必须加强对建筑物成品的管理和保护意识，严禁在屋面上私搭乱建、堆放杂物等损坏屋面的行为。

2. 每年雨季前或定期清扫屋面垃圾和检查排水系统是否畅通无阻。

3. 屋面防水层维修，必须找专业的维修队伍进行维修。

结束语

为确保屋面防水工程的质量，必须做到从材料到施工层层严把质量关。总而言之：无论什么工程，特别是建筑工程，其设计是前提，材料是基础，施工是关键，管理和维护是保证。

【示例8-1-2】

高校固定资产折旧制度建构探讨

徐××

（××建筑职业技术学院 南昌 330029）

摘要：固定资产折旧，是指固定资产在使用中由于磨损或技术进步而转移到它所服务对象的那部分价值。我国高校一直沿用事业单位固定资产管理方式，不提折旧，使固定资产的管理产生很多的问题，并且难以实行完全成本核算。改革高校固定资产折旧的管理，先要制定新的折旧制度。在折旧制度的设计上既要借鉴现行的企业折旧制度，又要符合高校的特点，主要应从两个方面考虑：一是会计科目调整；二是固定资产当期分摊的元素，如分类、方法、折旧等。

关键词：高等院校　固定资产　折旧管理　制度建构

固定资产折旧，是指固定资产在使用中由于磨损或技术进步而转移到它所服务对象的那部分价值。实行折旧的目的，在于积累资金、调节损益、收回投资、进行成本核算，以反映资产价值的真实变化。在我国传统的经济学理论中，根据国有资产直接或间接地参与经济活动为划分标准，将资产划分为经营性资产与非经营性资产，行政事业性国有资产是社会总产品的一种管理费扣除，自然被认为是一种非经营性资产。这一传统的理论定势，使我国的行政事业性国有资产一直处于无偿使用的状况，资产管理的效率非常低。我国高校一直沿用事业单位单位固定资产管理方式，缺少折旧核算的资金运动内容，导致教育成本无法准确核算。

随着改革的深入，高校会计新实践与原有财务管理制度的矛盾日益增多，特别是为适应形势发展，分清投入权利与责任之间的关系，建立新的固定资产管理模式显得尤为重要。随着近年来投资主体多元化，教育集团化、产业化和高校会计主体多元化的变革，高校固定资产不核算折旧的传统方法已不能充分适应利益相关者的需求，并且也有悖于新形式下强化高校教育成本管理的要求，高校固定资产折旧制度的改革，势在必行。

一、当前高校固定资产核算存在的主要问题

1. 固定资产账面值严重不实问题日益突出。（略）

2. 不能科学合理地对固定资产进行更新。（略）

3. 资金使用的有偿性使财务风险增加。（略）

二、高校固定资产折旧法可行性分析

1. 新增资产账面价值确定。（略）

2. 借贷记账法与无缝参接。(略)

3. 财务软件对比与选择。(略)

三、高校固定资产折旧制度设计

1. 计提折旧的范围。(略)

2. 计提折旧的方式。(略)

3. 折旧的时间价值。(略)

与经营性企业相比,高校固定资产有两个显著特点,一是公共产品的性质,投入大,使用时间长,而且折旧不需冲抵所得税(学校不交税);二是种类较齐全,个体价值、性质千差万别,因此,应区分各类固定资产的属性分别采取相应的折旧时间。

房屋建筑物和一般设备,由于使用年限较长,其使用价值在使用期限内转移较平均,一般选择平均年限法,企业的房屋建筑物的折旧年限一般为20~30年,高校的应延长一些,30~40年比较合适。还有土地使用权是有年限的,其购置费应在年限内平均摊销,贷款利息直接计入当期费用,不需通过折旧。

设备的折旧年限一般为5~10年,图书和其他固定资产的折旧年限一般不应超过10年。对于馆藏图书,应折旧后单独管理,虽然有增值的空间,但管理费用大,价格难以确定,而且大多数会在使用中毁损,因此,应作特殊资产管理。

电器产品一般为3~5年。可以分2种:科研使用与教学使用。科研使用要求高,应跟上产品的更新换代,可以定位在3年;教学使用时间可以长一些,可以定在5年。

使用不同的折旧方法,计算出各期的折旧费用会相差很大。高校在进行成本核算时,对固定资产折旧的核算要持谨慎态度,慎重选择折旧方法,一旦选定,在各期核算时都应保持一致,不能随意变动。

4. 科目设置及处理

为对高校固定资产的折旧情况进行全面的核算,应将"固定基金"改为"累计折旧",各项固定资产按一定的折旧方法计提的折旧额,借方记录当期费用,贷方计入累计折旧。如果要进一步核算成本,还应加设"学生培养成本"的成本结转类科目,以结转当期费用。对于折旧费用,应当按照合理的标准在不同专业中分配,并可按照固定资产类别或使用部门设置明细科目。"累计折旧"科目贷方反映高校各类固定资产计提的折旧额和增加固定资产而相应转销其所提的折旧额。"累计折旧"是固定资产的备抵科目,该科目的余额在贷方,反映高校现有固定资产的累计折旧额。在资产负债表中,累计折旧作为固定资产减项单独列示,与固定资产原值对应反映固定资产净值。

四、某高校新校区固定资产年报新旧两种方法对比表(略)

总之,实施固定资产折旧能明确固定资产的当期分摊份额,是进行高教教育教学成本的核算合理化的前提和基础。高校固定资产折旧与经营性企业的折旧有相同之处,也有自身的特点,因此,在制度的设计上就要既要借鉴现行的企业折旧制度,又要符合高校的特点,设计主要从2个方面考虑:一是会计科目的增加;二是固定资产当期分摊的元素,如分类、方法、折旧等。通过新旧两种方法核算比较,采取新的折旧法能够清晰地反映固定资产的运动,为分摊教育成本,明确管理责任,控制投资规模等提供准确的数据。

高校的固定资产折旧制度的建构是一个不断实践、不断探讨的过程,需要根据高校发展的要求和资产变化的新动态,不断地调整和完善,最终目的还是要通过固定资产计提折旧的核算,调动各部门加强固定资产管理的积极性,提高固定资产运营效益,促进我国教育事业的健康发展。

第二节 建筑论文

一、建筑论文的概念

建筑论文是在研究建筑领域的理论问题和建筑实践活动的基础上,以议论的方式提出作者的见解,反映建筑业发展规律,描述建筑科学研究成果的学术文章,是建筑领域理论问题和实践活动研究成果的记录和总结,可供人们学习和借鉴,对促进学术交流、考核建筑工作人员建筑研究水平、发现人才、培养人才、推动建筑事业的发展,有重要的作用。

二、建筑论文的特点

(1)科学性。建筑论文要讲科学性,要求作者实事求是,正确地反映客观事物和客观规律,不得主观臆造。论据要充分确凿,论证要严谨周密。

(2)理论性。建筑论文要求运用科学的原理和方法去阐述建筑领域的问题,它要求站在一定的理论高度观察和分析问题,探讨建筑活动规律,具有较浓的理论色彩。

(3)创见性。建筑论文要求作者有自己的见解,不能人云亦云。它是作者新思想、新理论的体现,是为发表新理论、新设想、交流学术新成就而写的。新颖、独到的见解是建筑论文的主要特点,也是建筑论文的价值所在。

(4)专业性。建筑论文的材料、语言须具有专业特点。它的材料多运用数字、计算和图表,它的语言多运用建筑专业术语和专用名词。

三、建筑论文的写作

1. 选题

选题是论文撰写的起始,也是成就论文的关键。它不仅对决定论文的价值有重大意义,而且对文章的整个写作过程具有统帅作用。论题一旦确定,材料的搜集、整理、分析,论点的确立,提纲的草拟等都要围绕它来进行,论题如果选得好,那么下面一系列工作就可能进行得比较顺利,否则,下面的工作就可能受阻。

正确地选择和确定论题,一般应遵循以下4项原则:

(1)论题应在认真调查研究、刻苦钻研的基础上产生。建筑论文具有建筑实践活动联系紧密的特点,所以在选题时必须对某一方面的问题作深入细致的调查研究,查阅大量的有关资料,进行反复思考,这样才会有所发现,感到确有东西可写,论题就自然而然地产生了。

(2)论题的大小要恰当,难易要适度。论文选题要充分考虑作者自身的条件,做到大小恰当、难易适度。如果选题过于宽泛,大而无当,难以深入地进行研究,结果只是在表面上做文章,写不出独到的东西,就不容易出成果。选题太小,难以展示,揭示不出带有普遍性、规律性的东西,达不到论文的要求。

(3)论题要有实用价值和研究价值。所谓实用价值,即所选论题应能解决或回答建筑实践活动中或建筑理论研究中的实际问题。所谓研究价值,即所选论题应有一定的学术意义,值得探讨研究。

(4)论题应力求创新,要富有新意。有新意是指要有新观点,有了新观点,文章就有了存在的价值。有新意,还包括对题目、内容、表现方式、语言等多方面的要求。

2. 资料的搜集、整理

占有资料是撰写建筑论文的基础,只有对大量的资料进行认真的分析、比较、研究,才有可能发现新问题,形成新观点。因此,写建筑论文,必须占有充实的资料。

搜集资料的原则:

(1)全面性。全面性就是尽可能多地搜集与论题有关的各种资料。应占有与论题相关的历史和现实的资料,应占有与论题相关的正面和反面的资料,应占有与论题相关的具体与概括的资料。一句话,就是要广采博收。

(2)指向性。指向性是指资料的搜集要紧紧围绕论题来进行,要根据选题需要搜集有用的资料。切不可盲目地搜罗。

(3)求新性。求新性是指搜集的资料要尽可能反映论题涉及的学术研究领域的新动向、新信息。不然,即使所选论题是新颖的,也会因材料的陈旧而不能达到预期目的。

占有一定的资料后,就应对资料进行整理、分析和选择,初步形成观点,为论文写作做好准备。

3. 格式及写作要求

(1)标题。建筑论文的标题要求直接、明确、醒目,能给读者新鲜的感受和深刻的印象。

(2)署名。论文作者的名字写在标题的正下方。

(3)目录。篇幅较长,分章、节并加有小标题的建筑论文,要写出目录。

(4)内容提要。较长的建筑论文一般要写内容提要。内容提要要求用高度概括的语言把论文的主要观点提示出来,以便读者在阅读正文前从中了解论文的内容要点。

目录和提要,并非每篇建筑论文都必须具备。篇幅短小的就不必有这两项内容。

(5)正文。正文包括绪论、本论、结论3个部分。

绪论是论文的开头部分,一般包括:选此论题的缘起、目的及背景,他人对这一论题的结论及看法(观点),作者的观点及其论证的实践或理论上的意义。绪论的目的在于提出论题,引出本论。正文是建筑论文的主体,是反映论文质量与学术水平的关键。因此,写作时,在形式上要求层次分明,脉络清晰。划分层次的方法通常是:

一是以小标题为手段,把文章划分为几个相对独立而又有紧密联系的部分。小标题一般应该是作者围绕中心论点展开论证的分论点,或者是标明文章各部分的提要内容。

二是以序码或空行为标记,来表示文章不同的层次部分。

三是以醒目的字体来显示文章不同的层次部分。文章每个部分开头的第一句话用较粗的字体印刷,这句话往往明确地显示出这一部分的主旨,亦即内容提要。

在内容上,要求逻辑严密,论证充分深刻。应做到以下几点:①论文的各个部分,都要分别完整地表达一个意思,要用一个中心句明确地概括出分论点。②论文的各个部分都要围绕中心论点，从不同侧面、不同角度触及文章的中心，起到说明、证明、支持中心论点的作用。③要恰当运用不同的论证方法，充分论证自己的观点。常用的论证方法有：例举法、引证法、对比法、反证法、归谬法、因果论证法等。

四是材料和观点要高度统一，观点应统帅材料，材料能说明观点。

结论。结论是论文的收尾部分，结论的内容应与绪论相关，同时又是本论部分的集中归纳。这部分可以写以下内容：①对所研究的课题的结论性看法；②对所研究的课题的探讨性意见；③对课题研究尚未解决的问题的展望。

以上所述，只是建筑论文的一般格式和写作要求，并不是一成不变的死板公式，作者可根据实际情况加以变通，只要能达到论文写作的目的即可。如果结论部分内容已在本论部分阐述清楚，也可没有结论。

【示例8-2-1】

浅析砌块在建筑中的广泛推广及应用

摘　要　砌块作为替代黏粘土砖的墙体材料，在节土、节能和环境保护方面已经开始产生重大社会效益。本文从砌块的优越性和砌块建筑面临的一些问题两方面阐述了砌块在现代建筑中的应用。

关键词　工业与民用建筑　砌块　应用

1　砌块的优点

1.1　种类多。砌块的种类要较黏土砖多出很多。砌块按主规格尺寸可分为小砌块、中砌块和大砌块。按其空心率大小砌块又可分为空心砌块和实心砌块两种。砌块又按所用材料分为水泥混凝土砌块、加气混凝土砌块、粉煤灰砌块、石膏砌块、烧结砌块等。常用的砌块有普通混凝土小型空心砌块、轻集料混凝土小型空心砌块和蒸压加气混凝土砌块等。

1.2　低能耗。黏土砖采用优质黏土烧结而成，经计算每万块黏土砖需取土毁田0.0007～0.01亩，而混凝土砌块包括水泥成型和蒸汽养护的总能耗，还不足黏土砖的一半。砌块的砌筑工作量小，砂浆用量也少。每平方米190厚砌块墙的砂浆用量仅为黏土砖的20%～30%，即可节省砌筑砂浆70%以上。

1.3　自重轻。混凝土砌块标准尺寸为390×190×190，空心率46%，重18公斤。砌块墙体自重比240和370黏土砖墙分别减轻30%和5%，不仅减轻了基本的负载，易于地基处理，减少了施工中的材料运输量，也增大了结构的抗震可靠度。

1.4　施工速度快。由于砌筑1平方米砌块墙需标准块125块，而1平方米240厚砖墙需用128块砖，工人砌筑同等面积的砌块墙时弯腰取块挂灰的次数将可减少90%，不仅降低了砌筑的劳动强度，而且可提高砌筑速度30%～100%。

1.5　增加使用面积。砌块对多层及中高层房屋均可采用190厚墙，在同等建筑面积条件下，可增加有效使用面积3%～5%。

1.6　尺寸精确。加气混凝土砌块表面平整，尺寸精确，容易提高墙面平整度。特别是它像木材一般，可锯、刨、钻、钉，施工方便快捷。轻集料混凝土小型空心砌块密度较小、热工性能较好。

2 砌块在建筑中应注意及面临的一些问题

2.1 砌块材质问题。砌块与烧结砖相比，混凝土砌块干缩值较大，墙体较易产生裂缝，应注意在构造上采取抗裂措施。另外，还应注意防止外墙面渗漏，粉刷时做好填缝，并压实、抹平。

2.2 设计构造问题。砌块作为后砌填充围护结构时，当墙体尺寸与砌块规格不配时，难以用砌块完全填满，造成砌体与混凝土框架结构的梁板柱连接部位孔隙过大容易开裂。门窗洞及预留洞边等部位是应力集中区，未采取有效的拉结加强措施时，会由于撞击振动容易开裂。墙厚过小及砌筑砂浆强度过低，会使墙体刚度不足，也容易开裂。

2.3 砌筑施工问题。砌块与黏土砖不同，随意砍凿砌筑，用不同材料混砌，使用龄期不足的砌块等，墙体容易开裂。砌块与柱连接处及施工预留洞后填塞部位未加拉结钢筋，均容易引起搭接部位开裂。砌块在运输、堆存中应防雨防潮，过大墙面应适当在灰缝中设钢丝网，砌筑时砂浆和易性要好。砌块上墙时含水率过大或雨期施工淋湿砌块，墙体亦会因收缩开裂。砌块无错缝对孔搭砌、灰缝砂浆不饱满、日砌筑高度过大等，均容易引起墙体开裂。

2.4 墙面抹灰问题。砌块墙体与黏土砖墙一样，一般均加抹灰装饰层，外墙更要粘贴饰面砖。当砌块墙面特别是蒸压加气混凝土砌块墙面基层处理不当，抹灰饰面层易起鼓开裂甚至脱落。抹面砂浆应适当提高灰砂比，墙面增挂一道钢丝网，用于外墙时进行饰面处理或憎水处理。厨房和卫生间墙体既要挂灰也要防水，抹灰层处理不当也易造成渗漏。开洞槽埋管线后，填塞及抹灰面层处理不当往往引起局部开裂。在不同材料的接台部，新旧砌体连接处及开槽位置，抹灰层钉上钢丝网或加防裂网布，可减小抹灰层的开裂。

3 结束语

综上所述，砌块使用及运输中应注意的事项很多，砌块墙体开裂的原因也较多，要从各方面考虑注意事项及应用措施，加强砌块生产管理保证材料质量，针对裂漏原因按规范要求严格施工，提高砌块的使用效率及更广泛的推广应用。

【示例 8-2-2】

浅议建筑企业利润滑坡的原因及对策

近年来，为贯彻“治理经济环境，整顿经济秩序，全面深化改革”的方针，国家采取了压缩基本建筑投资规模、紧缩银根等一系列措施，使建筑施工企业面临任务不足和流动资金紧缺的严重局面，企业的生存和发展受到了严峻的考验。目前我国建筑企业仍属微利企业，其利润主要包括施工利润和法定利润（或计划利润）两部分。利润是反映企业经营成果和管理水平的一项综合性指标。全国大部分建筑企业的利润出现了滑坡现象，近一半的施工企业出现了亏损，亏损面达到了 42.7%。我省一家较早进入省级先进企业的施工单位近几年来产值利润率从 1983 年前的 8.3% 逐渐降为 1987 年的 6.21%、1988 年的 5% 和 1989 年的 3.53%、1990 年的 3.01%。虽然产值逐年上升，可利润却徘徊在 200 万元左右。利润滑坡不仅影响国家的利益，而且直接影响了企业及职工的利益。如何解决建筑企业利润滑坡的问题。已成为建筑企业今后生存发展的一项关键性的任务。

一、建筑企业利润滑坡的主要原因

当前建筑施工企业利润滑坡的现象十分严重,造成利润滑坡的原因是多方面的,既有内部的原因,也有外部的原因,而主要是外部原因。归结起来,主要有以下几个方面:

1. 国家紧缩银根,施工任务严重不足。1990 年全国固定资产投资规模虽然与上年基本持平,但是由于投资结构的调整,资金较多的向能源交通基础工业及农业等方面投入。这样,地方施工企业任务不足便更加明显地表现出来。假若同以往计算口径一致,1990 年我省施工任务比往年减少 5% 左右,而施工企业却逐年增多,人员逐年增加,“僧多粥少”的现象较普遍。我省大部分建筑企业职工处于窝工、半窝工的状态。仅省建系统一家较大的施工企业就有 10% 的职工处于窝工半窝工状态。

2. 资金紧缺,企业难以维持正常的运转。由于有些建设单位在投资未落实、财力不足的情况下便匆忙上项目,造成拖欠工程款的现象。全省施工企业拖欠工程款早已突破 1 亿元,占施工企业流动资金的 65%,严重地影响了企业的资金周转。国营大中型企业为了维持生产的正常进行,只得依靠银行增加超定额贷款。利息支出相应增加,必然增大企业的成本,影响经济效益。譬如,1990 年底,我省有家施工企业已向银行贷款 1950 万元,年付利息 150 万元以上。1986 年以前,该公司银行贷款(包括拨改贷款数额)还不足 900 万元,年利息支出还不足 60 万元。

3. 因施工任务严重不足,建筑企业之间竞争非常激烈。施工企业为了承接工程任务,相互间竞相杀价,让利施工,让利幅度逐年增大,1988 年我省建筑行业让利超过 1000 万元,1990 年突破了 2000 万元,相当于一个大中型施工企业的全部资金。施工企业承建的绝大部分工程不能按正常的收费标准收取独立费和间接费。

4. 长期以来,建筑产品价格背离价值,低于价值的偏向较为严重。作为建筑产品价格制定者预算定额部门设有及时调整因物价上涨而造成高于预算定额的费用,也是建筑企业利润滑坡的一个重要原因。我省建筑工程预算定额除少部分变动外,仍然执行 1988 年版的《建筑工程预算定额》,人工费、材料费、机械费的调增没有得到及时补偿。一是职工工资的增长,物价副食品补贴的政策性调增,大大地加重了企业的负担。比如,省建系统一家企业 1990 年与 1987 年相比,职工工资及副食物价补贴增加了 190 多万元,而定额调增部分只相当于增加额的 52%。不难看出,该公司 1990 年的成本费用开支相比增大了 90 多万元,也就是说利润相应减少了 90 多万元。二是建筑材料涨价幅度过大。以三材为例,钢材每吨 900 元上涨到 1800 元,水泥由每吨不到 100 元上涨到 200 多元,木材由每立方米 400 多元上涨到 900 多元。虽然定额已相应地调增了一部分,但由于不计间接费等,企业在这方面无形中让价了 15% 以上的间接费。三是机械使用费,由于单机价格的猛涨,企业的机械折旧率仍维持原来的水平,表面看虽然成本费用增支不多,但要使机械设备保持规定的使用年限,就必须增大经常维修费,如不能达到规定的使用年限,就必须增加折旧金额(即提前报废,补提折旧等费用)。以上几个方面,因定额调整不够及时、全面,也加大了施工企业的成本,降低了利润收入。

5. 企业内部管理不得力,缺乏发展后劲。近几年来,推行经营承包责任制,在管理和经济核算等方面,由于承包者的短期行为,普遍存在包而不管、以包代管的现象。许多行之有效的基础工作被忽视,企业的原始记录、会计台账、核算体系等被废弃或名存实亡,"橡皮成本"、"领导成本"处处可见,核算严重失真。有的企业领导为完成上交财政利润计划,欺上瞒下,假账真算,甚至出现漏交或少交国家税收的现象。有的企业施工质量差,返工率增大,重复花费人力和物力。施工现场管理混乱,主要材料浪费较大,有的周转材料丢失非常严重。企业普遍存在设备、人员老化的现象。有的单位机械设备维修不够,带病作业时有发生,严重束缚了生产效率的提高。离、退休队伍加大。我省国营大中型施工企业退休劳保人员已近职工的五分之一,有的企业超过职工的四分之一,劳保基金的严重超支也必须由企业的利润来弥补。

此外,由于主观及客观原因,施工企业还出现了隐性亏损。主要表现在:①拖欠工程款越来越多,隐藏着部分坏账损失;②库存积压物资特别是过时的机械配件,实际上已经没有多少使用价值,但仍然挂在物资账上;③多种经营投资较多,有的项目投资难以收回;④一些确已无法收回的应收及予付款仍长期挂账,未作销账处理;⑤现行固定资产折旧率普遍偏低,平日所提的折旧远远不能补偿固定资产使用过程的损耗价值,不能满足更新、改造、重置固定资产资金的需要。近年来,全省建筑行业共发生隐性亏损至少在1000万元以上,仅省直一个施工企业1990年处理的隐性亏损就达50多万元。

二、解决利润滑坡的对策

建筑施工企业利润滑坡的原因是多方面因素造成的。要解决这个问题,必须从内外两方面着手,双管齐下,才能克服当前的困难,达到提高经济效益的目的。

1. 国家必须重视建筑业的发展,使建筑业成为真正独立的国民经济的一大支柱。按照计划经济和市场调节相结合的原则,在任务分配上对国营大中型企业实行倾斜政策,在计划施工产值方面可以适当考虑按资质条件和企业的生产能力核定其工作量。由行业主管部门采取议标或意向招标方式多给国营大中型施工企业一些任务。国家、省重点大型建设项目可以采取直接分配的方式指定给某些骨干施工企业,使其能有用武之地。

2. 加强领导、上下配合,建立由政府、银行和企业组成的专门"清欠"机构,帮助企业解决拖欠工程款的问题。对一些拒不付拖欠款的单位,银行可以直接划拨;对暂时无钱支付的单位,可以协商承付利息或滞纳金;对某些无偿还能力的单位可实行破产还债,将其产品、机械设备、房地产等变价拍卖,强制归还欠款。

另外,国家要委托有关部门重新合理地核定建筑施工企业流动资金的贷款额度。建行或主管部门必须认真调查企业资金在各阶段的流动情况,重新核定企业的流动资金基数,在新的基础上再来确定贷款计划。

3. 切实做好投标招标的管理工作。目前我省招标工程建设有的存在着严重的舞弊行为,贪污受贿屡见不鲜。乡镇企业、农村建筑队决标时能中标,国营大中型企业却往往失标。由此,建议主管部门要加强对投标、招标工作检查、监督,利用法律手段制止某些违法行为。投标、招标管理机构及建设银行应公正合理地进行评标定标,防止某些建设单位盲目压价。

4. 严格执行基建程序,合理确定建筑产品的价格。建设单位在项目审批时必须提供由建行出具履约资金的保函,对资金不足的项目建行不得随便签证。主管部门必须充分发挥其监督职能,认真审批基建投资情况,对资金有缺口又无法弥补的项目,必须责成基建单位压缩规模或削减项目。

鉴于目前预算定额普遍偏低的情况。定额主管部门必须认真调查研究，做一定量的细致工作，切实做到每两年调整一次预算定额，每一年调整两次材料预算价格，只有这样才能使建筑产品价格与价值基本相符。

5. 加强企业内部管理，强化经营承包责任制。首先，必须加强资金管理，严格划分固定资金、流动资金和专项资金的界限，采取各种有效的资金管理办法，如实行企业内部银行管理等，努力把有限的资金用好用活。流动资金只能用于生产周转，不能挪作他用。第二、提高产品质量，加强成本管理，特别是物耗管理。尽力降低物化劳动和活劳动的消耗，减少不必要的损耗，提高劳动生产率和机械利用率。第三、加强基础管理工作，建立必要的岗位责任制。基础工作是经营管理的首要任务，企业必须建立和完善必要的原始记录、会计台账及正确的核算体系，发挥其应有的作用。第四、发展横向联合，积极开展多种经营，内部审计监督，促使企业的经济活力正常进行。

总之，只有内外结合，上下努力，同抓共管，调动一切积极因素，建筑企业利润滑坡的现象才会得到控制，经济效益才会得到提高。

【示例8-2-3】

影响陶粒混凝土强度的主要因素

王××

（××省建材产品质量检验所，××省　××市 010010）

摘　要　本文就影响陶粒混凝土强度的主要因素陶粒强度、水灰比、水泥用量、陶粒含水量进行了较详细的论述。

关键词　混凝土强度　陶粒强度　水泥用量　水灰比　陶粒含水量

陶粒的强度一般来讲远远低于石子，之所以仍能配制成高强度的混凝土主要是因为：①陶粒颗粒圆整，混凝土拌合物成型后水泥砂浆能均匀地包裹在陶粒的周围，一旦混凝土受力，陶粒就会在混凝土中处于各项应力状态，受力比较均匀，应力局部集中的情况较少，相应地提高了颗粒的极限强度。②由于陶粒能够较多地吸收水泥砂浆中的水分，具有真空作用，从而提高了水泥砂浆与陶粒之间的黏度强度，增加了水泥砂浆在混凝土中的骨架作用，有利于混凝土强度的提高。③圆形颗粒在振动成型时，颗粒与颗粒间的摩擦力较小，在混凝土中容易紧密而均匀地排列，提高混凝土的密实度，从而也提高了混凝土的强度。

以下从砂浆强度、水灰比、水泥用量、粉状颗粒含量、陶粒含水率阐明轻骨料陶粒混凝土的特点和基本性能。

1. 砂浆强度对陶粒混凝土强度的影响

在一定强度范围内，尤其是高强度混凝土，砂浆在轻骨料混凝土中起骨架作用。所以要提高轻骨料混凝土强度，就必须考虑提高砂浆强度和增加包裹陶粒表面的砂浆层厚度。在一般情况下，为了控制混凝土的容重，不宜过大增加包裹系数。通常陶粒混凝土抗压强度在一定范围内是随砂浆的强度增加而增加。

2. 陶粒强度对混凝土强度的影响

随着陶粒筒压强度的提高，所配制的混凝土的提高较为显著。在高强陶粒混凝土中，在一定的水泥石的强度下，陶粒的强度是起决定性因素的，混凝土的破坏往往是由陶粒的首先破坏所引起的。也就是说，具有一定的筒压强度的陶粒只适宜配制一定标号的混凝土。

3. 水灰比对陶粒混凝土强度的影响

水灰比是影响陶粒混凝土强度的主要因素之一。不同水灰比对陶粒混凝土强度的影响也不同。

大量试验表明，决定黏土陶粒混凝土强度的主要因素除水泥活性和水灰比外，还受到陶粒强度的影响。

当水灰比增加时，混凝土充满着自由水。当水分蒸发后，砂浆内部即形成许多微细孔隙，降低砂浆密度和与陶粒之间的黏结强度，使混凝土强度迅速降低。水灰比是决定砂浆和轻骨料混凝土强度的主要因素之一，在制品生产时，应严格加以控制。

4. 水泥用量对陶粒混凝土强度的影响

一般轻骨料混凝土强度随水泥用量的提高而增长，因为在一定用砂量和一定用水量的条件下，增加水泥用量即相应地降低了水灰比，从而提高砂浆强度，加强了混凝土中的骨架作用。但当水泥用量增多，水灰比不变，能改变混凝土的稠度，而对混凝土强度影响不大。

5. 陶粒的含水率对混凝土强度的影响

陶粒在一般情况下均含有一定数量的水分，用干燥的陶粒比一般含水率的陶粒所配制的混凝土，强度可提高3% ~8%。由于干燥陶粒能大量吸取砂浆中的水分而提高砂浆的强度，并加强了陶粒与砂浆间的黏结力，所以使混凝土强度有所提高。用浸水饱和的陶粒配制混凝土时，已失去了这样的作用，并且颗粒表面多少还存在着附着水，增加了混凝土总用水量，相应地加大了混凝土的水灰比，所以混凝土强度降低较显著。

第三节 毕业设计

一、毕业设计的概念

毕业设计是高校工科应届毕业生在老师指导下，就某一课题，综合运用自己所学的有关课程的理论和技术表述其专业设计情况的一种应用文书。

二、毕业设计的特点

(1)考查性。工科毕业设计主要考查学生是否具备工程设计的初步能力。主要包括运用原理、查阅资料、绘制图表、分析数据和操作技能等几方面的能力。

(2)科学性。科学性是毕业设计的基本特点。毕业设计不能凭主观虚构或随意取舍素材或得出结论，而是要符合科学性要求，课题选择要符合社会发展的需求，设计方案要以基础理论、专业知识和科学实验结果为依据，要能经得起验证。

(3)创新性。毕业设计应以继承与创新为结合点。其展示的设计要求在某个方面有所创新，可以是新构想、新方法、新材料、新手段、新过程等等。通过毕业设计，培养学生将书本知识运用于实践的创造性能力。切忌单一地重复、模仿或抄袭别人的设计。

三、毕业设计的写法

毕业设计大体分为3个阶段:①准备阶段。一般包括选题、调研、查阅文献、优选方案、编写任务计划书。②实施阶段。一般包括方案设计、测试与实验研究、技术经济分析。③总结阶段。形成结论、编写设计文书、准备答辩。

毕业设计文书的数据项目按前后顺序可分成3个部分:①文头部分,包括标题、署名、摘要、关键词等项目。②主体部分,包括绪论、正文、结论等项目。③文尾部分,包括谢辞、注释和参考文献等项目。

文头和文尾部分的写作格式,与学术论文的要求基本一致。毕业设计主体部分的格式因设计类型的不同而有所差别。主要有以下项目:

1. 前言

前言部分也常用“引论”、“概论”、“绪论”等作为标题,主要介绍设计的选题。

首先,阐明选题的背景和选题的意义。一般包括设计题目任务的介绍,以及设计术、新工艺、新材料、新设备、环保安全及经济效益等。

其次,要介绍选题在学科领域和实际中的位置。通过阐述选题在相应学科领域中的发展进程和研究方向,特别是近年来的发展趋势和最新成果。通过与中外研究成果的比较和评论,说明自己的选题符合当前的研究方向并有所进展,或采用了当前的最新技术并有所改进。

2. 正文

毕业设计的正文因为专业不同,研究工作涉及的学科、选题、研究方法、工作进度、结果表达方式等有很大差异,但基本上包括原理设计、实验和观测结果、计算方法和编程原理、数据资料、经过加工整理的图表、关键技术以及性能测试、经济技术分析等。不论什么专业的设计,在内容上,都必须言之有理、持之有据、论点鲜明、富有新意;在文字表达上,都必须简练通顺、层次清楚、结构严谨、合乎逻辑。

3. 结论

结论包括对整个研究工作的进展进行归纳,综合而得出总结,还应包括所得结果与已有结果的比较和本课题尚存在的问题以及进一步开展研究的见解与建议。结论集中反映作者的研究成果,表达作者对所研究课题的见解,是全文的思想精髓,是文章价值的体现,结论要对自己的工作作一个实事求是的评论。

【示例8-3-1】

分户热水采暖系统设计

分户采暖(一户一阀)系统设计采用每户一个水平串联系统,两个具有专用钥匙或专用开启工具的阀门设于公共楼梯间内,这样不交纳采暖费的用户将被供暖单位专业人员用专用工具关闭阀门,非专业人员无法开启。但与通常的上供下回单管顺序式系统比较,一户一阀系统在设计与施工中也存在一些问题,需要加以解决。

一、分户热水采暖系统设计

1. 一户一阀系统供回水干管均设置于公共楼梯间,而一般楼梯间不采暖,要求管道保温,厚度一般为50mm。以干管DN75为例,管道保温后距墙25~50mm,这样保温后管道外侧距墙至少50+75+50+25=200(mm),也就是在楼梯间休息平台处,人的通行净距离减少0.2m,而一般楼梯间开间设计为2.4 m,给人的通行及家具搬运等带来不便,因此设计时宜与土建人员协商,将楼梯开间改为2.7m或将楼梯间进深适当加大,以解决人的通行问题。

2. 底层公用、上层为住宅的建筑物,如底层为车库、仓库等,不经常有人,一户一阀系统供回水干管的室内总阀(通常设在底层)宜设在非底层的最下层住宅内,以便处理突发性漏水等特殊情况时能够及时关闭

3. 每户住宅的入口供回水管宜设在同一标高位置,即设在地面上,设在顶棚下不利于室内美观,且每户供回水阀门不在同一位置,开启不便。

4. 室内水平管过门处以设在地面下为宜。如设在门口上会出现高出系统管道,而暖卫规范规定高出系统管道应设排气装置,一般每户水平管至少过进户门、阳台门两个门口,排气装置采用手动式不便操作,自动式又占据室内有效空间,且不美观,也给装修带来不便。

二、分户热水采暖系统施工

1. 楼梯间内供水立管顶端集气罐应选用自动排气式,且应排气灵活、耐用,否则会造成顶端气塞,影响供热效果。

2. 每组散热器必须沿供水方向设手动放风阀一个,不设放风阀或放风阀方向设反,都会造成散热器内上部气塞,影响散热效果。

3. 楼梯间内管道所用保温材料,以选择热导率小、密度小和成品表面规整光滑的保温材料为宜,例如聚氨酯发泡材料,一般可在管道安装前预制好,接头及水平支管保温现场制作。而采用矿棉、棉毡、珍珠岩瓦块等材料,存在厚度大、不均匀、保温效果差和观感效果不佳等缺陷。

4. 一户一阀式采暖由于每户一个水平串联系统,尽管设计经过计算使各环路水力平衡,但在采暖期开始时,由于环路多,且每组散热器需手动排除空气,因此,系统的初调节特别重要,如果调节不好,极易造成各环路水力不平衡,导致某些用户不热,必须在采暖初期投入足够的技术力量检查、调节,以保证正常采暖。

【示例8-3-2】

建筑创作和综合技术设计

21世纪将是多种学科技术并存的时代,它必将形成推动建筑发展的巨大动力,建筑整体设计也就越来越重要,建筑师必须把握时机,充分发挥建筑师的主导作用,主持好各项建筑工程设计。

建筑整体设计是建筑设计的新概念,其特点是全面地与建筑相关的各个元素——外部环境、建筑构造、技术装备等协同,并将高品位的建筑创作和综合新技术融为一体。

高品位的建筑创作,必须考虑可持续发展,即未来的要求,这就是说,如何尽可能地节省自然资源,如何保护人类赖以生存的环境,如何通过高质量的建筑设计和建筑构造,以降低建筑设备的使用数量和减少整个工程的费用。

综合新技术是充分发挥各学科技术特长，创造和运用新技术，并与外部空间、建筑体量、建筑构件之间的全面协同，从而降低设备投资和运行费用。

每项建筑工程建设的成功，凝聚着集体的智慧和力量；建筑创作是建筑师付出的智慧和期望；建筑工程设计，是建筑、结构、设备专业付出的艰辛和力量；建筑工程建成，是设计、施工、安装、管理付出的辛勤和汗水。

20世纪90年代初期，我们对整体设计的概念有些粗浅的认识，自觉和不自觉地在工程设计中做了些工作，取得一些收获。本文着重从获部组"科技进步二等奖"的杭州市工商银行金融综合大楼和杭州市交通银行金融大楼两栋建筑谈起，论述其整体设计——建筑创作的综合技术，在两项工程设计中建筑师为达到整体设计的优秀，在各阶段设计乃至建筑物建造全过程中都充当了创作者和协作者。

两项目正式投入使用4年多，整体运行协调、良好，达到预期效果，又被大众所接受和赞赏，并获得各种荣誉——优秀设计奖、科技进步奖、工程质量奖、地方十佳景观、最佳造型形象奖等等，无一不是给建筑师和工程师们的欣慰和自豪。

建筑创作

在强调建筑整体设计的时代，建筑师们的创作观念和设计方法要有所突破，创作灵感迸发将更多地建立在建筑整体设计的分析、综合和评价的基础上，要学会和提高建筑整体设计的综合能力，具备新的知识体系和思维方法，融合多学科技术。我们在上述工程中运用了新的设计观念，强调了建筑创作的整体性。

现将这两栋建筑工程的设计概况和建筑创作构思加以阐述。

1. ××市工商银行金融综合大楼，属综合性大楼，总建筑面积3.9万平方米，主楼总高度84米，22层，裙房4层，局部6层，地下室2层。

设计总体思路突破我国银行建筑传统的设计模式——封闭、厚重、森严、功能单一等，创造出一栋多功能型、开放型、与国际商业银行的模式接轨的建筑。

建筑造型洒脱、开放，形体是由双曲面组合而成，主楼呈"向南围合的曲面"，裙房呈"向北围合的曲面"，两者围合而成"聚宝"的内涵。

建筑物蓬勃向上，立面设计采用大面积坚实的花岗石墙面，大面积带形铝合金幕墙和部分玻璃幕墙，并将三者交织成刚劲有力的整体，通过造型和实体墙面的逐层收束，形成简明、挺拔、节节向上的动势，具有鲜明独特的个性。

建筑平面和室内空间设计成多功能型和开放型，将营业、洽谈、办公、会议、接待、康乐、观光融为一体。宽敞明亮的二层营业大厅统一在意大利大理石的浅黄色色调中，加上自动扶梯、喷泉、灯光的衬托，使空间显得非常气派、高雅和朴实。智能型的计算机网络中心，开敞式智能化办公空间及各配套用房合理地分布在各个楼层。顶层圆形观光层，电梯厅各层观光层，可将西湖风景尽收眼底，充分享受到大自然的温馨。

2. ××市交通银行金融大楼，属纯金融办公大楼，总建筑面积1.9万平方米，建筑总高度39.9米，地上13层，地下2层。因所处地段的周围建筑度均比它高，设计者特将本建筑设计成具有独特风格的建筑外观，其立面设计成新古典形式，建筑基座采用粗犷花岗石，显示雄厚实力，上部采用火烧花岗石和竖向条形与点状铝合金窗组合作为饰面，展现银行建筑高贵典雅、庄重的性格。

在上述两项创作中，除精心刻画建筑形态和室内空间与外部环境相交融外，为达到建筑整体设计优秀之目的，建筑师还根据地域和工程特点，向各专业提出以下要求：

(1)严格控制建筑总高度；

(2)创造有利于智能化的舒适的净空高度；

(3)满足业主需求的建筑面积；

(4)保护环境、节约能源、减少投资；

(5)精心设计，运用推广新技术；

(6)各专业紧密合作，优化设计。

综合技术

建筑物要具有强大生命力，必须有可持续发展空间，要有丰富内涵和综合新技术。在上述建筑工程中，推广运用了建筑智能化技术，无黏结预应力扁梁——平板结构技术和扁梁结构技术，底板温度配筋技术和地下室基坑围护新技术，微机控制STL冰蓄冷空调技术，复合式保温隔热墙体技术，组合式配电室等新技术，无疑给建筑整体设计添注了新的生命力。

1. 建筑智能化技术。20世纪90年代初期，智能建筑仅作为一种概念从国外传入中国，计算机网络基于10BASE－T标准在国际上推行不久，使智能建筑的信息通讯骨架——综合布线系统成为一种趋势。为使银行建筑适应时代的发展，设计者用超前的眼光极力推荐和设计了综合布线系统，这在当时可谓首家采取该项技术设计的现代化大楼。

(1)综合布线系统是一种通讯传输网络，它使话音和数据通讯设备、交换设备和其他管理系统彼此相连，也使这些设备和外部通信网络相连。它包括外部电信网络的连接点与内部信息工作区的话音式数据终端之间的所有电缆及相关的布线部位。综合布线系统采用美国AT&T公司产品。由工作区子系统、水平布线子系统、管理子系统、干线子系统和设备间子系统组成。

(2)保安自动化系统。大楼保安监控系统分成公共场所综合监控和金库专用监控两个系统设备。

金库专用保安监控系统在金库、代管库、运钞车库进行严格控制，人员出入跟踪记录，对金库各面墙均设震动报警传感器，在各相关房间设有摄像机、红外微波探测器，并设置监控自动化控制。

为实现大楼智能化，建筑师完成了完善的室内环境设计，创造了舒适、高效的工作环境，开辟了大小不等的室内外休闲空间，即绿色的中庭和屋面，为整天在自动化装备前工作的人们提供了休息和调节的天地。同时在具体的地面、墙面和吊顶设计中都采用了特殊的建筑构造节点。

2. 无黏结预应力扁梁——平板结构技术和扁梁结构技术。为满足建筑师提出的保证高度的要求，结构专业设法减小结构构件高度，采用了无黏结预应力混凝土扁梁——平板结构技术和扁梁结构技术。

(1)采用预应力混凝土梁板结构比普通梁板节约混凝土用量15%，钢材用量节约27%，梁高减小300毫米。

(2)采用扁梁结构比普通梁板节约混凝土用量约10%,钢材用量节约6.6%,梁高减小200毫米。

在建筑总高度不变的情况下,采用上述结构可使整栋大楼增加一层建筑面积,具有良好的经济效益和社会效益。

3. 底板温度配筋技术。在地下室设计中,对底板进行抗裂计算后,采取周边保温施工技术措施,取消了中间排温度应力钢筋,仅配置上下两排受力钢筋,既节省了工程造价,又满足了地下室底板抗渗、抗裂的要求。

4. 地下室基础围护设计和施工新技术。在围护桩设计中采用两项技术措施:

(1)悬臂受力围护钻孔桩设计采用单面加强配筋技术,节约钢材约60吨,节约投资约28万元。

(2)降低围护桩顶标高与压梁技术,全部围护桩长减少1.5米,压梁标高低于自然地面1.5米,改变围护桩侧压力受力点高度,节约混凝土137.9立方米,钢材16.08吨,经计算直接减少投资30.4万元。

5. 冰蓄冷空调技术。冰蓄冷空调技术在我国尚属新技术,它的最大优点是电力移峰及节省运行费用。在设计中,蓄冰模式采用部分(分量)蓄冰模式,因为部分蓄冰制冷机利用率高,蓄冷设备容量小,比常规空调制冷机容量小30%~45%,是一种更经济有效的运行模式。

为配合冰蓄冷空调技术的实施,运用了智能化技术,对蓄冰空调系统采用了微机控制,主要任务有以下5方面:

(1)根据用户冷负荷的需求,按电费结构的特点,自动设置冰蓄冷系统最佳的运行方式,降低整个系统的运行费用;

(2)充分利用蓄冷装置的容量,当日应尽量把所蓄冷量基本上全部用尽;

(3)自动检测系统的运行状态,保障冰蓄冷系统主要设备正常、安全运行;

(4)自动记录系统运行的参数,显示系统运行流程图和打印系统运行参数报表;

(5)预测未来的供冷负荷,确定未来的优化运行方案。

冰蓄冷空调系统经过一段时间的试运行,表明控制系统稳定、可靠、操作方便,系统运行节能效果显著。

6. 复合型保温隔热墙体。针对××地区冬季要采暖、夏季要降温的气候特点,特将本大楼围护结构设计成复合型保温隔热墙体,即装修、保温、隔热三者合体,更好地实现建筑节能。

复合型保温隔热墙体是结合立面造型特点,将立面装修材料设计成铝板,其构造为:在框架结构内填砌空心砖,在空心砖墙外侧干挂美国氟碳涂层亚光铝板。

铝板对太阳辐射热有着高效的绝热性能,在同样的太阳辐射热作用下,由于外表面材料的性质、颜色和粗糙程度的不同,所能吸收的热量有很大差别,这差别以外表面对太阳辐射热的吸收系统(α)和材料辐射系统($C\lambda$)来表示:采用α和$C\lambda$值小的外表面材料具有显著效果,铝板α、$C\lambda$值小,其$\alpha=0.26$,$C\lambda=0.4$,浅灰色面砖$\alpha=0.56$,$C\lambda=4.3$。

铝板为干挂与空心砖间设有空气间层,因为铝板置于大气及空气间层中都有较好辐射换热条件,此构造在冬季对于室内采暖也起着高效绝热作用,因此,无论在夏季还是在冬季都能很好地实现建筑节能。

7. 推广组合式配电室技术。考虑到一层铺面的"黄金"价值，大楼的总配电设于东侧，设计中第一次尝试将变压器同低压配电设置于同一房间，组成组合式配电室，大大节省了变电所面积，并采用上下层布置，建成投运后的整个配变电系统，功能清楚，布局紧凑合理，系统调度灵活。这种技术在以后设计中得到广泛运用已成为典范。

结语

建筑整体综合设计的模式既能提高建筑的适应性，又将是必然的趋势，尤其在强化后的环保意识和节能意识更为重要。在我国随着经济、科学技术不断发展，将有更多的先进技术和科技成果运用到建筑上，坚信在不久的将来，有更多优秀的建筑整体设计出现在我国建筑舞台上。我们要不断总结、不断进步，这是历史赋予建筑师和工程师的重大责任。

【示例 8-3-3】

新疆天池风景区规划设计

新疆天池位于天山山脉东部，海拔 1900 米，是我国西北疆森林地带罕见的高山堰塞湖。海拔 5500 米的博格达峰高耸于天池景区的东南隅，群山林立，冰川绵延，形成极为壮观的自然景貌。天池地区气候温和湿润，终年流不尽的雪山溶水和充沛的降雨集成湍急的溪涧。这里青峦叠翠，碧波荡漾。得天独厚的自然环境不但为各种动植物的生存创造了良好的条件，也为人类休养生息提供了奇异独特的场所。夏季博格达峰是近便的登山场所，冬季天池为理想的高山冰场。天池距离乌鲁木齐直线距离仅 65 公里，交通和物资供应问题易于解决，为旅游活动提供了极大的便利。

自 1958 年进入公路修通后，游人逐年增多，1979 年进山人次达 17 万多，仅天池招待所这年就接待各地专程游客 12.4 万多人，其中外宾 612 人。但目前自然风景区管理混乱，设施不足，生活服务、清洁卫生以及交通方面存在严重问题。简易厕所陋不敷用，污秽遍地；羊肉摊贩任意设点，血污横流；由于道路不便，天池周围各风景点尚未开发，一般游客仅限湖滨区的半天游程。招待所床位 43 张，不接待普通游客。1979 年天池被列为国家重点风景区，博格达山峰被列为对外开放的山峰。可以预见，这个地区正面临着更大的开发利用。如何满足愈来愈多的游客和体训队在生活服务及物资供应方面的需要，已成亟待解决的问题。

考虑到现状及将来的发展，我们认为，在加强天池地区森林、土壤和水体资源保护的同时，应尽快完成必要的建筑设施。我们设想在这一地区进行建设，必须尽量维护原有地形地貌，建筑物应低矮而不突出，不破坏优美的湖光山色，保持原有自然风景，突出其与南方园林风格迥异的山野情趣。建筑艺术应着重表达新疆民间建筑及伊斯兰传统建筑形式。在初步方案设计中，我们沿湖面布置了 4 个生活服务区，分别为宾馆、体育训练、服务和野营中心。

一区为宾馆，接待羁留景区的国内外游客，建筑群位于天池北端近入口处一片苍翠掩映的坡地上。为避免大量破坏风景，主体建筑呈 Y 形四、五层布置，建筑面积 11000 平方米，总床位 250 张。为方便管理，采用了集中式布局。考虑到天池地处深山野林，游客晚间大多需在室内消遣娱乐，因此建筑平面中公共活动面积与客房面积之比略大于一般旅馆比值。公共部分安排在餐厅、酒吧、游艺活动室等处。在艺术处理上，考虑到这种公共服务类型在当地传统建筑中较少见，因此本方案在将新疆居民与宗教建筑艺术及现代功能相结合方面进行了大胆尝试。群体组合遵循伊斯兰统一性原则，门窗饰以新疆民间图案。在中央主体上，突出一座风格粲然的圆亭。

自一区往南不远，沿公路蜿蜒而上，运动中心隐在树林后面一块绿草如茵的坡地上，这里是二区，为体育训练集散地，可容300名运动员食宿活动。考虑到国内外运动员在生活习惯上的差异，客房按两种标准设计。为满足冬季室内训练的要求，布置有设备齐全的练功房。公共活动部分包括餐厅、讲堂及小卖部、邮电、阅览、娱乐等设施。建筑平面随地形起伏灵活布置，以分散的低层四合院为主。公共用房分设门厅两侧，客房部分则退至不受干扰的后部。客房大都南向开窗。内部庭园、平台、山石及草木融为一体，室内外空间连续变化而统一。在建筑造型上，力求表达体育类的轻快有力。充分吸取当地风格，在建筑角部、门、窗及其他细部上大量采用当地盛产的木材、石块，以突出野趣。

三区位于景区中部，为公共服务中心。主要满足当天往返的游客在休息和饮食方面的需要。此区由大小建筑单体11个组成，散落于湖滨主景面各处。原有一尺度不适宜的大休息亭予以拆除，基址上建主体餐馆。原有一般零散小建筑均拆除，仅其中绿顶小别墅形象尚可，且为广大游客所熟悉，因此保留三幢，并使其他新建筑项目与之协调。新建休息亭冠以形式各异的尖顶，可供游人休息亦可点缀风景。为解决现状中较为严重的羊肉摊贩及卫生方面的问题，专门设置了供个体出售烤羊肉和其他土产杂品的大帐篷，修建了厕所。

退入湖南区东隅的四区为野营中心。为保护此区大片平坦草地，建筑分散为单体别墅，参差散点于南坡多石处。这里环境幽静，游客往来方便。考虑到羁旅于此的游客多为进山往返者，山坡上建永久性别墅15幢，面积紧凑，用具齐全。结合此处多山石的地形特征，别墅采用了陡峭有力的尖顶形式，围护墙完全使用当地木材、石料。在山坡下不远处，划定可容十余顶蒙古包驻扎的地皮，出租蒙古包，可备旅游高峰时急需，亦增添草场牧歌情趣。在别墅与蒙古包之间，设一服务管理用房，内有餐厅、浴室、小卖部等。

新疆天池旅游建筑设计方案，是我们充分利用当地资源、材料和技术，将游牧传统与现代功能因素结合运用的初步尝试。在社会和经济迅速发展的今天，传统文化和建筑遗产受到愈来愈广泛的关注。我们希望在这一尝试中，创造出根据实际功能需要而产生的现代语言，在继承和发展新疆民族文化的道路上迈进一步。

建筑系学生：×××、××

指导教师：×××

第四节　毕业论文

一、毕业论文的概念

毕业论文就是高等院校应届毕业生在大学的最后一个学期，综合运用所学的基础课和专业课知识，独立地探讨或解决本学科某一问题的书面作业。大学专科和本科的毕业论文,主要是考查已学理论的运用。

二、毕业论文的作用

(1)考查学生的专业知识水平和专业研究能力。毕业论文是大学生必须完成的最重要的综合性作业,通过毕业论文的撰写,可以考查运用已学专业适应分析问题、解决问题的能力。

(2)培养学生独立进行科学研究的能力。通过撰写毕业论文,可以培养学生进行社会调查研究;文献资料收集、阅读和整理、使用;计算机分析与处理数据;提出论点、综合论证、总结写作等基本技能,形成初步的科学研究能力。

(3)强化学生的文字写作水平。毕业论文的写作需要一定的语言表达能力来完成,语言表达的水平直接影响和关系着论文的质量,通过毕业论文的写作,能够进一步提高学生的文字表达水平。

三、毕业论文的选题

选题,就是选择毕业论文的论题,即在写论文前,选择确定所要研究论证的问题。选题是毕业论文写作的第一步,题目选择关系到毕业论文的成败,如何选题,是每一个毕业论文作者都面临的问题。针对大专、本科生的特点,可以从以下几个方面考虑:

(一)选题的基本原则

(1)宜小不宜大。选题要量力而行,要选择大小适宜,自己把握得了,材料比较丰富且易于收集的课题。涉及理论创新或反映现实重大问题的大题目,不适于毕业论文。因为,大学生主要接受的是专业基础学习和初步的科研训练,要求他们通过学术研究,解决理论上、学术上某个重要问题,在学术上、理论上有所创新和有所突破,是比较困难的。题目过大,收集资料难以透彻,难以切实提出解决理论创新和现实重大问题的主张。反而题目小一些容易把握和收集资料,分析问题容易深入,能较好地把问题说清楚。但也要注意,要大小适度,选题太小,也会使论文显得非常单薄,难以深入,缺乏内涵。

(2)宜实不宜虚。学习的目的是服务于社会实践,毕业论文是大学生走向社会的尝试。毕业论文如果结合实际选题,分析、解决现实生活中的热点、难点、焦点问题,用已学过的理论知识分析解决现实社会问题,则针对性强,材料丰富,也容易写出水平和特色。同时,选择有现实意义或急待解决的课题,具有较高的科学价值和较大的现实指导意义。

(3)宜熟不宜生。选题要选择自己熟悉的领域,不要选择自己陌生的领域。一般来说,首先是在自己专业课程范围内选择,撰写毕业论文的目的,就是要总结和考查学生在学习期间的专业课程的学习成果。其次,从自己的强项或感兴趣的专业课程范围内选择,就易于钻研下去并取得成绩。因此,选择自己在专业学习中的强项问题,或自己最感兴趣的专业问题作为自己的课题方向,有利于提高论文撰写质量。

(二)选题的基本途径

(1)从教师课题中选题。选题的一条捷径是从指导教师的科研课题中选题,按指导教师的意图,选择其中的某个分论点或阶段性主题作为自己的选题。一是问题的论点、要求都是教师定下的,可以省下摸索的时间;二是教师的课题资料可以共享,能够加快研究的过程;三是研究过程和结果都受到指导教师的直接关注,比较容易成功。

(2)从课程学习中选题。从课程学习中选题,就要提前做好毕业论文的准备,尽早从课程学习的过程中找到研究的方向。在专业学习当中,如果对课程内容的延伸有了新的发现,或对课程内容做了不同角度的审视,或有了独到的见解,都是选题的机会。这种选题可以早确定研究的方向,为收集资料赢得更多的时间。

(3)从文献资料中选题。平时翻阅资料时,做个有心人,如果无意中受到触发,注意到某个问题,并产生了研究的兴趣和欲望,就要抓住这个机会,对问题做适当的搜索。如果发现这个问题尚无人解决,又有可能从自己所学专业知识方面予以探索的,就可以围绕它搜集具有历史性科学性价值的图书文物资料。毕业论文需要的文献,是广义的文献,即与论题研究对象信息有关的一切书面文字材料。

大学生搜集资料的途径主要有2个:

(1)查阅纸质文献。纸质文献是指以纸张为载体的文字、数据、图表等资料,主要有专业书籍和连续出版物。纸质文献资料的查阅地点主要有书店和图书馆。在新华书店能找到近期的出版物,能收集课题研究的最新成果。大学图书馆和地方图书馆收藏有大量专著、报刊、历史资料,能够提供课题研究比较全面的资料。

(2)查阅电子文献。电子文献主要有2种形式:一是光盘资料,二是网络资料。

通过网络搜索资料,有快速、量大的特点,但要注意鉴别来源的可靠性。网络资料搜索分两类,一是广域搜索,二是专业搜索。广域搜索是指打开搜索引擎主页(如百度、谷歌等),在搜索栏里输入所查询资料的关键词,它会把相关网页的链接一一列出,点开链接,就可以观看网页内容。专业搜索是指通过专业电子资料网站来获取资料,而这些资料大都是公开发行的,有可靠的参考价值。目前国内的论文图书主要有"中国期刊网"、"万方数据库"、"维普期刊网"、"龙源期刊网"、"超星图书馆"等。

四、毕业论文的写法

毕业论文的结构分为以下3个部分:

(一)前置部分

(1)封面。封面是论文的外表面,毕业论文的封面主要包括:①学校编号,一般标注在右上角,由学校相关人员编写;②标题,即论文标题;③署名,作者姓名和指导教师姓名,指导教师职称;④申请学位级别;⑤专业名称,指论文作者主修专业的名称;⑥论文的完成时间。

(2)摘要。摘要又称概要、内容提要。摘要是以提供文献内容梗概为目的,不加评论和补充解释,简明、确切地记述文献重要内容的短文。其基本要素包括研究目的、方法、结果和结论。具体地讲就是研究工作的主要对象和范围,采用的手段和方法,得出的结果和重要的结论,有时也包括具有情报价值的其他重要的信息。摘要应具有独立性和自明性,并且拥有与文献同等量的主要信息,使读者不阅读全文就能获得必要的信息。篇幅以300字左右为宜。

毕业论文摘要写作的基本要求:①不简单重复题目中已有的信息;②不对论文内容作自我评价;③语义连贯,前后呼应,形成一篇完整的短文;④不使用"本文"、"作者"等作为主语。用第三人称;⑤不用引文、公式、图表和非公知公用的符号和术语。

(3)关键词。关键词是表达论文主要内容的词或词组,是论文的重要检索点。主题词通常由3~5个词或词组组成。主题词一般可以直接从论文题目或论文正文中抽取。

(4)目录。一般来说,篇幅较长的毕业论文,都设有分标题。设置分标题的论文,因其内容的层次较多,整个理论体系较庞大、复杂,故通常都会设目录。

毕业论文的目录通常按章、节、条3级标题编写,要求标题层次清晰。目录中的标题要与正文中的标题一致。目录中应包括绪论、论文主体、结论、致谢、参考文献、附录等。

目录编写的要求有:①准确。目录必须与全文的纲目相一致。本文的标题、分标题与目录存在着一一对应的关系。②清楚无误。目录应逐一标注该行目录在正文中的页码。标注页码必须清楚无误。③完整。论文同一层次的标题,都应在目录中反映出来,不得遗漏。

(5)参考文献。参考文献就是参考书目,是在论文的正文部分以后,列出本篇论文的研究和写作中所参考或引证的主要文献资料。主要是体现严肃的科学态度,分清是观点与成果的来源,明晰论文的创新成果。

列举参考文献的具体要求有:①参考文献只选择最主要的列入,应不低于5种。文中应按顺序在引用参考文献的文字右上角用〔 〕标明,〔 〕中序号应与"参考文献"中的序号一致。②列举的文献应该是正式出版物,以便读者考证。③列举的参考文献,要标明序号、作者姓名、著作或文章的名称、出版单位、出版时间(或版次)、页码。④列举的参考文献,应按照文章参考或引证的先后顺序,依次列出。

(二)主体部分

主体部分包括绪论、本论和结论部分。

绪论一般可以为论文的第一章,也可以不编章节号,单独作一个绪论部分。绪论主要包括综述前人在本领域的工作成果,说明毕业论文选题的目的、背景和意义,国内外文献资料情况以及所要研究的主要内容。

本论是全文的核心部分,是展开论题、表达作者个人研究成果的部分。应结构合理,层次清晰,重点突出,文字通顺简练。

结论是对主要成果的归纳,这一部分要对本论分析、论证的问题加以综合概括,引出基本论点,提出课题解决的答案。重点要突出创新点,结论一般不超过500个汉字。

(三)附录部分

有些在研究过程中收集或产生的资料,不便放进正文,但对正文有重要的证明作用,为了体现论文资料上的完整性,这些资料一般要放在附录部分。如调查、观察、实验的原始数据,引用的外文原文与译文,对正文内容有补充的学术信息;某些图像和照片;某些公式的推导和专业术语的解释等等。

附录资料要按一定的顺序编号排列,如果在总目录中可以列示,就不需再列目录;如果在总目录中未予列示,则应在附录标题下列出附件目录。

【示例8-4-1】

构建数字化监理模式的初探

一、前言

现代科技文明的发展为社会生产力的提高创造了良好的条件，我们的时代正以空前快速的步伐走向信息时代，信息时代的最大特征就是几乎所有的信息都能被转化为可被计算机识别和处理的“1”和“0”代码进行管理，所以在某种程度上说，信息时代又被称为数字化时代。而作为工程监理这个高智能、高技术含量的行业，利用计算机的强大功能对工程相关信息进行集成化管理，逐步构建数字化监理模式，提高监理工作的准确性及高效性，将是监理事业发展的必然趋势。

二、数字化监理模式及其特征

由于笔者的孤陋寡闻，至今还未见到关于数字化监理模式的权威定义。而目前所谓“数字化监理”，最浅显或最直观的一种就是通过设置在建筑施工现场较重要、关键点位上的摄像探头，把现场施工情况传送到现场监理部的计算机屏幕上，用于监视工地的施工进度和安全情况。但笔者认为，考察监理是否数字化监理模式应具备以下特征：

1. 监理信息数字化。数字化监理模式与传统监理模式最大的区别在于其是以数字化信息为主，工程项目所需的各种信息（如设计图纸、规范标准、监理中各种函件以及工程照片、音像等）均能直接被计算机识别和处理。既可以由单台计算机处理，也可以通过网络进行远程传递和处理。

2. 监理资源虚拟化。数字化监理模式是一个开放的监理，其监理资源的共享是数字化监理模式的不二法则，各个监理公司在维持自身特有的一定量的实体资源的同时，还可通过网络互联，跨省市、跨单位的互借互阅来建立虚拟资源，将各自不同的资源作为监理网络的一个节点，最终实现资源无限扩大。

3. 监理档案无纸化。数字化监理模式在项目监理实施过程中直接形成的档案均是能被计算机相关软件处理的文档文件或电子文件。而对于非监理产生的纸质载体的监理档案则用扫描仪等设备转化为电子档案，项目竣工后利用光盘刻录机刻录成光盘，便于永久保存或连接入网，实现远程访问。

4. 信息传递网络化。数字化监理模式由于其形成的信息是数字式信息，在传递过程中可以进行同时多向传递，形成传递网络。而且通过因特网可以很方便地进行远程传递，不受时间和空间的限制。这样，监理公司总部可以随时对承接不同区域、不同地方监理任务的监理部实现远程监控。还可以利用网络可视电话功能，实现远程会议来解决、处理问题。

5. 信息检索智能化。数字化监理模式在资料、档案的检索中通过计算机进行智能化检索，检索速度快、效率高、范围广。若对以前的监理档案进行查阅，只需放入光盘，轻点鼠标就行。若需查阅资料，只需登录监理公司数据库或相关监理网站即可。

6. 用户使用方便化。监理单位内部用户（包括领导决策时）可以在任何时间任何地点通过计算机及时调阅有关信息，当机立断完成各项决策。而外部用户则可以随时查阅监理单位的相关信息（包括企业概况、工程监理业绩、人员专业配备及获奖情况等），为合理、快捷地选择监理队伍提供参考信息。

笔者认为从上述特征可以得出数字化监理模式的定义：以数字化信息为基本内容，以数字化设备为管理手段，以网络传递为利用方式的一种新型监理模式，最终形成现代高新技术的数字信息资源，无时空限制的超大规模的高智能、高技术含量的专家系统。

三、数字化监理模式的系统创建

如何建立高效、实用的数字化监理模式，并使之形成科学的专家系统，是今后探索的重要问题。因为其建立既要考虑信息时代的要求，又要考虑充分利用现有传统模式下的信息基础和物质基础。在没有现成的数字化监理模式经验的环境下，在借鉴其他行业和部门的经验的基础上，笔者认为其初期建立途径可分为4大模块：

先以监理公司为节点。各监理公司根据各自项目规模、特点以及施工情况，配备相应的计算机、扫描仪、数码相机(条件好的可配备数码摄像机)、数码录音笔等，利用上述设备，按照监理的“三控一管一协调”要求形成监理的管理信息，然后进行分类、筛选、存储。

1. 模块一：现场监理控制的远程监控。通过预先设置在施工现场的质量、安全等关键点位上的摄像探头，把现场施工实况传送到监理部的计算机屏幕上，监理人员根据需要及时存储。若发现违规操作，及时抓拍并粘贴于监理联系单、通知单上，发送给施工单位要求整改、纠正。特别是在工序或部位需要监理旁站时，可实现多工作面、多工序的监理同步旁站，监理只需1人查看计算机屏幕即可，省去较多的人力，且劳动强度也大大降低。监理人员在巡视、平行检查时可利用数码相机将重点部位、关键节点等施工情况拍照后接入计算机进行编码、配文字说明，形成档案资料与验收记录一并永久保存，在今后需要时可以一目了然，真实再现历史。另外，出现质量隐患时能做到用事实说话，有很强的说服力，当施工单位纠正完后再拍照留样，形成前后对比，处理问题闭合，突出监理工作的规范化、科学化。当遇到重大问题时可将取得的信息(如照片、录像、文件等)通过网络传递给公司，便于公司及时了解、掌握，果断处理。

2. 模块二：计算机处理文档，实现无纸化管理。建设工程监理工作最终是通过文字和图表来反映，而文字、图表编印又是日常工作处理的主要内容，从监理工作开始的招投标文件、合同文件、会议纪要，到监理规划、监理细则、监理月报以及监理记录、监理发出的各种函件、通知单等，都可用Word、Excel和PowerPoint来处理。按照预先建立的各文档标准格式和内容，分类归放到相应的文件夹内，还可利用Windows能使用长文件名的特性，清楚明了地分类存放，以便于管理和使用。而对于监理月报、汇报总结、演示演讲、专题纪要等所用到的提纲、图示图解可用PowerPoint来制作，与投影仪配合使用，形成图文并茂的监理档案。对于建设单位、施工单位传递来的纸质载体文件则及时用扫描仪录入到计算机内，形成电子监理档案，从而完成监理档案载体形式上质的飞跃，实现无纸化管理。

3. 模块三：计算机辅助管理。投资、质量和进度方面计算机辅助监控是监理工作的核心，是提高效率、节省资金和变被动控制为主动控制的捷径。充分利用计算机的计算、绘图和信息加工功能，能有效地进行辅助管理和监控，如编制工程预算和月度付款审核；排定和优化工程进度计划与投资计划，进行计划与实际对比监控；记录、跟踪质量监测信息，分析对照验收规范对工程质量进行动态管理；建立质量监测知识库或专家系统辅助监理人员按每道工序的质量控制要点进行监理工作，甚至对工程项目的有关参数和特性利用 AutoCAD 或 3DS 来模拟实现。

4. 模块四：信息资源共享和远程监控。因为每个建设工程监理涉及的信息多，如建设法律、法规及规范、标准，建设项目招投标、合同文件、施工索赔、工程投资与使用、质量测控验收、工程进度、监理资料、设计施工图纸和有关的文件资料等，这些信息量大且十分重要。因此必须由计算机来辅助管理，建立专门的信息管理系统来处理。对于建设法律、法规及规范、标准等信息作为共享资源，可自己开发建立，也可从第三方获得，如联入中国建设信息网。另外，对于不同项目形成的监理档案可联入公司的主服务器，与公司内部其他项目联网实现计算机资源共享，而且公司领导也可通过因特网、宽带数据网随时查阅公司监理各工程的基本概况，在建工程各种数据、图片，各工地施工进度、质量、安全等情况，同时给予相关指示，而不受区域、时间的限制，既减少人员、简化手续，又大大节约工作时间，提高工作效率。

那么我国建设监理行业引进数字化监理模式是否具有可行性？笔者认为是可行的。一是数字化网络技术在我国已臻成熟，建筑业引进这项技术几乎不存在难以解决的技术支撑；二是运用高新技术进行行业管理创新已经成为各个经济领域关注的焦点话题，且业内有关管理部门和企业对它的认识也在不断提高。三是从经济角度可更为直接地看到，几年前还被不少人视为"奢侈"的数字化网络技术已经"飞入寻常百姓家"，其关键产品如摄像探头、数码相机及数码录音笔的价格也均在千元以下。

另外更为重要的是，建设监理推广数字化监理模式至少有以下3方面的好处：一是改变目前监理在工地的高负荷、高强度的"巡回式"管理模式，使得现场监理人员大部分精力不再用于现场巡视，而将多余的精力针对现场实际提前进行预控，或对重要部位、关键工序进行严格把关，不但提高工作效率，而且可相应减少人员配备数量。二是提高监理的工作效率、精度和适时性。就传统的工程现场监理而言，效率不高是一个现实的问题，不少的管理行为都是滞后的。以质量控制为例，一般都要等到错误或违规行为延续了一段时间后才被发现，甚至还需要延迟另一段必要的时间才能有效纠正。而运用数字化监理模式，则有可能在第一时间发现并制止质量问题。三是有利于提高监理工作的规范化、标准化。在建筑工地运用数字化监理模式时，首先要求监理工作必须及时到位，所下发的函件必须符合规范、标准，且监理工作也必须在规定的程序下或标准下进行，因为记录的大量工程实体同步音像资料可随时再现工程历史情况，这必然要求质量、安全等问题必须按规范、标准去处理。另外，公司的远程监控对监理自身工作也起到很好的约束作用。

虽然数字化监理模式的实施还会有一些操作性的问题和具体实施中相关问题需要解决，但是更重要的或者说将起决定性推动作用的是我国建设监理要将观念更新换代。这可能会是一个漫长的过程，也许会产生一个短暂的飞跃。总之。作为现代文明的重要成果，对于这个已经广泛运用于各个经济领域的先进技术——数字化技术，建设监理不应该、也没有理由拒绝。我们要以全新的理念，来推动我国建设监理事业的蓬勃发展。

【示例 8-4-2】

异形立面女儿墙裂缝预防

我所在实习单位××建筑公司承建××综合开发区两幢办公综合楼,是作为南北街主轴线城市发展的延伸、两楼面街相向而建的。工程竣工半年后,1 号楼无异样,2 号楼圆弧处女儿墙根部产生水平裂缝,中段自棱角处呈 45°角裂缝延伸,天长日久逐渐增大,拉裂马赛克外墙饰面。

那么,原因究竟是什么呢? 为此做如下几个方面的分析:

一、主要原因分析

1. 结构分析:1 号楼底层为框架结构,上部各层均为砖混结构,女儿墙砌筑在圈梁上;2 号楼框架结构,女儿墙砌在框架梁上,因此,两楼的整体刚度不一。1 号楼上部结构刚度小,女儿墙与砖混墙体弹性模量一致,形变一致;2 号楼框架刚度大,而女儿墙的刚度相对小,两者弹性模量不一,不能共同进行形变。

2. 屋面做法分析:1 号楼为钢筋网片加二毡三油防水,砖礅架空隔热板,局部上人屋面;2 号楼为二布六胶柔性防水,用珍珠岩找坡,上抹 20mm 厚的水泥砂浆保护层屋面。在炎热的夏季,两楼屋面表温经测定温差为 3℃左右。在冬寒夏热的循环温差变化中,屋面热胀冷缩,1 号楼能通过刚性屋面每间的伸缩得以调整。2 号楼由于屋面一致,特别是当珍珠岩上保护层有细缝后,雨水渗入,在阳光曝晒下,大量水蒸气剧烈膨胀,引起综合应力,横推女儿墙,在女儿墙转角处又产生集中应力,因而导致 45°的剪切裂缝。

3. 细部设计处理分析:1 号楼在施工阶段吸收 2 号楼的教训,变更了圆弧处女儿墙设计,改砖砌女儿墙为悬挑翻檐现浇混凝土女儿墙,防止了圆弧处女儿墙根部裂缝的产生。

二、预防及处理措施

沿街女儿墙裂缝的产生,严重影响了建筑物的美观。处理起来复杂,只有拆除重砌。但做饰面必须重搭架子,也不能得到彻底根除,因此,本着治病治本的原则,从设计中先行考虑:

1. 在圆弧、三角形、梯形、锯齿形立面女儿墙设计中,全框架结构女儿墙宜采用现浇钢筋混凝土板墙或外挑式檐构,并根据房屋的长度设置缩缝。如为砖混结构,宜在转角处或开间轴线处设钢筋混凝土立柱,用拉结筋与女儿墙连结。

2. 设计中应注明女儿墙砌筑砂浆强度等级。一般设计中都标明基础、主体结构所用砂浆强度等级。本人认为,女儿墙砂浆强度等级应与基础砂浆强度等级相同,因为女儿墙还需具有防冻、抗渗功能。

3. 屋面设计不要一味追求新材料。如采用珍珠岩隔热,应在屋脊上设立排汽导管,上人屋面处理好整体刚性屋面与女儿墙交接,并设置伸缩缝。

三、施工注意事项

1. 女儿墙是最后的砌体,施工人员往往不够重视,砌前墙根不清理,不找平,把用不完的断砖集中用上,也不做加强处理,更有甚者,把厚 240mm 墙砌成 120mm 墙,严重影响了女儿墙的刚度。因此,必须加强对女儿墙施工的管理。

2. 在施工时,一般会用砂浆一拍完事。事实上压顶要用 C_{20} 细石混凝土浇灌,且表面应压光,做向内倾斜的滴水。不然,女儿墙产生的屋面渗漏很难处理。

3. 女儿墙为建筑物的最后一道工序，往往会忽视女儿墙压顶的作用，因此，必须加强对女儿墙施工的管理。

第五节　实验报告

一、实验报告的概念

实验是指在特定的环境中和人为控制下，检验某种科学理论或假设的科学实践活动。记录实践过程和结果的书面文件就是实验报告。

实验报告就是对实验工作的总结，是对实验的分析、解释、推理和归结。它是在科学研究活动中人们为了检验某一种科学理论或假设，通过实验中的观察、分析、综合、判断，如实地把实验的全过程和实验结果用文字形式记录下来的书面材料。同时，实验报告写作也是教学实验结果内容的一部分，对于学习者是一种非常必要和有益的研究性训练。通过书写实验报告，有利于培养学习者实事求是的科学态度、严谨的工作作风，增强学习者的科学观念和学术意识。

二、实验报告的类型

实验报告的种类因实验类型不同而有所区别。

(1)按实验的指向分类，可分为验证性实验和探究性实验。

验证性实验是指对研究对象有了一定了解，并形成了一定认识或提出了某种假说，为验证这种认识或假说是否正确而进行的一种实验方式。

探究性实验则是指试验者在搜寻和揭示未知的自然现象、自然属性、自然规律一类的实验方式。

(2)按实验报告的功用分类，可分为教学实验与科研实验。

教学实验活动范围在教学领域；它的目的主要是为了巩固所学的知识及培养和训练学生的实验技能，从而使学生的独立实验能力、科学探索精神得以不断提高。

科研实验的活动范围是科研领域，它的目的主要是为了获得科研成果。科学研究范围包括基础研究、开发研究、应用研究 3 种类型。

(3)按实验报告的性质分类，可分为单独性实验报告与综合性实验报告。

单独性实验是独立性比较大，实验设计围绕一个主要项目开展；综合性实验是指一个报告内包括多个实验项目，一般是总目标分解为几个子项目，这些子项目可能是并列排列，也可能是递进排列，还可能是混合排列。

(4)按实验报告的学科门类进行分类，可分为自然科学实验和人文社科实验。

由于实验主要是依靠量性指标判别，因此实验是自然科学学习和研究主要手段，近年来随着测量统计技术的发展，人文社科的学习和研究有实证的趋势，发展比较快的有经济学、社会学、教育学、心理学等。

三、实验报告的写法

虽然不同种类的实验报告有不同的要求，但一般都包括以下内容：

(1)实验名称或标题。实验名称主要写明实验内容和目的,如果是教学实验,还可以表明实验性质,是验证性实验还是综合性、设计性实验或创新性实验等。如《构造数据类型验证实验》、《声光控延时开关综合实验》。如果是科研性实验,实验名称即是报告的标题,可以不写实验性质。

(2)实验者的姓名、实验日期地点等。

如果是教学实验,有规范的表格,上面有学生的姓名、学号、班级、系部、专业、指导教师、时间、地点等内容,如实写明即可;如果是研究性实验,实验者的名字如实写明即可。

(3)实验目的。实验的目的与实验的功用有关,教学实验的目的主要有两方面:一方面是在理论上验证公理定律等,使实验者获得深刻和系统的理解;另一方面是在实践上掌握设备器材的使用技能技巧和程序的调试方法。

(4)实验设备及器材。实验的仪器和供实验时用的各种材料,如玻璃器皿、金属用具、溶液、颜料、粉剂、燃料等。一般按实验仪器、试剂物料、其他物品的顺序分别记录,标明名称、数量。

(5)实验步骤。记录实验的主要操作步骤。按实验操作顺序,把实验的具体过程,采用的方法依次记录下来。如果实验比较复杂,还应该画出实验流程图(实验装置的结构示意图),再配以相应的文字说明。

(6)实验结果。即实验过程中通过观察记录的实验现象的文字描述和实验仪器记录图像数据等。无论结果如何,都要准确地叙述事实,尽量以图表的方式来表达,图表必须简洁易懂,数据一般要经过统一分析。但原始资料要放在附件中。

(7)讨论或结论。根据相关的理论知识对所得到的实验结果进行解释和分析。讨论是报告中非常重要的部分,可依据教材、文献资料和其他实验提供的问题,对本次实验的心得以及提出一些问题或建议等进行讨论和做出结论。

结论是从实验结果中归纳出的一般性判断,简洁明了地叙述实验结果。力求准确、严谨、客观。

(8)致谢(一般情况下,可以省略)。以简洁的语言对在实验中受到他人的帮助予以感谢。

(9)参考资料。详细列举在实验中所用到的参考资料。

(10)附件。有关的原始数据,表格等。

【示例 8-5-1】

实验报告

日期:××　　班级:××　　姓名:×××

组别:××　　同组人:×××　　指导教师:××

一、实验名称

三相交流电路负载联接。

二、实验目的

1. 掌握三相负载作 Y 接、△接的方法,验证这两种接法下线、相电量之间的关系。

2. 充分理解三相四线制中线的作用。

三、实验设备

1. 交流电压表 0~150V~300V~600V　1 只。

2. 交流电流表 0~1A~2A　1 只。

3. 三相灯组负载灯箱 220V/10W 白炽灯　9 只。

4. 电流插座,电流插头　各 1 只。

5. 单刀单投开关　1 只。

6. 测量连接线　若干。

7. 万用表　1 只。

四、实验内容与步骤

1. 负载作 Y 形联接。

2. 负载作△形联接。

3. 三相电源及相序的判断。

五、实验结果(略)

(包括线路图和测量表)

六、讨论与思考

1. 三相交流电在稳定、传输和耗材方面优于单相交流电,所以得到了广泛的应用。(略)

2. 讨论中线的作用。

【示例 8-5-2】

普通混凝土试验

试验日期:××××年×月×日

一、混凝土配合比设计要求和试拌材料性质

配合比设计要求			混凝土强度等级			C_{25}
			坍落度(cm)			1~3
试拌材料性质	水泥	品种	普通硅酸盐水泥		出厂期	83.6.28
		标号	449		比重(g/cm^3)	3.1
	砂子	细度模数 Mx	2.67	石子	最大粒径(mm)	40
		级配情况	2 区		级配情况	
		比重(g/cm^3)	2.625		比重(g/cm^3)	2.61
		容重(kg/L)	1.551		容重(kg/L)	1.605
		空隙率(%)	40.9		空隙率(%)	38.5
		含水率(%)			含水率(%)	

二、试验记录

1. 混凝土试拌材料用量

项目			水泥	水	砂	石	坍落度(cm)		
设计用量	每 m^3 用量(kg)		311	165	635	128.9	第一次	第二次	平均值
	24L 试拌材料用量(kg)		7.46	3.96	15.24	30.94	1.7	2.6	2.15
增加用量	1	%							
		kg							
	2	%							
		kg							
	3	%							
		kg							
符合要求时用量	增加总体积(L)						混凝土容重 =24.95×1000		
	试拌用量(kg)		7.68	4.08	15.7	31.87			
	每 m^3 用量(kg)		320	170	645	1327	0.15×0.15×0.15×3 =2464		
计算配合比		水泥: 砂: 石 =1: 2.04: 4.14			水灰比 =0.53		砂率 =33%		
试验室配合比		水泥: 砂: 石 =1: 2.04: 4.14			水灰比 =0.53		砂率 =33%		
备注									

2. 混凝土抗压强度试验

测强日期:××××年×月×日

计算加荷速度:2 ~3 kg/s

试件成型日期	××××年×月×日	试件养护龄期		17d
试件编号		1	2	3
受压面积 F(cm²)		225		
破坏荷载 P(kg)		52200	50000	44500
抗压强度 $R_{压}$(kg/cm²)		232	222	198
抗压强度平均值(kg/cm²)		217		
换算成28d令期时的强度(kg/cm²)		255		
换算成标准尺寸的强度(kg/cm²)		242		
混凝土评定		C_{20}		
备注	$R_{28}=\frac{R_u \lg 28}{\lg n}=\frac{217\times 1.447}{1.23}=255$			

3. 混凝土抗拉强度试验(劈裂法)

测强日期:××××年×月×日

加荷速度:200kg/s

试件成型日期	××××年×月×日	试件养护龄期	17d
试件编号	1	2	3
试件尺寸(cm)	15×15×15		
破坏荷载 P(kg)	5700	4200	
抗压强度 $R_{拉}$(kg/cm²)	16.0	11.8	
抗压强度平均值(kg/cm²)	14.0		
备注	$R_{拉}=0.63\times\frac{P}{a^2}=\frac{0.63}{15^2}\times P=0.00289$		

【示例 8-5-3】

钢筋检验报告

工程名称	××桥梁工程Ⅰ标段××路桥	报告编号	
委托单位	××城建实业发展有限公司××桥Ⅰ标项目部		
送检人		送检日期	××－×－×
见证单位·人	××工程咨询监理有限公司	检验日期	××－×－×
检验依据	见下表	送检方式	现场抽检
使用部位	箱梁	检测环境	符合要求

样品	样品编号		GJ20100330－3		GJ20100330－4		GJ20100330－5		GJ20100330－6	
样品	表面形状		月牙肋		月牙肋		月牙肋		月牙肋	
样品	牌号		HRB335		HRB335		HRB335		HRB335	
样品	生产厂家		××钢厂		××钢厂		××钢厂		××钢厂	
样品	炉号(批号)		2B09－8242－B1		2A09－0566－X1		2B09－8440－B1		3B09－11138－B1	
样品	公称直径(mm)		16.0		25.0		12.0		22.0	
样品	批量		39T		48T		60T		3T	
质量标准编号			GB1499.2－2007		GB1499.2－2007		GB1499.2－2007		GB1499.2－2007	
检验方法			GB/T228－2002		GB/T228－2002		GB/T228－2002		GB/T228－2002	
拉伸试验	屈服强度(mpa)	实测值	575	555	495	495	565	535	455	450
拉伸试验	屈服强度(mpa)	技术要求	≥335		≥335		≥335		≥335	
拉伸试验	抗拉强度(mpa)	实测值	680	655	615	615	625	605	590	585
拉伸试验	抗拉强度(mpa)	技术要求	≥455		≥455		≥455		≥455	
拉伸试验	强屈比		1.18	1.18	1.24	1.24	1.11	1.13	1.30	1.30
拉伸试验	断后伸长率(%)	实测值	24.0	24.0	24.0	23.0	25.0	26.5	24.5	26.5
拉伸试验	断后伸长率(%)	技术要求	≥17.0		≥17.0		≥17.0		≥17.0	
拉伸试验	总伸长率(%)	实测值	——	——	——	——	——	——	——	——
拉伸试验	总伸长率(%)	技术要求	——		——		——		——	

续表

弯曲试验	检验方法	GB/T232－1999	GB/T232－1999	GB/T232－1999	GB/T232－1999
	弯心直径(mm)	48	75	36	66
	弯曲角度(°)	180	180	180	180
	实测结果	完好 完好	完好 完好	完好 完好	完好 完好
	技术要求	不得产生裂纹	不得产生裂纹	不得产生裂纹	不得产生裂纹
结论		合格	合格	合格	合格
备注					

检验：姚××　　　　报告日期：××××年×月×日

第六节　科技情报

一、科技情报的含义

情报在人类及动物界运用非常广泛，通俗地说，情报就是预先或及早知道的有价值的信息。

科技情报是根据客观需要，有目的、有计划、有组织地收集国内外新的科学技术知识的信息资料，经过筛选分类、整理并加以分析研究，所得出的一种可为决策和科研服务的意向性文献。

科技情报的目的，是使信息资料由不确定性转化为确定性，由零散性转化为有序性，由单一性转化为丰富性，最终揭示主题事物或过程的状态、性质和发展趋势。

二、科技情报的类型

根据科技情报内容和表达方式的不同，科技情报有着不同的类别，例如有索引、目录、文摘、动态、快报、综述报告、述评报告、专题报告、总结、年鉴、手册等多种类型。

三、科技情报的写作

在撰写科技情报之前，首先是搜集相关的信息资料，接着进行鉴别、加工、浓缩，然后再进行归纳、分析、评价等。

不同种类的科技情报会关涉不同的内容。下面我们就综述报告、述评报告、专题报告等的写作内容和特点分别加以介绍。

（一）综述报告

1. 综述报告的含义

综述报告是对一定时期内某一学科、领域或专题的研究成果或技术成就所进行的系统而全面的分析研究，进而整理出的综合叙述或介绍，是一种二次性文献。

2. 综述报告的写作格式

各种综述报告的服务对象不同，撰写综述报告的格式也不尽相同。但是，从总体上讲，其基本格式应包括以下几个方面：

(1)前言。在前言部分,要写明撰写本综述报告的原因、目的、意义、使用对象、资料搜索的范围、介绍正文的基本内容。前言在一定程度上起到引出正文的作用,因此要简短明确、重点突出。

(2)正文。正文是综述报告的主体部分。对综述报告的对象要由浅入深、广泛系统。力求详细具体、面面俱到,但同时要注意重点突出。现实和发展趋势应当是叙述的重点。

(3)结束语。一般为总结性的话语,对本研究的意义、存在的分歧以及亟待解决的问题都可在这里概括讲出。

(4)附录。作为本综述报告的依据,在附录部分,将主要参考文献的目录附上,以增加综述报告的可信度,同时也为他人进一步学习和研究提供方便。

3. 综述报告的写作过程

综述报告的主要写作过程如下:

(1)选择主题。主题选得是否适当,对写好综述报告至关重要。有的主题可以写成综述报告,有的则不宜采用这种文体。

(2)搜集资料。综述报告写得好不好,很重要的一个方面便是看占有的资料是否全面。在搜寻资料时,要注意将全面和重点两者结合起来。一般要使用综合性强的大型检索工具书,现在网络技术发达,也可通过网上搜集查询来达到目的。

(3)研究读者。在撰写综述报告之前,必须搞清楚读者对象,是写给专业人士看的,还是写给大众读者看的,或者是两者兼顾,对于不同的读者,在行文语气、术语使用等各个方面应予以区别对待。

(4)拟定大纲。在以上3个步骤的基础上,要拟定写作大纲,将写作的大致思路整理清楚,并对搜集到的资料进行筛选。

(5)整理定稿。经过充分的准备,就可以写成书面文字。在写作过程中,应力求引文的正确无误,结论是否顺理成章,建议是否合情合理。

(二)述评报告

1. 述评报告的含义

述评报告是针对某一学科或某一课题,在全面、系统、简要地叙述其研究现状、最新动向以及发展趋势的基础上,给予分析、评价,并提出具体建议的一种文体。

2. 述评报告的写作

述评报告的格式主要包括以下内容:

(1)前言。在前言部分,交代述评对象的基本情况以及对其述评的意义,同时也要简单介绍本文的内容、性质和适用范围等。

(2)正文。作为述评报告主体的正文应包括以下内容:其一,以时间为线索叙述该学科或课题研究的各阶段发展状况,并对其进行评价,指出历史上的进步和存在的缺陷。其二,对该学科或课题的研究现状进行介绍、分析,指出需要解决的问题和暂时存在的不足。其三,根据现有研究水平并结合具体情况提出应采取的措施及相关的改进意见,尤其要将可能性说清楚,以引起相关部门或领导的重视。其四,在有充分科学依据的基础上,指出该学科或课题在不久的发展趋势以及将会产生的影响,以引起决策者的注意。

(3)结束语。结束语是对正文未尽之意的一个补充,写法多种多样,可以总括正文的某些内容,也可指明应注意的事项。

(4)附录。列出主要参考文献目录,以供他人进一步学习、研究提供方便。

3. 述评报告的写作过程

述评报告的写作过程与综述报告的写作过程大致相同,这里不再详述。

(三)专题报告

专题报告是为解决某项专门或具体问题而进行专题调查,并经过分析研究,最终提出判断、预测或提出建议、方案等的一种成果报告。

专业报告大多是为了解应用技术领域内的具体问题,具有很强的实用性,因此它与综述报告和述评报告不同,不以占有详尽资料为根本要求,而是要从中发现问题,进而解决问题。具体来说,专题报告具有以下几个特点:其一,专题报告的研究对象许多时候是非常具体的,针对性强。其二,要用大量事实、实例、数据等来说明问题、分析问题,从而指明问题的关键所在。其三,要有明确的结论,切忌模棱两可。其四,必须提出解决问题的措施和改进意见或方案。

专题报告的写作格式同综述报告和述评报告大致相同。

【示例8-6-1】

以粉煤灰取代水泥对陶粒泡沫混凝土强度的影响

盖××

摘要 本文证实用粉煤灰超量取代一定数量的水泥,可以提高陶粒泡沫混凝土的强度,具有显著的经济效益。

关键词 强度 陶粒泡沫混凝土 粉煤灰

陶粒混凝土是一种轻质高强、具有很好保温绝热效果的建筑墙体材料。在大力提倡建筑节能、发展新型墙体材料以取代普通黏土砖的今天,这种材料在我国很多地区已经得到广泛的推广和使用。在陶粒混凝土中掺入泡沫配制出的陶粒泡沫混凝土对陶粒混凝土的性质(包括和易性、强度和保温性等)又有了一定的改善,是一种值得大力推广的新型墙体材料。为了进一步降低陶粒泡沫混凝土的成本,使之得以广泛应用,本文以试验为基础,主要研究了以粉煤灰取代水泥对陶粒泡沫混凝土强度的影响,取得了令人满意的结果。下面将这方面的情况介绍如下:

1. 原材料的选择及其性能

1.1 陶粒

本研究采用双城陶粒厂生产的堆积密度等级为400 kg/m^3 的页岩陶粒,该种陶粒的性能指标见表1,级配列见表2。各种性能指标均符合规范(GB2840－81及《轻集料混凝土技术规程》)的要求。

表1 陶粒的基本性能

筒压强度(MPa)	密度(g/cm^3)	堆积密度(kg/m^3)	表观密度(kg/m^3)	吸水率(%)		孔隙率(%)	空隙率(%)
				1h	24h		
1.6~1.7	2.61	391	777	9.5	14.75	74.21	41.9

表2 陶粒的级配

筛孔尺寸(mm)	5	10	15	20
累计筛余(%)	99	60	31	2

1.2 陶砂

陶砂也采用双城陶粒厂生产的陶砂,其性能见表3,级配见表4。

表3 陶砂的基本性能

密度(g/cm³)	< 0.15	0.15	0.30	0.60	1.2	2.5	5
累计筛余(%)	100	93.34	83.17	69.22	55.22	26.5	4.67

表4 陶砂的级配

筛孔尺寸(mm)	< 0.15	0.15	0.30	0.60	1.2	2.5	5
累计筛余(%)	100	93.34	83.17	69.22	55.22	26.5	4.67

由表3、表4可知,双城陶砂也是符合规范要求的。

1.3 水泥

选用哈尔滨水泥厂生产的R型425#早强水泥。它的7天强度为31.6MPa,28天强度为55.25 MPa。

1.4 泡沫剂

据资料介绍,在轻集料混凝土中掺入泡沫剂的类型对混凝土抗压强度没有明显影响,从经济和方便考虑,采用松香皂泡沫剂CON-A型。

1.5 粉煤灰

采用哈尔滨热电厂原状粉煤灰。

2.用粉煤灰取代部分水泥的试验

掺入粉煤灰代替部分水泥可以起填充致密作用,而且粉煤灰具有一定的活性,可以与水泥中的水化产物发生二次水化反应而引起混凝土强度的增加。据有关资料介绍,膨胀珍珠岩混凝土在水泥用量为320kg~350kg/m³,粉煤灰掺量为20%~25%时,混凝土强度可提高10%~20%,其和易性也将有所改善,表观密度略有提高,本文分别采用粉煤灰等量取代水泥和用1.5倍粉煤灰超量取代水泥,取代水泥的量分别为10%、20%和30%,进行了几组配合比试验,试验中泡沫掺量分别为10%和15%,采用蒸气养护,其结果见表5。

表5 掺入粉煤灰对陶粒泡沫混凝土强度的影响

粉煤灰取代水泥比	粉煤灰取代水泥量(%)	泡沫掺量(%)	水泥掺量(kg/m³)	粉煤灰掺量(kg/m³)	抗压强度(kg/cm²)	干表观密度(kg/m³)	与等泡沫掺量空白件强度比
	0	10	350	0	105	984	1
		15	350	0	97	958	1
1:1	10	10	315	35	68	916	0.65
		15	315	35	70	917	0.72
1.5:1	10	10	315	52.5	71	905	0.68
		15	315	52.5	113.3	998	1.17

续表5

粉煤灰取代水泥比	粉煤灰取代水泥量(%)	泡沫掺量(%)	水泥掺量(kg/m^3)	粉煤灰掺量(kg/m^3)	抗压强度(kg/cm^2)	干表观密度(kg/m^3)	与等泡沫掺量空白件强度比
1.5: 1	20	15	280	105	95.3	982	0.98
	30	15	245	157.5	113.2	992	1.17

由表5试验结果可以看到:①泡沫掺量为15%时的粉煤灰取代水泥效果比泡沫掺量为10%时的效果要好。其原因是粉煤灰具有很强的吸水作用,使拌合物流动性下降,和易性变差,掺入较多泡沫时,大大改善了和易性,使混凝土结构密实。②用粉煤灰以1: 1取代水泥,强度降低,原因是混凝土的表观密度大大降低。而以1.5份粉煤灰取代1份水泥时(泡沫掺量为15%),混凝土强度可提高15%~20%,取代水泥量可达到30%,而表观密度仅略有提高,但考虑到耐久性的影响,取代水泥量应在一定范围之内。

3. 结论

在高泡沫掺量的陶粒泡沫混凝土中,用粉煤灰超量取代水泥是节约水泥、提高强度的有效途径,具有很好的经济效益和社会效益。

【示例8-6-2】

陶粒水泥混凝土耐磨耗性能分析

林江涛[①],聂欣[②]

(①××油田胜建集团,山东 东营257200;②××交通科研设计院,重庆400067)

摘　要　陶粒水泥混凝土用于交通工程中,其耐磨耗性能受到大家广泛的关注,本文通过对比试验,得出陶粒水泥混凝土的磨耗值,并分析了影响陶粒水泥混凝土磨耗性能的各个因素。

关键词　陶粒水泥混凝土　耐磨耗性能

陶粒水泥混凝土是用陶粒为粗骨料、轻砂(或普通砂)、水泥和水配制而成的干表观密度不大于1950 kg/m^3 的混凝土,属于轻骨料混凝土。陶粒水泥混凝土以其质轻、抗震、耐火等特点受到青睐。各地先后建成了一批以陶粒水泥混凝土为主要结构材料的高层建筑。陶粒混凝土在旧桥加固、桥面铺装以及隧道路面等交通工程领域也运用得相当广泛。

水泥混凝土路面具有高强、稳定、使用寿命长、养护费用低等优点。作为桥面、路面和隧道路面的水泥混凝土必须具有抵抗车辆轮胎磨耗的性能,陶粒水泥混凝土也不例外。

在现行的路面设计控制指标中只有强度指标[1],对路面的耐磨性并未作具体的要求,这直接导致了对水泥混凝土路面耐磨性的研究甚少。据调查,有些路面的损坏并不完全是因为强度不足,而是由于耐磨性太差造成的,这也说明了混凝土的强度对耐磨性虽有一定的影响,但它们之间并无绝对的直接对应关系。

路面用粗集料一般选用质地坚硬、耐久的碎石或砾石,将骨料强度较弱的陶粒水泥混凝土应用于路面,其耐磨耗性能需要通过试验对比来验证,以免在使用过程中出现大量粉尘脱落,灰尘大,外观效果差等病害。

1.耐磨性的影响因素

混凝土的耐磨性取决于硬化水泥浆和骨料的硬度和强度以及他们之间的黏结力。在看来良好的地面上,粗骨料被硬化的水泥浆所覆盖,无论是陶粒水泥混凝土还是普通混凝土,这个覆盖层的耐磨性都是一样低,所以骨料颗粒会迅速暴露于严重的磨损之下。

虽然陶粒可能由硬质材料组成,但他们的实际耐磨性较低,可能低于硬化水泥浆。所以,当表层被磨损以后,陶粒水泥混凝土的耐磨性将低于普通混凝土。用西德的标准试验设备所做的试验表明[2],黏土陶粒和页岩陶粒水泥混凝土,其磨耗损失比普通砂和砾石混凝土大2~5倍。

由水泥混凝土路面的调查和有关试验可知[3],混凝土的磨耗性能与水泥的质量、水灰比、骨料的硬度、混凝土的密实性以及混凝土的龄期有关。

1.1　水泥强度

应尽量选用强度等级较高的普通水泥,因为强度越高的水泥耐磨性也越好。一般用于路面面层的混凝土,使用的水泥最好不低于42.5级。矿渣水泥耐磨性较差,不宜用于混凝土路面的面层。

1.2　水灰比

水灰比过大会使混凝土抗磨耗能力降低,水泥用量不足也会使磨耗能力减小。因此,为保证路面有较好的磨耗性,应尽量降低水灰比,并保证有足够的水泥用量。

1.3　骨料的影响

在可能的条件下,应对混凝土的骨料有所选择,因磨耗度随骨料而异。抗磨耗能力以片麻岩为最好,其次是石英岩,然后是花岗岩和玄武岩,石灰岩较差,石灰凝灰岩为最差。采用质地坚硬的砂(如石英砂),对增强混凝土的抗磨耗性有利。增加砂的成分或减小水泥与砂的体积比也可提高磨耗抗力。实践表明,水泥与砂的体积比超过1:2.25,混凝土的磨耗就很明显。

1.4　混凝土的密实性

混凝土越密实,其抗磨性越好,因此掺加适量的粉煤灰提高混凝土的密实性,也可提高混凝土的耐磨耗性能,但过量掺加粉煤灰将使混凝土的磨耗性能下降,粉煤灰的合适掺入量应根据具体材料通过试验确定。

施工中将混合料充分振捣,以提高密实性也是保证抗磨耗性能的一个方面。

2.磨耗试验方法

依据公路工程水泥及水泥混凝土试验规程(JTG E30-2005),混凝土磨耗试验采用150mm×150mm×60mm立方体标准试件,每组3个试件;按照规范要求将试件养护烘干后放至耐磨试验机的水平转盘上,用夹具将其轻轻坚固;在200^{N}负荷下磨转30转,然后取下试件刷净表面粉尘称重,记下相应质量,该质量作为试件的初始质量。然后在200^{N}负荷下磨转60转,取下试件,刷净表面粉尘称重,并记录剩余质量。

每组花轮刀片只进行一组试件的磨耗试验,进行第二组磨耗试验时,更换一组新的花轮刀片。

按下式计算每一试件的磨损量,以单位面积的磨损量来表示。

$$G_C = \frac{m_1 - m_2}{0.0125}$$

式中：G_C——单位面积的磨损量（kg/m^2）

m_1——试件的初始质量（kg）

m_2——试件磨损后的质量（kg）

0.0125——试件磨损面积（m^2）

以3块试件磨损量的算术平均值作为试验结果。

3. 试验结果及分析

在相同试验条件下对比了强度等级相同的两种混凝土的耐磨度，试验结果见表1。

表1 磨耗试验结果

混凝土品种	表观密度（kg/m^3）	耐磨度（kg/m^2）
陶粒水泥混凝土	1880	3.64
普通水泥混凝土	2306	3.50

结果表明，在相同强度等级条件下，高强陶粒水泥混凝土的耐磨耗性并不低于普通水泥混凝土。武汉理工大学的王发洲教授认为高强陶粒的空隙率较小，其固相组成中70%～80%为玻璃体，玻璃体的硬度为5～7，而一般的石灰石硬度为3.5～4.0，因此高强陶粒本身的耐磨性就不低，此外，相同强度的陶粒水泥混凝土的配合比中，水泥用量高于变通水泥混凝土，水泥石强度更高，加上硬化的水泥石与陶粒的黏结力比普通天然集料大，使得高强陶粒水泥混凝土的耐磨耗性比较高。

4. 主要结论

（1）提高混凝土路面磨耗性能的方法有：①提高水泥标号。②降低水灰比并保证足够的水泥用量。③采用强度较高的骨料。④水泥与砂的体积比一般不宜超过1：2.25。⑤提高混凝土的密实性。

（2）通过对比试验发现，在相同强度等级条件下，高强陶粒水泥混凝土的耐磨耗性并不低于普通水泥混凝土。

本文参考文献。（略）

第九章　工程项目类文书

第一节　项目意向书

一、项目意向书的概念

项目意向书是用来表示合作的意向，经合作的另一方同意、接纳的一种文书。

项目意向书在国内外经济合作活动中具有非常重要的作用。它虽不具备法律效力，但对双方具有一定的约束力，而且它是制定经济合作项目建议书的基础，是制定可行性报告的基础，可为签订经济合作合同做好准备。在经济活动中，一般情况是先签项目意向书，达成意向后，由一方向上级部门请求批准，提出项目建议书，然后签署协议书，最后才正式签订合同。

项目意向书是当事人对某一合作或合资事项经过双方接触、协商达成的初步意图和设想所订立的书面文书。它具有临时性，它的内容不涉及合作、合资事项的具体细节，是当事人之间进行初步洽谈的结果，经过进一步协商达成协议后，尚需签订协议或合同。它是订立协议或合同的先导，是一个过渡性的文书，不具有法律效力，只是一种信誉的证明。

二、项目意向书的类型

项目意向书的具体类别较多，依据各方享有权益和承担的义务可分为以下2类：

(1)具有“双方契约”和“有偿合同”性质的项目意向书。这种项目意向书使签约双方或各方，既享有一定权益，也承担一定义务。

(2)具有“单方契约”和“无偿合同”性质的项目意向书。这种项目意向书的签约双方中只有一方单独承担某种义务。

三、项目意向书的写法

项目意向书的基本写作方法包括标题、首都、正文、结尾4部分。

(1)标题。由事由、文种2部分组成。如“工程合作意向书”、“合资建厂意向书”、“企业联合经营意向书”等。也可以直接写文种“意向书”3个字。

(2)首部。应载明签订项目意向书的单位名称，明确签订项目意向书的指导思想和实现的总体目标，谈判的时间和地点，并导出正文。如“××公司与××公司于××年×月×日在××市×公司所在地为发展横向联合，发挥双方优势，实施互惠互利，共同提高经济效益与社会效益，在双方自愿平等的基础上，达成联合经营意向如下”。

(3)正文。是项目意向书所要实现的总体目标的具体条文，一般都按初步谈判达成的方向性意愿逐条加以表述。

正文应依据洽谈事项的性质不同而有不同的内容。如洽谈合资经营事项，应提出经营项目、经营规模、投资总额、投资比例、产品销售、经营管理、收益分配等事宜。逐条将协商一致的意向列举出来,对未尽事宜提出下次洽谈的内容、时间、地点。也可将未尽事宜注明留待正式签订合同或协议书时,予以补充。

(4)结尾。这部分主要是签署。其中,单签式项目意向书,只由出具项目意向书一方签署,文书1式2份,由合作的另一方在副本上签字认可,交还对方;联签式项目意向书,由双方联合签署,各执1份为凭;换文式项目意向书,用双方交换文字的方法,表达合作意向,各在自己的文书上签署。

最后写好签订时间、执存份数等。

【示例9-1-1】

横向经济联合意向书

订立意向书单位:

甲方:××市化工厂

乙方:××县×乡经济合作社

于××××年×月×日在×地,就发展横向经济联合问题进行了初步协商。

根据双方需要,为更合理利用双方各自的优势,提高经济效益和社会效益,双方一致同意在平等互利的基础上达成以下联营意向:

一、按照互惠互利原则,双方共同创办国营与集体联营的综合服务公司。该公司创建之初的生产经营项目有二:

1. 利用甲方一车间环氧乙烷生产装置在生产过程中产生的废渣石灰脚生产煤渣砖;

2. 代客户运输。

二、甲方提供运输工具,2.5吨载重车6辆给联营企业,按日收取适当的租用费。乙方提供面积为3320平方米的土地一块给联营企业,按月收取适当的租用费。乙方须提供综合服务公司所需生产人员。

三、此联营项目投资总额150万元(包括基建、厂房、设备及流动资金)。甲方投资比例为80%,乙方投资比例为20%,实现的利润按投资比例分成。

四、综合服务公司具有法人地位,向工商行政管理部门申请注册登记,实行独立核算,自负盈亏。

五、双方各派代表×人组成筹建小组,负责具体筹建工作,筹建小组应于×年×月底前完成可行性研究并提交工作方案。

六、有关具体问题双方在进行可行性研究后作进一步协商。

七、本意向书1式2份,双方各执1份。

甲方:(盖章)　　　　乙方:(盖章)

甲方代表:王××(签字)　　　　乙方代表:宋××(签字)

××××年×月×日

【示例9-1-2】

开展多方技术经济合作意向书

江西×××对外开放办公室(甲方)与深圳××××有限公司工贸发展部(乙方),经双方协商同意,确定如下技术经济合作关系:

一、双方就以下范围进行长期的技术经济合作

1. 高科技产品开发;

2. 粉煤灰综合利用;

3. 外墙保温材料出口;

4. 合办第三产业;

5. 技术咨询;

6. 高新技术以及资金等方面的引进合作。

二、合作方式

双方本着互惠互利,利益共享,风险共担的原则,根据具体项目协商采用具体的多种合作方式。

三、合作程序

由双方商定在适当时间组团考察,根据考察结果共同拟订合作项目、方式、内容、步骤。

四、甲乙双方义务

1. 甲方负责提供其资源、项目及资料和项目的落实。

2. 乙方负责提供合作开发项目的技术资料,组织有关技术力量,以及协调开发项目的有关关系。协助或代理甲方的产品出口,合作项目产品的出口,甲方所需或双方合作项目所需的设备、技术的引进。

3. 双方确定具体的联络人员,进行经常的联络工作。

五、此意向书1式4份,各执2份。

甲方:江西×××对外开放办公室　　代表:宋××

乙方:深圳×××有限公司工贸发展部　　代表:胡××

××××年×月×日

第二节　项目建议书

一、项目建议书的概念

项目建议书是呈报上级请求批准对某一新项目进行可行性研究的专用文书。它的主要作用是,向上级机关就某项工作、某个问题提出方案建议,供其作出决策,采取措施时参考。它是对建议书所涉及的内容范围的一种具体限定。项目建议书的内容侧重于所报项目的全面介绍,如申请单位、项目、名称、性质、经济形式、经营方式、范围、规模、环境保护、经济效益及项目负责人等。其表达方法主要表现在以下2个方面:一方面是项目建议书是国家选择建设项目的依据。结合各地实际情况,批准上马新的建设项目,对

我国社会主义现代化建设,逐步完善市场经济体制大有益处。但如果不调研、不论证,盲目上马新项目,则会适得其反。项目建议书则主要论证项目建设的可能性和必要性,为确立建设项目提供依据。另一方面是项目建议书是项目建设过程中的最初程序。每个建设项目的确立,第一步是呈报项目建议书,批准之后,再进入可行性研究阶段。

二、项目建议书的内容

项目建议书一般由项目的申请单位编制完成,目的是为了获得批准立项。它的内容一方面应充分地反映出立项的必要性和可能性;另一方面,它又不同于可行性研究报告,只需对拟建项目作粗略而概括的论证,对投资估算的精确度允许在 ±30% 的范围内。项目建议书主要包括以下 4 个方面的基本内容:

1. 基本情况介绍

(1)拟办项目的名称、地址。

(2)该项目的单位名称、地址,主管单位名称,项目负责人的姓名、职务。

(3)项目建设的必要性和可能性,包括技术和技术力量,产品品质和竞争力;国内外市场的供求、销售方式,对发展本行业、发展国民经济所起的积极作用等。

2. 项目的主要内容

(1)拟办项目的内容。主要介绍经营范围、产品的选择、发展方向和生产规模及计划。

(2)销售渠道和国内外市场分析。

(3)主要原材料和配套件供应。

(4)企业的地点、周围环境及环境保护、基础设施、市政配套以及交通运输条件。

3. 投资及经济效益估算

(1)投资总额估算、注册成本、各方出资比例和出资方式;投资方式和资金来源等。

(2)资金筹措、企业贷款的可行性。

(3)职工(包括管理人员、科技人员)人数估算和来源。

(4)外汇平衡估算及平衡办法。

(5)投资回收率、回收时间及合资各方经济效益的估算。

4. 需要解决的问题

目前尚存在的一些困难或需要有关部门协助解决的问题以及如何解决的建议、打算要写清楚,以便于上级部门掌握、协调。

三、项目建议书的写法

1. 标题

标题由建议项目名称和文种两部分构成,如《兴建外墙材料加工厂项目建议书》。

2. 正文

(1)前言。简明交代项目建设单位的全称、项目名称以及项目建设和目的、意义。

(2)主体。主体一般采取条款式结构,其内容包括:

第一,立项理由。主要是对拟投资建立的项目的必要性和依据开展论证。项目的必要性是受社会背景、经济结构等多种因素制约的,写作时要立足于国民经济发展战略和市场经济体制的迫切需要,不能过分突出该项目对本地区、本单位的重要性。对项目建设的依据应进行充分说明,因为这是在论证它的可能性。

第二,项目内容。项目内容包括具体对象、规模、范围、结构、性能、经济技术指标、建设地址等,都要作勾勒式的说明。详细阐述应放在下一步可行性研究报告和计划任务书中完成。

第三,投资条件。它主要包括资源条件、基础设施条件、技术条件、外部协作关系以及这些条件的落实情况。其中,资源条件包括实物资源(如原材料资源、燃料资源、动力资源、设备资源)、货币资源、人力资源等;基础设施条件包括水、电、交通、通讯等。

第四,投资估算和筹资打算。用具体数字说明对本项目的投资估算,例如土建费、设备费、安装费、施工费、设计费、工程费等。

第五,效益分析与还贷。效益分析一般以经济效益分析为主,经济效益与社会效益并重。分析时主要通过具体数字说明项目投入后的产出效益,数字要真实可信。

第六,进度安排。以数字或图表的形式,说明项目建设工期的安排和年度、季度、月度的进展计划。

3. 结尾

写明建设项目各方的名称、法人代表的签名、写作日期。

【示例9-2-1】

××建设工程项目建议书

（基本框架）

第1章　总　　论

1.1　项目背景

(1)项目名称;

(2)承办单位;

(3)承办单位法人代表;

(4)项目编制依据;

(5)项目提出的理由与过程。

1.2　项目概况

(1)拟建地点;

(2)建设规模与目标;

(3)主要建设条件;

(4)项目投入总资金及效益情况。

第2章　项目建设必要性与建设规模

2.1　项目建设必要性

(1)项目提出的背景;

(2)项目建设的必要性。

2.2　初步确定建设规模及理由

(1)建设规模;

(2)建设理由。

第3章 建设场址与建设条件

3.1 场址现状

(1)地点与地理位置;

(2)场址土地权属类别及占地面积。

3.2 建设条件

(1)地形地貌条件;

(2)地质条件;

(3)气候条件;

(4)交通运输条件;

(5)建筑材料来源及施工条件;

(6)公用工程及基础设施条件;

(7)征地拆迁条件。

第4章 建设方案

4.1 建筑设计指导思想与原则

(1)遵守国家有关法律法规;

(2)符合城乡规划;

(3)充分利用地形地貌,保护生态环境;

(4)符合有关设计规范;

(5)充分利用当地建材;

(6)设计高标准,建设高水平。

4.2 项目总体规划方案

(1)项目建设内容;

(2)项目建设总体规模。

4.3 主体工程建筑方案

(1)平面布置和功能要求;

(2)建筑结构设计;

(3)配套工程;

(4)建设方案。

第5章 环境影响评价

5.1 环境现状

(1)气温;

(2)降雨量、风速;

(3)空气、水质情况。

5.2 项目建设与营运期对环境的影响

(1)施工期主要污染源和主要污染物;

(2)营运期主要污染源和主要污染物。

5.3 环境保护措施

(1)方案实施采用的环境保护标准；

(2)施工期环境保护措施；

(3)营运期环境保护措施；

(4)水土保持；

(5)环境监测。

第6章　组织机构

(1)组织领导机构；

(2)项目实施机构。

第7章　项目实施进度

(1)前期工作；

(2)勘察设计；

(3)施工进度；

(4)环境整治与验收。

第8章　投资估算与资金筹措

8.1　估算范围

(1)土建工程；

(2)设备购置及安装工程；

(3)其他附属工程。

8.2　主要编制依据

(1)有关专业图纸；

(2)主要设备清单；

(3)主要材料市场价；

(4)建筑工程、市政工程预算定额。

8.3　建设投资估算

(1)总投资估算(建筑工程费、设备购置及安装工程费、工程建设其他费用、基本预备费等)；

(2)征地拆迁费用；

(3)分年度投入计划。

8.4　年运行成本

(1)基本维修费；

(2)水电费；

(3)管理费用；

(4)其他费用。

8.5　资金筹措方案

第9章　社会评价

(1)社会影响分析；

(2)互适性分析；

(3)社会风险分析；

(4)社会评价结论。

第10章 研究结论与建议

(1)结论;

(2)建议。

附件:

1.工程总投资估算表

2.有关政府部门对工程建设的承诺函

3.工程项目规划建设总平面图

【示例9-2-2】

关于筹建中外合资××拉链有限公司项目建议书

××县人民政府:

××市××工业公司,××市对外贸易公司和新加坡××工业(私人)股份有限公司,经过商谈,三方本着平等互利、共同发展的原则,决定建办生产尼龙拉链的专业公司,旨在引进国外先进设备和管理技术,发展乡镇外向型企业。

一、合资企业名称:(××拉链有限公司)。

二、项目主办单位:××市××县××乡工业公司。

三、项目负责人:×××(初拟)。

四、项目总说明:(略)

五、中方企业的基本情况:(略)

六、外方的基本情况与我方合作的态度。(略)

七、生产规模与国内外市场分析及各方销售比例。(略)

八、合营方式及年限。(略)

九、投资总额估算,注册资金及各方出资比例、资金构成等。(略)

十、招工人数及办法。(略)

十一、原材料供应。(略)

十二、土建概况。(略)

十三、工艺流程及环境保护。(略)

十四、承办项目的有利条件。(略)

十五、经营效益。(略)

十六、项目实施进度。(略)

附件:三方关于筹建中外合资××市××拉链有限公司的意向书1份。

××市对外贸易公司 ××县××工业公司

××××年×月×日

【示例9-2-3】

××乡发展服装工业、建造新厂的项目建议书

一、建厂理由:

我乡所属××丝绸服装厂,建厂十多年来,在市、县、乡领导部门的重视关心下,生产规模不断扩大,生产业务日益增多,技术力量较强,产品在中外客户中一直享有较高的信誉。该厂并于1987年取得了××出口产品生产许可证。但目前××丝绸公司业务基本饱满,而市区还有三四家有名望的厂家和外贸客户前来要求定点联营。他们满怀希望而来,却扫兴失望而归。为了适应服装行业走向外向型经济发展道路的需要,改善厂区小、厂房简陋、交通困难的处境,该厂申请建造服装专业新厂,以便创造条件,增强吸引力,更好落实搞紧密型合作经济的计划。为此,经乡政府、乡工业公司研究决定,从速选址建厂,及早形成服装出口基地。

二、项目性质:新建项目。

三、新厂选址:(略)

四、新厂规模:(略)

五、资金来源:(略)

六、市场预测:(略)

七、能源配套供应:(略)

八、三废情况:(略)

九、经济效益分析和还贷安排打算:(略)

十、项目实施进度:(略)

十一、对项目的评价:

1. 我乡服装行业,乡办、村办有五六个单位,一大批服装工人和技术人员,目前还没有一个像样的骨干厂充分利用和调动这支队伍。为了振兴全乡经济,创办新厂势在必行。

2. 服装行业走外向型经济道路,兴旺发达,方兴未艾。虽然经济效益不算高,但风险小,无大波动,相对比较稳定。

3. 新建厂的规模、厂址、厂貌都比较理想,具有外向型风度,在市郊同行业中可算名列前茅,有把握同外商联办合资经营。

上述报告,请县发改委、乡镇局、银行等有关部门审核,并提出宝贵意见。

××县××乡

××××年×月×日

第三节 可行性研究报告

一、可行性研究报告的概念

可行性研究报告,是指国家、企事业单位组织专家对建设项目、投资项目、产品生产项目、合资经营项目和科研项目等的经济有效性、技术合理性、实施可行性进行研究、论证之后形成的书面报告。它是指在确定某一经济建设项目或科学研究项目之前,在调查研究的基础上,对该项目有关政策法规、投资规模、环境影响、技术水平、实施方案和措施等进行全面的技术论证和经济评价,从而确定该项目实施的可行性和有效性。

二、可行性研究报告的类型

可行研究报告适用于各行各业,划分种类的方法也多种多样,一般有3种分类方法。

（一）按内容区分

按其内容可以分为工业可行性研究报告、农业可行性研究报告、高等教育可行性研究报告、中外合资企业可行性研究报告，以及开辟和拓展新市场、开发新产品和新技术、采用新工艺和新管理方法的可行性研究报告等。

（二）按范围区分

1. 一般可行性研究报告

主要是指规模小、投资少的小项目的可行性研究报告，包括新建和扩建项目，牵涉面不大的常规性技术改造项目，某一方面的经营管理改革、单项科学实验等。一般可行性研究报告项目内容比较单一，涉及面不大，引用数据不多，技术经济分析较为简单明了。

2. 大中型项目可行性研究报告

主要是指规模大、投资多、涉及面广的可行性研究报告，包括新建和扩建工程浩大复杂的技术改造项目、全局性的经营管理改革和重大科学实验等。

（三）按性质区分

按其性质可分为：

（1）肯定性的可行性研究报告，即肯定项目实施的必要和可行。

（2）否定性的可行性研究报告，即否定项目实施的必要和可行。

（3）选择性的可行性研究报告，即一般写出两个以上的可行性研究报告，供决策者挑选。

三、可行性研究报告的写作

（一）可行性研究报告的内容

可行性研究是项目建设前期工作中一项重要的调查研究工作。它是根据审定的项目建议书，对建设项目的技术、工程、经济、社会和外部协作条件等的可行性和合理性进行全面分析论证，作多方案的比选，推荐最佳方案，为项目决策提供可靠的依据。其内容随行业不同而有差别。就一般工业建设项目来说，可行性研究应包括以下几方面的内容：①项目提出的背景和投资建设的经济意义；②需求预测和拟建规模；③资源、原材料、燃料及公用设施情况；④建厂条件和厂址方案；⑤设计方案；⑥环境保护；⑦企业组织、劳动定员和人员培训；⑧实施进度的建议；⑨投资估算和资金筹措；⑩财务效益和经济效益评价。

（二）可行性研究报告的结构

可行性研究报告按其项目的大小分为书刊式和文件式2种。书刊式的有封面、封底、目录、扉页、插图等。

可行性研究报告的内容一般由标题、正文、附件3个部分组成。

1. 标题

标题一般有两种形式：第一种为单位名称、项目名称及文种，如《××果汁饮料技改项目可行性研究报告》；第二种为项目名称和文种两项内容，如《筹建中密度纤维板生产线项目可行性研究报告》

2. 正文、

正文通常包括前言、主体、结论3个部分。

(1)前言。可行性研究报告前言的写法没有固定的模式,常见的写法是概括地介绍拟建项目提出的背景、依据、目的及其经济效益,说明可行性研究的范围、要求等。

(2)主体。其主体内容随行业不同而有差别。就一般工业建设项目来说,可行性研究应包括以下几方面的内容:①项目提出的背景和投资建设的经济意义;②需求预测和拟建规模;③资源、原材料、燃料及公用设施情况;④建厂条件和厂址方案;⑤设计方案;⑥环境保护;⑦企业组织、劳动定员和人员培训;⑧实施进度的建议;⑨投资估算和资金筹措;⑩财务效益和经济效益评价。

(3)结论。这一部分是对整篇研究报告内容的总结、概括。在此,应就项目实施的可行性提出明确的结论性意见。

3. 附件

很多可行性研究报告的正文之后都有一些附件,如统计图表、设计图纸、试验数据及文字性论证材料。

(三)可行性研究报告的写作要求

1. 做好调查研究,材料真实可靠

首先,要切实进行行业研究和市场调研。这是可行性研究报告编制的必要部分,实际上也是最费时间的部分。企业决策者以及项目开发人员要特别注重这部分工作。项目评估、论证及研究其是否可行才是目的,不要本末倒置。

其次,要按类别分析材料,根据材料对各种情况作出准确的判断,要从理论上对具体材料及根据材料作出的判断加以分析,对各项指标认真进行核算,最后得出科学、客观、明确的结论。

2. 注重经济评价

投资项目客观的经济评价是建立在合理预测各项财务数据的基础上的,主要包括收入预测和总成本费用预测。由于生产要素市场、用户需求以及产品价格等都可能发生变化,所以,在项目分析的经济评价中,要将影响项目收入和支出的各个科目尽量细化,分门别类进行分析,作出预测,然后将各项汇总。即由细节预测到推算出总的结果,而不是从大的方面整体预测,再按照预测的结果对不同部分作细微的调整。

【示例9-3-1】

工业项目可行性研究报告(编写纲要)

项目概要:(包括项目名称、项目摘要、项目法人代表、项目单位及地址、项目联系人、联系电话等)

一、项目基础资料

(一)项目提出的背景和必要性。

(二)项目技术来源、技术的行进性和成熟性。

(三)项目单位基本情况。

二、市场分析

(一)需求预测。

(二)产品市场占有率分析。

三、项目内容、规模和进度

(一)建设内容和实施方案。

(二)主要产品的技术和经济指标。

(三)建设规模和时间进度。

四、建设地点和自然条件

(一)建设地点选址。

(二)自然条件。

五、工艺及设备

(一)主要的工艺流程和技术方案。

(二)主要的设备选型和设备清单。

六、项目建设所需的条件

(一)供电、给水及配套设施。

(二)原材料来源及供应。

(三)生产厂房及配套设备。

七、环境保护及消防措施

(一)污染源、污染物及环保措施。

(二)原料、产品的安全性能及安全防护措施。

(三)劳动保护、消防措施。

八、项目投资

(一)项目总投资。

(二)资金来源、用资计划、用汇计划及可行性。

(三)资金偿还、投资回收计划及相应措施。

九、项目的财务评价和风险分析

(一)产品成本估算。

(二)销售和利润的估算。

(三)财务各项指标的计算与分析。

(四)项目的盈亏分析和风险分析。

(五)项目的经济分析和结论。

十、有关附件、附表

(一)项目进度、年度计划实施表。

(二)企业的资产负债表。

(三)环保及消防部门对项目的评估意见。

(四)城建规划部门对项目选址的意见。

(五)主要设备清单。

(六)固定资产投资分析估算表。

(七)项目资金筹措计划表。

(八)总成本估算表。

(九)现金流量表。

(十)项目各种费用估算表。

(十一)损益表。

(十二)敏感性分析表。

(十三)还款计划表。

(十四)流动资金估算表。

(十五)固定资产折旧估算表。

(十六)其他有关附件及附表。

【示例9-3-2】

筹建××中密度纤维板生产线项目可行性研究报告

一、项目概述

改革开放以来,随着我国经济和建设的飞速发展,市场对木材及胶合板的需求量越来越大。目前,森林砍伐严重,木材资源越来越少,特别是用来做胶合板的木材更是短缺。而中密度纤维板则是原材料要求低(枝丫、杂材均可),来源广泛,使用性能好,能广泛代替木材及胶合板的一种人造板产品。

近几年来,国内自建和引进不少中密度纤维板生产线,产品规格一般为120 mm×2440 mm×(8~30)mm,目前国内市场上中密度纤维板大都是8 mm以上的中厚板,8 mm以下的薄板在国内市场上是个空缺。而中密度纤维板薄板由于具有板面平整光滑、内部结构细密均匀、强度高、物理性能好、变形小、隔音效果佳、机械加工性能好等特点,可代替三合板,其价格比三合板低1/3,被广泛用于家具制造、室内装修、门扇面板、墙嵌板、车厢嵌板、音响外壳以及做绝缘材料、广告牌等等。因此,开发中密度纤维板产品,尤其是薄板,具有良好的社会效益。

二、市场预测(略)

三、建厂条件及生产技术(略)

四、生产工艺流程及职工定员(略)

五、投资概算及资金来源

1. 投资概算

建成年产15000m^3中密度纤维板生产线需投资总额2500万元,建成后需流动资金500万元(投资明细见附件表1)。

2. 资金来源

(1)申请银行贷款2250万元(包括流动资金500万元)。

(2)自筹资金750万元。

六、产品成本测算及经济效益分析

1. 基本数据和主要计算依据

(1)建设投资总额2500万元,流动资金500万元。

(2)生产规模年产中密度纤维板15,000m^3,产品规格为1,220 mm×2,440 mm×(3～5)mm,出厂销售均价为2,450元/ m^3(其中3 mm厚的价2,800元/ m^3,5 mm厚的价2,600元/m^3,8 mm厚的价2,500元/m^3,10 mm厚的价2,400元/ m^3,12 mm厚的价2,300元/ m^3,15 mm厚的价2,100元 m^3)。

(3)项目计算年限和达产能力。项目建设期为1年,按照主要设备折旧,生产经营期定为18年,投产后第一年达产70%,第二年达到设计能力。

(4)折旧摊销。根据国家有关规定,人造板设备折旧年限为18年,土建折旧年限为40年,其他费用按18年分摊。

(5)税收及职工福利。产品增值税为17%,教育费附加和城建税为增值税额的10%,土地使用税为20,000×0.4＝8,000元/年,房产税为土建金额的70%再乘以1.2%,福利为年工资总额的14%。

2.产品成本测算

年产15,000 m^3 中密度纤维板总成本(见附件表2)为2,755.97万元。单位成本为2,755.97/15,000＝0.184万元/m^3。其中,可变成本为2,303.59万元,占总成本的83.59%;固定成本为425.38万元,占总成本的16.41%。

3.经济效益分析

(1)年产利税额。该产品正常投产后年值达3,675万元,年利税达1,303.20万元,其中利润919.03万元,税金384.17万元。

(2)效益分析。项目投入产出比为1∶1.47,产值利润率可达25.01%,产值利税率可达35.46%,投资利润可达36.76%,投资利税率可达52.13%,投资回收期仅2.72年,经济效益非常显著。

(3)财务平衡分析。新项目达到34.16%的开工能力时就可做到收支平衡,表明该项目在生产经营中具有较强的抗风险能力。

七、项目进度安排

(1)2000年10～12月论证立项,争取在12月底前将项目资金落实。

(2)2001年元月、2月征地办手续及完成设计。

(3)2001年3～8月完成车间土建,购、运设备,招工培训。

(4)2001年8～11月设备安装,完成所有配套土建工程。

(5)2001年12月完成设备调试及试产。

(6)2002年元月开始正常投产。

八、结束语

当前世界正兴起中密度纤维热潮,根据世界自然资源情况来看,中密度纤维板取代胶合板是必然趋势。通过论证分析可看出该产品是一个利用本地资源和本地市场,经济效益很好的产品。该项目创效益的关键在于:①经营管理和技术管理;②设备质量状况。因该生产线自动化程度较高,一台设备出现障碍将引起全线停产,设备的可靠性十分重要。

××××年×月×日

附件:1.固定资产投资概算表(略)

2.产品总成本测算表(略)

【示例 9-3-3】

××果汁型饮料技改项目可行性研究报告

第一章　总　论

一、项目的提出与投资的必要

××葡萄酒厂是××综合垦殖场的一个下属单位，目前拥有300多亩田的葡萄基地，年产优质葡萄1800多吨，并在总场范围内拥有中华猕猴桃、草莓种植基地和大量杨梅、山楂等野生水果，具有得天独厚的水果资源优势。

为了提高葡萄酒的质量并扩大产量，该厂在“七五”初期的1986年引进了法国伊美佳(IMECA)公司具有80年代世界先进水平的整套葡萄酒生产设备，而一跃成为江南最大的葡萄酒生产企业。近年来该厂在组织葡萄酒生产的同时，加紧对生产设备的消化吸收，于“八五”初期的1991年，利用葡萄酒的前加工设备和先进、科学的保鲜技术开发生产的葡萄汁饮料取得成功，为今后综合开发果汁型饮料的生产奠定了扎实的基础。

进入“八五”以来，××省人民政府关于“八五”期间大力发展食品工业，“把食品工业作为××第一产业”来抓，为该厂的发展指明了方向，特别是省政府近期提出的“××工业走廊”的发展设想，更为地处“昌九工业走廊”腹心地段的××葡萄酒厂的发展提供了一个良好机遇。

因此，充分利用得天独厚的水果资源优势，充分发挥引进的先进加工设备的使用效率，充分运用当前省府提出的“××工业走廊”经济发展战略的有利时机，提出果汁型饮料技术改造项目，积极开发多系列果汁型高档饮料的生产，填补我省高档系列果汁型饮料的空白是必要的，它将为满足人们生活消费水平日益增长的需求，为振兴××经济作出应有的贡献。

二、企业基本概况及条件

(一)企业基本概况

××葡萄酒厂隶属于××综合垦殖场，是建于1974年的全民所有制企业。经过全厂职工近20年的艰苦创业，已经成为具有一定生产规模和具有较好的饮料生产基地、年产各类酒和饮料达万吨生产能力的××省重点食品骨干企业，且为江南最大的葡萄酒生产企业。

全厂现有职工404人，其中工程技术人员26人，占全厂职工人数的6.4%。

厂区占地面积18650m^2，建筑面积10996m^2。

固定资产原值1100万元，净值860万元，拥有7条饮料和酒类生产线，主要产品有：“凤乌”牌半干红、全汁白、桃红葡萄酒、鲜葡萄汁、杨梅汁等果汁型饮料；“云居山”牌云居山特曲、云粮大曲、全汁中华猕桃酒及各类碳酸饮料。产品获部优1项、省优6项，销往全国20多个省市，深受广大消费者欢迎。1991年年产值896.7万元，销售收入821.4万元，实现利税93.2万元，全员劳动生产率达22195.4元/人。

(二)项目承办条件

具有葡萄、中华猕猴桃、草莓种植基地和大量的杨梅、山楂等野生水果得天独厚的资源优势；

具有产品生产可利用的前加工基础设施和成熟的技术、工艺；

水、电、汽等辅助生产设施完备，只需适当的填平补齐；

产品原料生态环保，产品销售市场广阔。

(三)项目研究工作的依据和范围(略)

(四)项目研究结论

本项目在寿命期内，总产值为77639.1万元，投资利润率29.74%，投资利税率49.02%，内部收益率(FIRR)36.25%，投资回收期(包括建设期)4.57年，项目经济效益好，可以成立。

充分利用本地资源，变资源优势为经济优势，增加地方财政收入，将有较好的效果。

以果汁饮料为龙头，可带动一些配套厂发展，对活跃经济有着积极的作用。

(五)项目主要技术经济指标

项目投资：2250.6万元。其中，固定资产投资1005.6万元，流动资金1245万元。

资金筹措：固定资产投资贷款800万元，自筹205.6万元；流动资金贷款1000万元，自筹245万元。

技术改造规模：根据市场需求预测、资金筹措的可能和企业实际情况，拟定果汁饮料技术改造项目的规模为年产果汁饮料1.15万吨。

综合技术经济指标。(略)

第二章 需求预测与拟建规模

一、产品销售市场预测

国内外产品概况及发展趋势(略)

销售预测

我省软饮料工业起步较晚，我省的果汁饮料生产亦较晚。1991年，全国果汁饮料总产量8.6万吨，仅占全国饮料总产量的2.603%。先后有椰子汁、杏仁露、甘茶蔓、金橘汁、山楂汁、刺梨汁、酸枣汁、猕猴桃汁、芒果汁等饮料投放市场。

易拉罐高档包装饮料的生产近来经过了发展—停顿—发展的迂回道路，随着改革开放的进一步扩大，旅游事业的兴起，人们生活消费水平的提高，需求量越来越大。市场调查表明，易拉罐高档包装的碳酸饮料供过于求，而易拉罐高档包装的果汁饮料供不应求。目前，我国已在葡萄、猕猴桃、山楂、野杏仁、椰子等特产特色水果饮料加工上具备打入国际市场的优势。国内批量生产果汁饮料的厂家大都集中在广东、海南、福建、河北、山西。

我省饮料工业起步于70年代中期，大发展于改革开放的十年，1990年全省饮料总产量达10万吨(1980年0.5万吨，1985年3万吨)，十年间年均递增34.93%(同期全国年均递增24.5%)，占全国饮料总产量的比重由1980年的1.74%上升到1990年的3.33%，城市人均占有6.66公斤，全省人均占有2.6公斤，虽已赶上和接近全国平均水平，但与发达国家相比差距仍然很大。

××省至今尚无一家批量生产果汁饮料的企业，1991年全省产果汁饮料约0.2万吨，占全省饮料产量的2%，××省市场为广东、上海产品所垄断。

综上所述，充分利用得天独厚的水果资源和先进的保鲜技术及设备，开发天然果汁饮料有广阔前景。

拟建规模：根据省政府关于“八五”期间加大饮料发展分量、加快资源开发利用步伐的精神和我省饮料工业"八五"翻番的发展目标，以及"昌九工业走廊"总体经济发展战略的要求，结合我厂现有水果资源情况，考虑市场需求，本次果汁饮料技术改造项目的生产规模定为年产果汁饮料1.15万吨。

第三章　资源、原铺材料、能源情况（略）

第四章　厂址及建厂条件

一、厂址

地理位置及交通、地质地貌、气候。（略）

二、建厂条件

我厂除拥有丰富的多品种鲜果原料基地优势外，还有一整套从法国引进的具有国际80年代先进水平的葡萄酒加工设备，该设备生产能力大，产品质量好，省内独此一家。其生产的鲜果原汁除供制酒外，还可供生产果汁饮料。再加上采用先进科学的保鲜技术，1991年开发生产的鲜葡萄汁饮料取得成功，被列为省1991年新产品，填补了我省高档果汁型饮料的空白，荣获××省名优饮料、滕王阁杯优质奖及省优称号。

供电、供水、供热、环境保护。（略）

第五章　项目设计方案

一、项目构成范围

本项目为开发生产高档次、多种规格、新颖包装"鲜果汁型"饮料新产品，上规模、上水平、创效益、发挥资源优势及设备技术优势，以满足旅游、家庭、宾馆、礼品等国内外不同档次的顾客需要，拟新建一栋果汁饮料灌装生产车间。

本项目在厂区内实施……新增4条多种包装规格的果汁饮料灌装生产线，新增250kW柴油发电机组2台套……新增SI—320kVA变压器1台。电力增容已获总场三电办批复同意。

二、工艺线路的选择

工艺技术标准、技术性能、工艺流程、生产车间的组成与主要设备选择、总平面布置、土建工程、运输量及运输车、供电、供汽、供水。（略）

第六章　环境保护（略）

第七章　生产组织及劳动定员（略）

第八章　项目实施计划和进度安排（略）

第九章 投资预算及资金筹措

一、固定资产投资

本项目固定资产投资1005.6万元。其中：土建工程176.6万元，设备购置550.4万元，安装工程50.68万元，其他227.92万元。

二、流动资金

按百元产值占用流动资金25元计，项目正常生产后需流动资金1245万元。

三、总投资估算

本项目总投资为2250.6万元。其中：固定资产投资1005.6万元，流动资金1245万元。

四、资金筹措计划

固定资产投资1005.6万元，企业自筹205.6万元，银行贷款800万元。流动资金

1245万元，企业自筹245万元，银行贷款1000万元。

五、资金使用计划

固定资产投资全部在建设期一年内使用。流动资金根据项目生产负荷分年投入，投产第一年投入使用747万元，第二年投入249万元，第三年投入249万元。

第十章 产品成本预算

一、产品单位成本预算依据

原辅材料消耗定额和价格参考企业现有情况和市场供应价格。工资以人均月200元计，附加费以工资的11%计。燃料、动力费参考企业现有情况。折旧年限为15年，固定资产形成率为96%，残值率为5%。流动资金贷款利率为8.64%。车间管理费和企业管理费参照企业现有情况。销售费用按销售收入的2%~3%计。

二、单位产品成本预算

二片易拉罐装果汁饮料4384.96元/吨。三片易拉罐装果汁饮料4759.96元/吨。聚酯瓶果汁饮料2458元/吨。利乐包果汁饮料2141元/吨。

项目达产年总成本为3871.73万元。

第十一章 财务及经济评价

一、生产和销售计划

本项目建设期为1年，投产第一年生产负荷为60%，第二年为80%，第三年后达产，生产负荷100%。项目达产年销售收入为4974.98万元。

二、利税预算

产品税以销售收入的8%计，城建税以产品税的7%计，教育附加贯以产品税的2%计：项目达产年销售税金为433.82万元，销售利润为669.43万元（计算期内各年销售收入和利税预算见表，略）。

$$投资利润率=\frac{年利润}{总投资}\times100\%=\frac{669.43}{2250.6}=29.74\%$$

$$投资利税率=\frac{年利税总额}{总投资}\times100\%=\frac{669.43+433.82}{2250.6}\times100\%=49.02\%$$

三、贷款偿还期计算

本项目固定资产投资贷款800万元，年利率为8.46%；还款资金来源为：新增利润的95%，折旧的80%；经计算，贷款偿还期为3.18年。

四、现金流量分析

根据现金流量计算表分析，计算结果为：财务净现值（ic=12%）2837.21万元；财务内部收益率36.25%；静态投资回收期4.57年。

五、盈亏平衡分析

$$BEP(生产能力利用率)=\frac{年固定成本}{年销售收入-年可变成本-年销售税金}\times100\%$$

$$=\frac{359.52}{4974.98-3512.21-433.82}\times100\%=35\%$$

盈亏平衡点产量=35%×11500吨/年=4025吨/年。盈亏平衡点销售收入=35%×4974.98万元=1741.42万元，盈亏平衡点销售税金=35%×433.82万元=151.84万元。即当生产负荷达到35%时,项目保本,不亏不盈。

六、敏感性分析

本报告仅就影响企业经济效益的主要因素和销售价格、可变成本的变化对项目内部收益率的影响,进行敏感性分析。

可变成本增加10%,财务内部收益率为20.71%,销售价格下降10%,财务内部收益率为16.13%。(图表略)

七、综合评价

本项目经济效益好,表现为投资利润率达29.74%,投资利税率达49.02%,内部收益率36.25%。

本项目能保证还贷,且投资回收期短,表现为贷款偿还期3.18年,静态投资回收期为4.57年。

本项目抗风险能力强,表现为盈亏平衡点生产能力利用率为35%;且由敏感分析可见,尽管财务内部收益率对产品销售价格较敏感,但当销售价格下降10%时(其他因素不变),项目财务内部收益率仍可达16.13%,高于基准收益率。

由此可见,本项目投资效果较好,项目可行。

第四节　招标投标书

一、招标申请书

(一)招标申请书的概念

招标申请书,是招标单位在发表招标公告前向招标、投标管理部门报送招标申请的文件。招标,是招标单位在购买大批物资、发包建设工程项目或合作经营某项业务时,公布标准和条件,限期提交投标书,然后从中择优选定的行为。由于它是涉及社会各方面的一种经济活动,为了加强管理,保证其顺利进行,所以事前应向有关主管部门递交申请书,请求批准。

(二)招标申请书的写法

(1)标题。由事由和文种2部分构成,如"建筑安装工程招标书"。

(2)受文单位称谓。写明主管招标单位的全称,在格式上抬头要顶格书写。

(3)正文。主要写明什么项目,已具备了哪些招标条件,并表明申请招标的要求。

(4)附件。依次写明随文呈送的文件名称和份数。

(5)落款。写明申请单位、负责人和具体年、月、日。

二、招标公告

(一)招标公告的概念

招标公告,又称招标通告、招标启事、招标广告、招标书。它是将招标主要事项和要求公告于世,从而招使众多的投标者前来投标。一般都是通过报刊、广播、电视等公开传播媒介发表。在整个招标过程中,它是属于首次使用的公开性文件,也是唯一具有周知的文件。其作用在于全面介绍情况,指导招标顺利进行,同时,它也是签订招标合同的基础。

(二)招标公告的类型

(1)按发布范围分,有国际招标书、国内招标书、系统或单位内部招标书。

(2)按招标目的分,有建筑招标书、生产招标书、设计招标书,科技招标书、劳务招标书等。

(3)按招标方式分,有公开招标、邀请招标。

(4)按文书的表达形式分,有表格式和文字式。

(三)招标公告的写法

招标公告一般由标题、正文、结尾3部分组成。

1. 标题

标题是招标公告中心内容的概括和提炼。从形式上看,可以分为完全性标题、不完全性标题、简明性标题和广告性标题4种。完全性标题由4部分组成:①招标单位名称,②招标性质和内容,③招标形式,④文种名称,如《×××集团公司×××路高层住宅建筑工程承包招标公告》;不完全性标题往往是不写招标性质和内容,只写招标单位和招标形式,如《××集团招标公告》;简明性标题多不写招标性质、内容和单位,只写招标文件的文种名称,如《招标公告》、《招标书》等;广告性标题总是以灵活多变、生动醒目的方式,激发投标欲望,招徕人们投标。

2. 正文

一般由引言和主体2部分构成。

(1)引言。应写明目的、依据以及招标项目的名称。文字要求准确精练,概括简短,提纲挈领,开宗明义。

(2)主体。这是招标公告的核心。要详细写明招标的内容、要求及有关事项。一般采用横式并列结构,将有关要求逐项说明,有的还需要列表。具体包括如下几个方面:招标方式、招标范围、招标程序、招标内容、双方签订合同的原则、招标过程的权利与义务、组织领导以及其他事项。

(3)结尾。应写明招标单位、地址、电话、电报、电传、邮政编码。若是2个以上单位联合招标,应依联合次写明。落款的单位不一定和标题中的招标单位一致,它可以是招标单位的上属主管部门,也可以是某一承办部门。

三、招标邀请通知书

(一)招标邀请通知书的概念

招标有2种方式:一是公开招标。它使用的文书是招标公告,一般刊登在报刊杂志上。二是邀请招标,即由招标单位邀请有关对象参加投标,它使用的文书是招标邀请通知书。这种招标方法能较好地保证投标单位的质量。一些重大工程往往用这种办法招标。多数招标单位往往采用公开招标与邀请投标相结合的方法进行。

(二)招标邀请通知书的写法

招标邀请通知书与招标公告在结构方式上有所差别,前者是书信体,后者是公文体。

招标邀请通知书由下列部分组成:

(1)标题。这种标题较招标公告简单,只需写文种名称,即“招标邀请通知书”。

(2)称谓。与书信体一样,抬头顶格写邀请单位名称。

(3)正文。用以说明招标目的和依据,以及招标具体事项。如另有招标公告或招标启事,则不需就招标事项进行详细说明,只需声明随函邮寄即可。如没有“招标公告”或“招标启事”,则应将其内容列入招标通知书。

(4)署名。要写明招标单位全称、地址、联系人、电话等内容。

四、投标申请书

(一)投标申请书的概念

投标申请书,是投标单位在招标公告规定的时间内递交的申请参加投标的文字材料,以备招标单位审定投标资格。只有在投标申请获准后,才能拟定标书,参加投标。

(二)投标申请书的写法

投标申请书由标题、称谓、正文、署名、附件5部分组成。

(1)标题。写明“投标申请书”即可。

(2)称谓。其格式如同信函称谓形式,顶格写明招标单位名称。

(3)正文。表明参加投标意愿和有关保证事项。

(4)署名。由于投标属于重大经济活动范围,因此,需要双重签署和双重用印,一是法人签署和用印,二是法人代表签署和用印。并写明时间。

(5)附件。其主要内容是对投标资格的详细说明。包括介绍基本情况以及与招标项目有关的经历、资历、能力等。这是投标申请书最重要的部分。

五、投标书

(一)投标书的概念

投标书是投标文件中最主要的一种。它是投标单位在充分领会招标文件、进行现场实地考察和调查的基础上所编制的申请文件。它是对招标书提出的要约的响应与承诺,并同时提出具体的标价及有关事项来竞争中标,所以它又是对招标单位的要约。

投标书经密封后邮寄或派人送到招标单位,所以投标书又称标函。在招标文件中,只有标底是保密的,与此相反,标函的内容在正式开标之前是全部保密的。这是一种竞争策略。

(二)招标书的类型

(1)按使用对象分,有生产经营性投标书(工程投标书、承包投标书、产品供应投标书、劳务投标书)、技术投标书(科研课题投标书、重大关键项目投标书、技术引进或转让投标书)、生活投标书。

(2)按内容分,有任务(项目)投标书、承包或租赁企业投标书。

(3)按承包者的性质分,有个人投标书、集体投标书、企业投标书。

(三)投标书的写法

投标书的写法,往往采用报表的形式,内容与招标书相对应,一般包括承包项目的名称、完成日期、数量、价格、投标单位的名称、联系人、地址、电话等等。投标书必须对招标的条件和要求作出明确的回答和说明。文字要简洁,数量、价格等数字要清楚无误。其写作结构形式是:

(1)标题。写在第一页的第一行,居中,写明“投标书”字样,表明文种的性质;第二行偏右写清楚投标的日期。

(2)正文。采用横式并列的结构,将投标的项目名称、数量、技术要求、商品价格、商品规格、交货日期等逐项说明。如果内容繁杂,往往需要列表填写。

(3)结尾。写清投标人的名称、地址、电话、电报等,以便招标单位进行联系。

六、中标通知书

(一)中标通知书的概念

中标通知书,是招标企业通知投标企业中标的文书。通过招标、投标、开标、评标后,招标单位根据招标文件的要求择优选定的投标企业,称为中标单位。中标单位根据中标通知书与招标单位签订合同,招标活动即告终结。

(二)中标通知书的写法

中标通知书的结构比较简单,主要写明定标的结果。一般的写法是:

(1)标题。写明什么事项的中标通知书。

(2)抬头。写明中标的单位。

(3)正文。主要写明什么招标文件的招标工程,通过定标,确定什么单位为中标单位、标价多少、工期或购物数量,以及其他要求事项等。

(4)落款。写明签发单位、日期,并加盖公章。未尽事宜可以用附注形式说明。

为方便起见,有的将中标通知书表格化,但内容大体也是上面所讲的几部分。

【示例9-4-1】

建筑安装工程招标申请书

××市招标投标办公室:

我单位×××厂房建设项目,经××发(20××)301号文件批准,现已具备施工条件,特申请通过招标选择施工企业。

附:《招标准备情况一览表》。

申请单位:×××集团总公司(公章)

负责人:唐××(签章)

××××年×月×日

【示例9-4-2】

××省房屋建筑和市政基础设施工程施工招标公告

×建省招招字〔2010〕第77号

招标条件			
招标单位名称	××省环境保护厅		
招标工程项目	××省环境监测及辐射业务用房修缮改造二期工程		
项目审批、核准或备案机关	××省发改委		
批文名称及编号	赣发改投资函〔2010〕54号		
项目总投资	2700万元	本项目投资	约800万元
资格审查方式	预审√ 后审□	资金已落实	50%

招标工程概况							
工程项目建设地址			××市洪都北大道1131号				
工程基本情况及招标范围	建筑面积	$3675.73m^2$	层次	五层	结构	框架	
	招标范围：本工程施工图纸范围内的房屋修缮改造工程。						
标段划分	一标段	一个标段					

投标（报名）人应具备的资格条件			
企业资质类别	建筑装修装饰工程专业承包资质及建筑装饰工程设计专项资质	资质等级	建筑装修装饰工程专业承包壹级资质、建筑装饰工程设计甲级资质
注册建造师类别	建筑工程	资格等级	壹级
安全生产许可证	在有效期内	标段选择要求	/
资格审查时投标人应提供的业绩材料	拟派注册建造3年（2007年7月1日至2009年6月30日）完成过一个单项合同（造价在800万元及以上）的类似装修工程施工经历业绩，业绩证明材料必须提供竣工验收备案表（或竣工报告书）及另1种以上（含1种）能证明投标企业施工经历满足要求的有关证件（施工合同、施工许可证、中标通知书、招投标情况书面报告、施工图纸、但不含文字证明材料）。		

投标（报告）时需提供的证件（查验原件、收下单位盖章的复印件）	
单位介绍信	介绍信中的联系人应为委托代理人，并留下联系电话
投标人（报名人）	法定代表人或委托代理人（□由本工程注册建造师担任；√由投标单位经营人员担任）。报名人证书或委托书、本人身份证原件和复印件
项目经理	项目经理由注册建造师担任，并提供拟派注册建造师注册证书、本人身份证原件和复印件

续表

其他要求	1. 其他资料〔营业执照副本、资质证书副本、安全生产许可证副本、质量管理体系认证证书(中文版)、法定代表人证书及本人身份证、五大员有效岗位证书及本人身份证、拟派注册建造师近三年(2007年7月1日至2010年6月30日)完成过一个单项合同(造价在800万元及以上)的类似装修工程施工经历业绩,业绩证明材料必须提供竣工验收备案表(或竣工验收报告书)及另1种以上(含1种)能证明投标企业施工经历满足要求的有关证件(施工合同、施工许可证、中标通知书、招投标情况书面报告、施工图纸、但不含文字证明材料)原件和复印件〕。 2. 法定代表人需到场参加报名。 3. 所有人提供的身份证必须是二代身份证。 4. 投标报名人不得与我单位有法律诉讼。		
资格审查时应提供的证件或证书(查验原件、收下单位盖章的复印件)			
资格证件	企业资质证书、营业执照、安全生产许可证		
法定代表或委托代理人	法定代表人证书(或法定代表人委托书)、本人身份证		
注册建造师	拟派建造师注册证书、本人身份证		
五大员	拟派五大员上岗证证书		
其他要求	详见资格预审文件		
报名时间和地点(联系人及电话)			
公告发布时间	2010年10月8日	报名期限	5个有效工作日
报名时间	2010年10月8日至2010年10月13日(不含工休日、节假日)每天下午14时00分至16时00分	联系人	吕先生
报名地点		联系电话号码	0791－××××
报名地点	××省××公共资源交易中心5楼(×××中大道1318号)		

【示例9-4-3】

招　标　公　告　×建安招字〔2010〕29号

××县城投房地产开发有限公司城投佳苑工程经上级相关部门批准建设,目前已具备施工招标条件,现就该建设面向社会公开招标,具体事宜公告如下:一、工程概况:①工程建设地址:××县西门巷口。②建筑面积:2366m²;层次结构:六层砖混结构。③招标范围:施工图纸范围内土建、装饰工程、水电安装。④资金来源:自筹。⑤工程总投资:250万元。⑥工程质量:合格;工期:210天。⑦招标标段:Ⅰ标段。二、投标申请人应具备的条件:①具有独立法人资格,取得有效营业执照;②达到房屋建筑工程施工总承包叁级资质;③取得有效安全生产许可证;④参加投标的注册建造师资质等级为贰级以上(含贰级);⑤资格预审文件相关要求。三、投标报名要求:投标报名人在报名时须提交有关原始证件(单位介绍信、法定代表人或其委托代理人证书及本人身份证、营业执照、资质证书、安全生产许可证、拟派建造师注册证书),以上证件留复印件一份,复印件应加盖本单位公章;报名结束后,将对投标报名人进行资格预审(资格预审资料按招标资格预审文件要求)。四、投标报名截止后招标人不接受投标人更换委托代理人、建造师。五、报名时间、方式及地点:2010 年 10 月 8 日至 2010 年 10 月 14 日(上午 9: 00~11: 00,下午 15: 00~16: 30,双休日除外)到××县公共资源交易中心(××县粮食局五楼,解放路 95 号)现场报名。六、未详事宜与招标人或招标代理机构联系;招标人:××县城投房地产开发有限公司;联系人:刘×;联系电话:13879××7039;招标代理机构:××县规划建筑设计院;联系人:张××;联系电话:15079××8106

【示例 9-4-4】

监理招标公告　×建×招监字〔2010〕05 号

××省××县人民医院的外科大楼工程,已经有关部门批准建设。该工程项目监理实行公开招标,现将有关招标事宜公告如下:一、工程概况:①工程名称:××县人民医院外科大楼工程;②工程地点:××县城城北西经二路;③建筑规模:建筑面积约 17600m²;结构层次:框架 12 层、地下 1 层。二、标段划分及招标范围:本工程共一个标段,招标范围为施工图纸范围内的土建、装饰、水电安装、消防、暖通、弱电等工程监理。三、投标报名人资格条件:凡具备工程监理综合资质或房屋建筑工程专业乙级及以上资质的监理单位,可以报名参加本工程的投标,拟派总监理工程师注册专业为房屋建筑工程类,并具有建筑结构专业高级工程师职称;本工程采用资格预审方式,并按要求接受招标人的资格预审,具体要求详见本工程资格预审文件。四、报名应提供证件(书);投标报名人在报名时须提交单位介绍信及有关证件(书)原件〔营业执照副本、资质证书副本、法定代表人证书或法定代表人委托代理人证书及本人身份证、拟派的总监理工程师注册证书,企业近三年(2007 年 1 月 1 日至 2009 年 12 月 31 日)完成过一个单项合同额 4000 万元以上的类似建筑工程监理经历业绩证材料需提供 2 种及以上能证明投标企业监理经历满足要求的有关证件(监理合同、中标通知书,工程招标情况备案报告书、竣工备案表、全套施工图纸,但不含文字证明材料)〕。同时,提供以上证件(书)的复印件一份,并加盖单位公章。五、报名时间:公告发布时间:2010 年 10 月 8 日。报名时间:2010 年 10 月 8 日至 2010 年 10 月 15 日(不含节假日),每天上午 8: 30 至 11: 30,14: 30 至 16: 30 带报名所需资料报名,逾期不予受理。六、报名地点、受理报名人名称:××银信工程造价咨询有限公司:报名地点:××县公共资源交易中心;报名联系人:韩先生;联系电话:××-71××906。

【示例 9-4-5】

资格预审公告(代招标公告)

一、招标条件:××市火车站综合改造工程(祁连路至互助路下穿隧道工程)已由××市发展改革委员会×发改投资〔2010〕152 号文件批准建设,项目业主和招标人为××市城市交通投资建设有限公司,建设资金来自政府投资。该项目施工及监理已具备招标条件，现进行国内公开招标，特邀请有兴趣的潜在投标人（以下简称申请人）提出资格预审申请。

二、项目概况与招标范围：①工程名称：××市火车站综合改造工程（祁连路～互助路下穿隧道工程）。②祁连路～互助路下穿隧道位于××市火车站南侧，西连接祁连路，东连接互助路。城市Ⅰ级主干路，双洞隧道。设计行车速度主线50公里/小时，辅道40公里/小时。隧道总长为1127米，隧道单洞截面宽17.28米，高6.3米，面积108.68平方米，主要建设内容包括隧道工程、排水、电气、通风、消防、监控、交通设施等。③招标范围：工程量清单、招标文件及施工图纸范围内的所有内容。④本项工程划分为四个合同段，其中：祁连路～互助路下穿隧道工程为三个施工合同段，监理为一个合同段。⑤计划工期：开工日期为2011年3月15日，竣工日期为2012年11月30日。

三、申请人资格要求：①隧道工程施工的资格申请单位必须具备独立法人资格，具备国家建设行政主管部门颁发的市政公用工程或公路施工总承包壹级以上（含壹级）资质或隧道工程专业承包施工总承包壹级以上（含壹级）资质，2006年以来承建并完成类似项目业绩，并具有相应的技术、人员、设备、资金能力。②施工监理的资格申请单位必须具备独立法人资格，具有工程监理企业综合资质或市政公用工程监理甲级资质或公路工程监理甲级资质，并且具备类似工程项目监理业绩。③本次资格预审不接受联合体资格预审申请。

四、报名及购买资格预审文件时间：2011年×月×日至2011年×月×日12：00前（8：30至18：00，节假日除外）。

有意向的投标人请于规定时间，持单位介绍信、报名人身份证、资质证书副本（原件）、营业执照副本（原件）、建筑施工企业安全生产许可证（原件）、拟派项目经理资格证书（监理单位提供总监）（原件）、省外企业进青海备案表、企业组织机构代码证（原件），企业近三年在建和已完成工程业绩等资格申请资料（并附带以上所有复印件一套），装订成册到××市建设工程招标中心报名（××市五四大街13号二十一世纪大厦2楼），并购买资格预审文件（每套300元）。

五、资格预审：1. 资格预审方法：本次资格预审采用有限数量制。2. 资格预审申请文件的递交：①递交资格预审申请文件截止时间为2011年2月17日12：00，地点为××建设工程招标中心（××市五四大街13号二十一世纪大厦2楼）。②逾期送达或者未送达指定地点的资格预审申请文件，招标人不予受理。

六、发布公告的媒介：本次招标公告同时在中国采购与招标网、中国建设报、××日报、××规划建设信息网、××经济信息网上发布。

七、联系方式：

招标人：××市城市交通投资建设有限公司

地址：××市建国南路22号　　邮编：××××

联系人：孙××　　电话：××××　　传真：××××

招标代理机构：×× 市建设工程招标中心

地址：××市五四大街13号2楼　　邮编：××××

联系人：何××　　电话：××××　　传真：××××

【示例9-4-6】

招标邀请通知书

××(或单位名称):

××大桥工程,是我省201×年公路建设计划项目。经请示省交通厅同意采取招标的办法进行发包。

你单位多年从事桥梁工程建设,施工任务完成得很好。经研究,我们决定邀请你单位前来投标。

随函邮寄“桥梁工程施工招标公告”一份。如同意,望接函后,于2010年1月25日上午9时光临省交通厅生产综合处领取“投标文件”(包括施工设计图),并请按规定日期参加工程投标。

招标单位:××省交通厅生产综合处(招标办)

地址:省交通厅2楼209号

联系人:蔡××　　电话:×××××

××××年×月×日

【示例9-4-7】

投标申请书

××市招标管理办公室:

我单位根据现有施工能力,决定参加××工厂××××厂房工程投标,保证达到招标文件的有关要求,遵守其各项规定。

特此申请

附:《投标企业简介》

投标单位:××市建筑工程公司(章)

负责人:张××(签章)

××××年×月×日

【示例9-4-8】

培训楼工程施工投标书

根据××铜矿兴建培训楼工程施工招标书和设计图的要求,我公司完全具备承包施工条件,决定对此项工程投标,具体说明如下:

一、综合说明:

工程简况: (工程名称、面积、结构类型、跨度、高度、层数、设备)	培训楼1幢,建筑面积10700m²,主体6层,局部2层。框架结构:楼全长80m,宽40m,主楼高28m,二层部分高9m。基础系打桩水泥浇柱,现浇梁柱板。外粉全部,环境马赛克贴面,内粉合砂浆彩面刷涂料,个别房间贴壁纸。全部水磨石地面,教室呈阶梯形,个别房间设空调。

二、标价:(略)

三、主要材料耗用指标:(略)

四、总标价:3408395.20 元,每 m^2 造价 370.23 元。

五、工期:开工日期:2010 年 2 月 5 日;

竣工日期:2010 年 2 月 5 日;

施工日历天数:547 天。

六、工程计划进度:(略)

七、质量保证:

全面加强质量管理,严格操作规程;加强各分项工程的检查验收,上道工序不验收,下道工序决不上马;加强现场领导,认真保管各种设计、施工、试验资料,确保工程质量达到全优。

八、主要施工方法和安全措施:

安装塔吊 1 台、机吊 2 台,解决垂直和水平运输;采取平面流水和立体交叉施工;关键工序采取连班作业;坚持文明施工,保障施工安全。

九、对招标单位的要求:

招标单位提供临时设施占地及临时设施 40 间,我们将合理使用。

十、坚持勤俭节约原则,尽可能杜绝浪费现象。

投标单位:××建筑工程总公司(公章) 负责人:吕××(盖章)

电话:××××× 传真:×××× 电报:××××

××××年×月×日

【示例 9-4-9】

培训楼工程施工中标通知书

××建筑工程公司:

我市×矿新建培训楼工程,经过××××年×月×日评标委员会评定,由你公司中标。

本工程建筑面积为 1.07 万 m^2,中标造价为 3,408,395 元(其中建筑工程 2,855,050 元,水上工程 75,211 元,电照工程 258,700 元,采暖工程 75,050 元,通风设备安装工程 144,382 元)。三材消耗:钢材 766t,木材 289.72m^3,水泥 1825t。

本工程自××××年×月×日开工,××××年×月×日竣工,日历天数为 547 天;质量等级为全优,请在一个月内前来签订承包合同,组织施工,确保工程质量,按期完成任务。

××市招标投标管理办公室(盖章)

××××年×月×日

抄送:市建委、市工商局、市建行、市×矿基建办公室

第五节　工程项目代建委托书

一、工程项目代建委托书的概念

代建制属于委托代理的法律范畴。代建制是指政府对其所投资建设的项目，通过招标等规定的程序，选择社会专业化的项目管理单位作为代建单位，负责项目的投资管理和建设组织实施工作，严格控制项目投资，质量和工期以及项目检查后交付使用单位的制度。工程项目代建的形式一般由以委托书的方式实行委托。

二、工程项目代建委托书的类型

对于“代”还有2种解释：一是代替，二是代表。实际上，政府组建专门机构建设的做法宜理解为“代替”。前者归根结底还是由政府机构自行实施项目管理，只不过由传统的各使用单位自行管理的分散方式转变为集中管理的方式，政府与专门机构之间仍然是行政委派关系；后者则是将政府的事务性工作外包给市场，是一贯市场化的管理方式，政府与代建公司之间是合同关系。

代建制不同于目前通称的总承包制和项目管理制，但代建单位需要吸取并运用先进的现代管理方法。

三、工程项目代建委托书的写法

(1)标题。由事由和文种两部分构成，如“工程建设项目代建委托书”。

(2)建设单位及受委托单位称谓。写明甲、乙双方单位的全称，在格式上抬头要顶格书写。

(3)正文。主要写明委托什么项目以及委托的事项，并对代理人提出授权的要求。

(4)附件。依次写明随文呈送的文件名称和份数。

(5)落款。写明建设单位及受委托单位、法定代理人和具体年、月、日。

【示例9-5-1】

工程建设项目代建委托书

甲方(建设单位)：××市档案局

乙方(代建单位)：××市建筑工程项目管理有限公司

××市档案局(即甲方)授权委托××市建筑工程项目管理有限公司(即乙方)，对××市档案馆进行土建设计、建筑施工、外墙装饰、室内装修、电梯安装及监控系统等事项，现授权委托乙方为甲方代理人进行工程投标、工程施工、工程验收等相关活动。

代理人无权转让委托权，特此委托。

甲方：(盖章)　　　　乙方：(盖章)

法定代理人：(签名)　　　　法定代理人：(签名)

××××年×月×日

第六节　建筑产品说明书

一、产品说明书的概念

产品说明书,也称作商品说明书或使用说明书,简称说明书。它是以说明为主要表达方式,向消费者介绍产品的特点、性能、作用以及使用方法、保养与维修等方面知识的文书。

二、产品说明书的类型

常见的产品说明书主要有如下几类:

(1)按照表现形式的不同,可分为音像式说明书、图表式说明书和文字式说明书。

(2)按照商品用途的不同,可分为消费类说明书和生产资料类说明书。

(3)按照说明书的繁简程度不同,可分为详述式说明书和简述式说明书。

三、产品说明书的写法

产品说明书通常由标题、正文、结尾3部分组成。

(1)标题。常见的写法有4种:一是以产品名称为标题,如"××牌水泥";二是由产品名称和文种名称两项构成,文种名称常用的有"说明书"、"使用说明书"、"介绍"、"简介"、"须知",如"××牌木制地板说明书"、"××牌打桩机使用说明书";三是由产地名与产品名称构成,如"沈阳防盗门";四是由产品的品牌、型号、产品名称和文件名称组成,如"三角牌门锁说明书"。

(2)正文。正文是说明书的主体部分,是对产品本身的说明。一般包括以下内容:引言或概述,产品的性能(状态、性质、功能)及特点,产品的结构内容(原料及构成),产品的规格、型号,产品的使用方法和用量,产品的保养与维修,注意事项,商家或厂家的承诺。必要时还要配上图表。

但不同类型的产品,其说明的侧重点应有所不同。比如机械产品说明书,要着重说明其构造、操作方法和维修保养方面的知识;建筑涂料说明书,着重说明其配方、使用方法;机电类说明书,着重说明功能和操作。此外,有些关系到人民健康、安全问题的产品,其说明书上还要印有技术鉴定单位和提供有关测试实验资料和例证,以示慎重。本节所举的示例为建筑产品说明书。

(3)结尾。写明生产企业(厂家)的名称、地址、邮政编码、电话号码、电报的挂号、开户银行等。根据需要,结尾部分的内容,可以写在文末,也可写在封面。

【示例9-6-1】

房屋使用说明书

为确保您所购的房屋的安全,使其更好地为您的居住生活服务,请务必注意以下事项:

1. 用户入住后,不得随意改变住宅的使用功能。

2. 用户入住后的物业管理,统一由物业管理企业进行管理。

3. 住宅内,可在地面、墙面、顶棚进行表面装修,但不得凿除原混凝土保护层面。

4. 本住宅楼面板荷载和下面天棚荷载之和,不得超过200千克/平方米。

5. 严禁拆除或破坏房屋的柱、梁、板、承重墙、上下水管、煤气管道和屋面防水隔热层等,以免造成房屋安全隐患。

6. 阳台荷载250千克/平方米。用户不得在阳台集中或超载堆放物品。如需封闭,应使用美观轻质的建筑材料。

7. 空调安装位置不得破坏建筑外立面,不得影响他人正常生活。

8. 安装防盗网应遵守有关规定。

9. 本住宅电表负荷为10(40)安培。

10. 本住宅结构类型为钢筋混凝土结构,总建筑面积88.15平方米:其中,公共建筑面积13.48平方米,公共建筑面积分摊系数为0.1805。

××房地产开发企业:(盖章)

【示例9-6-2】

××花园房屋使用说明书

尊敬的住户:

××花园为住户提供的是毛坯房,为了方便住户进行装修,并保护好您的房屋,请阅读本说明书。

一、房屋结构保护

花园住房分多层(6层)和小高层(11层)房屋,多层房为砖混结构,小高层为框架结构。为了房屋安全,住户在装饰房屋时,請不要随意拆除房屋内的墙体或开凿较大孔洞。住户需要调整用电用水管线时,可以在墙面开,但深度不得超过3cm,并要特别注意不得伤及混凝土梁、柱、板及构造柱的钢筋。

二、供电电源

本花园全部住房用电实行一户一表、电表出户。电表系统一安装在各单元的公共部分。每户室内装有电源箱以供用户连接。室内墙体内已预埋敷线导管,并穿有引线铁丝,管线的具体走向,住户可请专业人员向物管中心查询图纸。为了使电源箱中的用电保护装置正常工作,用户室内敷线断面均不得小于25mm。住户如需改变电路布置,使用的管材及布线方法均须满足消防要求。

三、供水系统

本花园住户供水水表出户,水表安装在住户门外的公共部分。各户供水主管导沿地面进入厨房及卫生间。我们已在地面上用红油漆做了标识。请住户在地面装修时注意不要将主管搞破。为了方便用户装修用水,每户已安装临时用水水嘴一个,用户可在正式用水系统安装完毕再将其拆除。

四、下水系统

厨房、卫生间、阳台及露台均设有下水管及接入口,用户在装修及使用时不要让杂物掉入,以防堵塞。

卫生间安装及装修注意事项：

1. 为了让用户自主准确布置卫生间管路，本花园采用下沉式卫生间形式。卫生间底已经做了防水层，用户在装修时应特别注意不得敲砸池底及池壁，以免破损防水层造成下层住户渗漏。

2. 用户下水支管连接主管时，要采用与主管相同材料的连接件，并在卫生间填埋或隐蔽前检查接头是否严密，以防止渗漏。

3. 卫生间的下水支管连接完成，在填埋或隐蔽之前，请将池底存水吸干。

4. 用户如需在卫生间内墙上增开排气孔洞，须用取芯开孔钻开孔。如果相邻房间为厨房，请注意避开烟道位置，以免碎石掉入烟道造成堵塞或排烟不畅。

五、燃气系统

燃气管导已进入厨房间，为了安全，住户不得随意改变管导位置或自行连接管导。住户在办理申请手续后，应由燃气公司派员装表并指导连接燃气灶具。

六、通讯及宽带网系统

通讯及宽带网线已进入户内弱电箱，住户在办理申请手续后，由电信公司派员指导户内布线及安装。

七、有线电视系统

有线电视线缆已经进入井道，住户在办理申请手续后，由有线电视公司连接入户并指导户内信息点布置及联线的安装。

八、电子对讲装置

住户不宜随意改变对讲机位置及联线。

九、家庭防盗报警系统

一层及二层住房的门窗均安装了家庭防盗报警装置，住户不得移动或改变装置及线路的位置。装置的使用方法详见说明书。

十、空调机的安装

房屋墙外已设置了空调主机的放置板，并设有管线过墙孔，住房如需改变孔位，请用取芯开孔钻开设，不得随意凿打外墙。空调冷凝水管请就近插入下水接口。

住户如遇其他问题请与物管公司联系。

××实业发展有限公司

××××年×月

第十章 其他类文书

第一节 主持词

一、主持词的概念

主持词是主持人在各种重要的集会、仪式和盛大典礼上进行主持活动过程中所使用的一种文稿。在当今越来越多、越来越复杂的社会活动中，为了确保活动的质量，主持人需要准备合乎规范的主持词，以使活动朝着预定的计划运行。有了主持词，主持人就可以从容不迫地进行主持工作，使各项议程有条不紊；同时，对于一些重要或者大型活动而言，事先准备好主持词，还能够体现出一种庄重严肃的气氛。正因如此，主持词在当今的社会实践中被人们广泛运用。

二、主持词的类型

主持词往往因会议的内容和与会人员的差异而有所不同，通常分为预备会议主持词和正式会议主持词，所以当有上级领导参加会议时，应在宣布会议的主要议程之后，需增加对莅临会议的上级领导介绍，并对他们的到来表示感谢。如上级领导专门作了讲话，还必须对其讲话的重要性和意义进行强调，并借此表达按照上级领导指示开展下一步的工作。

三、主持词的写法

主持词的写作方法一般由以下 4 部分组成：

1. 标题

主持词标题由会议名称 + 文种构成，如《中国共产党 × × 学院第 × 次代表大会主持词》。主持词标题虽然是主持词不可缺少的组成部分，但在领导讲话时不需要读出。

2. 称谓

主持词的称谓在主持词标题下一行顶格写。因会议内容不同，主持词的称谓有所不同。一般党的会议，称“同志们”；各类代表会议，可称“各位代表”、“各位同志”；会议如果有特邀嘉宾，可加“各位女士、各位先生、各位来宾”。

3. 正文

主持词的正文，一般首先宣布大会开始并简要介绍会议的背景、议题、宗旨、议程、出席和列席人情况。紧接着宣布大会第一项议程，待第一项议程结束后，宣布第二项议程，以此类推，直至各项议程结束。在完成各项议程后，主持者可根据具体情况提出下一步贯彻会议精神的要求和打算等。

4. 结尾

主持词多以“我宣布大会胜利闭幕！”、“今天的会议到此结束！”、“散会！”等词语作为结尾。

【示例10-1-1】

×××学院第×次党代表大会预备会主持词

主持人：陈××

各位代表：

中国共产党×××学院第×次代表大会预备会议现在开会。出席今天会议的代表应到×××人，实到×××人，因事因病请假×人。

今天的会议，主要议程有5项：

一、×××同志代表院党委作《大会预备工作报告》；

二、审议通过大会主席团成员建议名单；

三、审议通过大会秘书长建议名单；

四、审议通过代表资格审查委员会主任委员、副主任委员和委员建议名单；

五、通过大会议程。

下面，请×××同志代表院党委作《大会预备工作报告》。

（×××同志讲话）

根据党的组织原则和有关规定，以下4项议题，提交大会预备会审议通过：

一、审议通过大会主席团成员建议名单

（宣读名单）

下面，举手表决：同意的请举手（请放下），不同意的请举手（请放下），弃权的请举手（请放下）。

通过。

请当选的大会主席团成员到主席台就座。

二、审议通过大会秘书长建议名单

（宣读名单）

下面，举手表决：同意的请举手（请放下），不同意的请举手（请放下），弃权的请举手（请放下）。

通过。

三、审议通过代表资格审查委员会主任、副主任和委员建议名单

（宣读名单）

下面，举手表决：同意的请举手（请放下），不同意的请举手（请放下），弃权的请举手（请放下）。

通过。

四、审议通过中共×××学院第×次代表大会议程

（宣读议程）

下面，举手表决：同意的请举手（请放下），不同意的请举手（请放下），弃权的请举手（请放下）。

通过。

大会预备会的议题已进行完毕，现在闭会。

请大会主席团成员留下召开主席团第一次会议，地点在××；请代表资格审查委员会的委员到西会议厅等候，主席团第一次会议结束后，召开代表资格审查委员会全体会议。

【示例10-1-2】

工程建设突出问题专项治理工作部署会主持词

各位领导、同志们：

为认真贯彻落实中央、省、市关于开展工程建设领域突出问题专项治理工作有关精神，规范工程建设领域市场交易行为和领导干部从政行为，切实维护市场经济秩序，促进反腐倡廉建设，经县工程建设领域突出问题专项治理工作领导小组研究决定，于今天召开我县工程建设领域突出问题专项治理工作动员部署会。参加今天会议的有：主会场主席台就座的有县委常委、县纪委书记、县专项治理工作领导小组组长××同志，县委常委、常务副县长、县专项治理工作领导小组副组长×××同志。另外，县工程建设领域突出问题专项治理工作领导小组全体成员单位负责人、县直各办局负责人、县纪委监察局委室以上领导、派出纪工委监察分局领导共60余人参加主会场会议。参加分会场会议的有各乡镇党委、政府班子在家领导以及各站所长。

今天会议议程共有3项：①县发展和改革局、县城建局发言；②县委常委、常务副县长、领导小组副组长×××同志讲话，安排部署我县工程是建设领域突出问题专项治理具体工作；③县委常委、县纪委书记、领导小组组长××同志作重要讲话。

下面会议依次进行：

第一项议程：

1. 先请发展和改革局（××局长）发言（大家欢迎）

2. 请城建局（××局长）发言（大家欢迎）

第二项议程：请×副县长讲话（大家欢迎）

第三项议程：请×书记作重要讲话（大家欢迎）

刚才，县发展和改革局、城建局站在部门职能角度，就如何抓好这次专项治理工作作了引导性发言。×副县长从明确工作任务，突出工作重点；明确工作职责制定工作措施；强化制度建设，严格依法行政3个方面紧密结合我县工程建设领域存在问题和实际，作出了具体明确的安排和部署，具有很强的指导性和操作性。

×书记从统一思想、提高认识，切实增强开展专项治理工作的责任感和紧迫感；突出工作重点，形成工作合力，扎实推进专项治理各项工作；加强领导、落实责任、确保专项治理工作取得实效3个方面给我们提出了明确具体的要求。两位领导的讲话都很重要，请大要一定要认真学习好、领会好、贯彻落实好。各乡各有关部门要结合实际，有针对性地、有操作性地制定详细的专项治理工作方案，成立工作组。有专人抓、专人管、专人负责。特别是牵头的7家单位，一定要牵好头，根据目标要求和工作任务拿出具体的工作措施，于11月18日前报到专项治理办公室。配合单位也要积极主动配合好牵头单位。现在，××市专项治理实施方案已经出台，我们也将参照市里的方案结合××实际很快拿出具体办法印发到各单位。

同志们，工程建设领域存在的一些突出问题，由来已久，有的是政策法规模糊和不规范造成的；有的是部门之间沟通协调不畅造成的；有的是规章制度不健全造成的；有的是监督检查不力造成的；有的是公开、透明不够，宣传不到位造成的等等。这些问题的存在，都是长年累月堆积形成的，我们一定要利用这次机会，认认真真地开展专项治理和清查，为规范工程建设领域市场交易行为，维护我县市场经济秩序健康有序发展，促进反腐倡廉建设作出努力。

同志们，今天的会议到此结束，散会！

第二节 讲话稿

一、讲话稿的概念

讲话，是在会议听众面前就某一问题发表意见或者阐述某一事理的活动。而讲话稿则是为会议发表讲话所准备的书面材料。讲话稿是听觉内容的视觉化，是口述议论文。讲话稿又称发言稿，是为了在各种会议上讲话时经常使用的文稿。

在会议上的讲话有各式各样的叫法：从讲话人身份看，如报告、讲话、发言等；从讲话的场合看，如开幕词、闭幕词、主题报告、会议总结等；从与会者的角度看，如演讲稿、讲话稿等；从借助手段的角度看，如广播讲话、电视讲话等。为了学习的方便，可以将为会议所作讲话而写作的文本统称讲话稿。讲话稿，是机关单位负责人代表本机关单位在会议上所作讲话的文字底稿，属于议论文。

讲话稿的作者，通常是准备发言的个人。如果讲话者代表的是机关、组织、企事业单位，内容涉及面较广，“领导干部”无法大包大揽，这类讲话稿则由集体讨论，专人起草。有些还要组织专门的写作班子，共同讨论、分头执笔、专人汇总、领导把关，然后才能用来“讲话”。

二、讲话稿的类型

讲话稿种类很多，使用形式不同，分类也不一样。如政治讲话稿、学术演讲稿、教学讲稿、法律讲稿等。我们主要学习作为公文的下列两种讲话稿：

(1)发言。发言属于会议公文，由社会组织的领导人向大会汇报工作情况，发言一般为介绍工作情况及如何开展工作的做法。

(2)讲话。讲话是社会组织有关领导人代表机关或者部门在会议上所作讲话的文稿。这种讲话稿，一般内容集中。

三、讲话稿的写法

讲话稿的外在结构是格式化的，包括标题、称谓及正文 3 部分。

1. 标题

讲话稿的标题多种多样，常见的有 4 种格式化标题。①“在……会议上的讲话”；②双行标题，正题写讲话主题或者报告类型，副题写讲话场合；③“×××在……时的讲话”，如×××在股东大会上的讲话；④会议名称加“××仪式上的讲话”构成。此外，有些讲话稿仅用主题或者论题作标题。

2. 称谓

称谓是讲话稿特有的，是讲话者对听众的称呼。称谓要根据会议性质及听众对象而定。“各位代表”，用于一般代表性会议；“同志们”，用于党代表会议；“各位领导，各位来宾”，用于欢迎仪式；“各位委员”，用于组织机构会议；多称谓并用，用于大型典礼仪式，如“各位教师、同志们”；还有的称谓根据需要加上修饰语，如“亲爱的”。称谓放在标题之下正文的开头，有时根据需要在正文中间适当穿插使用。称谓一般采用提行的写法。

3. 正文

讲话稿正文的写法依据讲话场合和对象而定，一般来说采用总结写法。正文结构包括开头语、主体、结束语3部分。

(1)开头语。开头语方式多种。有的开篇入题，又叫开门见山，即提出主题。如毛泽东《改造我们的学习》讲：“我主张将我们全党的学习方法和学习制度改造一下，其理由如下。”有的则介绍内容，同时还有阐明意义，借题发挥，说明依据，表示感情等开头话。开头话要平直、概括、简短。

(2)主体。主体一般要分析证明主题，这就要条理分明，层次清楚。主体有两种层次安排方法，即纵向排列（层层递进，环环相扣）和横向排列（各层次独立性强，共同论证主题的正确）。

每一层次都要有一个小的主题，写成层义句。层义句，一般写在层次前面，或者每一层次前后都要写出，也有的层义句写成了小标题。层次中间要恰当运用材料。

总的来说，不同类型的讲话稿，主体内容构成是不一样的。报告，主体要阐述会议性质、任务意义，总结前段工作，提出今后任务，提请讨论任务。讲话，多是专题性的，围绕一个话题展开。致词，主体表达祝贺、敬意等，要给对方或者听众阐明意义，给予评价。

在这里面还要谈谈讲话稿的内在结构问题。讲话稿是有内在结构的，这就是情感的发展。讲话者要调动情感，争取引起听众的共鸣，融为一体，打成一片，讲话稿就要以情为文。情感是结构的内在线索，有一定的律动起伏，呈现一条向上的曲线（陡起后下落，再一节比一节高地升起，达到最高峰时戛然而止）。讲话稿写作可以标注上在讲话的注意事项，如在讲话高潮到来时运用排比句式和点明的势动作等。

(3)结束语。结束语同样是多种多样的：有的概括要点，强调或者揭示主题；有的抒发感情，激励人心；有的展望未来，鼓舞斗志；有的饱含哲理，发人深思；有的表示感情祝愿，等等。

【示例10-2-1】

在××电厂主厂房封顶仪式上的讲话

王××

尊敬的×市长、×副书记，

尊敬的各位来宾，同志们、朋友们：

在全县上下深入贯彻落实市委一届十次、县委十三届六次全委（扩大）会议精神，全面落实我县的发展思路，努力推动发展转型，奋力冲刺各项工作“双过半”目标的重要时刻，我们在这里隆重举行××电厂主厂房封顶仪式。在此，我谨代表中共××县委、县人大、县政府、县政协向××电厂主厂房正式封顶表示热烈的祝贺！向××发电公司的全体员工及各施工单位的广大职工表示诚挚的慰问！

××矿区煤矸石电厂是我县大力实施煤电化运一体化综合开发、努力推动经济社会发展转型的重点工程，也是××地区电力工业的骨干工程之一。该项目的实施，对于促进××矿区经济由单一主导型向多元协调型转变，加快西部绿色能源工业基地建设必将起到十分重要的支撑作用。项目开工建设以来，受到了省、市各级领导及社会各界的广泛关注和大力支持。县委、县政府高度重视项目争取和建设工作，连续3年将该项目列为全县“十大项目”之一，积极动员各界力量，努力创优发展环境，在征地拆迁、道路运输等方面全力支持，为项目建设提供全方位的服务；××发电公司和各施工单位的广大员工，大力弘扬顽强拼搏、敢打硬仗、务实高效的工作作风和创业精神，夜以继日，加班加点，科学施工，规范管理，全力确保工程进度和质量，为项目早日建成投运奠定了坚实的基础。

电厂主厂房的正式封顶，标志着××电厂项目已经进入了新的建设阶段，标准更高，要求更严。县委、县政府希望，××发电公司和各施工单位继续发扬团结奋进、苦干实干的优良作风，全面加快工程进度，确保项目年内建成投运，为推动县域经济发展转型、加快绿色能源之都建设作出积极贡献！

最后，祝××电厂主厂房封顶大吉、祝××电厂早日建成！

祝各位领导、各位来宾身体健康、万事如意！

谢谢！

【示例10-2-2】

在××基础设施暨××桥开工奠基仪式上的讲话

××经济开发区管委会主任张××

各位领导、各位来宾：

今天，我们在这里隆重举行××经济开发区焦家区域3km² 基础设施建设暨××大桥的开工奠基仪式。首先，我谨代表开发区管委会全体员工向出席今天仪式的各位领导、各位来宾表示热烈的欢迎和衷心的感谢！

今年是“十一五”的开局之年，是县委县政府确定的“工业发展年”和“城市建设年”，作为全县工业经济发展的重要主体和载体，开发区肩负着极大的责任，因此今年也是开发区“寻找新思路、寻求新突破”的关键一年，按照年初制定的工作目标，今年开发区基础设施建设将完成投入2亿元，全面拉开××区域3km² 框架，高速推进南进东扩，加速与××的对接，加速与×××市发展的对接。今天开工建设的八个项目，总投资5000多万元，道路总长近5km，它的建设必将进一步拓展开发区的发展空间，进一步完善开发区基础设施的配套，进一步推进开发区的招商引资工作，必将带动开发区的新的大发展。

下一步，我们将规范和强化工程建设的管理，抓质量、抓进度、抓投资控制与管理，严格按照国家规定的工程建设和管理规定进行运作，确保工程质量，确保项目推进速度，确保质优价低，确保在2006年年底全面竣工。

工程开工建设，得到了××村、××镇、县建委、县规划局、县国土局、县市容局、县公安局等等各部门以及县四大班子领导的高度关注和关心支持，在此再一次表示衷心的感谢！

最后，祝各位领导、各位来宾

身体健康

工作顺利

事业发达

吉祥如意！

谢谢大家！

【示例10-2-3】

在××大学校友会成立典礼上的讲话

刘××

今天很高兴大家出席我们这一次的聚会，我首先向各位表示热烈的欢迎和衷心的感谢！祝大家在新的世纪里，获得更多成就，身体健康，身心愉快！

××大学创立于1981年，1990年校舍建成，1993年颁授硕士学位，1997年通过"211工程"这项论证，1998年成为博士学位授权单位。在这18年间，×大能取得各项成就，实为历届中央、省、市领导关心和支持，与历届校董、校领导、老师和同学们共同奋斗努力的成果。借此机会，我谨向×××先生、×××先生、×××先生及历届×大校董、校领导以及所有为×大付出大量心血的老师致以衷心的敬意和谢意。各位同学，你们是近代中国最幸福的一代，以前我们都是在战争、在贫穷中挣扎求生存与发展。多年来国家持续不断投资于教育，目前每年投资逾300亿元于大学教育，80亿元于科研拓展，教育部领导常常更费尽心思，创立资源提高教育水平，拓宽同学能接触的领域，如设立"长江学者奖励计划"，聘请具有国际水平的学科带头人，带领大家在科技领域向前迈进。

你们有比以前更充实的条件，更丰盛的生活，无穷的机会正涌现眼前，你们一定能有更肯定的将来和成就，重要的是你们会不会主动掌握自己的命运，做个勤奋不懈，孜孜不倦的工作者，有正确的价值观念和使命感，能不断地发展新的机会，接受新的挑战，有追求有意义生活的坚持，有服务社会的精神，有体恤关怀贫困、弱者之心，有勇气、宽容和公共精神。

××大学创校至今，倾注着我很多的精神和心血，我一生乐于致力发展教育和医疗事业，虽然有时确有"西风凋碧树"之感，但建设好×大一直萦系我心，然而我不是在建设我自己的大学，我时刻关注的是要使得×大能成为国家担负培养人才的基地，使得×大能成为××1000万人口训练栋梁的地方，我常常思量如何克服×大面对的困难，常常思量如何拓展×大的空间，在这次启程前，我跟我们的同事正在研究设立3000万元科研灵活自主运用试验计划，同时也计划邀请国内外教授，通过互联网，为×大同学开设互动课程，但要建设好×大可非单靠我个人的力量和资源不断的投入，更重要的是我们整体同人配合凝聚，积极地寻求革新，建立好运作机制，规划未来，掌握善用资源，用人唯才，互相启发、互相鼓励,有这样的动力,我深信我们努力追求的目标是可以达到的,×大的将来一定令人兴奋,×大一定能成为中国重要的×大。

现代的社会,资讯科技的发展和进步,正在影响和改变我们每一个人的生活,不单只是工作和休闲方式,更深层的包括医疗、学习甚至社会的脉搏,有多种的渠道,不断使我们将知识的领域向前推进,增加对世界的理解,然而掌握资讯并非绝对成功之道,只有经过思考和智慧的选择,将资讯在正确时间正确运用的人,才能出人头地。

最近报章报道我完成了一宗很大的交易,这宗交易令我最开心的不是利润的满足,而是我和我的同事都知道我们十年的辛苦经营、多年的努力,得到一份真正的回报,这就是别人认同我们所得到的成就,令我们感到很光荣。我时常勉励我的同事和家人,如果你对自己的工作技能、成就或天赋的恩赐,常常只不过是引以为荣,那么你即使感到自得,亦令人难以忍受。成就加上谦虚,才最难能可贵。

曾国藩曾说:"士人第一要有志,第二要有识,第三要有恒,有志则断不甘为下流,有识则知学问无尽,不敢以一得自足,有恒则断无不成之事。"各位同学,成功的关键,在于我们能否凭着我们的意志,凭着我们的毅力,运用我们的知识、我们的原创力将之融入我们的生命,融入我们传承的强大文化,使之转化成为我们的智慧,使之转化成为我们的力量,为我们民族缔造更大的福祉、繁荣、非凡的成就和将来。

谢谢各位!

第三节　发言提纲

一、发言提纲的概念

发言提纲是指人们在各种场合(电视台、广播电台、会议)准备发言事先拟定的提纲。

二、发言提纲的类型

发言提纲分简单和复杂2类。

简单的发言提纲只拟大的发言纲目,不拟小的要点。

复杂的详细发言提纲既拟发言的大的纲目,又拟小的要点。

三、发言提纲的写法

发言提纲写作很简单,主要由标题和正文2部分构成。

【示例10-3-1】

简单的发言提纲

建筑继续教育

一、为什么要进行建筑继续教育

(一)知识改变命运,学习创造未来;

(二)学习是一种生存方式、工作形态、人生境界;教育是一种提高综合素质的方式。

二、怎样进行继续教育

(一)采取集中培训方式;

(二)采取现场教育方式;

(三)采取远程教学方式。

【示例10-3-2】

复杂的发言提纲

小城镇　大作用

小城镇建设是小城镇的各种要素的创立或组合以及一定区域内小城镇体系的设置、改造和发展的过程。

一、小城镇建设意义

(1)带动农村非农产业发展,激活农村经济。小城镇的发展可以在原有乡镇企业发展基础上,培育出大量上下游产业,不断吸引周边相关配套产业的集聚,还可以利用各种优势,吸纳外部资本进入,形成一大批具有小城镇特色的产业品牌。

(2)新农村建设的核心是提高农民收入,增加农村的公共产品供给。一部分先富起来的农民迁移到小城镇,可以缓解过去的"过密化"为特征的人多地少矛盾,实现土地流转和规模经营;

(3)缩小城乡差距,提高农村医疗、养老、教育等社会保障能力,促进农村市场的消费;

(4)促进农村劳动力当地就业,解除外出务工之忧。农民进镇门槛、就业风险和生活成本较低,小城镇已经成为我国目前吸纳农村富余劳动力的有效途径和重要载体。

二、小城镇兴起的历史必然性

(1)农村市场经济发展的必然产物;

(2)资源合理配置和生产要素优化组合的必然要求;

(3)社会进步的必然趋势;

(4)农民奔小康,走向共同富裕的必然选择。

三、农村城市化框架的形成

(1)过去农村就只有农田,没有工厂,发达一些的地方会有工厂、商店等等,然后就会聚集一定的生产要素,会推动整体经济的发展,渐渐地就形成了经济中心,成为了城市。

(2)如今的农村也有了很多工厂、商店,现在的农村已经接近了以前的城市,甚至发达地区已经超越了城市。所以说,工业化可以推动城市发展。

(3)现在应该使农村更像农村,城市更像城市。农业毕竟是国民经济的基础。现在很多地方都自规划现代农业示范园等等,发展高效农业也将推动农村城市化进程。

四、发展小城镇的指导方针与对策

(1)更新观念,增强城市化意识:①应破除按行政区划设置小城镇的旧观念,树立按经济区域发展小城镇的新观念;②应破除观望等待,安于现状和唯条件论的保守观念,树立勇于探索、大胆创新、开拓前进的新观念;③应破除小城镇建设起点低、标准低、水平低的落后观念,树立高起点、高标准、高水平的新观念。

(2)推进小城镇的发展的对策:①深化户籍制度改革;②完善社会保障机制,要逐步建立有利于农民成为永久性城镇居民的社会保障制度;③引导乡镇企业的集聚;④加强小城镇的规划和管理;⑤完善土地管理制度;⑥改革财政体制。

第四节　祝　辞

一、祝辞的概念

祝辞,也可叫做祝词,是人们在喜庆活动、重大节日、重要会议或宴会、重要纪念日等对人对事表示良好祝愿的礼仪类文体。

祝辞是个人与个人之间、单位与单位之间、国家与国家之间交往活动中不可缺少的重要手段和工具。在许多场合人们都以祝辞为媒介来传达情谊、活跃气氛、增进了解、促进交往,起到其他文体无法替代的功能。

祝辞作为一种礼仪文书,是出于礼仪的需要而使用的,因此,称呼一定要亲切、热情、有礼貌。

二、祝辞的类型

祝辞的使用范围很广泛,按照不同的分类标准可以分成不同的种类。

(1)根据接受对象的不同,可以分为写给个人的和写给集体的两大类。

(2)根据发表主体的不同,可以分为以个人身份表示的祝辞和以集体身份表示的祝辞。

(3)根据发表形式的不同,可以分为口头形式、书面形式以及多媒体形式(传真、电子邮件等)等。

(4)根据内容和应用场合的不同,可以分为寿辰祝辞、结婚祝辞、庆典祝辞以及宴会祝辞等。

1)寿辰祝辞。它是指在寿辰纪念活动中所表示的祝福,主要用于对长者的生日以及取得的成绩表示庆祝,同时也对其家庭、健康、长寿以及事业等表示良好的祝愿。

2)结婚祝辞。它主要是用在结婚典礼仪式上对新人喜结良缘表示庆贺和祝福。

3)庆典祝辞。它主要用于各种重要会议召开、重大节日或纪念日、庆典等等之时,如祝贺会议的开幕和成功、祝贺某项工程开工、祝贺某一企业开业、祝贺某一重要行动取得重要进展和重大成就等。

4)宴会祝辞。宴会祝辞也被称为祝酒辞。它用于各种宴会开始之际,主人向客人表示诚挚、热情的欢迎以及衷心的祝福,客人进行答谢并表示对主人的祝愿。好的祝酒辞可以增添宴会的热烈气氛,融洽主宾、宾宾之间的关系,从而赢得社交的成功。

三、祝辞的写法

祝辞大体可分为标题、称谓和正文3个部分。如果作为书面形式发表的话,则还应有落款,写明祝贺者的姓名或单位名称以及祝贺的时间、地点。

(1)标题。祝辞标题的写法有以下几种类型:

其一为单一标题式。这种方式或直接写“祝寿辞”、“祝酒辞”等,或者在“祝辞”的前面加一定的说明性的文字,以表明祝辞者、事由等,如《××大会祝辞》或《×××在××工程开业典礼上的祝辞》。

其二为正副标题式。这种方式由正、副两个标题构成,正标题表明祝辞的主题或主要内容,副标题则表明祝辞者、事由等。

其三为肩题、正题式。这种方式一般是肩题表明事由,正题表明祝辞者。

(2)称谓。称谓是对祝辞对象的称呼,即被祝贺者、被祝贺单位。要在称谓的前面加上一定的修饰语,如“亲爱的”、“尊敬的”、“尊贵的”等,如果被祝贺者是个人,还需要在称谓后面加上“同志”、“先生”、“女士”等称呼或相应的职务。但在许多时候,因出席庆典、会议或宴会的人很多,在称谓上应使用泛称。如“各位领导、各位来宾、同志们”或“尊敬的女士们、先生们、朋友们”等。称谓要顶格书写。

(3)正文。正文一般包括开头、主体和结尾3部分。

开头要交代祝辞者的身份或代表谁发表祝辞,简单说明祝贺的内容、原因及意义。如“欣闻……,我代表……向……表示热烈祝贺”或“值……之际,特表示热烈祝贺”等。开头部分应做到语言热情奔放、感染力强,注重气氛的渲染,从而形成第一个高潮。

主体部分写祝贺的具体内容,或回顾过去,对祝辞对象的经历与成就作出评价,表示赞颂,并提出美好的希望、良好的祝愿和鼓励;或结合当前的形势分析事项、工程的重大意义,肯定成绩,并提出希望、祝愿和鼓励。在正文中,既要做到立场鲜明,又要体现情感趋势,因此要求措辞生动、自然、得体,从而创造一种友好、和谐的气氛。

(4)结尾。结尾部分作为祝语,再次表明自己的祝愿和希望,增强热烈、喜庆的效果。

【示例10-4-1】

在首届“雕塑艺术节”暨“名人雕塑博览园”开幕仪式上的致辞

尊敬的王××部长、陈××主任、韩××委员:

尊敬的各位专家学者、来宾朋友们:

今天,全国城市××建设指导委员会、中国艺术研究院、××市委市政府在这里共同举办首届雕塑艺术节、第×届全国城市雕塑高层论坛开幕式,暨名人雕塑园开园和×××艺术馆开工仪式。这既是××市城市建设、文化建设的一件大事,也是全省乃至全国雕塑艺术界的一件盛事。受××书记、××省长的委托,我谨代表中共××省委、省人民政府,向首届雕塑艺术节的成功举办表示祝贺,向莅临××部的×××部长、×××主任、×××委员,以及与会的全国的艺术家们,表示衷心的感谢和热烈的欢迎!

雕塑艺术是中国艺术宝库中的一朵奇葩,城市雕塑是城市文化的重要组成。大力弘扬雕塑文化,对于丰富城市文化的内涵、拓展城市文明的发展空间、塑造城市文化品位,都具有十分重要的意义。××市委、市政府在建设部、文化部的大力支持和悉心指导下,每两年举办一次中国雕塑艺术节,建设名人雕塑园、筹建雕塑艺术博览会,这一系列活动必将有力地推动××的城市建设和雕塑艺术的发展,对全省乃至全国的城市雕塑事业必将起到重要的推动作用。

××山清水秀，人文荟萃，自然景观和文化遗产都十分丰富，历代文学家、艺术家为××留下了许多千古传唱的名篇，形成了深厚的历史文化积蕴。千百年来，××人民在辛勤劳动、创造美好生活的同时，也创造积累了特色鲜明、多姿多彩的精神财富。在党中央、国务院的正确领导下，××省委、省政府紧紧围绕建设鄱阳湖生态经济区的重大战略举措，不断加快新型工业化、城镇化步伐，努力实现“科学发展、绿色崛起、进位赶超”，全力推行新型城镇化发展战略，推动城市的基础设施建设不断完善提高。

今年是“十二五”规划的开局之年，××省委、省政府正带领全省4400万××儿女，坚持经济发展与生态文明的有机统一，不断挖掘××丰富的红色文化、传统文化和特色文化资源，积极培育具有时代特征、××特色的人文精神，创作生产更多思想深刻、艺术精湛、群众喜闻乐见的文化精品，推动文化艺术产业发展，努力把鄱阳湖生态经济区建设成为全国经济与生态协调发展、人与自然和谐相处的示范区，为实现“十二五”良好开局打好基础、起好步，以更加优异的成绩向建党90周年献礼。

最后，预祝首届“雕塑艺术节”取得圆满成功！祝××高层论坛取得圆满成功！祝××的城市雕塑艺术不断取得新的辉煌！祝与会的各位领导、各位嘉宾身体健康，新年万事如意！

谢谢！

【示例10-4-2】

2008年庆祝元旦公司领导祝词

律回春晖渐，万象始更新。我们告别成绩斐然的2007，迎来了充满希望的2008，值此新春到来之际，我谨代表集团董事局，向全体职员的努力进取和勤奋工作，投资者给予公司的真诚信赖、中外客户的热情支持致以深深的谢意！祝大家在新的一年里和气致祥、身体健康、家庭康泰，万事如意！

2007年，在各级经营团队和全体员工的共同努力下，××先后取得了与××公司合资、夺得××开发权、进军××产业、发展板块起航等振奋人心的重大突破；集团2007年各项经济指标比往年有了较大增长……这些令人欣喜和振奋的成绩证明：××公司的战略是清晰的，定位是准确的，决策是正确的。通过这些成绩，我们看到了一个充满生机和活力的新××。在这里，感谢这个伟大的时代！更感谢一年来全体××人的不懈努力！

诚信缔造伟业！面对集团2006年良好的运营状况，××人应有清醒的认识和更为远大的目标。当前，我国的经济生态系统正发生着深刻的变化，中国经济与世界经济已进入一个良性的互动之中，新财经政策、WTO第四年的新竞争环境、新一轮国企改革的启幕……，××正面临着前所未有的机遇和挑战！2008年，××将在“创建国际一流品牌，建设中国百强企业”的进程中，在产业发展和资本运作上次第推进，演绎出浓墨重彩的一章，而留下的将是全体××人丰满的商业智慧和勤奋实干的串串足迹……

创新成就未来！变革创新、知行合一是××通向未来之路。在当前，变革创新就是完善公司治理结构，建立和完善层次清晰、责任明确的3个层面的管理体制，加大激励力度，实施企业再造与流程创新，在管理力度和管理风格上实现突破；知行合一就是针对不同的层面，在管理上严格要求、在经营上慎重求实、在技术上掌握核心，真正做到战略合理、组织高效、制度完善、流程顺畅，人员精干。

机遇与挑战同在，光荣与梦想共存！××经过管理变革，背靠优秀的企业文化，通过实施多元化、国际化的发展战略，定会迎来更加辉煌的明天！

最后，祝愿大家新春愉快，身体健康，合家欢乐，万事如意！

【示例10-4-3】

××开发公司成立十周年祝辞

今天适逢××开发公司成立十周年的喜庆日子。我愿借这个机会，向九年来曾和我一起拼搏的伙伴，向与公司一起成长，为开发公司发展壮大作出不懈努力的全体员工以及他们的家属，表示热烈的祝贺和诚挚的谢意。向十年来一直关心、支持开发公司的各级地方政府、协会的领导，社会各界的朋友，以及新老客户表示真诚的祝福和深深的感谢。

十年的回忆是一部历史。它记载着我们一起经受过的苦难、涉过的激流、跨过的艰难。十年的回忆是一部传奇。它述说着我们从无到有、从弱变强，讴歌着开发公司员工的昂扬与激情。

我感谢已经过去的十年，是它为我们形成了开发公司文化的积淀。它的精髓是创业意识和创新精神，是员工3287天的共同努力为公司创造的精神财产。

十年的回忆正是为着未来九年的远瞻。前面的路依旧不平坦，有许多高峰正等待我们去攀登。但我相信，只要我们继续保持清醒的创业意识，发扬旺盛的创新精神，公司的核心竞争力就会不断增强。我们一定会为社会作出更大的贡献，未来的十年必将是更加灿烂。

董事长兼总经理：吴××

【示例10-4-4】

××集团建材公司ERP项目启动大会的祝辞

各位领导、铁煤信息中心×经理：大家好！

首先，请允许我代表××集团对大家表示诚挚的问候！

建材公司是铁煤集团管理创新、精细化管理、规范化管理、专业化管理的先进代表。

以王××经理为首的领导班子，积极贯彻铁煤集团精细化管理的指示精神，于2009年度率领公司一举实现了扭亏为盈。为“企业繁荣、员工富裕”奠定了坚实的基础。同时，你们没有骄傲自满，而是锐意进取，力争在未来取得更大的成绩，以此感谢集团领导和全体员工的信任，这种自强不息、求真务实的精神值得我们敬佩。

××集团作为国内管理软件行业的领导厂商，香港主板上市公司，连续6年获得中小企业信息化市场占有率第一名的荣誉。同时，××集团的管理咨询服务在最近几年也取得了优秀的成绩。铁煤集团建材公司选择××集团××分公司作为管理咨询和信息化合作伙伴，我们深信，双方一定能够通过精诚合作取得项目的成功。

这次项目合作，我们将共同优化铁煤建材公司的绩效管理体系，这是××沈阳分公司咨询事业部的合约义务。我们将通过新的绩效系统帮助铁煤建材公司分解、落实战略目标到每个部门、每位管理人员个人,保证各级业务单元目标一致,保证各部门间目标一致,从而以最低成本、最高效率顺利实现年度经营目标和战略目标。在绩效管理咨询的过程中,我们将协助建材公司建立起企业级、部门级、个人级的BSC(The Balanced Score Card),也就是平衡计分卡。各级平衡计分卡垂直分解企业的目标,形成包括财务纬度、客户纬度、内部流程纬度、学习与成长纬度共四个纬度的完美目标体系。

新的绩效系统将会特别突出鼓励利润、现金流的获得;鼓励企业通过业务流程的优化培养企业持续的竞争能力;鼓励企业树立客户第一的思想并转变为实际行动,获得更高的市场占有率;鼓励企业培养管理未来的管理者,鼓励员工持续进步,能够一直拥有甚至超越满足企业持续成长的能力,使企业持续繁荣。

出于合作的友情,出于对铁煤建材人的真抓实干、敬业精神的敬重,免费协助建材公司整理岗位说明书、固定岗位职责,为岗位价值核算打下坚实的基础。

以上管理咨询的成果将完全落实到本次信息化建设的网络版人力资源管理系统中。绩效考核的绝大部分数据也将从信息系统中获得。

除了上述的管理咨询项目,××集团沈阳分公司还将协助建材分公司构建ERP系统,这是本次信息化建设的核心内容。通过ERP系统的使用,建材公司将会借助软件真正落实"三加一"管理模式中的全员质量管理、全员成本管理和岗位价值核算,实现系统自动取数。全员安全管理将通过现场管理的改善获得。

在软件稳定运行一段时间后,将进入应用优化阶段。我们将在优化阶段对水泥厂进一步导入水泥行业节能降耗指标,利用商业智能分析系统监控指标变化。通过行业对标,对比分析与领先厂商的差距,逐步改善,真正地实现精细化生产,并且提高环保水平。

同时,为了实现精细化管理,我们还将特别提供网上费用审批软件,进一步降低建材公司整体运营成本。

我相信,通过铁煤建材公司和××国际软件集团的深入合作,建材公司必定能够实现管理规范化、专业化、精细化。企业效益更好,员工更加富裕。祝铁煤建材分公司和××国际软件集团的合作顺利、成功!

【示例10-4-5】

××建筑工程项目开工祝辞

尊敬的各位领导、各位来宾:大家好!

值此×××广场花园项目开工庆典之际,我谨代表××建筑工程有限公司表示热烈的祝贺!

×××广场花园项目开工,是市委、市政府发展区域经济中心城市和建设文明花园城市又一重大举措,是××区委、区政府为保增长、保稳定、保民生的战略与决心。

我公司能够承建这一标志性建筑,是建设单位(业主)对我们的信任,我们感到无上光荣。我们秉承发展是硬道理这一观念,坚持科学发展观,发扬我们公司的好传统,好作风,为××地区现代化建设作出自己应有的贡献。

对该项目的建设,我们一定按照部颁标准,高起点、严要求、精心组织施工,积极配合业主、监理和相关单位，做到重质量、保工期、创精品，按标准化施工管理创文明样板工地。虚心接受行业主管部门的管理和监督，做到重合同、讲诚信。我们将与业主及相关部门共创佳绩，使该项目建设让业主放心、领导满意。

最后，祝各位领导、来宾身体健康，祝愿承担开发任务的××公司事业兴旺、蓬勃发展。谢谢！

第五节　述职报告

一、述职报告的概念

述职报告是指领导干部及企业负责人就一个阶段的任职情况，向有关部门及领导、群众作出全面说明的一种文体形式。它是领导干部或者专业技术人员本人为接受考核，就自己履行岗位职责的情况，从德、才、能、勤、绩、廉等方面，实事求是地向上级机关、领导和群众作陈述的文书。也是上级机关或领导全面了解、考察和群众评议干部或专业技术人员的重要依据。

二、述职报告的类型

(1)从作用上分，有晋职述职报告、例行述职报告和试聘期述职报告。

(2)从时效上分，有任期述职报告、年度述职报告和应急、不定期述职报告。

(3)从内容上分，有综合性述职报告和专题性述职报告。

(4)从述职主体上分，有管理干部述职报告和专业技术人员述职报告。

(5)从表达形式上分，有书面述职报告和口头述职报告。

三、述职报告的写法

述职报告的撰写和提交，是管理和考核干部的重要方式之一。对于相关工作人员来说，撰写述职报告，可对自己的任职情况加以回顾和反思，有利于自审和提高，也有利于改进工作；对于一个单位或部门来说，要求领导干部提出述职报告，利于考核干部，也便于群众民主监督。

述职报告的写作结构通常由标题、称呼、正文、文尾4部分构成。

1. 标题

述职报告的标题有以下3种常见写法：

(1)直接用文种标题，如“述职报告”或“我的述职报告”；

(2)以“任职时限+职务+文种”标题，如《20××年至20××年任职经理的述职报告》；

(3)用正副双标题，正题点明述职报告的主题——基本评价、经验、教训等；副题补充说明述职对象、文种等。

2. 称呼

通常在标题下空两行顶格书写对陈述对象的称谓，称谓后用全角冒号。

3. 正文

正文一般由"引言＋主体＋结尾"3个层次构成。

(1)引言,是为整个正文"立标定调",一般是概述基本情况,包括任职时间、主要职责(职务—目标—个人认识)、履职情况等基本内容。

(2)主体,可概括为"工作实绩＋主要问题＋努力方向"模式。首先具体、详细地写自己在任职期间做了哪些大事,取得了哪些成果,积累了哪些经验。这一部分要尽量用事实说话,做定性定量的分析,要注意以叙述本人履行工作职责的情况为主,以评价本人作用大小为辅,来突出本职工作的特色,然后概述存在的问题、应吸取的教训,最后针对问题教训提出改进的措施和今后努力的方向。主体部分的行文思路可以时间为序,分条来写,也可按工作性质拟出小标题,分块来写。由于主体部分的内容是考核及评议的主要依据,也是决定述职成败的关键,所以一定要着力写好。

(3)结尾,表明本人的愿望和态度,对自己作恰当的评价,请求领导与述职对象审查评议,批评帮助并表示谢意。最后以惯用语"以上报告,请审议"或"特此报告,请审查"结束。

4. 文尾

文尾应包括两个内容:一是落款,署明述职者职务与姓名(也可加盖本人印章);二是述职时间,即注明述职日期。也有将它们移放在标题之下的。

另外,若述职报告有附件,要写明名称、件数;若要抄报其他有关领导或部门,则应在文底注明。

【示例10-5-1】

××建筑公司经理××年度述职报告

各位领导、各位同事:

现在,我把自己通过竞选上岗以来的工作情况向各位作一个简单汇报,请予审议。

一、履行职责情况

建筑公司的工作,重点分管对外业务联系、工程招投标、合同管理、施工工作协调、日常事务管理。回顾总结四个月来的工作,主要有以下3个方面:

1. 对外业务拓展情况:自今年年初以来,我们抓紧整个集团公司开发业务调整期,广泛开展对外施工业务承接,先后参加了重庆庆业集团巴蜀苑B区工程招投标;但因对方条件太过恶劣,我们已经放弃基1期工程,现在该公司已将我公司列入2期工程候选名单;区房管局廉租房建设工程投标报名、资格预审和标前会议,目前正在编制投标文件;区天宝实验学校2期工程的投标报名及过程追踪;九龙园区施工任务联系的开展(园区内第一项业务在向集团领导汇报后放弃);接下来还有龙湖水晶郦城3期工程的跟踪。

2. 现有施工项目管理情况:目前公司施工项目不多,主要是去年几个项目的收尾交付,现在仅龙湖水晶郦城步行街内的电力大厦和公司开发的佳宇酒店2个项目,公司坚持以对业主负责、为项目部服务的原则,开展监督管理工作,在公司领导班子的共同努力下,施工进展良好。同时我们为项目部处理市政执法、环保执法等各种违章罚款4万多元。并多次组织公司全体项目部施工管理人员及公司人员到××工地参观学习,收集××工地的各种管理资料,逐步应用到公司的工程管理之中。

3. 抓学习教育，激励奋发向上。为提高公司全面管理工程的水准、配合集团树立企业文化的总目标，我们通过组织一系列各种形式的学习宣传教育，使全体员工在提高理论水平的同时都能够面对现实，实事求是地用辩证唯物主义观点分析认识问题。大家认识到：一定要好好工作，不工作就不能体现自己的人生价值。工作岗位没有高低之分，只要观念改变，劣势可以变优势，只要有本事，冷部门也能作出大贡献。目前，公司员工工作作风扎实，精神状态很好，人心思干，人心思进，不少员工在搞好本职工作的同时，积极学技术、学理论，全面提高自身素质。

二、存在的问题及今后努力方向

回顾检查自身存在的问题，我认为主要有3点：一是自己作为分管建筑公司的总经理，没有尽职尽责，有负于集团领导和全体员工的期望。二是自己主要分管的对外承接施工任务工作，还没有见成效，对公司的发展造成一定影响。三是自己的自律性不强，在工作较累和遇到困难的时候，也有过松弛思想。今后，我想，绝不能辜负集团领导和全体员工对自己的重托和期望，一定要努力做到以下3点：

(1)放下包袱，抛开手脚大干，力争当一名合格的总经理。一个公司总经理的担子是很重的，其工作职责就是处理日常事务，宏观把握全局，微观处理各种热点难点，充分发挥自己的主观能动性，促进公司发展。自己一定要顾全大局，把公司的利益看得高于一切，克服消极埋怨情绪，为了公司的发展，与公司全体员工搞好团结，放下包袱，积极主动抓工作。

(2)努力学习，提高素质，提高工作能力。今后我要积极参加各种理论学习，提高管理水平。要经常深入施工现场，及时处理各种问题，为领导宏观决策当好参谋。

(3)严格要求，廉洁自律。今后，我一定要更进一步严格要求自己，廉洁自律，不搞权钱交易，不利用职权为个人谋私利，不干有损于集体和全体员工的事情，一定要清清白白做人，堂堂正正办事，同时对社会上的各种歪风邪气，敢于反对，敢于抵制。

谢谢大家！

【示例10-5-2】

××建筑公司项目部经理述职报告

各位领导、各位朋友：

××年第3季度是我们厂区枢纽工程标段发生重大转折的一个重要时期。首先请允许我代表全体项目部的干部职工向关心帮助我们走出困境的业主、监理及设计代表表示最真诚的谢意！向支持我们项目部工作的其他施工单位领导及各界朋友表示崇高的敬意！

第3季度大部分时间我们项目部是在煎熬中度过的，项目运作在大部分时间内处于举步维艰的状况，干部职工思想情绪不稳定，工作积极性不高，外协施工队伍因亏损严重及民工工资拖欠时间过长造成生产组织不上去。每月生产任务的完成情况可以在很大程度上说明我们项目部面临的问题和困难：7月份项目部月计划的完成率为48%，8月份项目部计划的完成率为82%，9月份项目部月计划的完成率为120%。从这一组数据也可以反映出积极的一面，说明我们这个队伍正在努力向好的方面转变，也取得了一定的成果。当然，这个转变、这种势头的出现与各位朋友的关心和帮助是密不可分的。

下面，我就厂区枢纽各部位的施工形象面貌给各位领导一一汇报如下：

一、各部位施工形象面貌

2009 年第 3 季度，根据《×××水电站厂区枢纽工程调整工期》的控制性工期，厂区枢纽工程施工进度基本能达到目标工期要求，具体为：

1. 调压室系统

调压室 3#上室底板混凝土于 9 月 21 日开始浇筑；比调整控制性工期要求有所滞后。调压室竖井的导井开挖由于方案改变，受反井钻机安装及拆除、反井钻机撤场和重新引进开挖施工队伍的影响，调压室竖井导井于 9 月 14 日开始施工（进行上部的导孔钻孔和下部反井法钻爆）；比调整控制工期要求有所滞后。新方案确定后，我部正积极组织、加大投入，争取在 2006 年 1 月底完成竖井开挖施工。

2. 引水隧洞

引水隧洞下游侧底板混凝土第 3 季度浇筑完成 373m，剩余 400m；引水隧洞下游侧永久锚喷支护第 3 季度完成 50m，剩余 653m。基本满足调整控制工期要求。

3. 压力管道

压力管道上平段清淤工作于 9 月 26 日完成，9 月 29 日提交轨道安装工作面；压力管道斜井轨道插筋于 9 月 30 日完成，比调整控制工期滞后近 1 个月。根据压力钢管运输协调会议精神，我部将在钢管运输、安装施工中，合理组织，争取将滞后的工期抢回来。

4. 地下厂房

厂房 2#机蜗壳混凝土于 9 月 28 日开始回填混凝土，9 月 30 日提交机电安装工作面；已于 9 月 30 日提交机电安装单位进行蜗壳安装，基本达到目标工期要求。副厂房混凝土浇筑施工由于图纸的问题，第 3 季度没有安排进行施工。

5. 尾水系统

2#尾联洞全断面衬砌于 9 月 10 日完成 1#尾联洞底板混凝土浇筑，基本满足调整工期要求；尾调室大面混凝土浇筑 30m，满足调整工期要求；尾水隧洞下半洞开挖于 7 月 20 日全部完成；尾水隧洞底板混凝土于 7 月 1 日开始浇筑，完成 102m，边墙混凝土浇筑完成 50m；受边墙欠挖处理等方面影响，尾水隧洞混凝土衬砌施工较调整工期有所滞后。

二、存在的问题及不足

（1）前期工程计量及结算有所滞后，资金运作困难，对职工和外协施工队伍的生产积极性产生了严重影响，同时直接影响工程进度。

（2）个别机械设备的完好率偏低，对开挖和混凝土施工产生了一定影响。

（3）部分施工图纸供图有所滞后，对施工准备及后续工作安排带来了不便。

（4）前期部分项目（如调压室交通洞、调压室 1#上室）围岩地质条件差，进展速度慢，影响工程进度。

（5）恶劣的自然环境对施工进度造成了较大程度的影响（特别是对上室混凝土施工的影响）。

三、今后应采取的措施

1. 计划和措施的制定落实

在施工过程中,为了保证施工顺利进行,做好对各个工程部位工作的前瞻性、预见性。根据《施工进度管理办法》和《×××水电站厂区枢纽工程调整工期》中的控制目标工期要求将施工计划分解到每一天,同时加强现场管理和落实,以每天的工作安排和落实来保证周计划的完成,以周计划来确保月计划,从而确保关键工程项目目标工期的实现。

调压室竖井采用反井法进行导井开挖,以加快导井的掘进速度;调压室竖井混凝土浇筑采用滑模施工;调压室上室顶拱混凝土浇筑采用拉模施工,以加快混凝土施工工期,保证调压室系统的控制工期目标的实现。尾水隧洞由于渗水较大,前期下半洞挖进度偏慢,通过增加水泵加强排水来保证开挖的顺利进行,同时也有助于后期混凝土的浇筑;尾水隧洞顶拱混凝土浇筑采用拉模进行了施工,可以大大加快后期混凝土的施工进度。

2. 强化内部管理

制定严密的规章制度,切实加强内部管理,尤其是对外协施工队伍的管理;提高自身潜力,精心组织现场施工,多开工作面,并且对有条件的部位合理组织平行、交叉、流水作业;对于重点工程部位、关键线路上的控制目标给予重点安排,加快工程施工进度,同时也为改善资金状况创造条件。

及时向工程局及分局反映工程实际进展情况,以争取得到工程局和分局最大限度的支持。

3. 增加设备投入及加强人员配置

为了保证节点目标工期的按期完成,对上室混凝土运输设备进行动态管理,随施工需要及时增减运输车辆,并加强4#路的维护工作,以保证调压室系统混凝土浇筑的正常施工;在保证现有混凝土施工外协队伍的人员基础上,增加施工作业人员,以保证施工进度的需要。

加强现场管理力量,增加现场管理人员,严格按照已制定的措施和计划进行施工。

加强对现有机械设备的维护、保养,对常用零配件进行一定的储备,保证机械设备的完好率,提高出勤率。

4. 加强协调沟通

在施工过程中,积极主动地与业主、设计和监理单位进行沟通;对在施工过程中发现的有关技术问题,及时有效地反馈到设计、监理等单位,并同相关单位协商在最短的时间内确定最佳的解决方案,以满足施工进度的需要。

9 月份通过加强与业主、监理、设计沟通,加之项目部自身规范结算程序,缩短结算时间,使项目部、外协队伍的资金压力得到了很大程度的缓减,资金运行状况基本步入良性循环轨道。

回顾过去,几多辛酸,几多欣慰。客观点说,水电×局×××项目部的广大干部职工大部分时间是在梦魇一样的环境中工作和生活的,承受着外人不可想象的压力和屈辱。在此,我向能够一直默默坚持在项目部工作的项目部员工表示深深的感谢,感谢他们对项目部的支持,感谢他们对我本人的支持!值得欣慰的是,在业主、监理、设计和各界朋友的关心支持下,在项目部广大干部职工的艰苦努力下,项目部的生产势头已经发生逆转,项目运作已经步入一个良性循环轨道。9 月份我们首次超额完成了月生产任务,首次实现了月完成产值突破200万元大关，这是厂区枢纽工程开工以来的第一次。我充分相信，在业主、监理和设计的大力支持和帮助下，在其他各界朋友的关心配合下，在我们项目部广大干部职工齐心协力下，我们厂区枢纽工程标的一定会丢掉过去落后的帽子，发生根本性的转变，按时保质保量完成各项施工任务，给业主交一份满意的答卷。

谢谢大家！

第六节　经验材料

一、经验材料的概念

经验材料是总结、交流、推广各种先进经验时所写成的文字材料，它是事务文字中常用的一种文体，通常叫典型经验材料。

经验材料的应用范围极广，凡开展工作都要总结典型经验，加以推广。推广典型时，也离不开典型经验材料这一文种。

二、经验材料的类型

经验材料的类型可以从以下几个方面来划分：

(1)从内容上可分为党政工作经验、企业管理经验、生产经营经验、技术改革经验、学习工作经验等。

(2)从范围上可分为：个人经验、集体经验等。

(3)从性质上可分为：先进典型经验、后进转化经验等。

三、经验材料的写法

(一)经验材料写作的格式

经验材料的写作可分为标题、署名、正文、结语和日期5部分。

1. 标题

经验材料的标题有2类：

(1)公文式标题。它包括2种：①完全式公文标题，即发文单位+事由+文种，如《××建工学院关于教学改革的经验》；②省略式公文标题，即省略发文单位，留下事由+文种，如《关于建筑施工技术引进的几点体会》。

(2)新闻式标题。它包括2种：①一行标题，又叫文章标题，如《求实进取，造就创业新人》；②二行标题，又叫正副标题，如《抗灾讲科学，大灾无大碍——××市科学应对突发事件及自然灾害的启示》。

2. 署名

署名有2种情况：一是如果属于集体的先进经验，标题中有单位名称，就不必署名；如果标题中无单位名称，就必须在标题下方正中署上单位名称。二是如果是个人先进经验，则一律在标题下方正中署名。

3. 正文

经验材料的正文包括开头、主体、结尾3部分。

(1)开头部分。开头应开门见山,将有关的基本情况,包括时间、地点、背景、人员等作说明交代,概括介绍所取得的工作成效和基本经验,或提出问题略加阐发。

开头的形式,一般有下列几种:

1)概括式。概括地介绍单位或个人的基本情况,并引出话题。

2)议论式。这种议论并非漫无边际的泛泛而谈,而是为了下文垫底铺路。

3)设问式。先提出文章的中心问题,然后以此作为论述中心。

4)提示式。对主要经验、体会作了提示性的介绍。

(2)主体部分。这部分是正文的重点和精华所在,基本经验主要包括下列内容要素:

1)主要做法。它指的是工作中采取了哪些方法与措施,成效如何,为后面谈经验或体会奠定牢固的基础。这部分重点解决怎么做。

2)经验或体会。在写这部分时,必须弄清楚下列3个问题:一是经验和体会是两个相同的概念。所谓"经验"是揭示本质规律性的东西,它是感性上升到了理性,并通过实践证明,它是正确的,具有指导工作的作用。而"体会"则不然,它只是人们一种感受,往往停留在感性认识的阶段,它是不成熟的,因而不具备指导工作的意义。二是到底什么时候提"经验",什么时候提"体会"。对于这个问题有几种情况:①一般以集体名义介绍,或调查组来整理材料,多以经验形式出现。而先进个人或集体在做某项工作时还处在试验、摸索阶段,一般以"体会"形式出现。②从实际情况出发,确实有经验或是体会如实称之,这种情况是主流,多数单位或个人是这么做的。三是一份典型经验中,是否又谈经验又谈体会?笔者认为,可以又谈经验又讲体会,但写作难度极大,有时候经验和体会两者容易混淆不清,提炼出来的观点十分接近或相似。一般都根据实际情况,工作很出色,能理出揭示本质规律的东西,就写"经验",如总结中发现只是工作的一些感受,就写成"体会"。

弄清了上面3个问题,再谈谈经验、体会从哪些方面去总结、提炼。一般从下列几方面入手:①提高认识;②加强领导;③依靠群众;④掌握政策;⑤注意方法;⑥处理关系。

以上6个方面只是启发思维的一些思路,根本出路还是根据各自的实际情况,因人而异,因单位而异。

3)教训或存在的问题。这部分不单独写,一般在谈正反两方面的体会时,会将此包容进去。作为典型经验,一般只写两部分,即基本情况、经验或体会。即使要谈,也是作为今后努力的方向去包容这一内容。

(3)结尾。经验材料的结尾,通常有3种形式:

1)总结归纳全文,突出取得的成绩;

2)展望未来,谈打算或努力方向;

3)指出工作中存在的问题。

经验材料的结尾与开头要力避重复,应有个明确分工,开头部分写了自然情况,结尾部分就要写取得的成效;开头部分提出了问题,结尾部分则写解决的办法。这样既分工明确,又能首尾照应,结构完整。

4)日期。这个时间是成文时间,写在正文结尾的右下方。

(二)经验材料的结构形式

经验材料的结构形式有以下3种:

(1)“总分式”,即先写一个总的开头,把工作的背景、自然情况和所要引出的经验或问题作个总的交代。然后,按工作的职责,一个方面一个方面加以总结。每个方面是个大层次,每个层次里有成效、经验及问题。

(2)“并列式”,即按情况、成效、做法、经验或体会、今后打算等项目,逐项加以总结,每一项即为一个层次,这些层次是一种并列结构。

(3)“块状式”,即按自然情况、经验或体会、问题及意见“三大块”去写作。其中“经验”一块为重点,或为做法,或为体会,或将两者结合在一起,提炼成几条经验。

“总分式”适合阶段性全面的典型经验;“并列式”适合专项性的典型经验;“块状式”两者皆适合。

【示例10-6-1】

小型建筑企业是怎样做大的

——××建设集团公司企业发展纪实

今年×月,××市建筑行业的业内人士几乎都得到这样一个消息,××市××建筑公司通过改制创新发展已更名为××建设集团公司。这个小小的变动说明这样一个事实,就是小企业也能做大做强。当地人知道××市××建筑公司原来是一家名不见经传的集体施工企业,创于1966年,主要承担建筑小构件的加工,在行业内算是一家少有人知的小企业。因为开办之初靠生产小构件起家,营利空间狭小,企业负担较重,技术含量少,所以企业发展困难重重,举步艰难,成了行业内有名的困难企业。

1999年,公司组建了新的领导班子,公司主要领导与其班子成员一道,首先给自己定目标,提出第一年保稳定,第二年求发展,第三年见成效的奋斗目标,经过大家三年的努力奋斗,取得了看得见的成绩,购置了办公场所,改善了办公条件,随着生活水平的不断提高,职工收入也随着逐步提高,企业很平稳地发展到现在的一级施工企业。重新找准定位,扬长避短,开拓创新,经过几年不懈的努力,使企业起死回生,产值、利润及效益逐年上升,企业的发展也迈入了快车道。

近几年来,他们坚持开放的营销策略,优化资源配置,拓宽发展空间,全方位承揽工程业务,实施“打开一方市场,巩固一块阵地”战略,先后承建了一大批工业与民用建筑项目,结构复杂的工业与民用建筑。特别是2009年,完成产值达×亿多元,比十年前上升×倍。

建筑业是一个竞争性很强的产业,为了增强企业的融资能力,盘活企业内部的存量,除鼓励企业职工参与工程项目投资融资外,公司在2007年底进行了整体改制,职工身份也进行了置换。这样一来,不仅资源得到了整合,产权更加清晰,同时也增强了企业的活力。

为了加快企业承揽业务的步伐,促进产业结构的转型,公司除了持有房屋施工一级企业资质外,还同时持有市政工程、装饰装修一级的资质。公司坚持“高质量、优服务、重信用”的方针,为社会创建多项省优工程、市优工程和安全生产文明施工工地。曾多次荣获省、市建设行政主管颁发的“先进施工企业”及“质量、安全管理先进企业”，“重合同、守信用”先进单位。

集团公司，它的前身为××市××建筑工程公司，2008年，取得国家一级建筑总承包施工企业资质。公司现有×个分公司，资产总额×亿元，在编职工×××人。公司以“诚信为本、用户至上、开拓创新、争创一流”的经营理念，以科学发展观为指导，已从劳动粗放型向知识密集型、智能管理型转变，基本形成了多元化、全方位经营的民营企业。公司的定位是靠大做强，继续以房屋建筑施工总承包为主，扩大和做强专业承包资质，利用公司现有资源向外延伸，适度引进战略投资者发展房地产开发等业务，加强利益相关的密切合作，走合作共赢之路。与此同时，公司还注重自身发展，搞好联合经营，争取更大的经营空间，坚持横向发展、纵向延伸的经营方式，拓展市场空间，争取更多的市场份额，谋取更大的经济效益。公司制定了一套完整的员工录用培训晋级及辞退的激励机制，在原建立的科室岗位责任归属权制度上，进一步深化，在人才质量和工作质量上提高标准，建立健全条块清晰，投资结构明确，制度畅通又有监督保证体系和新的企业制度。建立新的用人机制。想干事的给机会，能干事的给岗位，干好事的给地位。分配制度在兼顾公平的基础上，要充分体现工作效能与效益、业绩和贡献挂钩的分配制度，激励员工爱岗敬业，奋发有为。坚持以规章制度规范人的行为，用奖励制度鼓舞人的斗志，充分调动和发挥每位员工的主观能动性，使每位员工都能在自己的岗位上发挥自己的潜能，创造出最佳业绩。企业发展首先要靠人才，企业的兴衰取决于人才，公司不拘一格选拔使用经营人才，近几年除了发挥好内部人才的作用外，还向社会招聘专业人才。公司现有高、中、初级职称的工程技术人员占职工总人数的××%，有经济技术职称的人员占总人数的××%，持证上岗率达100%，公司施工技术设备及配套设施齐全，有大中型施工机械×××余台(件)。

随着我国经济体制改革的不断深入，面对竞争日益激烈的建筑市场，公司成立30多年来，积极参与市场竞争，实力不断增强，业务迅速拓展。先后承建了一批风格各异、结构复杂的工业与民用建筑。如××国际大厦、××宾馆、××综合楼、××城等高层住宅、××国际学校、××住宅小区、××桃花源广场、××钢厂2期酸洗车间(30m跨度)；××科技大学综合式大礼堂、××水厂、××工业园区道路排水、××豪景花园酒店、五星级宾馆高级装饰等代表工程。工程业务遍及××省、河北、安徽及云南等地区。

因为公司是由一个老企业改制过来的，面对日益激烈的市场环境，自身的矛盾及问题也日益显现，如资金压力、人才压力、企业转型中出现的问题。公司上下一心，共同努力、化解改革与发展中存在的各种矛盾，及时处理改制与转型中出现的每个问题。针对这些问题，公司从改变产权结构入手，每位股东都注入了资金，解决了要我发展和我要发展的内在动力，每位员工都会感到是为自己工作，而且会比原来工作得更充实。从此，机制比以前更灵活，企业的自主权建立在股民自主决策，政府干预少了，企业内部职工为企业出金点子多了，对职工提出的合理要求，只要是有利于公司发展的，马上就会采纳，不受任何约束。由于公司经营机制改变了，大家都来关心企业的发展，企业的凝聚力和向心力也大大增强了。

××建设集团公司的成长历程告诉了我们什么，那就是一个小型的建筑企业通过保稳定、求生存、谋发展这一过程，是完全可以因势利导靠大做强的。公司将继续坚持“高质量、优服务、重信用”的方针，为社会创建多项省、市优良工程和安全生产文明施工工地。奉行“以人为本、从严务实、用户至上”的企业精神，视市场为生命、信誉为效益，为社会奉献精品，为用户提供满意的服务。

【示例10-6-2】

抗灾讲科学　大灾无大碍

——××市科学应对突发事件及自然灾害的启示

杨××

今年1月份以来，××市出现罕见的持续冰雪覆盖天气。从1月12日开始，持续23天的低温冰冻天气，昼夜气温都在零摄氏度以下，给××市造成严重影响。全市上下同心协力，打响了抗击冰冻的攻坚战。

在省委、市委的坚强领导和有力指挥下，××市市政公用设施基本保持了正常运行：全市道路，特别是39条主干道没有因冰雪封路或阻断交通；全市桥梁121座，没有一座桥梁因冰雪而封闭；全市738.34公里排水管网，没有因冰冻灾害天气而发生破裂和堵塞，避免了道路融雪积水给市民带来的不便；全市137224盏路灯，除了为保证居民用电而关闭的景观灯外，亮灯率始终在95%以上。

市政基础设施的正常运行，既为市民百姓的正常生活提供了有力的保障，也为全市抗冻救灾提供了便利，为××市夺取抗击冰冻的全面胜利作出重大贡献。水、气的正常供应和公交的正常运行，维护了整个城市的稳定，真正做到了“重灾不见灾”、“大灾无大碍”。

这些成绩的取得，除了××市委、市政府坚强有力的领导和指挥外，还得益于××市过去几年在城市建设管理中突出强调了“高标准规划建设、高技术系统管理、高效率应急调度”。

这次罕见的冰冻灾害持续时间长、强度大，但给××市市政公用设施正常运行造成的影响有限，除了平时的功夫做得好，还与××市高效应急调度的科学抗灾分不开。

其主要经验是：

(一)科学预警，未雨绸缪准备早

早在去年11月，××市市政公用管理部门就根据各级气象部门冬天可能气温偏低的预报，开始部署冬季防低温冻害工作，专门召开会议进行部署，要求市政工程管理处自购用于融雪的工业用盐30吨，并对所有设备全面检修。他们还对保证冬季用气作了周密部署，要求各供气企业做好供气储备工作。公交、供水企业也对可能出现低温天气作了科学预测和部署。正因为预测准、准备早，当冰冻灾害来临后，各职能部门都能从容应对、忙而不乱。

(二)科学调度，应急机制反应快

1月17日第一场雪降临，××市市政公用管理部门迅速作出反应，专门召开会议对可能出现的冰冻灾害作出科学判断，并对抗冻救灾作出周密部署。

积极响应，迅速启动抗灾应急预案。他们成立抗冻救灾领导小组，主要领导亲自坐镇指挥,分管领导各负其责,各职能部门在第一时间投入抗冻救灾工作,救灾设备和物资全部迅速到位。

迅速行动,建立快速反应处理机制。由各级部门和人员组成的抗灾小分队全面进入临战状态,各部门全面开通24小时值班电话,所有热线、投诉、报修电话24小时值守,各部门巡查小分队24小时不间断上路巡查各类设施,数十个抢修小分队24小时待命,做好随时出动的准备。

主动宣传,引导市民正确应对灾害。他们利用报纸、电视、广播和互联网等各种媒体,加大宣传力度。一方面,宣传冰冻灾害可能给市民带来的不便,争取市民对抗冻救灾的支持和理解;另一方面,组织工作人员进单位、进社区、进住户,或在媒体刊登播放,向市民传授水表水管防冻、安全用气等小知识。有效对路的宣传工作,不但稳定了市民的情绪,获得了市民的理解和支持,而且降低了危害,确保了灾害期间全市没有发生安全事故。

(三)科学决策,敢打硬仗效率高

1月27日,当第一场冻雨降临后,××市发动了一场抗冻救灾的人民战争。市政公用部门的全体干部职工迅速投入到抗冻救灾的人民战争中。

领导果断决策打主动仗。在这场罕见的冰冻灾害来临之际,根据市委、市政府的统一部署,××市市政公用事业局果断决策,周密部署,迅速启动抗冻救灾应急预案,制定科学的抗冻救灾方案,争取了这场战斗的主动权。

各级各地部门的互助协作也为抗冻救灾争取了主动。当得知运气槽车因冻堵在高速公路时,××市市政公用事业局立即向省市应急办报告。省应急办迅速指令交警部门到现场疏导,优先安排槽车通行。当进出××的主要高速公路封路后,××市应急办根据××市市政公用事业局的请求,主动和××市应急办联系,请求××市支援,保证了××市的供气。

行业齐心协力打全民仗。当冰冻灾害降临后,××市市政公用系统广大干部职工积极响应市委、市政府的号召,迅速投入到抗冻救灾工作中,领导干部全部深入一线,靠前指挥。市政工程处的600多名干部职工组成7个抢险小分队、数十个抢险小组,全部下到抗冻救灾一线,每天早上5点前准时到达除冰现场,赶在市民出行高峰来临前铲除路面冰雪,保障市民出行安全。路灯管理处职工全部投入抗冻救灾中,每天24小时巡线和抢修,确保了安全用电和照明。市供水部门组织60多个抢修小组、近600人的抢修队伍,全天候24小时不间断抢修;还调集大量的棉布、编织布,分片区、责任到人对裸露的水表和供水内管进行防冻包扎,以免冻裂水管和水表。公交部门面对百年一遇的冰冻灾害天气,采取了"抗冰冻,保安全,保线路基本畅通"的措施,始终保持了市区内线路按接近正常班次安排运力,保证了市民的出行需求。全市出租汽车基本正常出勤,方便了市民出行。

干群集思广益打科学仗。面对罕见的冰冻灾害,南方地区显然缺乏经验,但××市市政公用事业局的干部群众没有被这场突如其来的灾害吓倒,而是集思广益,科学应对。当公交车雨刷被冻住时,公交车司机们想出了喷洒盐水融冰的办法,保证了公交车正常运行。市政工程管理处的干部职工们在抗冻救灾工作中,不断摸索,改以往"撒盐除冰"

为洒盐水除冰，既提高了工作效率，又减低了可能因用盐过多给市政设施带来的安全隐患。面对越来越多的水表冻裂，供水部门及时采取措施，发放棉布，教市民包扎水表防冻，不仅减轻了抢修强度，而且降低了冰冻灾害造成的损失。

党员率先垂范打攻坚仗。在抗冻救灾的过程中，各级党组织发挥了战斗堡垒作用，广大党员发挥了先锋模范作用。哪里有危险，哪里就有党员冲锋陷阵的身躯；哪里有困难，哪里就有党员攻坚克难的英姿；哪里有救助，哪里就有党员雪中送炭的身影。在抗击冰冻灾害的过程中，共产党员始终奋战在除冰第一线，形成了一个基层党组织就是一座战斗堡垒，一名党员就是一面旗帜的真实写照。

几点启示：

启示一：城市规划建设必须坚持科学发展观，既要满足当前的需要，更要满足应对突发事件和自然灾害的需要。

城市道路桥梁、排水、供水、燃气、照明、公交客运等市政公用基础设施，是城市经济、社会可持续发展的先导性基础，还是城市抵御自然灾害、应对突发事件的物质基础。2003 年，××市曾遭遇到了一场特大暴雨的袭击，整个城市变成泱泱泽国，严重影响了市民的工作和生活。××市的主要领导深深体会到，造成灾害的一个重要原因，就是城市建设规划起点太低，历史欠账太多。只有高标准的规划，适度超前的设计，才能避免类似灾害重现。市委、市政府果断决策，加大投入，改造老城区排水设施，用两到三年的时间，从根本上解决城市积水问题。这次改造，共投入×亿元，覆盖 80% 的老城区。××市在城市规划建设管理中，始终以科学发展观为指导，适度超前规划建设市政公用基础设施建设，充分考虑到应对突发性自然灾害和紧急情况。例如，投资×亿多元用于水厂及供水配套管网的建设和改造等。这些基础设施建设规划起点高、设计适度超前、施工质量好，虽然从当时看，避免了因灾害带来的经济损失，尤其是避免了社会恐慌，保障了社会稳定，其产生的社会效益和经济效益物有所值、效果好。

启示二：城市规划建设必须坚持以人为本，不搞政绩工程和面子工程，而是实实在在从满足市民的需求出发。××市在城市规划建设中，始终把市民的需求放在第一位来考虑，在 2003 年的排水改造中，就有××亿元的资金花在对老排水管网的改造和新管网的铺设上，坚持正确的政绩观，始终信奉“市民百姓满意就是最大的政绩”，把好钢用在刀刃上，做到有备无患。所以面对突如其来的自然灾害，取得“灾大害小，灾象不显”的成绩。

启示三：城市管理必须坚持科学化、精细化，把应急管理贯穿到城市管理的方方面面，这样才能做到遇事不乱、处变不惊。现代城市管理是一个庞大的、复杂的系统工程，××市十分重视市政公用设施管理中的投入，既注重引进城市管理的先进技术和经验，又十分重视借鉴和探索科学的管理调度方法。这些先进的管理手段和方法，在这次抗冻救灾中发挥了非常重要的作用。××市市政公用事业局还在全行业推行精细化管理模式，十分重视基础性工作，编制印发了大量基础性资料，使行业管理工作更加规范。科学化、精细化管理理念的确立，在全行业逐步形成了规范、高效的工作机制，即使在面对突发事件或自然灾害时，也能忙而不乱、从容应对。

启示四：市政公用系统“特别能战斗、特别肯吃苦、特别守纪律、特别讲奉献”的精神是战胜灾害的动力和保证。市政公用行业的工作都是脏、累、苦、险,与市民百姓生活息息相关。工作的好坏不仅事关百姓切身利益,而且事关党和政府的形象。××市始终把“让市民满意,让政府放心”作为工作的出发点和最高目标,着力在全行业干部职工中培养“特别能战斗、特别肯吃苦、特别守纪律、特别讲奉献”的精神,在全行业培养了一支素质高、能力强、作风硬的干部队伍和敢打硬仗、善打硬仗的职工队伍。正是因为有了这样一种精神和这样一支干部职工队伍,在面对突如其来的冰冻灾害时,才敢迎难而上、勇于担当,而且能召之即来、来之能战、战之能胜。

在罕见的自然灾害面前,××市的市政公用设施经受住了考验,××市市政公用行业应对自然灾害的能力经受住了考验。这次冰冻灾害还对部分路面损坏严重,融冰用盐对桥梁、路面也造成了一定腐蚀,在今后道路设计和施工时,也要考虑应对自然灾害的要求,提高设计、施工标准。另外,在这次抗冻救灾中,市民百姓应对自然灾害的防灾自救能力较差,危机意识不强。今后应加大对市民应对突发事件和自然灾害的教育,树立市民的危机意识和防灾自救意识,从而提高整个城市应对突发事件和自然灾害的能力。

【示例 10-6-3】

××市创建文明城市工作典型经验材料

近年来,××市以提高人们的文明素质和城乡文明程度为目标,采取有力措施,大力组织开展文明城市、文明行业、文明村镇创建活动和军民共建活动,呈现出积极向上的发展态势。

1. 创建文明城市工作有新的突破。××市委把争创文明城市工作作为提高城市文明程度、衡量城市综合发展水平的重要标志抓在手上,列入该市总体工作规划。市委高度重视,组织动员社会各界、各行业广大干部群众参与思想、道德、文化、环境建设,举全市之力创建全省、全国文明城市。召开了全市精神文明建设工作暨创建文明城市动员大会,制订下发了《创建文明城市实施方案》,将任务分解到各有关职能部门,对城市建设和管理、市民教育、城区净化、绿化、美化进行不间断地检查督导。去年9月28日、29日,该市先后被中央文明委和省委、省政府授予全国、全省“创建文明城市工作先进市”称号。在创建文明城市工作的带动下,该市精神文明建设工作整体推进,各项工作都取得了可喜成绩。××市创建文明村镇工作受到中央文明委表彰,并荣获全省“创建文明城市工作先进市”称号;××县城被省委、省政府命名为“文明县城”;××区×××村、××市××村被中央文明委命名为“文明村”;市交通局、市污水处理厂也受到中央文明委的表彰。

2. 文明社区建设特色鲜明。坚定不移地坚持在探索中求发展,在发展中求深化,在深化中求创新,在实践中求提高的指导思想,按照“一个不少,一个不丢”的原则,不断加大工作力度。通过健全组织,工作运行更加顺畅;通过强化管理,服务功能更加完善;通过健全机制,各项工作更加规范,全市社区建设跃上了新台阶。截至去年9月底,市区内147个社区的“八个一”建设任务已全部完成。各社区居委会办公条件全面改善,办公用房、警务室、星光老年之家、老年学校、户外活动场所均已基本达标;组织领导网络得到完善和健全,社区居委会的职责进一步明确;社区工作七位一体同步推进,社区保障日益巩困。制定下发了《法律、科技、卫生、文体“四进社区”实施意见》，广泛开展科普百街宣传、法律服务、扶贫帮困等活动，5万名各类志愿者常年活跃在社区，为社区居民解决了大量实际问题。社区文体活动丰富多彩，全市两次组织《公民道德组歌》演唱比赛，区、街两级组织演唱上百场，所有社区基本上做到了天天有活动。

3. 公民道德实践活动丰富多彩。编写学习材料、举办演讲比赛、刷写墙体标语，在新闻媒体上开辟专栏，对《××市道德建设十年发展纲要》进行广泛宣传。印发了《关于开展道德实践活动的意见》，制定了“双十不”行为守则，组织各县(区)参加了公民道德建设知识竞赛。广泛开展诚信教育活动，组织了诚信行业、诚信单位、诚信村、诚信户评议，推广了顺平县诚信贷款村的典型经验，增强了城乡居民的诚信意识。广泛开展道德实践活动，组织城镇居民走上街头，擦拭护栏、清运垃圾、清除不规范广告，到火车站、汽车站开展“学雷锋”、“送温暖”活动。在全市开展了“遵守交通法规、争做文明市民”活动，在出租车行业开展了“创文明行业、争做文明市民”活动，在出租车行业开展了“创文明行业、做文明使者”竞赛，组织中小学生进行公民道德演讲比赛，在全市组织了文明家庭风采大赛，在提高公民思想道德素质上发挥了显著作用。

4. 营造城市“森林”活动扎实有效。以建设生态型城市为目标，以优化发展环境为着眼点，动员组织全社会力量，开展了声势浩大的春季和秋冬季植树绿化，营造城市“森林”活动。对市区内的小区、庭院、外环路两侧、防洪大堤、各机关企事业单位办公区、市区道路、游园广场、粉煤灰厂周边进行全面绿化，开辟了“公仆林”、“青年林”、“巾帼林”、“八一林”、“家庭纪念林”、“记者林”等公益林地。2003年，共对全市道路和800多个庭院进行了绿化，共植树110余万株，新辟绿地279公顷，新建小游园绿地26处，人均公共绿地、绿化覆盖率、绿地率分别由上年的4.98平方米、23.63%和18.4%增长到5.7平方米、31.09%和26.7%。广大市民爱绿护绿、保护生态的公德意识也得到了明显增强。

5. 窗口行业创建活动深入广泛。在“窗口”单位全面推行规范服务，推行文明用语，落实各项服务措施和各项承诺，实行了等级化管理；在行政执法部门、社会服务和“垄断性”行业中开展了“文明执法”、“优质服务”、“便民利民”竞赛活动；在党政机关开展了“讲、懂、树”活动，推行文明办公；在旅游景点开展了创建文明风景旅游区活动；在通信、邮政、燃气、供电、供水、金融、保险等服务行业，开展优质服务竞赛，进行“青年文明号”、“星级窗口示范单位”、“巾帼岗”、“文明班(组)”、“文明柜台”、“文明站所”评选活动，解决了许多涉及群众切身利益、社会反映强烈的突出问题。在××电台开办了“百姓传呼”和“行风热线”栏目，46个单位走进了直播间，为广大人民群众解决生活中遇到的困难，促进了行风的好转。

6. 扫黄打非和破除封建迷信工作成效显著。扫黄打非工作各项措施进一步落实，初步形成了各级党委、政府统一领导，扫黄打非办公室综合协调，主管部门充分发挥职能作用，有关部门通力合作，社会各界广泛参与，新闻媒体舆论监督的工作格局。通过深入开展扫黄打非集中行动和专项治理，有力地遏制和打击了文化市场中的违法违规行为，震慑了不法分子，文化市场得到进一步净化。通过大力实施“扫黄打非护城河”工程，充分发挥了京畿护卫线的作用。按照标本兼治、重在治本的原则，不断把破除封建迷信活动逐步引向深入。在进一步肃清封建迷信残余的同时，着力加大了先进文化的建设力度。

在重要活动和重大节日,安排了30多场丰富多彩的文化活动,活跃了群众的文化生活。组织开展了百部爱国主义电影进社区、百部科教电影进农村活动,共演出2150场次,观众达350余万人次,文化阵地得到进一步巩固。在“读书兴农”和“百农民培训”活动中,组建农民读书协会4500个,有45万农民群众接受了培训,提高了农民群众的科学文化素质,抵御封建迷信及法轮功邪教侵蚀与影响的能力普遍增强。

7.城建、旅游、科技、教育、文化、卫生、体育等各项工作全面推进。创建“中国优秀旅游城市”工作通过省级验收,接受了国家验收并得到好评。文物保护开发利用工作稳中有进。体育工作继续保持在全省领先位次。大力实施“升级进位”工程,教育工作进步显著。文化工作成绩喜人,创作了《××红色报人》、《乘着歌声的翅膀》等一批影视艺术精品,获得了8个全国性大奖,话剧《警钟》得到中央和省有部门领导的高度评价。卫生部门大力加强“窗口”建设,围绕提高服务质量,改善就医环境,发展社区卫生,狠抓行风建设,得到省有关部门的表彰和广大人民群众的好评。完成了“科普列车老区行活动”××段的各项任务,受到中央科协、铁道部、中央文明办的表扬。组织实施了“社区百街科普推进行动”,建立了社区科普学校,省科协转发了××开展科普教育工作的经验做法。城市基础建设取得新成就,创建文明城市的硬件更加坚实,城市的文明品更进一步提升。

××市文明办

××××年×月×日

第七节　大事记

一、大事记的概念

大事记是机关单位及其业务主管部门、企事业单位等,用来记载日常重要工作和活动以及各方面的大事、要事的一种记事性的特殊文件。

大事记是以时间为顺序,记述一个国家、一个地区、一个部门或一个机关在一定历史阶段内所发生的重大事情的一种机关事务性文书。

大事记是编纂历史的重要资料。机关大事记是对一个具体机关在一定时间内所发生的大事、要事的记录,一定的机关大事记可以勾勒这一机关的历史发展概况,成为编纂该机关历史的重要资料;一个地区各机关的大事记,可以勾勒这一地区在一定时间各方面发展的概况,成为这个地区编写地方志的重要资料;一个部门机关在一定时间将本部门及所属机关编写的大事记综合整理,就成为本部门、本系统的发展概况,成为编写本部门、本系统历史的重要资料;就一个国家而言,将各地区、各部门依时编写的大事记分门别类地综合整理,就构成这个国家发展的历史,成为编写国家史书、年鉴的重要资料。

二、大事记的类型

大事记的种类按不同的标准,可有不同的分类。按内容划分,则有以下2种:一是综合性大事记,即将本机关单位各方面的大事要事按时间顺序进行记录;二是专题性大事记,即将本机关单位不同内容的大事要事按时间顺序分类进行记录。

大事记依据记述内容和记述范围来划分,主要有以下几种类型:

(1)国家大事记。国家大事记所记述的范围覆盖全国各地,其记述内容包括国家的政治、经济、文化、教育、科研、军事、外交、体育、卫生、统战、司法等各个领域。这种大事记依年、月、日顺序排列,记述国家各方面的大事、要事。如《中华人民共和国大事记(1949.10.1~1980.12.31)》,就是从新中国诞生之日起,一直记述到1980年12月31日,分政治、经济、统战、文化、外交、军事等类别,分别记述了这一时期的重要事情和重大事件。

(2)地区大事记。地区大事记是国内某一区域在一定历史阶段的大事、要事记录,其记述范围一般仅限于本区域内。例如《××市××××年大事记》,就是按照时间顺序,逐次记述了该市一年内发生的政治、经济、科教、文卫、外事、外贸等方面的重要事情和重大事件。地区大事记和地方志有相似之处,但比地方志简略。

(3)机关大事记。机关大事记是简要、系统地记述某一机关在一定历史阶段内所发生的大事、要事的大事记,如《××市××××年大事记》。它比地区大事记详细,可为总结工作和编写一个历史阶段的地区大事记提供资料。

(4)专题大事记。专题大事记是专门记录某一特定范围内重大事件和重要事情的大事记,如《××会议大事记(1949~1990年)》。这种大事记内容集中单一,可以只按时间顺序逐次记录特定范围内一定历史阶段所发生的重要和重大事情,不必再分门类。专题大事记可以是全国范围的,也可以是地区范围的。

三、大事记的写法

大事记采用第三人称简述的方法撰写。在年、月、日之后叙述事件的时间、地点、人物及活动结果。着重写事,不作议论,力求客观真实。撰写大事记应注意以下几点:①要经领导签署存档,作为资料保存;②内容以时间先后为序;③要尊重事实,尊重历史,客观真实。

大事记的标题由记述范围、时间加文体构成,如《××市2009年大事记》,如记述内容丰富,时间跨度较大,也可以变换位置,如《××市大事记(1986~2004年)》。总之,大事记的标题要简明醒目,使读者对记述范围和时间一目了然。

大事记的基本记述方式有:

(1)条目式。即用一句话将事实的主要因素讲清楚,形同条目,如“2009年×月,××建筑机械厂建成投产”。

(2)概要式。即简要说明事实的发生和结果,如“××××年×月,××节能环保厂LED节能灯具试制成功,填补了×内空白。”

(3)梗概式。即把编年体与纪事本末体相结合,完整记述时间跨度较大的事实。“××紫凝山在火成岩系玄武岩下找到大量水泥矿石。8月,紫凝山初步探明藏量80.45万吨。

(4)综合式。即把同类事实适当综合,以便精练、简洁地记述事实。如“××××年×月×日,×××局下达《××市建设局关于规范建筑市场的通知》”。

大事记最基本的结构特征是以时间顺序来组织结构,按年、月、日顺序逐次记录,一个月末综合汇总一次,编录成一月大事记,一年末,对分月大事记补充修订,送领导同志审阅后组合打印,装订成册,最后合订成为一年大事记。大事记后可注明编写者姓名,以示负责。

大事记最基本的写作方法是逐日记录,一事一记,有几件事记几件事,便成为一日大事记。一日大事记的记述内容可以较为详细些。而在分月编写时,则要有所选择取舍,突出大事、要事,不要逢事必录,以防不分巨细,一概罗列。分年编写时,则需进一步选择取舍,记述也更简略。

大事记写作以记述为表达方式,一般不加议论。要将重大事件、重要事情所涉及的时间、地点、部门、人员、原因、结果以及必要的数字表达清楚,其内容往往用一句话即可写完整。要求语言朴实,文字简练,每条一般不超过百字。

如果重要活动、重要会议持续数日、数周、数月,可在结束之日作综合式记述,无须逐日记录。

大事记是在一定历史阶段内记述一定范围所发生的主要事情和重大事件的一种机关事务应用文。所谓主要事情和重大事件是相对的,在一个范围内称得上是要事、大事的,在另一范围内可能就很一般。因此,大事记所记述的所有内容,必须依据特定范围择取。

【示例 10-7-1】

2002 年×月×日,由市房管局、市规划局、××日报社联合主办的××市首届“十佳楼盘”评选活动结束。御锦城、远东世纪花园、仟禧颐河园、庐山花园锦绣苑、国贸广场、恒茂城市花园、桃苑苑中园、江铃梨园商品房、万福园、湖景花园被评为“十佳楼盘”。市长李××和省建设厅副厅长叶××为获奖楼盘开发商颁奖。

【示例 10-7-2】

2002 年×月×日,××高校园区瑶湖大道破土动工。省市领导赵××、李××、罗××出席开工典礼。瑶湖大道的动工。不仅为高校园区建设的全面铺开打下坚实基础,而且进一步完善全市交通网络,成为××市的“东大门”。

【示例 10-7-3】

2002 年×月×日××经济技术开发区白水湖环保工业园配套工程双港大道改造工程破土动工。省长吴××和省教工委副书记李××等出席开工典礼。拓宽改造建设的双港大道西起庐山南大道,东至××大桥,全长 5.1 公里,路宽 60 米,道路中间为 10 米宽的绿化带,总投资 8100 万元。

【示例 10-7-4】

鹿璟名居、工人文化宫、理想家园 3 大招商项目开工。省长吴××出席开工庆典并致辞,市长李××发布开工令,市领导熊××、陈××、杨××、孔××、罗××及市长助理张××出席。鹿璟名居、工人文化宫、理想家园分别由××房地产公司、市总工会、××华能集团公司开发建设。

第八节 章 程

一、章程的概念

章程就是章法、标准。它是政党机关、社会团体、其他经济组织的活动规程,要求组织整体及每个成员严格遵守和执行的纲领性文件。章程一般用于说明组织的宗旨、性质、组织原则、机构设置、职责范围等,并对组织成员起行为准则作用。

章程一般为一定的组织和社会团体制定。所涉及的内容是长期的,经常性的工作任务,在其所适用的范围内具有权威的规定性;一旦通过,按通过日期即可生效。

二、章程的写法

由标题、签署、正文3部分组成。

1. 标题

章程的标题要简明地揭示出组织(或单位)的名称,以标明此文所规范的对象及其适用范围,并鲜明地标示出该文体的名称,如《中国建筑协会章程》。

2. 签署

签署紧跟标题之后,用来注明章程被讨论通过的会议形式和时间。章程是某组织、单位的共同行动纲领,必须取得一致的意见作表决后才能成为正式有效文件。因此,不经有关会议通过的章程只能是草案。所以,写作章程时,为突出最后表决意义,常在标题下方正中央位置标注制发程序,签署商议通过的会议名称和通过时间,置此内容于括号内。

3. 正文

正文一般包含总则、分则和附则。总则是该文件的总纲,用简括文字扼要说明所规范对象的性质、奋斗目标、工作的指导思想、任务、重点、基本要求等纲领性内容,集中体现章程的灵魂。分则则是正文的主体部分,主要分述该组织的组成人员,组织构成及其他有关问题(如纪律制度,与有关组织的关系及经费等问题),围绕总纲展开具体规定。附则多为补充性说明,补充交代生效日期、实施要求、修改解释权等内容。《中国科学技术协会章程》是一篇不可多得的经典之作,该文总则规定协会的名称、性质、宗旨和主要任务,分则分述会员的权利与义务,全国组织的构成与职责,地方科协与全国组织的关系,协会的经费来源,附则仅交代了章程的实施方式和要求后全文作结。

总则、分则和附则3大块之中还要按一定逻辑,对内容分章、列条、设款地予以阐明。其常见结构有2种:

第一是"分章连条布款"式。第一章为总则,最后一章为附则,中间各章分列分则内容;章内分若干条,条的序数沿上章顺序依次连接,用汉字序数词标示;条下如再分款,款下如不再分目,则条下各款内容以分行形式表示即可,如还要分目,则条下各款数独立编次,款下各分目内容分行表示。这种结构方式适用于内容复杂的章程正文写作。

第二是"序言、章条"式。内容简单的章程,无须专设附则,其总则便从全部章条中分离出来,作为全章程的序言,独立于分则内容之前,分则仍然分章连条。

【示例10-8-1】

××市第×建筑工程公司章程

第一章 总 则

第一条 为加强和改善企业经营管理,适应改革开放需要,促进企业健康发展,根据《中华人民共和国企业法人登记管理条例》和国家有关法律、法规、规章规定,制定本章程。

第二条 本企业名称为××市第×建筑工程公司。公司住所设在:××市××路××号。

第三条 公司经济性质是有限责任制,经登记主管机关核准登记,是实行独立核算,自主经营,自负盈亏、独立承担民事责任的企业法人。

第四条 公司的经营宗旨是:质量第一,用户至上,信守合同,圆满服务。

第五条 根据党在社会主义初级阶段的路线,坚持改革、开放、搞活经济的总方针,贯彻执行国家计划、法律、法规、规章规定,接受工商、税务、财政、审计、银行等有关部门依法进行监督管理。

第二章 组织机构及职权

第六条 实行经理负责制。设立经理一名,副经理一至三名,经理由上级行政机关委任经登记主管机关登记注册,取得企业法人的法定代表人资格,是代表企业行使职权的签字人,在公司中处于中心地位。对公司的物质文明建设和精神文明负有全面责任。

副经理协助经理工作。在经理暂时不能履行职责时,由经理指定一名副经理代行其职权。

第七条 经理享有《全民所有制工业企业厂长条例》规定的全部权限。同时,必须履行条例规定的全部职责。

第八条 公司建立以经理为首的生产经营管理系统。在经理领导下,设立下列管理、生产和分支机构:

1. 管理机构:经理办公室、技术科、质量安全科、财务科、预决算科、材料运输科。

2. 生产机构:第一、二、三工程处,钢筋、木工、机修车间,生产基地。

3. 分支机构:××工程处,建筑器材门市部。

上述各机构各负其责,各部门领导对经理负责。

第九条 公司通过职工代表大会,实行民主管理。经理应定期向职工代表大会报告工作,听取意见,组织实施职工代表大会在其职权范围内作出的有关决定,负责处理职工代表大会提出应由行政方面处理的提案,接受职工代表大会的监督。

第十条 职工代表大会的工作机构是公司工会委员会。工会和职工代表大会有权依法对企业全部的生产经营活动进行监督,提出合法建议,维护公司和职工的合法权益,促进生产的发展。

第十一条 职工代表大会具有以下民主权利:

1. 听取和审议经理关于公司经营方针、长远规划、年度计划、基建方案、重大技术改造方案、职工培训计划、留用资金分配和使用方案。承包和租赁经营责任制方案的报告,提出意见和建议。

2. 审查同意或否决公司工资调整方案、奖金分配方案、劳动保护措施,奖惩办法及其他重要的规章制度。

3. 审议决定职工福利基金使用方案,职工住宅分配方案和其他有关职工生活福利的重大事项。

4. 评议、监督公司各级行政领导干部,提出奖惩和任免建议。

5. 依法决定选举或罢免经理,并报政府主管部门批准。

第十二条 职工代表大会应当支持经理依法行使职权,教育职工以主人翁从事劳动,遵纪守法,恪守《全国职工守则》和职业道德,完成生产和工作任务。

第三章 生产经营管理

第十三条 本公司为××市属三级房屋建筑安装企业,要通过市场竞争,提高工程质量和服务质量,努力创造条件晋升为二级房屋建筑企业。

第十四条 生产经营范围和经营方式

主营:三级房屋建筑工程和水电空调安装工程。

兼营:钢筋、木材的加工,建筑机械维修。通过登记主管机关登记注册,从事生产经营活动,其合法权益受国家法律保护。

第十五条 执行国家有关基本建设建筑安装工程各项法规条例,做到以质取胜,安全生产。

第十六条 执行《中华人民共和国经济合同法》,加强合同的管理工作,做到“重合同、守信用”。

第十七条 为了更好地调动职工的社会主义劳动积极性,鼓励先进。按照国务院颁布的《企业职工奖惩条例》和《企业规章制度》对符合其奖励条件的职工给予奖励。

为了严肃纪律,保证企业生产经营的顺利进行,根据《企业职工奖惩条例》,对违反《企业规章制度》的职工,按规定给予处分。

第四章 企业资产 利润分配 劳动报酬

第十八条 公司注册资金总额为×××万元,其中固定资产×××万元,自有流动资金××万元。

固定资产及自有流动资金来源于公司历年积累。

第十九条 实行集体所有制财务管理制度正确,正确处理国家、集体、个人三者之间的关系。维护企业财产安全,开展经济核算,增收节支,努力提高经济效益。

第二十条 公司年终盈利按照建设银行的规定和公司职工代表大会通过《企业内部承包经济责任制》的规定,进行税后利润分配。

具体如下:

1. 提取流动资金按30%。

2. 提取公积金按30%。

3. 提取劳动分红按35%。

4. 提取经理基金按5%。

第二十一条 实行以集体所有制固定为主的用工形式,公司实行计时和计件两种工资制度。即施工员及管理人员,按照国家规定标准等级工资以月或日计算。其他生产工人,按照国家规定建筑施工定额工资以完成工作量计算。

第五章　附　　则

第二十二条　公司因歇业、被撤销、宣告破产或其他原因终止营业活动,由企业及主管部门会同有关部门清理债权债务,并出具负责清理债权债务文件或清理债权债务完结证明,在三十日内持有关文件向登记主管机关办理注销登记手续。

第二十三条　本章程由经理扩大会议讨论制定,公司职工代表大会审议通过,并经企业行政主管部门审查批准,登记主管机关登记注册,即发生法律效力,公司全体成员都必须严格遵守。

第二十四条　本章程有关事项如与登记主管机关核发的《营业执照》相抵触,以《营业执照》为准。

第二十五条　本章程如有不尽事宜或者由于公司情况变化,需要修改补充的,按第二十三条进行修改补充。

××市第×建筑工程公司(公章)

法定代表人:×××(签名)

××××年×月×日

【示例 10-8-2】

××市建筑业协会章程

(××年×月×日第一届一次会员代表大会通过)

第一章　总　　则

第一条　本社会团体名称为××市建筑业协会,英文名称为:(略),缩写为××IA(以下简称本会)。

第二条　本会是由××地区建筑勘测、设计、监理、施工、安装、建筑产品生产和建筑咨询服务类企业,及直接从事建筑科研、试验检测、教学的单位自愿结成的社会团体法人。

第三条　本会的宗旨是:遵守宪法、法律、法规和国家政策,遵守社会道德风尚。坚持为会员和行业服务,传达贯彻政府的政策法令,反映会员愿望,维护会员的合法权益,在政府和企业之间起桥梁和纽带作用。推动行业全面发展,促进城市建设。

第四条　本会接受社团登记管理机关××市民政局的监督管理和业务主管部门××市建委的业务指导和监督管理。

第五条　本会的活动区域为××省××市。

第六条　本会的住所在××省××市建设大厦(××市××大道××号)。

第二章　业务范围

第七条　本会的业务范围:

(一)宣传贯彻有关建筑业的法律、行政法规和规章,调查研究建筑业的发展方向和应对措施,为政府提供建设性意见,为企业提供指导,推动本市建筑业不断深化改革。

(二)维护本行业及其会员的合法权益,积极向政府部门反映企业的建议和意见,及时传达政府的有关方针和政策,沟通本行业的企业与政府之间的联系。

(三)加强行业管理,配合政府做好行业内企业技术等级考评,注册登记等工作。协助政府行政主管部门制定行业发展规划和行业政策;协调行业内部的竞争和企业之间的合作关系,制定行规、行约,依据行规、行约对违规行为进行处罚;约束业主的不规范行为,并监督执行。

(四)开展信息咨询服务。积极提供有关的技术、情报和市场信息,收集和发布勘察设计、招标投标、质量安全、设备材料、新技术、新工艺的有关信息。

(五)开展行业内的检查和评比活动。

(六)进行本行业新技术、新工艺、优质产品及技能的鉴定和表彰,并向各级政府部门推荐。

(七)积极开展各种技术、技能、业务培训活动,协助会员单位进行技术、管理人才的开发,不断提高企业的人员素质。

(八)促进交流,发展同相关组织的联系,开展经济、技术等方面的合作和交流。

(九)承办政府行政主管部门委托办理的有关事务。

第三章 会 员

第八条 本会的会员为本行业的经济组织。

第九条 申请加入本会的会员,必须具备下列条件:

(一)拥护本会的章程;

(二)有加入本会的意愿;

(三)在本行业领域具有一定的影响;

(四)应持有工商营业执照等相关证件。

第十条 会员入会的程序:

(一)提交入会申请书;

(二)经会长办公会讨论通过;

(三)发给会员证。

第十一条 会员享有下列权利:

(一)出席会员大会,参加协会活动、接受协会提供的服务;

(二)有选举权和被选举权,行使表决权;

(三)获得本会服务的优先权;

(四)对本会工作的提议案权、建议权、监督权;

(五)入会自愿、退会自由;

(六) 参与协会管理,请求协会帮助,会员的合法权益受到协会保护。

第十二条 会员履行下列义务:

(一)遵守本会章程;

(二)执行本会的决议;

(三)按规定交纳会费;

(四)维护本会及本行业的合法权益;

(五)完成本会交办的工作;

(六)向本会反映情况,提供有关资料。

第十三条　会员缴纳会费的标准：

(一)副会长单位每年缴纳会费×××元；

(二)常务理事单位每年缴纳会费×××元；

(三)理事单位每年缴纳会费×××元；

(四)其他会员单位,每年交缴会费×××元。

第十四条　会员退会应书面通知本行业协会,并交回会员证。会员一年不缴纳会费或不参加本行业协会活动的,视为自动退会。

第十五条　会员违反本行业协会《章程》和行规行约,致使行业集体形象受损的会员,经常务理事会表决通过,可采取警告、业内通报批评、媒体曝光等惩戒措施,情节特别严重经常务理事会表决通过予以除名。

第四章　组织机构和负责人的产生、罢免

第十六条　本会由会员组成会员大会。会员大会是本行业协会的最高权力机构,依照国家法律、法规和行业协会章程的规定行使职权。

第十七条　会员大会行使下列职权：

(一)决定协会在法律、法律规定范围内的业务范围和工作职能；

(二)选举或者罢免会长、副会长、秘书长、常务理事、理事；

(三)审议年度工作报告、年度财务预决算方案；

(四)审议对会员除名的提议；

(五)对协会变更、解散和清算等事项作出决议；

(六)改变或者撤销不适当的决定；

(七)制订或修改章程、组织机构的选举办法；

(八)决定终止事宜；

(九)决定其他重大事宜。

第十八条　会员大会每届4年。因特殊情况需要提前或延期换届的,须由常务理事会表决通过,报经社团登记管理机关批准同意。但延期换届最长不超过1年。会员大会每两年至少召开一次会议,常务理事会认为有必要或者五分之一以上的会员提议,可以召开临时会员大会。

第十九条　会员大会必须有全体会员的三分之二以上出席;其决议应当由全体会员的过半数通过。会员大会应当对所议事项的决定作会议纪要,并向会员公告。

第二十条　本会常务理事会。常务理事会为会员大会的常设机构,在会员大会闭会期间,依照会员大会的决议和协会章程的规定履行职责。

第二十一条　常务理事会的职权是：

(一)筹备和召集理事会、会员大会；

(二)执行理事会、会员大会的决议,并每年向理事会报告工作；

(三)决定协会具体的工作业务；

(四)制定协会的年度财务预算方案、决算、变更、解散和清算等事项的方案；

(五)制定协会增加或者减少注册资金的方案；

(六)决定协会各内部机构的设置,并领导协会内部各机构开展工作；

（七）决定对会员的处分，提议对会员的除名；

（八）闭会期间，经请示主管部门同意，聘任或者解聘副会长、秘书长，并报下次理事会通过。

决定协会分支机构主要负责人；根据秘书长提名，聘任或者解聘副秘书长和协会办事机构、代表机构主要负责人，决定其报酬事项；

（九）制定协会内部管理制度；

（十）协会章程规定的其他事项。

第二十二条　常务理事会每半年召开一次会议，特殊情况可采用通信形式召开。常务理事会须有过半数的常务理事出席方能召开，其决议须经全体常务理事过半数表决通过方能生效。常务理事会应当对决议形成会议纪要，并向全体常务理事公告。

常务理事会会议由会长召集和主持；会长因特殊原因不能履行职务时，由会长委托副会长或者秘书长召集和主持。三分之一以上常务理事可以提议召开常务理事会。

第二十三条　本会设立分支机构、代表机构的规则、程序；

（一）由本行业协会秘书处设立分支机构的具体方案；

（二）将具体方案提交会长办公会议讨论通过；

（三）将通过后的具体方案提交常务理事会审议批准；

（四）报社会团体登记管理机关审批。

第二十四条　本会的会长、副会长、秘书长必须具备下列条件：

（一）坚持党的路线、方针、政策，遵守国家法律、法规；

（二）在本行业领域内有较大影响；

（三）会长、副会长、秘书长最高任职年龄不得超过70周岁，秘书长为专职；

（四）身体健康，能坚持正常工作；

（五）未受到任何刑事处罚；

（六）具有完全民事行为能力。

第二十五条　本会的秘书长采取聘任制，秘书长和会长不能在同一企业中产生。会长不得兼任秘书长。

第二十六条　本会设会长1人，副会长若干人。会长为本行业协会的法定代表人，本行业协会的法定代表人不得兼任其他社会团体的法定代表人。

第二十七条　本会会长、副会长、选任制秘书长每届任期4年。

第二十八条　本会会长行使下列职权：

（一）召集和主持常务理事会、会长办公会议；

（二）检查会员大会、常务理事会、会长办公会决议的落实情况；

（三）代表本协会签署有关重要文件。

第二十九条　本会副会长、秘书长在会长领导下开展工作，对常务理事会负责，秘书长为专职，行使下列职权：

（一）主持办事机构开展日常工作，组织实施年度工作计划；

（二）组织制定、实施年度工作计划和预算、决定；

（三）协调各分支机构、代表机构、实体机构开展工作；

（四）提名副秘书长以及各办事机构、分支机构、代表机构和实体机构主要负责人，交常务理事会或会长办公会决定；

（五）提名办事机构、代表机构、实体机构专职工作人员的聘用，提请秘书处讨论新会员入会申请，报会长批准；

（六）处理其他日常事务。

第五章 资产管理、使用原则

第三十条 本会经费来源：

（一）会费；

（二）捐赠；

（三）政府资助；

（四）在核准的业务范围内开展活动或服务的收入；

（五）利息；

（六）其他合法收入。

第三十一条 本会经费必须用于本章程规定的业务范围和事业的发展，财产以及其他收入受法律保护，任何单位、个人不得侵占、私分和挪用。

第三十二条 协会会长、副会长、秘书长以及工作人员私分、侵占、挪用协会财产的，应当退还，并在会员大会上进行检讨；构成犯罪的，依法追究刑事责任。

第三十三条 本会执行国家统一的会计制度，依法进行会计核算、建立健全内部会计监督制度，保证会计资料合法、真实、准确、完整。

第三十四条 本会配备具有专业资格的会计人员。会计不得兼任出纳。会计人员必须进行会计核算，实行会计监督。会计人员调动工作或离职时，必须与接管人员办清交接手续。

第三十五条 本会的资产管理必须执行国家规定的财务管理制度，接受会员大会和财政部门的监督。资产来源属于国家拨款或者社会捐赠、资助的，必须接受审计机关的监督，并将有关情况以适当方式向社会公布。

第三十六条 本会进行年度报告、换届、变更法定代表人以及清算，必须接受登记管理机关组织的财务审计。

第三十七条 本会建立重大事项报告制度：本会召开大型学术报告会、研讨会、展览会，举办对外交流，与境外民间组织交往，开展业内评比、达标、表彰活动，接受境外及社会捐款等，在活动前向政府相关职能部门和登记管理机关报告并办理相关手续。

第三十八条 本会专职工作人员实行全员聘任制，面向社会公开招聘，并订立劳动合同。其工资和保险、福利待遇，参照国家对事业单位的有关规定执行。

第六章 章程的修改程序

第三十九条 对本会章程的修改，须常务理事会表决通过后报会员大会审议。

第四十条 本会修改的章程，须在会员大会通过后30日内，报登记管理机关核准后生效。

第七章 终止程序及终止后的财产处理

第四十一条 本会有以下情形之一，应当终止，并由常务理事会提出注销动议：

(一)不能完成章程规定的宗旨的;

(二)会员大会决议解散的;

(三)协会发生分立、合并的;

(四)无法按照章程规定的宗旨继续开展工作的。

第四十二条 本会终止动议须经会员大会表决通过,并报社团登记管理机关审查同意。

第四十三条 本会终止前,须在有关单位指导下成立清算组织,清理债权债务,处理善后事宜。清算期间,不开展清算以外的活动。协会应在清算结束之日起15日内到登记管理机关办理注销登记手续。

第四十四条 本会经社团登记管理机关办理注销登记手续后即为终止。

第四十五条 本会终止后的剩余财产,在有关管理机关的监督下,按照国家有关规定,用于发展与本协会宗旨相关的事业。

第八章 附 则

第四十六条 本章程自会员代表大会审议通过并报社团登记管理机关核准后生效。

第四十七条 本章程的解释权属本会的常务理事会。

附录一:国家行政机关公文处理办法

第一章 总 则

第一条 为使国家行政机关(以下简称行政机关)的公文处理工作规范化、制度化、科学化,制定本办法。

第二条 行政机关的公文(包括电报,下同),是行政机关在行政管理过程中形成的具有法定效力和规范体式的文书,是依法行政和进行公务活动的重要工具。

第三条 公文处理指公文的办理、管理、整理(立卷)、归档等一系列相互关联、衔接有序的工作。

第四条 公文处理应当坚持实事求是、精简、高效的原则,做到及时、准确、安全。

第五条 公文处理必须严格执行国家保密法律、法规和其他有关规定,确保国家秘密的安全。

第六条 各级行政机关的负责人应当高度重视公文处理工作,模范遵守本办法并加强对本机关公文处理工作的领导和检查。

第七条 各级行政机关的办公厅(室)是公文处理的管理机构,主管本机关的公文处理工作并指导下级机关的公文处理工作。

第八条 各级行政机关的办公厅(室)应当设立文秘部门或者配备专职人员负责公文处理工作。

第二章 公文种类

第九条 行政机关的公文种类主要有:

(一)命令(令)

适用于依照有关法律公布行政法规和规章;宣布施行重大强制性行政措施;嘉奖有关单位及人员。

(二)决定

适用于对重要事项或者重大行动做出安排,奖惩有关单位及人员,变更或者撤销下级机关不适当的决定事项。

(三)公告

适用于向国内外宣布重要事项或者法定事项。

(四)通告

适用于公布社会各有关方面应当遵守或者周知的事项。

(五)通知

适用于批转下级机关的公文,转发上级机关和不相隶属机关的公文,传达要求下级机关办理和需要有关单位周知或者执行的事项,任免人员。

(六)通报

适用于表彰先进,批评错误,传达重要精神或者情况。

(七)议案

适用于各级人民政府按照法律程序向同级人民代表大会或人民代表大会常务委员会提请审议事项。

(八)报告

适用于向上级机关汇报工作,反映情况,答复上级机关的询问。

(九)请示

适用于向上级机关请求指示、批准。

(十)批复

适用于答复下级机关的请示事项。

(十一)意见

适用于对重要问题提出见解和处理办法。

(十二)函

适用于不相隶属机关之间商洽工作,询问和答复问题,请求批准和答复审批事项。

(十三)会议纪要

适用于记载、传达会议情况和议定事项。

第三章　公文格式

第十条　公文一般由秘密等级和保密期限、紧急程度、发文机关标识、发文字号、签发人、标题、主送机关、正文、附件说明、成文日期、印章、附注、附件、主题词、抄送机关、印发机关和印发日期等部分组成。

(一)涉及国家秘密的公文应当标明密级和保密期限,其中,“绝密”、“机密”级公文还应当标明份数序号。

(二)紧急公文应当根据紧急程度分别标明“特急”、“急件”。其中电报应当分别标明“特提”、“特急”、“加急”、“平急”。

(三)发文机关标识应当使用发文机关全称或者规范化简称;联合行文,主办机关排列在前。

(四)发文字号应当包括机关代字、年份、序号。联合行文,只标明主办机关发文字号。

(五)上行文应当注明签发人、会签人姓名。其中,“请示”应当在附注处注明联系人的姓名和电话。

(六)公文标题应当准确简要地概括公文的主要内容并标明公文种类,一般应当标明发文机关。公文标题中除法规、规章名称加书名号外,一般不用标点符号。

(七)主送机关指公文的主要受理机关,应当使用全称或者规范化简称、统称。

(八)公文如有附件,应当注明附件顺序和名称。

(九)公文除“会议纪要”和以电报形式发出的以外,应当加盖印章。联合上报的公文,由主办机关加盖印章;联合下发的公文,发文机关都应当加盖印章。

(十)成文日期以负责人签发的日期为准,联合行文以最后签发机关负责人的签发日期为准。电报以发出日期为准。

(十一)公文如有附注(需要说明的其他事项),应当加括号标注。

(十二)公文应当标注主题词。上行文按照上级机关的要求标注主题词。

(十三)抄送机关指除主送机关外需要执行或知晓公文的其他机关,应当使用全称或者规范化简称、统称。

(十四)文字从左至右横写、横排。在民族自治地方,可以并用汉字和通用的少数民族文字(按其习惯书写、排版)。

第十一条 公文中各组成部分的标识规则,参照《国家行政机关公文格式》国家标准执行。

第十二条 公文用纸一般采用国际标准 A4 型(210mm×297mm),左侧装订。张贴的公文用纸大小,根据实际需要确定。

第四章 行文规则

第十三条 行文应当确有必要,注重效用。

第十四条 行文关系根据隶属关系和职权范围确定,一般不得越级请示和报告。

第十五条 政府各部门依据部门职权可以相互行文和向下一级政府的相关业务部门行文;除以函的形式商洽工作、询问和答复问题、审批事项外,一般不得向下一级政府正式行文。

部门内设机构除办公厅(室)外不得对外正式行文。

第十六条 同级政府、同级政府各部门、上级政府部门与下一级政府可以联合行文;政府与同级党委和军队机关可以联合行文;政府部门与相应的党组织和军队机关可以联合行文;政府部门与同级人民团体和具有行政职能的事业单位也可以联合行文。

第十七条 属于部门职权范围内的事务,应当由部门自行行文或联合行文。联合行文应当明确主办部门。须经政府审批的事项,经政府同意也可以由部门行文,文中应当注明经政府同意。

第十八条 属于主管部门职权范围内的具体问题,应当直接报送主管部门处理。

第十九条 部门之间对有关问题未经协商一致,不得各自向下行文。如擅自行文,上级机关应当责令纠正或撤销。

第二十条 向下级机关或者本系统的重要行文,应当同时抄送直接上级机关。

第二十一条 "请示"应当一文一事;一般只写一个主送机关,需要同时送其他机关的,应当用抄送形式,但不得抄送其下级机关。

"报告"不得夹带请示事项。

第二十二条 除上级机关负责人直接交办的事项外,不得以机关名义向上级机关负责人报送"请示"、"意见"和"报告"。

第二十三条 受双重领导的机关向上级机关行文,应当写明主送机关和抄送机关。上级机关向受双重领导的下级机关行文,必要时应当抄送其另一上级机关。

第五章 发文办理

第二十四条 发文办理指以本机关名义制发公文的过程,包括草拟、审核、签发、复核、缮印、用印、登记、分发等程序。

第二十五条 草拟公文应当做到:

(一)符合国家的法律、法规及其他有关规定。如提出新的政策、规定等,要切实可行并加以说明。

(二)情况确实,观点明确,表述准确,结构严谨,条理清楚,直述不曲,字词规范,标点正确,篇幅力求简短。

(三)公文的文种应当根据行文目的、发文机关的职权和与主送机关的行文关系确定。

(四)拟制紧急公文,应当体现紧急的原因,并根据实际需要确定紧急程度。

(五)人名、地名、数字、引文准确。引用公文应当先引标题,后引发文字号。引用外文应当注明中文含义。日期应当写明具体的年、月、日。

(六)结构层次序数,第一层为"一、",第二层为"(一)",第三层为"1.",第四层为"(1)"。

(七)应当使用国家法定计量单位。

(八)文内使用非规范化简称,应当先用全称并注明简称。使用国际组织外文名称或其缩写形式,应当在第一次出现时注明准确的中文译名。

(九)公文中的数字,除成文日期、部分结构层次序数和在词、词组、惯用语、缩略语、具有修辞色彩语句中作为词素的数字必须使用汉字外,应当使用阿拉伯数字。

第二十六条 拟制公文,对涉及其他部门职权范围内的事项,主办部门应当主动与有关部门协商,取得一致意见后方可行文;如有分歧,主办部门的主要负责人应当出面协调,仍不能取得一致时,主办部门可以列明各方理据,提出建设性意见,并与有关部门会签后报请上级机关协调或裁定。

第二十七条 公文送负责人签发前,应当由办公厅(室)进行审核。审核的重点是:是否确需行文,行文方式是否妥当,是否符合行文规则和拟制公文的有关要求,公文格式是否符合本办法的规定等。

第二十八条 以本机关名义制发的上行文,由主要负责人或者主持工作的负责人签发;以本机关名义制发的下行文或平行文,由主要负责人或者由主要负责人授权的其他负责人签发。

第二十九条 公文正式印制前,文秘部门应当进行复核,重点是:审批、签发手续是否完备,附件材料是否齐全,格式是否统一、规范等。

经复核需要对文稿进行实质性修改的,应按程序复审。

第六章 收文办理

第三十条 收文办理指对收到公文的办理过程,包括签收、登记、审核、拟办、批办、承办、催办等程序。

第三十一条 收到下级机关上报的需要办理的公文,文秘部门应当进行审核。审核的重点是:是否应由本机关办理;是否符合行文规则;内容是否符合国家法律、法规及其他有关规定;涉及其他部门或地区职权的事项是否已协商、会签;文种使用、公文格式是否规范。

第三十二条 经审核,对符合本办法规定的公文,文秘部门应当及时提出拟办意见送负责人批示或者交有关部门办理,需要两个以上部门办理的应当明确主办部门。紧急公文,应当明确办理时限。对不符合本办法规定的公文,经办公厅(室)负责人批准后,可以退回呈报单位并说明理由。

第三十三条 承办部门收到交办的公文后应当及时办理，不得延误、推诿。紧急公文应当按时限要求办理，确有困难的，应当及时予以说明。对不属于本单位职权范围或者不宜由本单位办理的，应当及时退回交办的文秘部门并说明理由。

第三十四条 收到上级机关下发或交办的公文，由文秘部门提出拟办意见，送负责人批示后办理。

第三十五条 公文办理中遇有涉及其他部门职权的事项，主办部门应当主动与有关部门协商；如有分歧，主办部门主要负责人要出面协调，如仍不能取得一致，可以报请上级机关协调或裁定。

第三十六条 审批公文时，对有具体请示事项的，主批人应当明确签署意见、姓名和审批日期，其他审批人圈阅视为同意；没有请示事项的，圈阅表示已阅知。

第三十七条 送负责人批示或者交有关部门办理的公文，文秘部门要负责催办，做到紧急公文跟踪催办，重要公文重点催办，一般公文定期催办。

第七章　公文归档

第三十八条 公文办理完毕后，应当根据《中华人民共和国档案法》和其他有关规定，及时整理（立卷）、归档。

个人不得保存应当归档的公文。

第三十九条 归档范围内的公文，应当根据其相互联系、特征和保存价值等整理（立卷），要保证归档公文的齐全、完整，能正确反映本机关的主要工作情况，便于保管和利用。

第四十条 联合办理的公文，原件由主办机关整理（立卷）、归档，其他机关保存复制件或其他形式的公文副本。

第四十一条 本机关负责人兼任其他机关职务，在履行所兼职务职责过程中形成的公文，由其兼职机关整理（立卷）、归档。

第四十二条 归档范围内的公文应当确定保管期限，按照有关规定定期向档案部门移交。

第四十三条 拟制、修改和签批公文，书写及所用纸张和字迹材料必须符合存档要求。

第八章　公文管理

第四十四条 公文由文秘部门或专职人员统一收发、审核、用印、归档和销毁。

第四十五条 文秘部门应当建立健全本机关公文处理的有关制度。

第四十六条 上级机关的公文，除绝密级和注明不准翻印的以外，下一级机关经负责人或者办公厅（室）主任批准，可以翻印。翻印时，应当注明翻印的机关、日期、份数和印发范围。

第四十七条 公开发布行政机关公文，必须经发文机关批准。经批准公开发布的公文，同发文机关正式印发的公文具有同等效力。

第四十八条 公文复印件作为正式公文使用时，应当加盖复印机关证明章。

第四十九条 公文被撤销，视作自始不产生效力；公文被废止，视作自废止之日起不产生效力。

第五十条 不具备归档和存查价值的公文,经过鉴别并经办公厅(室)负责人批准,可以销毁。

第五十一条 销毁秘密公文应当到指定场所由二人以上监销,保证不丢失、不漏销。其中,销毁绝密公文(含密码电报)应当进行登记。

第五十二条 机关合并时,全部公文应当随之合并管理。机关撤销时,需要归档的公文整理(立卷)后按有关规定移交档案部门。

工作人员调离工作岗位时,应当将本人暂存、借用的公文按照有关规定移交、清退。

第五十三条 密码电报的使用和管理,按照有关规定执行。

第九章 附 则

第五十四条 行政法规、规章方面的公文,依照有关规定处理。外事方面的公文,按照外交部的有关规定处理。

第五十五条 公文处理中涉及电子文件的有关规定另行制定。统一规定发布之前,各级行政机关可以制定本机关或者本地区、本系统的试行规定。

第五十六条 各级行政机关的办公厅(室)对上级机关和本机关下发公文的贯彻落实情况应当进行督促检查并建立督查制度。有关规定另行制定。

第五十七条 本办法自2001年1月1日起施行。1993年11月21日国务院办公厅发布,1994年1月1日起施行的《国家行政机关公文处理办法》同时废止。

附录二:文书写作专门用语

人们在长期的文书写作实践中,适当吸纳、锤炼某些传统与现代语汇,积累、形成了一套文书专门用语。使用这些词语,可使行文简洁典雅庄重,成为应用文语体的一种标志。此处所说的“专门”,并非不能用于他处,而是说文书一旦为行文所需,则必用这些词语。

常见文书专门用语如下:

1. 开头用语:表示目的、依据、原因、行文时空环境等。

表目的:为了　为

表依据:根据　遵照　按照

表原因:由于　因为

表时空环境:目前　当前　兹　兹有　收悉　敬悉　惊悉

2. 结尾用语:表示敬意谢意,以及规范化结语等。

表敬意谢意:敬礼　致以谢意　谨致谢忱　……为盼　……是荷　……为荷

规范化结语:此令　此布　此复　特此报告　特予公布　此致　谨此　当否,请批复　妥否,请批复　如无不妥,请批准

3. 全文用语:下列词可用于主体中,亦见于开头或结尾。

(1)人称用语:

第一人称:本、我。后面加单位简称,如本厅、我局、本厂等。

第二人称:贵、你。“贵”,表示尊敬与礼貌,用于平行公文,如贵厂、贵校。“你”,用于下行文。

第三人称:该。兼用于单位和人。如该厂,该同志。

(2)追叙用语:用来引出被追叙的事实:

前经　业经　复经　即经　迭经

(3)承转用语:承上启下用的关联、过渡性词语:

据此　为此　故此　鉴此　综上所述　总而言之　总之

(4)祈请用语:用于向受文者表示请求与希望(其中有的多用于结尾):

请　敬请　烦请　恳请　希　即希　敬希　希望　望　要求

(5)受事用语:用于向对方表示感激、感谢:

蒙　承蒙

(6)命令用语:表示命令或告诫,用于下行公文,引起受文者注意。

表命令:责成　着　着即　令　特命　令其

表告诫:毋违　切切　切实执行,不得有误　严格办理　遵照办理　迅即办理　参照执行　遵照执行

(7)表态用语:又称回复用语。用于针对下级的请示、问函,表示明确意见:

同意　不同意　可行　不可行　准予备案　特此批准

附录三:文书写作常用词汇

A

按期:按照规定的日期。如“按期完成任务”。

按照:根据、依照。如“按照上级党委的要求认真执行”。

案卷:分类保存以备查考的文件。如“逐一披览案卷”。

B

颁布:郑重发布;颁:下发。一般用于发布法令、条例等重要的法规性文件。如“颁布法令”。

报经:报告上级并经过上级同意或批准。如“已报经国务院批准”。

报请:向上级机关或有关部门报告请求解决。如“已报请财政局批准”。

备案:向主管机关报告事项,以备查考。如“此报告已送总公司备案”。

比照:按照已有的规定、方法、标准、要求办理。如“请比照×××文件中有关规定办理”。

拨冗:客套话,指推开繁忙的事务,抽出时间。如“务请拨冗光临为盼”。

不贷:不予宽恕。贷:饶恕。如“严惩不贷”。

不法:违反法律。如“不法分子”、“不法行为”。

不日:不久。如“不日送达”。

不宜:不适宜。如“不宜发放”、“不宜举行”。

不予:不给予。如“不予办理”。

不虞:意料不到。如“以备不虞”、“不虞之誉”。

布达:陈述告知给对方。布:陈述。常用于书信结束语中,如“专此布达”。

C

参照:参考、仿照。如“请参照办理”。

裁并:裁减合并。如“裁并机构”。

裁处:考虑决定并加以处理。如“对这一问题,请尽快裁处为宜”。

裁夺:考虑决定。如“请予裁夺”。

查办:检查处理。如“查办要案”。

查复:了解后答复。如“请速查复”。

查询:查问、了解。如“现将查询结果报告如下”、“请查询”。

查照:请对方注意文件内容,并按文件内容办事。如“即希查照”、“希查照办理”。

呈报:向上级送文。如“特此呈报,请查收”。

呈请:向上级或有关部门送文并请求同意批准。如“呈请批准,不胜感激”。

筹措:设法弄到经费。如“筹措基建资金”。

筹商:筹划商议。如“筹商对策”。

D

鼎力:大力,表示敬辞。如“还望鼎力相助为盼”。

定夺:对事情是否可行做决定。如“此计划是否可行,请尽早予以定夺”。

定金:合同当事人一方为了证明合同成立和担保履行而预付给对方的一定数量的金额。其不同于预付款,预付款不起担保作用。

动议:会议中临时提出的建议。如“第一小组提出的动议,值得关注”。

E

额定:规定的数目。如“额定人数 100 人”。

讹传:错误的传说。如“这种讹传,不可听信”。

F

奉告:告知,表示敬辞。如“无可奉告”。多用于外交辞令。

奉命:接受这个命令或决定。如“奉命执行”。

奉劝:劝告,表示敬辞。如“奉劝这些人,不要一意孤行”。

G

挂失:遗失票据或证件时,到原发的机关去登记,声明作废。如“支票挂失”、“护照挂失”。

关联方:在企业财务和经营决策中,如一方有能力直接或间接控制、共同控制另一方或对另一方施加重大影响,或者两方或多方同受一方控制,则将其视为关联方。如“关联方关系及其交易的披露”。

国是:国家大计。如“共商国是”。

过甚:过分、夸大。如“言之过甚”。

H

函达:写信告知。如“专此函达”。

核示:审核批示。如“上述意见,请核示”。

会商:相聚商议。如“会商大计”。

会晤:会面。如“会晤来访客人”。

惠鉴:劳驾审阅,如“××先生惠鉴”。常用于信函称呼中。

惠示:劳驾给我看或让我知道,如“如蒙惠示该文件,则不胜感激”。

惠予:请求给予。如“希惠予配合”。

惠纳:承你照顾给予接受。如“承蒙惠纳,实为荣幸”。

J

稽迟:拖延不及时。如“稽迟答复,请见谅”。

鉴于:考虑到。如“鉴于王同志一贯表现突出,本公司给予其奖励一千元”。

鉴宥:请求体察原谅。如“客户苦衷,尚祈鉴宥”。

接洽:与人商量有关事宜。如“关于供货事,请与××接洽”。

届时:到时候。如“请届时参加”。

径向:直接向。如“有关情况,请径向监察室反映”。

径与:直接与。如“此事请径与财务处联系”。

K

开标:打开标单。如“招标人在所有投标人面前当众开标”。

开市:店家在歇业后又开始营业,也指商家每天第一次成交。如“今天一开市,就做了笔大买卖”。

款待:亲切优厚地招待。如“盛情款待远方来客”。

款洽:亲切融洽。如“双方交谈,十分款洽”。

款式:格式、样式。如“家具款式新颖独特”。

蓝图:建设计划。如“国家建设的蓝图”。

烂账:混乱无法弄清的账目,又指久拖难以收回的账。如“有些企业,因管理不善,烂账较多”。

劳神:耗费精神,有时用作麻烦他人的客套话。如“劳神代为照顾”。

礼遇:尊敬有礼的待遇。如“受到隆重的礼遇”。

M

绵力:微薄的力量。如“愿尽绵力”。

面洽:当面接洽。如“请于明日来本公司面洽”。

N

拟定:起草制定。如“拟定规章制度”。

拟于:打算在。如“拟于下月开工”。

年限:规定的或作为一般标准的年数。如“使用年限”、“工作年限”。

P

偏颇:偏于一方面,不公平。如“其说法有失偏颇”。

票据:载明一定的金额,在一定日期执票人可向发票人或指定付款人支取款项的凭证,其种类有汇票、本票和支票等。如“可转让票据”。

评断:评论判断。如“作出是非评断”。

凭单:取财物或作为凭证的单据。如“保管好三年内的财务凭单”。

破费:花费金钱或时间。如“这次出行,破费不少”。

Q

起讫:开始和终结。如“起讫日期”。

契据:契约、借据、收据等总称。

签发:经主管人审核同意后,签名正式发出文件、证件等。如“签发护照”。

签署:在重要文件上正式签字。如“该合同经双方法人代表签署后生效”。

顷奉:刚接到。多用于下级对上级。如“顷奉上级指示”。

顷接:刚接到。如“顷接来函”。

顷闻:刚听到。如“顷闻贵店开张,特来祝贺”。

R

热衷(中):急切想得到,或十分爱好某事。如“热衷名利”、“热衷于教育”。

日前:几天前。如“日前收到来款”、“日前办妥”。

融洽:彼此感情好,没有抵触。如“关系融洽”。

如实:按照实际情况。如“如实汇报”。

S

商计:商量。如“共同商计”。

商洽:商谈接洽。如“请于×日来我行商洽投资事宜”。

商榷:商讨。如“该提法还有待商榷”。

赏识:认识到别人的才能或某些物品的价值而予以重视和赞赏。如“他深得总裁的赏识”。

尚望:还希望。如“尚望给予协助”。

恕不:请对方原谅不能做某事。如“恕不招待”、“恕难办理”。

T

特此:公文、书信用语,表示为某事在这里通知、奉告等。如“特此通知”、“特此函告”。

特例:特殊的事例。如“作为特例,予以照顾”。

提成:从钱财的总数中按一定的比例提取。如“按利润总额的15%提成给科技人员”。

提要:指全文或全书的要点。如“全文提要”、“报告提要”。

W

为荷:表示感谢。荷:承受别人的恩惠。如“请给予接洽为荷”。

为妥:表示“妥当”的意思。如“请给予照顾为妥”。

为要:表示“必要”的意思。如“须严加管理为要”。

违误:违反命令,耽误公事。如“迅速办理,不得违误”。

维系:维持和联系,不脱离。如“事关大局,维系民心,务必重视”。

委过:将错误、过失推给别人。如“委过于人”、“一味委过”。

委实:实在。如“委实不容易”。

务期:一定要。如“务期有成”、“务期落实”。

务求:一定要求达到。如“务求完成所订指标”。

X

先例:已有的事例。如“有先例可援”、“尚无先例可援”。

先期:在某一日期以前。如“他们已先期抵达”。

鲜见:不常看到,很少见。如“该货物,市场上已鲜见了”。

向背:拥护和反对。如“人心向背”。

销账:从账上勾销。如“款已结清,可销账”。

Y

已悉:已经知道。如“来文已悉”。

业经:已经经过。如“业经批准,不日施行”。

应承:答应。如"我已应承,决不反悔"。

应时:适合当时的。如"应时货品"。

应允:应许。如"应允批准"。

予以:给以。如"予以便利"、"予以表扬"。

预期:预先期待。如"达到预期目的"。

原宥:原谅。如"请求原宥"、"概不原宥"。

Z

展缓:推迟日期,放宽时限。如"展缓交货"、"展缓演出"。

招股:股份公司经有关部门批准,在证券市场上募集资金。如"招股说明书"。

置信:相信。如"难以置信"。

制裁:按政策依法处罚不法行为的人。如"其受到了应有的法律制裁"。

置疑:怀疑。如"不容置疑"。

兹因:现在因为。如"兹因资金调动困难,歉难办妥此事"。

兹有:现在有。如"兹有我处××同志前往贵处联系有关事宜,请接洽"。

卓识:高明而超出一般的见解。如"具有远见卓识"。

附录四:文书写作常用主题词

01. 综合经济

01A　计划

规划　统计　指标　分配　统配　调拨

01B　经济管理

经济　管理　调整　调控　控制　结构　制度　所有制　股份制　责任制　流通　产业　行业　改革　改造　竞争　兼并　开放　开发　协作　资源　土地　资产　资料　产权　物价　价格　投资　招标　经营　生产　转产　项目　产品　质量　承包　租赁　合同　包干　国有　国营　私营　集体　个体　企业　公司　集团　合作社　普查　工商　商标　注册　广告　监督　增产　效益　节约　浪费　破产　亏损　特区　开发区　保税区　展销　展览　商品化　横向联系　第三产业　生产资料

02. 工交、能源、邮电

02A　工业

冶金　钢铁　地矿　机械　汽车　电子　电器　仪器　仪表　化工　航天　航空　核工　船舶　兵器　军工　轻工　有色金属　盐业　食品　印刷　包装　手工业　纺织　服装　丝绸　设备　原料　材料　加工

02B　交通

铁路　公路　桥梁　民航　机场　航线　航道　空中管制　飞机　港口　码头　口岸　车站　车辆　运输　旅客

02C　能源

石油　煤炭　电力　燃料　天然气　煤气　沼气

02D　邮电

通信　电信　邮政　网络　数据　民品　厂矿　空运　三线　通讯　水运　运费

03. 旅游、城乡建设、环保

03A　旅游

03B　服务业

饮食业　宾馆

03C　城乡建设

城市　乡镇　基建　建设　建筑　建材　勘察　测绘　设计　市政　公用事业　监理　环卫　征地　工程　房地产　房屋　住宅　装修　设施　出让　转让　风景名胜　园林　岛屿

03D　环保

保护区　植物　动物　污染　生态　生物　风景　饭店　城乡　国土　沿海

04.农业、林业、水利、气象

04A 农业

农村 农民 农民负担 农场 农垦 粮食 棉花 油料 生猪 蔬菜 糖料 烟草 水产 渔业 水果 经济作物 农副产品 副业 畜牧业 乡镇企业 农膜 种子 化肥 农药 饲料 灾害 以工代赈 扶贫

04B 林业

绿化 木材 森林 草原 防沙治沙

04C 水利

河流 湖泊 滩涂 水库 水域 流域 水土保持 节水 防汛 抗旱 三峡

04D 气象

气候 预报 预测 烟酒 土特产 有机肥 多种经营 牧业

05.财政、金融

05A 财政

预算 决算 核算 收支 财务 会计 税务 税率 审计 债务 积累 经费 集资 收费 资金 基金 租金 拨款 利润 补贴 折旧费 附加费 固定资产

05B 金融

银行 货币 黄金 白银 存款 贷款 信贷 贴现 通货膨胀 交易 期货 利率 利息 贴息 外汇 外币 汇率 债券 证券 股票 彩票 信托 保险 赔偿 信用社 现金 留成 流动资金 储蓄 费用 侨汇 折旧率

06.贸易

06A 商业

商品 物资 收购 定购 购置 市场 集贸 酒类 副食品 日用品 销售 消费 批发 供应 零售 拍卖 专卖 订货 营业 仓库 储备 储运 货物

06B 外贸

对外援助 军贸 进口 出口 引进 海关 缉私 仲裁 商检 外商 外资 合资 合作 关贸 许可证 驻外企业 贸易 倒卖 外向型 议购 议售 垄断 经贸 贩运 票证 外经 交易会

07.外事

07A 外交

对外政策 对外关系 领土 领空 领海 外交人员 建交 公约 大使 领事 条约 协定 协议 议定书 备忘录 照会 国际 涉外事务 抗议

07B 外事

国际会议 国际组织 对外宣传 出访 出国 出入境 签证 护照 邀请 来访 谈判 会谈 会见 接见 招待会 宴会 外国人 外宾 对外友协 外国专家 涉外

08.公安、司法、监察

08A 公安

警察 武警 警衔 治安 非法组织 安全 保卫 禁毒 消防 防火 检

查　扫黄　案件　处罚　户口　证件　事件　危险品　游行　海防　边防　边界　边境

08B　司法

政法　法制　法律　法院　律师　检察　程序　公证　劳改　劳教　监狱

08C　监察

廉政建设　审查　纪检　执法　行贿　受贿　贪污　处分　侦破

09. 民政、劳动人事

09A　民政

基层政权　选举　行政区划　地名　人口　双拥工作　社会保障　社团　救灾　救济　募捐　婚姻　移民　抚恤　慰问　调解　老龄问题　烈士　纠纷　残疾人　墓地　殡葬　社区服务

09B　机构

驻外机构　体制　职能　编制　精简　更名

09C　人事

行政人员　干部　公务员　考核　录用　职工　家属　子女　知识分子　专家　参事　院士　文史馆员　履历　聘任　任免　辞退　退职　职称　待遇　离休　退休　交流　安置　调配　模范　表彰　奖励

09D　劳动

就业　失业　招聘　合同制　工人　保护　劳务　第二职业　事故

09E　工资

津贴　奖金　福利　收入　老年　简历　劳资　人才　招工　待业　补助　拥军优属　丧葬　奖惩

10. 科、教、文、卫、体

10A　科技

科学　技术　科普　科研　鉴定　标准　计量　专利　发明　实验　情报　计算机　自动化　信息　卫星　地震　海洋

10B　教育

学校　教师　招生　学生　培训　毕业　学位　留学　教材　校办企业

10C　文化

文字　文史　文学　语言　艺术　古籍　图书　宣传　广播　电视　电影　出版　版权　报刊　新闻　音像　文物　古迹　纪念物　电子出版物

10D　卫生

医院　中医　医疗　医药　药材　防疫　疾病　计划生育　妇幼保健　检验　检疫

10E　体育

运动员　教练员　运动会　比赛　馆所　院校　校舍　地方志　软科学　社科

11. 国防

11A　军事

军队　国防　空军　海军　征兵　服役　转业　民兵　预备役　军衔　复员　文职　后勤　装备　战备　作战　训练　防空　军需　武器　弹药　人武　退伍

12.秘书、行政

12A　文秘工作

机关　国旗　国徽　机要　印章　信访　督查　保密　公文　档案　会议　文件　秘书　电报　提案　议案　谈话　讲话　总结　批示　汇报　建议　意见　文章　题词　章程　条例　办法　细则　规定　方案　布告　决议　命令　决定　指示　公告　通告　通知　通报　报告　请示　批复　函　会议纪要

12B　行政事务

行政　工作制度　纪念活动　庆典活动　休假　节假日　着装　参观　接待　措施　调查　视察　考察　礼品　馈赠　服务　出席　发言　转发　名单　批准　审批　信函　事务　活动　纪要　督察

13.综合党团

13A　党派团体

共产党　民主党派　共青团　团体　工会　协会　学会　民间组织　文联　学联　妇女　儿童　基金会

13B　统战

政协　民主人士　爱国人士

13C　民族

民族区域自治　民族事务

13D　宗教

寺庙

13E　侨务

外籍华人　归侨　侨乡

13F　港澳台

香港问题　澳门问题　台湾问题

13G　综合

整顿　形势　社会　精神文明　法人　发展　其他　试点　推广　青年　政治　范围　党派　组织　领导　方针　政策　党风　事业　咨询中心

附录五:文书写作标点符号及用法

〔中华人民共和国国家标准(GB/T15834－1995)〕

1　范围

本标准规定了标点符号的名称、形式和用法。本标准对汉语书写规范有重要的辅助作用。

本标准适用于汉语书面语。外语界和科技界也参考使用。

2　定义

本标准采用下列定义。

句子　sentence　前后都有停顿,并带有一定的句调,表示相对完整意义的语言单位。

陈述句(declarative sentence)用来说明事实的句子

祈使句(imperative sentence)用来要求听话人做某件事情的句子。

疑问句(interrogative sentence)用来提出问题的句子。

感叹句(exclamotory sentence)用来抒发某种强烈感情的句子。

复句、分句(complex sentence ,clause)意思上有密切联系的小句子组织在一起构成一个大句子。这样的大句子叫复句,复句中的每个小句子叫分句。

词语　expression

词和短语(词组)。词,即最小的能独立运用的语言单位。短语,即由两个或两个以上的词按一定的语法规则组成的表达一定意义的语言单位,也叫词组。

3　基本规则

3.1　标点符号是辅助文字记录语言的符号,是书面语的有机组成部分,用来表示停顿、语气以及词语的性质和作用。

3.2　常用的标点符号有 10 种,分点号和标点两大类。

点号的作用在于点断,主要表示说话时的停顿和语气。点号又分为句末点号和句内点号。句末点号用在句末,有句号、问号、叹号 3 种,表示句末的停顿,同时表示句子的语气。句内点号用在句内,有逗号、顿号、分号、冒号 4 种,表示句内的各种不同性质的停顿。

标点的作用在于标明,主要标明语句的性质和作用。常用的标点有 9 种,即:引号、括号、破折号、省略号、着重号、连接号、间隔号、书名号和专名号。

4　用法说明

4.1　句号

4.1.1　句号的形式为“。”,句号还有一种形式,即一个小圆点“.”,一般在科技文献中使用。

4.1.2　陈述句末尾的停顿,用句号。例如:

a)北京是中华人民共和国的首都。

b)虚心使人进步,骄傲使人落后。

c)亚洲地域广阔,跨寒、温、热三带,又因各地地形和距离海洋远近不同,气候复杂多样。

4.1.3 语气舒缓的祈使句末尾,也用句号。例如:

请您稍等一下。

4.2 问号

4.2.1 问号的形式为“?”。

4.2.2 疑问句末尾的停顿,用问句。例如:

a)你见过金丝猴吗?

b)他叫什么名字?

c)去好呢,还是不去好?

4.2.3 反问句的末尾,也用问号。例如:

a)难道你还不了解我吗?

b)你怎么能这么说呢?

4.3 叹号

4.3.1 叹号的形式为“!”。

4.3.2 感叹句末尾的停顿,用叹号。例如:

a)为祖国的繁荣昌盛而奋斗!

b)我多么想看看他老人家呀!

4.3.3 语气强烈的祈使句末尾,也用叹号。例如:

a)你给我出去!

b)停止射击!

4.3.4 语气强烈的反问句末尾,也用叹号。例如:

我哪里比得上他呀!

4.4 逗号

4.4.1 逗号的形式为“,”。

4.4.2 句子内部主语与谓语之间如需停顿,用逗号。例如:

我们看得见的星星,绝大多数是恒星。

4.4.3 句子内部动词与宾语之间如需停顿,用逗号。例如:

应该看到,科学需要一个人贡献出毕生的精力。

4.4.4 句子内部状语后边如需停顿,用逗号。例如:

对于这个城市,他并不陌生。

4.4.5 复句内各分句之间的停顿,除了有时要用分号外,都要用逗号。例如:

据说苏州园林有一百多处,我到过的不过十多处。

4.5 顿号

4.5.1 顿号的形式为“、”。

4.5.2 句子内部并列词语之间的停顿,用顿号。例如:

a）亚马逊河、尼罗河、密西西比河和长江是世界四大河流。

b）正方形是四边相等、四角均为直角的四边形。

4.6 分号

4.6.1 分号的形式为“;”。

4.6.2 复句内部并列分句之间的停顿，用分号。例如：

a）语言，人们用来抒情达意；文字，人们用来记言记事。

b）在长江上游，瞿塘峡像一道闸门，峡口险阻；巫峡像一条迂回曲折的画廊，每一曲，每一折，都像一幅绝好的风景画，神奇而秀美；西陵峡水势险恶，处处是急流，处处是险滩。

4.6.3 非并列关系（如转折关系、因果关系等）的多重复句，第一层的前后两部分之间，也用分号。例如：

我国年满十八周岁的公民，不分民族、种族、性别、职业、家庭出身、宗教信仰、教育程度、财产状况、居住期限、都有选举权和被选举权；但是依照法律被剥夺政治权利的人除外。

4.6.4 分行列举的各项之间，也可用分号。例如：

中华人民共和国的行政区域划分如下：

（一）全国分为省、自治区、直辖市；

（二）省、自治区分为自治州、县、自治县、市；

（三）县、自治县为乡、民族乡、镇。

4.7 冒号

4.7.1 冒号的形式为“:”。

4.7.2 用在称呼语后边，表示提起下文。例如：

同志们，朋友们：现在开会了。

4.7.3 用在“说、想、是、证明、宣布、指出、透露、例如、如下”等词语后边，表示提起下文。例如：

他十分惊讶地说：“啊，原来是你！”

4.7.4 用在总说性话语的后边，表示引起下文的分说。例如：

北京紫禁城有四座城门：午门、神武门、东华门和西华门。

4.7.5 用在需要解释的词语后边，表示引出解释或说明。例如：

外文图书展销会

日期：10 月 20 日至 11 月 10 日

时间：上午 8 时至下午 4 时

4.7.6 总括性话语的前边，也可以用冒号，以总结上文。例如：

张华考上了北京大学，在化学系学习；李萍进了中等技术学校，读机械制造专业；我在百货公司当售货员：我们都有光明的前途途。

4.8 引号

4.8.1 引号的形式为双引号““ ””和单引号“‘ ’”。

4.8.2 行文中直接引用的话，用引号标示。例如：

爱因斯坦说:“想象力比知识重要,因为知识是有限的,想象力概况着世界上的一切,推动着进步,并且是知识进化的源泉。”

4.8.3　需要着重论述的对象,用引号标示。例如:

古人对于写文章有个基本要求,叫做“有物有序”。“有物”就是要有内容,“有序”就是要有条理。

4.8.4　具有特殊含意的词语,也用引号标示。例如:

从山脚向上望,只见火把排成许多“之”字形,一直连到天上,跟星光接起来,分不出是火把还是星星。

4.8.5　引号里面还要用引号时,外面一层用双引号,里面一层用单引号。例如:

他站起来问:“老师,‘有条不紊’的‘紊’是什么意思?”

4.9　括号

4.9.1　括号常用的形式是圆括号“( )”。此外还有方括号“[ ]”、六角括号“〔 〕”和方头括号“【 】”

4.9.2　行文中注释性的文字,用括号标明。注释句子里某种词语的,括注紧贴在被注释词语之后;注释整个句子的,括注放在句末标点之后。例如:

中国猿人(全名为“中国猿人北京种”,或简称“北京人”)在我国的发现,是对古人类学的一个重大贡献。

4.10　破折号

4.10.1　破折号的形式为“——”。

4.10.2　行文中解释说明的语句,用破折号标明。例如:

迈进金黄色的大门,穿过宽阔的风门厅和衣帽厅,就到了大会堂建筑的枢纽部分——中央大厅。

4.10.3　话题突然转变,用破折号标明。例如:

“今天好热啊!——你什么时候去上海?”张强对刚刚进门的小王说。

4.10.4　声音延长,象声词后用破折号。例如:

“呜——”火车开动了。

4.10.5　事项列举分承,各项之前用破折号。例如:

根据研究对象的不同,环境物理学分为以下五个分支学科:——环境声学;——环境光学;——环境热学;——环境电磁学;——环境空气动力学;

4.11　省略号

4.11.1　省略号的形式为“……”,六个小圆点,占两个字的位置。如果是整段文章或诗行的省略,可以使用十二个小圆点来表示

4.11.2　引文的省略,用省略号标明。例如:

她轻轻地哼起《摇篮曲》:“月儿明,风儿静,树叶儿遮窗棂啊……”

4.11.3　列举的省略,用省略号标明。例如:

在广州的花市上,牡丹、吊钟、水仙、梅花、菊花、山茶、墨兰……春秋冬三季的鲜花都挤到一起啦!

4.11.4　说话断断续续,可以用省略号标示。例如:

"我……对不起……大家，我……没有……完成……任务。"

4.12　着重号

4.12.1　着重号的形式为"．"。

4.12.2　要求读者特别注意的字、词、句，用着重号标明。例如：

事业是干出来的，不是吹出来的。

4.13　连接号

4.13.1　连接号的形式为"一"，占一个字的位置。连接号还有另外三种形式，即长横"——"（占两个字的长度）、半字线"-"（占半个字的长度）和浪纹"～"（占一个字的长度）。

4.13.2　两个相关的名词构成一个意义单位，中间用连接号。例如：

我国秦岭—淮河以北地区属于温带季风气候区，夏季高温多雨，冬季寒冷干燥。

4.13.3　相关的时间、地点或数目之间连接号，表示起止。例如：

鲁迅（1881－1936）中国现代伟大的文学家、思想家和革命家。原名周树人，字豫才，浙江绍兴人。

4.13.4　相关的字母、阿拉伯数字等之间，用连接号，表示产品型号。例如：

在太平洋地区，除了已建成投入使用的 HAW－4 和 TPC－3 海底光缆之外，又有 TPC－4 海底光缆投入运营。

4.13.5　几个相关的项目表示递进式发展，中间用连接号。例如：

人类的发展可以分为古猿 － 猿人 － 古人 － 新人这四个阶段。

4.14　间隔号

4.14.1　间隔号的形式为"·"。

4.14.2　外国人和某些少数民族人名内各部分的分界，用间隔号标示。例如：

列奥纳多·达·芬奇

4.14.3　书名与篇（章、卷）名之间的分界，用间隔号标示。例如：

《中国大百科全书·物理学》

4.15　书名号

4.15.1　书名号的形式为双书名号"《　》"和单书名号"〈　〉"。

4.15.2　书名、篇名、报纸名、刊物名等，用书名号标示。例如：

《红楼梦》的作者是曹雪芹。

4.15.3　书名号里边还要用书名号时，外一层用双书名号，里一层用单书名号。例如：

《〈中国工人〉发刊词》发表于 1940 年 2 月 7 日。

4.16　专名号

4.16.1　专名号的形式为"＿＿＿＿"。

4.16.2　人名、地名、朝代名等专名下面，用专名号标示。例如：

司马相如者，汉蜀郡成都人也，字长卿。

4.16.3　专名号只用在古籍或某些文史著作里面。为了跟专名号配合，这类著作里的书名号可以用浪线"～～"。例如：

屈原放逐,乃赋离骚,左丘失明,厥有国语。

5　标点符号的位置

5.1　句号、问号、叹号、逗号、顿号、分号和冒号一般占一个字的位置,居左偏下,不出现在一行之首。

5.2　引号、括号、书名号的前一半不出现在一行之末,后一半不出现在一行之首。

5.3　破折号和省略号都占两个字的位置,中间不能断开。连接号和间隔号一般占一个字的位置。这四种符号上下居中。

5.4　着重号、专名号和浪线式书名号标在字的下边,可以随字移行。

6　直行文稿和横行文稿使用标点符号的不同

6.1　句号、问号、叹号、逗号、顿号、分号和冒号放在字下偏右。

6.2　破折号、省略号、连接号和间隔号放在字下居中。

6.3　引号改用双引号『』和单引号「」。

6.4　着重号标在字的右侧,专名号和浪线式书名号标在字的左侧。

附录六:文书写作校对符号及用法

（中华人民共和国专业标准）

编号	符号形态	符号作用	符号在文中和页边用法示例	说　明
1		改正	增高出版物质量　提	改正的字符较多，圈起来有困难时，可用线在页边画清改过的范围；必须更换的损、坏、污字也用改正符号画出
2		删除	提高出版物物质质量	
3	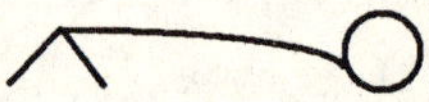	增补	必须搞好校工作　对	增补的字符较多，圈起来有困难时，可用线在页边画清增补的范围
4		换污损字	坏字和模糊字要调换	
5	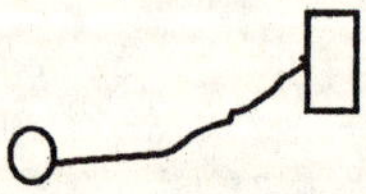	改正上下角	2 16=42 H2SO4　4 尼古拉费帝 0.25+0.25=0 5	
6		转正	你的做法真不对	
7		对调	认真经验总结	用于相邻的字词，用于隔开的字词
8	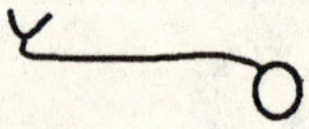	转移	校对工作，提高出版物 质量要重视	
9		接排	要重视校对工作 提高出版物质量	
10		另起段	完成了任务. 明年……	

编号	符号形态	符号作用	符号在文中和页边用法示例	说明
11	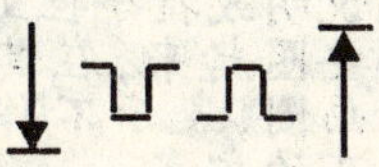	上下移	序号 名称 数量 01 +++ 5	字符上移到缺口左右水平线处，字符下移到箭头所指的短线处
12	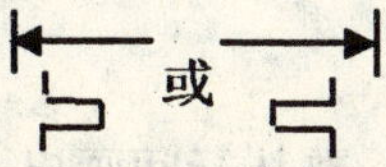	左右移	要重视校对工作，提高出版物 质 量	字符左移到箭头所指的短线处，字符左移到缺口上下垂直线处
13		排齐	必须提高印刷 质量，缩短印刷 周期	
14	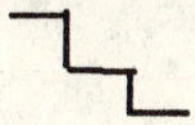	排阶梯型	RH_2	符号横线表示水平位置，竖线表示垂直位置，箭头表示上方
15		正图	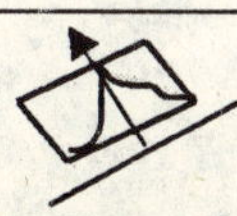	
16		加大空距	一 校对程序 校对胶印读物，影印 书刊的注意事项	表示适当加大空距
17		减小空距	一 校对程 序 校对胶印读物，影印 书刊的注意事项	表示适当减少空距，横式文字画在字头和行头之间
18	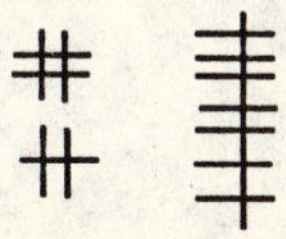	空 1 字距 空 1/2 字距 空 1/3 字距 空 1/4 字距	第一章 校对职责和方法	多个空距相同的，可用引线连出，只标一个符号
19		分开	Goodmorning	用于外文
20	△	保留	认真搞好校对工作	除在原删除的字符下画“△”外，并在原删除符号上画两竖线
21	○=	代替	机器由许多另件组成，有的另件是铸出来的，有的另件是锻出来的，有的另件是... ○= 零	同页内，要改正许多相同的字符，用此代号，要在页边注明：○ = 零

编号	符号形态	符号作用	符号在文中和页边用法示例	说　明
22	○○○	说明	第一章 校对的职责 改黑体 ○○○	说明或指令性文字不要圈起来，在其字下画圈，表示不作为改正的文字

使用要求：

1. 校样中的校对引线不可交叉。初、二、三校样中的校对引线，要从行间画出。

2. 校样上改正的字符要书写清楚。校改外文，要用印刷体。

3. 校对校样，应根据校次分别采用红、纯蓝、绿三种不同色笔（墨水笔或圆珠笔）书写校对符号。

4. 作译者改动校样所用笔的颜色，要与校样上已使用的颜色有所区别，但不可用铅笔。

主要参考书目

〔1〕《公文写作教程》. 赖征海、刘苏英. 南昌:江西高校出版社,1991
〔2〕《建筑应用文写作》. 谭吉平、周林. 北京:中国建筑工业出版社,1998
〔3〕《实用文书写作指南》. 泰川、陈梦然、丁文林. 北京:中国人民大学出版社,2004
〔4〕《当代写作教程》. 邬乾湖. 北京:高等教育出版社,2009
〔5〕《大学写作》. 陈建新. 杭州:浙江大学出版社,2003
〔6〕《实用文秘手册》. 王正. 南昌:江西教育出版社,1988
〔7〕《办公室管理》. 胡鸿杰、申琰 、张莉敏. 北京:中国人民大学出版社,2001
〔8〕《当代经济写作》. 熊焰. 张庆胜. 北京:新华出版社,1996
〔9〕《公文撰写与核稿》. 王占德、刘成永、修忠翰、杨季林. 北京:档案出版社,1990
〔10〕《公文处理基础》. 赵国俊. 北京:中国城市出版社,2002
〔11〕《应用文写作》. 邱小林、章克昌. 北京:中国人民大学出版社,2004
〔12〕《办公室文秘写作大全》. 张浩. 北京:光明日报出版社,2003
〔13〕《现代应用文写作技巧与标准范例》. 文渊. 北京:蓝天出版社,2004
〔14〕《新编经济应用文实用写作》. 蒋意春. 北京:北京理工大学出版社,2009
〔15〕《政府投资项目代建制理论与实施》. 张伟. 北京:中国水利水电出版社,2008
〔16〕《中国实用文体大全》. 杨宗、聂嘉恩. 上海:上海文化出版社,1984
〔17〕《经济应用文写作》. 王林清等. 北京:机械工业出版社,2005
〔18〕《现代秘书实务》. 范立荣. 北京:中央民族大学出版社,1996
〔19〕《实用经济写作》. 黄卓才. 西安:西安交通大学出版社,1998
〔20〕《现代经济写作》. 金艳、彭锦洲、季岳林. 兰州:兰州大学出版社,1996
〔21〕《公安应用写作教程》. 管曙光、张洁. 北京:中国人民公安大学出版社,2004
〔22〕《财经应用文写作》. 邵龙青. 大连:东北财经大学出版社,2006
〔23〕《最新英文公文写作大全》. 姚嘉五. 广州:广东旅游出版社,2005
〔24〕《新编应用文写作大全》. 张国俊、张瑞年. 西安:陕西人民出版社,2002
〔25〕《经济应用文写作》. 张兰生. 上海:立信会计出版社,2008
〔26〕《最新实用文秘写作要领与范本全书》. 胡国鑫. 北京:中国纺织出版社,2010
〔27〕《党务公文写作》. 岳海翔. 北京:中国纺织出版社,2010
〔28〕《行政公文写作》. 王凯、赵国禄. 北京:中国纺织出版社,2010
〔29〕《商务文书写作》. 施新. 北京:中国纺织出版社,2010
〔30〕《综合事务文书写作》. 岳海翔. 北京:中国纺织出版社,2010
〔31〕《企业常用业务文件写作范本》. 樊丽丽. 北京:中国经济出版社,2009
〔32〕《商务文书基础》. 常林红、王晓波. 重庆:重庆大学出版社,2010

〔33〕《公务写作技巧与范例评析》. 张浩. 天津科技出版社,2010
〔34〕《现代经济应用写作》. 李道荣. 武汉:湖北人民出版社,2006
〔35〕《大学实用写作教程》. 杨萌、王筱玲. 南昌:江西高校出版社,2003
〔36〕《实用写作》. 张耀辉. 北京:北京大学出版社,2004
〔37〕《新编应用写作》. 邹家梅. 广州:暨南大学出版社,2001
〔38〕《应用文写作教程》. 陈少夫、丘国新. 广州:中山大学出版社,2002
〔39〕《经济应用文写作》. 邓红. 重庆:重庆大学出版社,2002
〔40〕《财经应用文写作》. 雷仲康、张海霞. 武汉:华中科技大学出版社,1996
〔41〕《写作学教程》. 段轩如、杨杰. 北京:中国人民大学出版社,2004
〔42〕《应用写作教程》. 孙秀秋、吴锡山. 北京:中国人民大学出版社,2006
〔43〕《应用文写作》. 徐艳. 北京:北京理工大学出版社,2007
〔44〕《应用文写作》. 霍唤民. 北京:中央广播电视大学出版社,2001
〔45〕《实用写作》. 余国瑞、彭光芒. 北京:高等教育出版社,2002
〔46〕《现代经济写作》. 陈才俊. 广州:华南理工大学出版社,2005
〔47〕《现代应用文写作》. 杨文丰. 北京:中国人民大学出版社,2001
〔48〕《应用文写作教程》. 章年卿、魏佐国、叶新平. 南昌:江西高教出版社,2009
〔49〕《新编大学写作》. 徐中玉. 上海:复旦大学出版社,2004
〔50〕《新编应用文写作教程》. 刘宏彬. 北京:新华出版社,2008
〔51〕《经济文书写作与范例》. 刘杰、付胜. 北京:人民日报社,2005
〔52〕《财经应用文写作》. 范瑞雪、刘召明. 北京:经济科学出版社,2005
〔53〕《文书工作与档案管理》. 赵映诚. 北京:高等教育出版社,2003
〔54〕《常用经济应用文写作教程》. 许有强. 上海:立信会计出版社,2005
〔55〕《建筑工程合同纠纷法律问题研究》. 杨秋林. 南昌:江西人民出版社,2007
〔56〕《应用文写作》. 林宗源. 北京:中国轻工业出版社,2008
〔57〕《新编大学实用写作》. 江少川. 北京:北京大学出版社,2002
〔58〕《建筑应用文写作》. 郭筱筠. 北京:北京交通大学出版社,2010
〔59〕《写作基础教程》. 傅德岷、杨爱平. 重庆:重庆大学出版社,1997
〔60〕《新编办公室文字材料写作必备全书》. 文学. 北京:海潮出版社,2010
〔61〕《企业文书写作范本》. 白战锋. 北京:经济管理出版社,2005
〔62〕《应用文写作》. 火玥人. 北京:电力出版社,1999
〔63〕《新编办公室综合事务文书写作全书》. 文博. 北京:中国纺织出版社,2010

读者调查问卷

亲爱的读者：

感谢您对江西科学技术出版社的厚爱和支持，并再次对您填写并寄出（或传真或Email）下面的读者调查问卷表示由衷的感谢！

请邮寄到：南昌市蓼州街2号附1号　江西科学技术出版社　收　　邮编：330009

电话：0791－6624275　传真：0791－6620209　网址：http://www.jxkjcds.com

读者调查问卷

<table>
<tr><td colspan="3">姓　名</td><td colspan="2"></td><td>性　别</td><td colspan="2">□男　　□女</td><td>年　龄</td><td></td></tr>
<tr><td rowspan="4">有效联系方式</td><td colspan="2">地　址</td><td colspan="5"></td><td>邮政编码</td><td></td></tr>
<tr><td rowspan="3">电话</td><td>手机/小灵通</td><td colspan="3"></td><td rowspan="3">网络</td><td>Email</td><td colspan="2"></td></tr>
<tr><td>住　宅</td><td colspan="3"></td><td>qq/MSN</td><td colspan="2"></td></tr>
<tr><td>办公室</td><td colspan="3"></td><td>其他即时方式</td><td colspan="2"></td></tr>
<tr><td colspan="3">现从事专业</td><td></td><td colspan="2">从事现专业时间</td><td></td><td>所学专业</td><td colspan="2"></td></tr>
<tr><td colspan="3">现有职称</td><td colspan="7">□建筑师　□监理工程师　□土木工程师　□结构工程师　□建造师
□公用设备工程师　□咨询工程师　□房地产估价师　□城市规划师
□设备监理师　□造价工程师　□电气工程师　□安全工程师
□房地产经纪人　□市政工程师　□其他</td></tr>
<tr><td colspan="3">教育程度</td><td colspan="7">□初中以下　□技校/中专/职高/高中　□大专　□本科　□硕士及以上</td></tr>
<tr><td colspan="3">个人平均月收入（元）</td><td colspan="7">□1000以下　□1000～2000　□2000～3000　□3000～5000
□5000～8000　□8000～12000　□12000以上</td></tr>
<tr><td colspan="3">购书名称</td><td colspan="7"></td></tr>
<tr><td colspan="3">本书购买决定</td><td colspan="7">□书店　□网上书店　□邮购　□上门推销　□其他</td></tr>
<tr><td colspan="3">促使您决定购买的直接原因</td><td colspan="7">□内容　□书名　□封面　□现场人员推荐　□报纸/期刊广告
□电视/网络广告　□同事/同行/朋友推荐　□其他</td></tr>
<tr><td colspan="7">您愿意收到与您职业/专业相关图书的信息</td><td colspan="3">□愿意　□不愿意</td></tr>
<tr><td colspan="10">您有何建议？</td></tr>
</table>

注：1. 可选项目用笔在□划“√”即可。

2. 对信息填写完整的读者，我们将努力为您的职业发展提供更多量身定做的贴心服务（如提供相关图书信息等）。

图书在版编目(CIP)数据

建筑实用文书写作/甘钧主编. —南昌:江西科学技术出版社,2011.5
ISBN 978-7-5390-4374-6

Ⅰ.①建… Ⅱ.①甘… Ⅲ.①建筑业—应用文—写作 Ⅳ.①H152.3

中国版本图书馆 CIP 数据核字(2011)第 090855 号

国际互联网(Internet)地址:
HTTP://www.jxkjcbs.com
选题序号:ZK2011068
图书代码:B11016-101

建筑实用文书写作 甘 钧 主编

出版 发行	江西科学技术出版社
社址	南昌市蓼州街2号附1号 邮编:330009 电话:(0791)6624275 6620209(传真)
印刷	江西省人大印刷厂
经销	各地新华书店
开本	787mm×1092mm 1/16
字数	490千字
印张	21.25
印数	3000册
版次	2011年5月第1版 2011年5月第1次印刷
书号	ISBN 978-7-5390-4374-6
定价	32.50元

赣版权登字-03-2011-147